제2판

형사기록의 이해

박광서 · 송백현 · 최종원

박영사

제2판 머리말

지난해 여름, 편지 한 통을 받았다. 1심에서 특수상해죄로 유죄를 선고받은 피고인이 사실오인을 이유로 항소한 사건에 관하여, 재판장으로 관여한 적이 있었는데 바로 그 사건의 피고인이 보내온 편지였다. 항소심에서 1심 판결을 뒤집고 무죄를 선고하였는데 대법원에서 무죄판결이 확정되자, 자신의 억울함을 풀어주어 감사하다는 내용이었다. 형사재판의 목적은 유·무죄를 정확히 가려 범죄를 처벌하거나 반대로 형사절차를 통해 억울한 일이 발생하지 않도록 하는 데 있다.

이 책에도 여러 명의 피고인들이 등장한다. 모의기록 속에 등장하는 피고인 김갑동, 이을남은 학습을 위해 만들어진 가상의 인물일 뿐이다. 그러나 독자 여러분들이 몇 년 후에 실제로 법조인이 되어 마주하게 되는 사람들은 실제로 살아 있는 사람들임을 명심하였으면 좋겠다. 놀랍게도 법조인들에게는 살아 있는 사람들의 인생의 한 구간에 들어가 갑론을박할 수 있는 권한이 주어진다. 형사법을 공부하되 최선을 다해 공부해야 하는 이유가 여기에 있다. 우리의 공부가 사건을 들여다보는 시각과 판단의 토대가 될 것이요, 우리의 판단이 누군가의 인생에 치명적인 영향을 줄 수도 있기 때문이다. 부디 이 책의 제2판이 독자 여러분들의 형사법에 대한 이해를 돕는 데 보탬이 되기를 바란다.

이번 제2판에서는 다음과 같은 내용을 주로 수정·보완하였다. 첫째, 검사 작성의 피의자신문조서에 관하여 2022. 1. 1. 시행된 개정 형사소송법 제312조 제1항의 내용과 개정 '형사공판조서 중 증거조사 부분의 목록화에 관한 예규'의 내용을 반영하였다. 둘째, 제10회, 제11회 변호사시험 형사기록형 기출문제에서 다룬 쟁점과 관련된 부분을 추가로 지적하였다. 셋째, 제3장 유형별 기록검토 중 기록5의 보충문제를 새롭게 구성하였다. 넷째, 부록을 신설하여 검토보고서의 기재례를 유형별로 정리하였다.

개정 작업을 마치고 나니 이번에도 사법연수원을 거쳐 간 선배 교수님들의 노고를 실감하게 된다. 그분들의 고심과 교재 개정 작업의 결과물이 있었기에 이번 개정 작업이 가능하였음을 고백하지 않을 수 없다. 지면을 빌려 다시금 감사의 말씀을 전한다. 또한 독자 여러분들이 그동안 이 책에 보내어 준 성원이 개정 작업에 큰 힘이 되었다. 성원에 깊은 감사의 말씀을 전하며 다시금 독자 여러분들의 형사법 학습에 건승을 기원한다.

2022년 3월 봄

박광서, 송백현, 최종원

머리말

사법연수생 시절, 난생처음으로 국선변호를 맡았을 때의 일이다. 서울구치소에서 20대 초반의 구속피고인을 기다리면서 얼마나 긴장을 했는지 모른다. 상습절도 혐의를 받고 있던 그는 초짜 국선변호인에게 대수롭지 않다는 듯이 "부산 동래경찰서에 별건이 하나 더 있으니 병합심리를 받을 수 있게만 해 주세요."라고 희망사항을 알려주었다. 법정에 있다 보면 법을 상식 이상으로 알고 있는 피고인들을 만나는 경우가 종종 있다. 법대를 나온 것도 아닌데 신기한 일이다. 병합심리를 받는 편이 양형에 유리하다는 사정처럼, 범죄를 반복하면서 체득한 지식이 가끔은 큰 힘을 발휘한다.

법조실무는 법학지식과 함께 실무적 경험이 모두 요구되는 영역이다. 법학전문대학원이 생기기 전 우리 법조는 '법학공부－사법시험－사법연수원 실무교육'의 방식으로 후학을 양성해 왔다. 법학전문대학원은 이제 법조인을 양성하는 유일한 기관으로서, 과거 법과대학과 사법연수원이 맡았던 기능을 온전히 부담하게 되었다. 필자들은 지난 2017년 2월부터 2020년 2월까지 사법연수원과 법학전문대학원에서 형사재판실무를 비롯하여 실무과목을 가르치는 행운을 누려보았다. 강의현장에서 느낀 점 중에 하나는, 기초법학을 익히고 나아가 실무적 소양까지 갖추려면 3년이라는 법학전문대학원의 기간이 너무 짧다는 사실이다.

짧은 시간 동안 법학지식과 실무적 경험을 모두 익힐 수 있는 방법이 있을까. 이러한 문제의식이 이 책을 기획하게 된 이유이다. 형사사건이든 민사사건이든 실제 소송실무는 '사건기록'을 매개로 진행된다. 기본적으로 법조인들은 결국 사건기록을 읽고 분석하며 이를 기초로 하여 법률문서를 작성하는 것을 주된 업무로 한다. 필자들은 이러한 사건기록을 곁에 두고 기초법학을 공부하는 길이, 법학지식과 실무적 소양을 함께 익히는 최선의 방도라 생각한다. 범죄가 발생하고 경찰이 현장에 출동하여 범인을 체포하며 경찰과 검사가 피의자와 피해자를 조사한 다음, 검사의 기소로 열린 공판정에서 변호인 등 소송관계인이 변론을 하고 판사가 판결을 내리는 일련의 절차가 사건기록 속에 고스란히 담겨 있다. 강의실에서 배우는 형법 각칙의 구성요건들에 관한 설명들이, 수사와 관련된 적법절차나 혹은 증거법적 판단이 어떻게 실제 형사사건에 적용되는지 확인하려면, 실제 사건기록을 들추어 보면 되는 일이다.

이 책은 실제 형사 사건기록이 어떻게 구성되어 있고 이를 어떠한 방식으로 독해하고 분석하는지를 보여주고, 이를 기초로 하여 일정한 형식의 법률문서, 이를테면 변호인의 『검토의견서』나 재판연구원의 『검토보고서』 등을 작성하는 원리를 제시하는 것을 목표로 한다. 현재 시중에 나와 있는 기록 관련 교재들은 대부분 변호사시험이나 모의고사의 기출문제 위주로 구성되어 있어서 너무 복잡하거나 어려운 경우가 많다. 이에 이 책은 실무상 자주 볼 수 있는 기본적인 쟁점별로 소재를 나누어 누구나 쉽게 형사기록을 검토할 수 있도록 기초적인 원리를 알려주는 데 특별히 주의를 기울였다.

이 책의 구성은 다음과 같다. 제1장(형사기록의 구성과 검토요령)은 형사 사건기록이 어떻게 구성되어 있는지, 이러한 형사 사건기록을 어떻게 읽어 나가야 하는지를 다룬다. 제2장(검토보고서의 작성원리)은 최종 판결의 전 단계에서 재판연구원이 검토하고 작성하는 검토보고서의 작성원리를 설명한다. 제3장(유형별 기록검토)은 총 9개의 형사 모의기록을 유형별로 제시하고 재판연구원의 검토보고서, 변호인의 검토의견서와 변론요지서를 작성하는 구체적인 모습을 다루고 있다. 제1장과 제2장은 혼자서도 충분히 학습할 수 있도록 가능한 한 자세히 설명하려고 노력하였다. 형사기록 체계와 검토보고서의 작성원리에 어느 정도 지식이 있는 분들은 곧바로 제3장으로 가서 기록을 검토해 본 다음, 의문이 드는 부분에 대해서 앞으로 돌아와 해당 부분을 찾아보는 것도 좋은 학습방법이 될 듯하다.

이 책을 통하여 검토보고서의 작성을 연습한다는 것은 형사기록을 이해하고 이와 관련된 쟁점에 대해서 올바른 법리를 전개하고, 증거에 의하여 사실을 인정한 다음, 이를 법리에 포섭하여 타당한 결론을 내리는 법적 논증과정을 훈련한다는 의미가 있다. 이러한 훈련과정을 통해서 법적 논증과정을 체득한다면, 변호인의 검토의견서나 변론요지서를 비롯하여 법률가로서 어떠한 형태의 법률문서도 능숙하게 소화할 수 있게 되리라 믿는다.

다만 이 책은 사건 기록의 검토를 통한 법적 논증의 한 예를 보여줌으로써 학습에 도움을 주고자 한 것이고, 본서에 소개된 법리나 결론은 저자들의 견해가 반영된 것으로서 충분히 다른 결론도 성립할 수 있음을 밝혀 둔다.

이 책이 출간되기까지 많은 분들의 도움이 있었다. 사법연수원과 법학전문대학원에서 만난 수많은 학생들에게 우선 감사의 마음을 전한다. 그들의 배움에 대한 열망이 이 책을 기획하는 동기가 되었다. 무엇보다 사법연수원에 근무하면서 만나게 된 교수님들의 은택이 가장 크다고 생각된다. 함께 토론하고 함께 강의자료를 만들던 경험들이 이 책의 가장 큰 밑거름이 되었다. 지면을 빌려 사법연수원을 거쳐 간 여러 교수님들께 감사의 말씀을 전한다.

구슬이 서 말이라도 꿰어야 보배이지 않던가. 형법 교실에서, 형사소송법 강의실에서 배우고 익힌 형사법 지식들이 서로 얽히고설켜 보배를 이루는 모습을 상상해 본다. 부산 동래경찰서에 있는 별건을 병합심리해야 한다는 생각은, 병합되지 않은 채 별개로 재판을 받고 감옥살이를 하여 본 시행착오에서 비롯되었으리라. 부디 이 책이 형사사건을 다루게 될 예비법조인들의 시행착오를 줄이고 형사실체법과 형사소송법의 통합적 이해를 돕고, 다른 한편 변호사시험에서 형사기록형 시험을 준비하는 여러 후배님들에게 도움이 되기를 기대해 본다.

2020년 8월

수원, 순천, 전주 법원에서

박광서, 송백현, 최종원

차 례

제1장 | 형사기록의 구성과 검토요령

제2장 | 검토보고서의 작성원리

제3장 | 유형별 기록검토

1. 법령 표기

가. 법령의 조문은 집필 당시에 시행되는 것을 기준으로 하였다.

나. 형사소송법은 '법', 형사소송규칙은 '규칙'으로 표기하였다.

다. 그 밖의 법령들은 원칙적으로 약어를 사용하지 않았다.

2. 문헌 약어표

가. 사법연수원, 2019 형사증거법 및 사실인정론 ☞ 증거법

나. 사법연수원, 2019 형사판결서작성실무 ☞ 판결서작성실무

다. 법원실무제요 형사[I][II], 법원행정처(2014. 2.) ☞ 실무제요[I][II]

3. 각종 서식

이 책에 수록된 형사기록에 관련된 각종 서식과 재판연구원의 『검토보고서』 양식은 모두 사법연수원에서 발간된 모의기록집과 강평자료 등에서 인용하거나 이를 기초로 적절히 수정하여 활용한 것임을 밝혀 둔다.

4. ≪Attention Please≫

총 10개의 ≪Attention Please≫라는 이름의 항목을 만들어 두었다. 이 항목에서 기록검토방식에 관한 중요 내용을 한 번 더 정리하고, 형사법리 학습에 대한 참고사항을 알려 주며, **변호사시험 형사기록형 기출문제**를 기록유형별로 소개하였다.

01

형사기록의 구성과 검토요령

형사기록의
이해

제01장

형사기록의 구성과 검토요령

I 형사기록의 구성

형사 공판사건의 기록은 크게 **『공판기록』**과 **『증거서류』**(정확한 표현으로는 **『증거서류 등(검사)』**)로 이뤄져 있다. 이 중 『공판기록』은 기록표지－기록목록－구속관계서류목록－증거목록－공소장－구속관계서류－공판조서－증거신청서로 구성되고, 『증거서류』는 표지－압수물총목록－경찰 수집 증거서류－검찰 수집 증거서류로 구성된다.

II 기록 구성요소들의 검토요령

아래에서는 형사기록을 구성하고 있는 주요 서류들의 서식을 소개하면서, 형사기록의 각 구성요소들이 가지는 의미와 이를 검토하는 기본적인 원리를 살펴본다.[1]

1. 공판기록의 기록표지부터 증거목록 전까지

공판기록의 기록표지는 [그림1]과 같이 구성되어 있다. ①에는 관할법원 표시, 구공판/ 구약식 구분 표시, 민사/ 형사 구분 표시, 심급 표시를 한다. ②는 구속 사건의 경우 구속기간의 만료일을 표기하는 부분이다. 법 제92조에 따라 「구속만료」란에는 공소제기일부터 2개월이 경과되는 날을, 「최종만료」란에는 다시 그날부터 2차에 걸친 갱신기간에 해당하는 4개월이 경과되는 날을 기재한다. ③에는 사건번호와 담당재판부, 주심(합의부 사건의 경우)을 기재한다. ⑥은 검찰 단계에서 부여된 사건번호이고, ⑪은 법원 내부 결재란이다.

④에는 기소된 죄명이 기재된다. 실제 사건을 처리하는 경우라면 결코 예단을 가지면 아니

1 아래에서 소개된 형사기록은 특별한 언급이 없는 이상, 모두 구공판된 제1심 형사기록을 가리킨다.

[그림1]

① 서울중앙지방법원
구공판 형사제1심소송기록

구속만료	2022. 5. 1.	미결구금
		②
최종만료	2022. 9. 1.	
대행 갱신 만 료		

기 일	사건번호	③ 2022고합1234	담임	제5형사부	주심	나
1회기일 2022. 3. 20. 10:00						
⑩	사 건 명	특정경제범죄가중처벌등에관한법률위반(사기) ④				
	검 사	구강직 ⑤		2021년 형제321호 ⑥		
	피 고 인	구속 김 갑 동 ⑦				
	공소제기일	2022. 3. 2.[2] ⑧				
	변 호 인	사선 법무법인 명변 담당변호사 연정은 ⑨				

확 정			완결 공람	담 임	과 장	주심판사	재판장
보존종기					⑪		
종결구분							
보 존							

되겠으나, 이 부분 죄명을 보면서 그간 학습한 법리를 동원하여 상정 가능한 쟁점들을 연상해 볼 수 있다. 가령, [그림1]의 경우 특정경제범죄가중처벌등에관한법률위반(사기)죄로 기소되었으므로 일단 피해자가 비동거친족일 경우 친족상도례가 문제될 수 있음[3]을 상기해 볼 수 있다. ⑤, ⑨에는 각각 해당 사건을 수사하여 기소한 검사와 해당 피고인의 변호인의 성명이 기재된다. 변호인의 경우 사선변호인인지 국선변호인인지 특정되어 기재된다. ⑦에는 해당 사건으로

2 최근 실무에서는 기록표지에 관한 전산양식이 공소제기일을 표지에 기재하지 않는 것으로 변경되었다. 그러나 변호사 시험 형사기록형 문제에서는 구 양식에 따라 공소제기일을 기록표지에 기재하는 방식을 채택하고 있다. 이 책에서는 학생들의 편의를 위하여 구 양식에 따라 공소제기일을 표시하였다. 실무에서 실제 기록을 검토하는 경우 표지에 공소제기일이 기재되어 있지 않으면, 공소장에서 공소제기일을 확인하여야 함에 유의하자.

3 대법원 2000. 10. 13. 선고 99오1 판결, 대법원 2013. 9. 13. 선고 2013도7754 판결

기소된 피고인의 성명이 기재되는데, 이하 기록검토시에 계속해서 등장하므로 해당 피고인의 성명은 정확히 기억해야 한다. 구속된 피고인인 경우 피고인의 성명 앞에 고무인(구속)이 찍혀 있다. 불구속 피고인의 경우에는 아무런 표시가 없다. ⑧은 반드시 메모를 하여야 한다. 특정 공소사실의 공소시효 경과 여부를 판단하거나 친고죄 또는 반의사불벌죄의 경우 고소취소 또는 처벌불원의 의사 표시(합의) 일자가 기소 전인지 후인지 판단하는 데 기준이 되기 때문이다. ⑩은 위 사건의 담당재판부에 속한 법원참여관 등이 지정되는 공판기일을 수기로 기재하는 부분이다.

기록표지 바로 다음 페이지는, 공판준비절차를 진행한 경우 이에 대한 기일 등 내역과 법정 외에서 지정하는 기일을 기재하는 부분이다([그림2]). 속행기일의 경우 재판장이 법정에서 다음 공판기일을 고지하므로(법 제76조 제2항 참조) 법정 외에서 기일을 지정하는 경우는 주로 제1회 공판기일이다.

[그림2]

공 판 준 비 절 차			
회 부 수명법관 지정 일자	수명법관 이름	재 판 장	비 고

법정외에서지정하는기일						
기일의 종류	일 시				재 판 장	비 고
1회 공판 기일	2022년	8월	4일	10:00시	㊞	

공판기록의 그 다음은 [그림3, 4]의 기록목록이다. [그림3]은 공판기록 전체의 목차에 해당하고, [그림4]는 구속관계서류, 가령 긴급체포서, 구속영장, 피의자수용증명만 따로 모아서 이들 서류들에 대한 목차를 보여주고 있다.

[그림3]

서울중앙지방법원

목 록		
문 서 명 칭	쪽 수	비 고
증거목록	1	검 사
증거목록	2	피고인 및 변호인
공소장	3	
국선변호인선임결정	10	
의견서		피고인
증거서류제출서	11	변호사 황필승
공판조서(제1회)	14	
공판조서(제2회)	19	

[그림4]

서울중앙지방법원

목 록 (구속관계)		
문 서 명 칭	쪽 수	비 고
긴급체포서	5	피고인 김갑동
구속영장	7	피고인 김갑동
피의자수용증명	9	피고인 김갑동

2. 증거목록의 검토

가. 증거목록의 구성

증거목록은 공판기록의 편철순서에 따르면 구속관계서류의 목록 바로 다음에 편철되나, 실제로는 뒤에 편철되어 있는 "공판조서" 중 증거조사의 내용에 해당한다. 공판조서의 일부에 해당한다는 뜻이다. 따라서 구속관계서류의 목록을 지나 증거목록을 곧바로 검토하는 것보다는 공소장을 읽고 공판조서를 검토하는 단계에 이르러 증거조사 부분을 읽을 때에 비로소 공판기록의 앞으로 와서 증거목록을 분석하는 것이 바람직하다.

이러한 증거목록에는 두 종류가 있다. 증거방법 중 '증거서류'와 '증거물인 서면'을 기재한 **「증거목록(증거서류 등)」**과 증인, 사실조회, 문서송부요구, 검증, 감정, 증거물 등 「증거목록(증거서류 등)」에 기재되지 아니하는 증거방법을 기재하는 **「증거목록(증인 등)」**이 있다.

나. 「증거목록(증거서류 등)」의 독해요령

[그림5]를 보자. [그림5]의 ①에서 증거목록(증거서류 등) 제목 바로 밑에 공판사건의 사건번호가 기재되고, 그 왼쪽 아래에 검찰 사건번호가 기재된다. ②에 증거신청인 "검사" 또는 "피고인 및 변호인"을 표시한다. ③과 그 아래 본문 내용이 작성되는 원리는 **대법원 재판예규 제1789호 형사공판조서 중 증거조사 부분의 목록화에 관한 예규(재형 2003-2)**(이하 '증거조사 목록화 예규')[4] 제3조 제2항에 따른다.

[그림5] 중 ④는 규칙 제134조 제2항 본문에 따른 '필요적 의견진술'의 내용이 기재되는 영역이다. 위 조항에 따르면, 법원은 서류 또는 물건이 증거로 제출된 경우에 이에 관한 증거결정을 함에 있어서는 제출한 자로 하여금 그 서류 또는 물건을 상대방에게 제시하게 하여 상대방으로 하여금 그 서류 또는 물건의 **증거능력 유무에 관한 의견**을 진술하게 하여야 한다. 실무상 이러한 증거능력에 관한 의견진술을 **인부**(認否)라고 부른다.

실무상 주로 검사가 증거서류에 관하여 증거신청을 하므로 상대방인 피고인 또는 그 변호인이 이에 대한 증거의견을 제시하는 방식을 설명하자면, 다음과 같다. 검사가 증거신청한 서류를 보아 ㉠ 당해 피고인의 진술이 기재되지 아니한 경우라면, **증거동의**하거나 **증거부동의**하면 되고, ㉡ 당해 피고인의 진술이 기재되어 있고 그 진술이 수사과정에서 행해진 것이라면, 경찰 단계이든 검찰 단계이든 불문하고 동일하게 적법성/ 실질적 진정성립/ 임의성/ 내용 4가

---

4 형사소송법 제312조 제1항, 제2항이 2020. 2. 4. 법률 제16924호로 아래 표와 같이 개정되었는데, 이 개정 조항은 그 부칙 제1조 단서에 따라 공포 후 4년 내에 시행하되 그 기간 내에 대통령령으로 정하는 시점부터 시행하기로 되어 있었다. 그 후 '법률 제16908호 검찰청법 일부개정법률 및 법률 제16924호 형사소송법 일부개정법률의 시행일에 관한 규정'(대통령령 제31091호)이 2020. 10. 7. 제정·시행되었는데, 위 대통령령 제2조 단서는 형사소송법 제312조 제1항의 개정규정은 2022. 1. 1.부터 시행한다고 정하였다. 그에 따라 증거조사 목록화 예규는 2021. 12. 10. 형사소송법 제312조 제1항의 개정취지를 반영하여 대법원재판예규 제1789호로 개정되어 2022. 1. 1.부터 시행되었다. 이 책에서 이하의 서술은 별도의 언급이 없는 이상 위 개정 형사소송법과 개정 증거조사 목록화 예규의 내용에 따른다.

	개정 전 규정	개정 후 현행 규정
제312조 제1항	검사가 피고인이 된 피의자의 진술을 기재한 조서는 적법한 절차와 방식에 따라 작성된 것으로서 피고인이 진술한 내용과 동일하게 기재되어 있음이 공판준비 또는 공판기일에서의 피고인의 진술에 의하여 인정되고, 그 조서에 기재된 진술이 특히 신빙할 수 있는 상태하에서 행하여졌음이 증명된 때에 한하여 증거로 할 수 있다.	**검사가 작성한 피의자신문조서는 적법한 절차와 방식에 따라 작성된 것으로서 공판준비, 공판기일에 그 피의자였던 피고인 또는 변호인이 그 내용을 인정할 때에 한정하여 증거로 할 수 있다.**
제312조 제2항	제1항에도 불구하고 피고인이 그 조서의 성립의 진정을 부인하는 경우에는 그 조서에 기재된 진술이 피고인이 진술한 내용과 동일하게 기재되어 있음이 영상녹화물이나 그 밖의 객관적인 방법에 의하여 증명되고, 그 조서에 기재된 진술이 특히 신빙할 수 있는 상태하에서 행하여졌음이 증명된 때에 한하여 증거로 할 수 있다.	**삭제**

지에 관하여 각각 인정하거나 부인하면 된다.[5]

[그림5]

증 거 목 록 (증거서류 등)

① 2022고단1234

2022형 제3333호

② 신청인 : 검사

③ 순번	증거방법					참조사항 등	신청기일	증거의견		증거결정		증거조사기일	비고
	작성	쪽수(수)	쪽수(증)	증 거 명 칭	성 명			기일	내용	기일	내용		
1	사경	2		피의자신문조서	김갑동	공소사실	1	1	○	1	○	1	
2		8		압수조서			1	1	○	1	○	1	
3		10		진술서	한송희	공소사실	1	1	○	1	○	1	
4		11		조회회보서		전과관계	1	1	○	1	○	1	
5	검사	12		피의자신문조서	김갑동	공소사실	1	1	○	1	○	1	
6		17		수사보고 (확정일자등)			1	1	○	1	○	1	
									④				

※ 증거의견 표시 – 피의자신문조서 : 인정 ○, 부인 ×
(여러 개의 부호가 있는 경우, 적법성/실질성립/임의성/내용의 순서임)
⑤ – 기타 증거서류 : 동의 ○, 부동의 ×
– 진술이 특히 신빙할 수 있는 상태하에서 행하여졌다는 점 부인 : "특신성 부인"(비고란 기재)
※ 증거결정 표시 : 채 ○, 부 ×
※ 증거조사 내용은 제시, 낭독(내용고지, 열람)

피고인 또는 그 변호인이 이와 같은 방식으로 증거의견을 진술하면, 법원참여관 등은 아래 증거조사 목록화 예규 제3조 제2항 제7, 8호에 따라 그 증거의견과 증거채부결정 내용을 표기한다. [그림5] 하단 ⑤에 그 표기방법이 약식으로 기재되어 있다. 다만 **변호사시험의 형사기록, 사법연수원 형사재판실무 과목의 모의기록이나 재판연구원 시험 기록에는 평가목적상 [그림5] 중 「증거결정」란과 「증거조사기일」란의 기재는 생략될 수 있다.** 따라서 **④에 표기된 기호만을 보고 해당 증거서류의 증거능력 여부를 정확히 판단하는 것이 아주 중요**하다.

5 아래 개정 증거조사 목록화 예규의 내용 참조.

증거조사 목록화 예규 제3조 제2항 제7, 8호[6]

7. "증거의견 내용"란에는 당해 증거서류의 적법성·실질성립·임의성·내용을 모두 인정하거나 증거로 할 수 있음을 동의하는 경우에는 "○", 적법성·실질성립·임의성·내용을 모두 부인하거나 증거로 할 수 있음을 동의하지 않는 경우에는 "×"로 표시한다. 적법성·실질성립·임의성·내용 중 일부를 부인하는 경우에는 아래 예시와 같이 적법성, 실질성립, 임의성, 내용의 순으로 연속하여 "○" 또는 "×"로 표시한다. 증거서류에 기재된 진술이 특히 신빙할 수 있는 상태하에서 행하여졌음을 부인하는 경우에는 "비고"란에 "특신성 부인"이라고 기재한다.

증거서류	증거의견	표시방법
검사·경찰 피의자신문조서 (피고인이 수사과정에서 작성한 진술서 등 포함)	적법성 인정, 실질성립 인정, 임의성 인정, 내용 인정	○
	적법성 인정, 실질성립 인정, 임의성 인정, 내용 부인	○ ○ ○ ×
	적법성 인정, 실질성립 인정, 임의성 부인, 내용 부인	○ ○ × ×
	적법성 부인, 실질성립 부인, 임의성 부인, 내용 부인	×

8. "증거결정 내용"란에는 당해 증거신청이 채택된 경우에는 "○", 채택되지 아니한 경우에는 "×"로 표시한다.

「증거목록(증거서류 등)」을 독해하는 데 필요한 기타 유의사항을 살펴보자. [그림6]을 예로 들어 보자. 피고인이 1명이 아니고 2명 이상인 경우에는 [그림6]의 ⓐ와 같이 증거목록 우측 상단에 피고인 별로 ①, ②, ③…의 숫자를 붙여 피고인을 특정한다.

6 종전 증거조사 목록화 예규는 아래와 같이 검사 피의자신문조서와 경찰 피의자신문조서를 구분하여 기재하도록 하고 있었으나 개정 증거조사 목록화 예규는 제3조 제2항 제7호 중 증거목록 작성방법의 예시를 검사 피의자신문조서와 경찰 피의자신문조서로 구분하여 기재하지 않고 통합하여 기재하도록 하고 있다.

증거서류	증거의견	표시방법
검사 피의자신문조서 (피고인이 검찰에서 작성한 진술서 등 포함)	적법성 인정, 실질성립 인정, 임의성 인정	○
	적법성 인정, 실질성립 인정, 임의성 부인	○ ○ ×
	적법성 인정, 실질성립 부인, 임의성 부인	○ × ×
	적법성 부인, 실질성립 부인, 임의성 부인	×
경찰 피의자신문조서 (피고인이 경찰에서 작성한 진술서 등 포함)	적법성 인정, 실질성립 인정, 임의성 인정, 내용 인정	○
	적법성 인정, 실질성립 인정, 임의성 인정, 내용 부인	○ ○ ○ ×
	적법성 인정, 실질성립 인정, 임의성 부인, 내용 부인	○ ○ × ×
	적법성 부인, 실질성립 부인, 임의성 부인, 내용 부인	×

그리고 피고인들 또는 그의 변호인들이 각각의 증거서류에 대하여 증거의견을 진술한 경우 ⓑ에서 보는 것처럼 ⓐ에서 붙여진 ①, ②, ③…의 숫자를 활용하여 해당 증거의견을 진술한 피고인 측을 특정한다. 가령, [그림6]에서 순번 7번 증거서류에 대하여는 ① 피고인 김갑동과 ② 피고인 이을남만 증거의견을 제시하였고, 순번 8번 증거서류에 대하여는 ③ 피고인 박병서만 증거의견을 제시한 것이다.

[그림6]

증 거 목 록 (증거서류 등)

2022고단1234

ⓐ ① 김갑동 ② 이을남 ③ 박병서

2022형 제3333호

신청인 : 검사

순번	증거방법					참조사항 등	신청기일	증거의견		증거결정		증거조사기일	비고
	작성	쪽수(수)	쪽수(증)	증 거 명 칭	성 명			기일	내용	기일	내용		
7	사경	16		진술조서	허망실	기재생략	1	1	① × ② ○ ①② ○	ⓑ		기재생략 ⓒ	공소사실 제1항 나머지 부분
8		18		진술조서	고피혜		1	1	③ ○				
9		20		피의자신문조서	박병서		1	1	③ ○ ② ×				
10		24		피의자신문조서	김갑동		1	1	○				
11		26		피의자신문조서	이을남		1	1	② ○				
12	검사	30		판결등본 (2021고단3456)	김갑동		1	1	① ○				
13		31		판결등본 (2020고단2345)	이을남		1	1	② ○				
14		32		판결등본 (2020고단7890)	박병서		1	1	③ ○				

순번 10번 증거서류에 관한 증거의견란에 ①, ②, ③…의 숫자 표기 없이 기재된 "O"은 ①, ②, ③ 피고인 모두 기호 "O"에 해당하는 증거의견을 각각 진술하였다는 의미이다. 순번 9번 증거서류에 관한 증거의견란을 보면, ③ 피고인의 증거의견이 ② 피고인의 증거의견보다 먼저 기재되어 있다. 증거의견란에는 ①, ②, ③ 순서대로 기재함이 원칙이나, 위 「증거방법」란 중 「성명」란에 기재된 사람(또는 그의 변호인)이 증거의견을 내는 경우에는 그의 증거의견을 가장 먼저 기재함이 실무관행이다.

[그림6]의 「비고」란도 유의하여야 한다. ⓒ를 종합하여 볼 때, 순번 7번 증거서류인 허망실에 대한 사법경찰관 작성의 진술조서 중 (i) 공소장에 기재된 공소사실 제1항을 제외한 나머지 공소사실 부분에 대하여는 ① 피고인 김갑동과 ② 피고인 이을남 모두 증거동의하였고 (ii) 공소사실 제1항 부분에 대하여는 ① 피고인 김갑동은 증거부동의, ② 피고인 이을남은 증거동의하였다는 뜻이다.

다. 「증거목록(증인 등)」의 독해요령

[그림7]

증 거 목 록 (증인 등)
2022고단1234

2022형 제3333호 신청인 : 검사

증거방법	쪽수(공)	입증취지 등	신청기일	증거결정		증거조사기일	비고
				기일	내용		
		기재생략			기재생략	기재생략	
지갑 1개(증 제1호)			1	1			
신용카드 1장(증 제2호)			1	1			
만능열쇠 1개(증 제3호)			1	1			
사실조회(강남구청)			1	1			2022. 8. 20. 발송 2022. 9. 3. 도착
감정(감정인 허정학)			1	1			
증인 이동호	36		1	1		2022. 9. 22. 14:00 (실시)	
증인 허성수	43		1	1		2022. 9. 22. 15:00 2022. 9. 29. 16:00 3회 기일 철회·취소	
증인 조영동	48		1	1		2022. 9. 22. 16:00 (실시)	
①						②	

※ 증거결정 표시 : 채 ○, 부 ×

[그림7] 중 ①에 기재된 증거방법들은 유죄 인정의 근거가 될 수 있으므로 이 부분 검토시에 유의하여야 한다. 특히 증인에 대한 증거조사실시 여부, 증언거부 여부 등이 기재되는 ②의 내용은 예의주시하여야 한다. [그림7] ②의 기재례와 같이 증인신문이 실시된 경우에는 「해당 기일의 연·월·일·시와 "(실시)"」라고 표기되고, 지정된 신문기일에 증인의 불출석 기타 사유로 신문을 하지 않은 때에는 증인신문을 하기로 새로이 지정된 연·월·일·시가 표기되며, 증인신청이 철회되어 증인채택결정이 취소됨으로 인해 증인신문이 실시되지 않은 경우에는 「증인신청 철회 등이 행해진 해당 기일의 연·월·일·시와 "O회 기일 철회·취소"」라고 표기된다.

라. 증거목록 분석을 통한 증거능력 판단[7]

1) 법리상 증거능력이 없는 증거서류의 경우

기록검토결과 증거능력이 없다고 판단된 증거들은 『검토보고서』, 『검토의견서』 및 『변론요지서』에 반드시 기재하여야 하므로 각별히 유의하여야 한다. 가령, (i) 경찰 피의자신문조서에 대해 내용부인한 경우, (ii) 공범에 대한 경찰 피의자신문조서에 대해 부동의한 경우,[8] (iii) 수사기관 촬영의 영상녹화물에 대해 부동의한 경우,[9] (iv) 수사기관이 참고인과 전화 통화 후 그 내용을 기재하고 참고인의 서명 또는 날인 없이 자신의 기명날인만 한 수사보고서에 대해 부동의한 경우[10] 각 증거서류나 영상녹화물은 증거능력이 없다. 따라서 증거목록을 비롯한 기록검토를 할 때에 이러한 사정들이 있는지 예의주시하여야 한다.

예컨대, [그림8]의 경우 검사는 피고인 김갑동에 대한 사법경찰관 작성의 피의자신문조서에 관하여 제1회 공판기일에 증거신청을 하였고 이에 대하여 변호인은 적법성/ 실질적 진정성립/ 임의성은 각각 인정하되 내용은 부인하는 취지로 증거의견을 진술하였다. 그렇다면, 법 제312조

7 제1회 변호사시험부터 제11회 변호사시험까지 매년 형사기록형 분야에서 출제된 영역이다.

8 대법원 2010. 1. 28. 선고 2009도10139 판결 등

9 수사기관이 작성한 영상녹화물은 독립된 증거로 사용할 수 없고 조서의 진정성립을 인정하기 위한 자료로만 사용할 수 있다(실무제요[II] 106쪽, 증거법 59쪽). 참고인진술에 관한 수사기관의 영상녹화물에 관한 판례는 대법원 2014. 7. 10. 선고 2012도5041 판결 등이 있다. 참고로, 성폭력범죄의 처벌 등에 관한 특례법 제30조 제6항에 따라 수사기관이 촬영한 영상녹화물에 수록된 피해자(19세 미만이거나 신체적인 또는 정신적인 장애로 사물을 변별하거나 의사를 결정할 능력이 미약한 경우)의 진술은 공판준비기일 또는 공판기일에 조사 과정에 동석하였던 신뢰관계에 있는 사람 또는 진술조력인의 진술에 의하여 그 성립의 진정함이 인정된 경우에 증거로 할 수 있었다. 그러나 헌법재판소 2021. 12. 23. 2018헌바524 결정은, 위 특례법 제30조 제6항 중 '제1항에 따라 촬영한 영상물에 수록된 피해자의 진술은 공판준비기일 또는 공판기일에 조사 과정에 동석하였던 신뢰관계에 있는 사람 또는 진술조력인의 진술에 의하여 그 성립의 진정함이 인정된 경우에 증거로 할 수 있다' 부분 가운데 19세 미만 성폭력범죄 피해자에 관한 부분이 과잉금지원칙을 위반하여 공정한 재판을 받을 권리를 침해한다고 보아 위헌결정을 내렸다.

10 대법원 2010. 10. 14. 선고 2010도5610,2010전도31 판결, 대법원 1999. 2. 26. 선고 98도2742 판결

제3항에서 정한 증거능력 부여요건 중 '내용인정'요건이 흠결되었을 뿐만 아니라 당해 피고인에 대한 경찰 피의자신문조서는 법 제314조의 적용대상도 아니기 때문에 위 피의자신문조서는 이하 기록 내용을 추가로 살펴볼 필요도 없이 증거능력이 없다는 판단이 가능하다.

[그림8]

증 거 목 록 (증거서류 등)

2022고단1234

2022형제3333호

신청인 : 검사

순번	증거방법					참조사항 등	신청기일	증거의견		증거결정		증거조사기일	비고
	작성	쪽수(수)	쪽수(증)	증 거 명 칭	성 명			기일	내용	기일	내용		
1	사경	3		피의자신문조서	김갑동	공소사실	1	1	○○○×				

2) 참고인 진술조서의 경우

[그림9]

증 거 목 록 (증거서류 등)

2022고단1234

2022형제3333호

신청인 : 검사

순번	증거방법					참조사항 등	신청기일	증거의견		증거결정		증거조사기일	비고
	작성	쪽수(수)	쪽수(증)	증 거 명 칭	성 명			기일	내용	기일	내용		
1	사경	3		진술조서	이목격	공소사실	1	1	×				

[그림9]의 경우 검사는 참고인 이목격에 대한 사법경찰관 작성의 진술조서에 관하여 제1회 공판기일에 증거신청을 하였고 이에 대하여 변호인은 증거부동의하였다. 이에 위 진술조서가 피고인 김갑동에 대하여 증거능력이 부여되려면 법 제312조 제4항과 제317조 제2항 또는 제309조에서 정한 증거능력 부여요건 5가지, 즉 적법성/ 실질적 진정성립/ 반대신문기회의 부여/ 특신상태/ 임의성 모두를 충족하여야 한다. 이 5가지 요건 중에서 실무상 주로 문제되는 요건

이 바로 실질적 진정성립과 반대신문기회의 부여이다. 따라서 증거부동의된 증거서류를 확인하였다면 첫째, [그림10]의「증거목록(증인 등)」을 열어 원진술자인 참고인에 대하여 증인신문이 실시되었는지 여부를 확인하여야 한다.

[그림10]

증 거 목 록 (증인 등)
2022고단1234
2022형 제3333호 신청인 : 검사

증거방법	쪽수(공)	입증취지 등	신청기일	증거결정		증거조사기일	비고
				기일	내용		
증인 이목격	31		1	1		2022. 9. 22. 14:00 (실시)	①
증인 이목격	31		1	1		2022. 9. 22. 15:00 2022. 9. 29. 16:00 3회 기일 철회·취소	②

확인결과 [그림10]의 ②와 같이 증인신문이 실시되지 않았다면, 법 제312조 제4항의 요건 중 실질적 진정성립 및 반대신문기회의 부여요건이 흠결되었음이 자명하므로 위 진술조서는 일단 증거능력이 없다고 보아야 한다. 다만 법 제314조에 해당되는지를 검토해야 하므로, 이후 공판기록이나 증거기록을 검토하면서 원진술자인 이목격에게 사망·질병·외국거주·소재불명 기타 진술불능 사유가 있는지, 진술 당시에 특신상태에 있었는지 여부를 살펴 증거능력 유무를 판단하여야 한다. 최종 검토결과 진술불능 사유가 인정되지 않는다면, 위 진술조서는 결국 피고인 김갑동에 대하여 증거능력이 없다고 판단된다.

반면에 확인결과 [그림10]의 ①과 같이 증인신문이 실시되었다면, 법 제312조 제4항과 제317조 제2항 또는 제309조의 요건들이 충족되었는지, 특히 실질적 진정성립 및 반대신문기회의 부여요건이 충족되었는지 검토하여야 한다. 즉, [그림10]의 ①에 표기된 2022. 9. 22. 공판기일에 해당하는 공판조서([그림11])를 찾아서 [그림11]의 아래 ⓐ와 같은 문답이 있었는지를 확인하여야 한다. [그림11]에서 원진술자 이목격이 해당 진술조서를 열람하고 진술한 대로 기재되어 있다고 증언하였으므로 이목격에 대한 위 진술조서는 실질적 진정성립 요건이 구비되었다고 판단된다. 나머지 요건들이 문제되지 않는다면 위 진술조서는 피고인 김갑동에 대하여 증거능력이 인정된다. 만일 경우를 달리하여 공판기록 검토결과 원진술자인 이목격에 대한 증인신문과정에서 이와 같은 문답이 이뤄진 바 없다면, 위 진술조서는 피고인 김갑동에 대하여 증거능력이 인정되지 않는다.

[그림11]

서울중앙지방법원

증인신문조서(제2회 공판조서의 일부)

사 건 2022고단1234 절도 등
증 인 이 름 이목격
생 년 월 일 1985. 7. 11.
주 거 서울 서초구 서초로 100

재판장

증인에게 형사소송법 제148조 또는 제149조에 해당하는가의 여부를 물어 이에 해당하지 아니함을 인정하고 위증의 벌을 경고한 후 별지 선서서와 같이 선서하게 하였다. 다음에 신문할 증인들은 재정하지 아니하였다.

검사

문 증인은 피고 김갑동이 ...... 훔치는 것을 보았는가요.

답 예. 보았습니다.

이때 검사는 사법경찰관이 작성한 증인에 대한 진술조서를 열람하게 하고,

문 위 서류는 증인이 경찰에서 조사받으면서 진술한 내용을 기재한 것인데, 증인은 그 당시 사실대로 진술한 후 읽어보고 서명, 날인한 사실이 있고, 그때 경찰관에게 진술한 내용과 동일하게 기재되어 있나요.

답 예. 그렇습니다. ⓐ

3) 공동피고인 진술이 기재된 경찰 단계의 조서의 경우

[그림12]

증 거 목 록 (증거서류 등)

2022고단1234

① 김갑동
② 이을남

2022형 제3333호

신청인 : 검사

순번	증거방법					참조사항 등	신청기일	증거의견		증거결정		증거조사기일	비고
	작성	쪽수(수)	쪽수(증)	증 거 명 칭	성 명			기일	내용	기일	내용		
1	사경	11		피의자신문조서	이을남	공소사실	1	1	② ○ ① ×	ⓐ			

피고인 김갑동, 이을남이 함께 기소되어 병합심리를 받는 경우인데, [그림12]와 같이 증거의견이 진술되었다고 하자. [그림12]의 경우 피고인 이을남에 대한 사법경찰관 작성의 피의자신문조서에 관하여 피고인 김갑동, 이을남이 모두 증거의견을 진술하였고 그 결과가 ⓐ와 같이 표기되었다. 피고인 이을남은 위 피의자신문조서에 대하여 적법성/ 실질적 진정성립/ 임의성/ 내용을 모두 인정하고 있다. 따라서 위 피의자신문조서는 피고인 이을남에 대하여는 증거능력이 있다. 그에 반해 피고인 김갑동은 피고인 이을남에 대한 위 피의자신문조서에 대하여 "증거부동의"[11]하였다. 그렇다면 이러한 경우 **피고인 이을남에 대한 사법경찰관 작성의 피의자신문조서는 피고인 김갑동에 대하여 어떠한 요건하에서 증거능력이 있는가?**

피고인 이을남이 피고인 김갑동과 사이에 공범인지, 공범이 아닌지에 따라 그 판단이 달라진다. 법 제312조 제3항은 검사 이외의 수사기관이 작성한 당해 피고인에 대한 피의자신문조서를 유죄의 증거로 하는 경우뿐만 아니라, 검사 이외의 수사기관이 작성한 당해 피고인과 공범관계에 있는 다른 피고인이나 피의자에 대한 피의자신문조서를 당해 피고인에 대한 유죄의 증거로 채택할 경우에도 적용되므로, 당해 피고인과 공범관계에 있는 공동피고인에 대하여 검사 이외의 수사기관이 작성한 피의자신문조서는 그 공동피고인의 법정진술에 의하여 성립의 진정이 인정되더라도 당해 피고인이 공판기일에서 그 조서의 내용을 부인하면 증거능력이 부정된다.[12] 한편 당해 피고인과 공범관계에 있는 다른 피의자에 대한 검사 이외의 수사기관 작

11 피고인 김갑동의 입장에서 볼 때 피고인 이을남은 당해 피고인이 아니므로 증거동의 또는 증거부동의하는 방식으로 증거의견을 진술함이 원칙이다.

12 대법원 2010. 1. 28. 선고 2009도10139 판결 등

성의 피의자신문조서는 원진술자의 사망 등을 요건으로 하는 법 제314조에 의하여도 증거능력이 인정될 수 없다.[13] 그에 반해 공범이 아닌 공동피고인에 대한 검사 이외의 수사기관이 작성한 피의자신문조서는, 순수한 제3자의 진술과 다를 바 없는 것으로 보아 공동피고인이 피고인의 지위에서 진정성립 또는 내용을 인정하더라도 당해 피고인이 증거로 함에 동의하지 않는 한 공동피고인을 증인으로 신문하여 진정성립이 증명된 경우에 한하여 증거능력이 있다.[14]

따라서 먼저 **피고인 이을남이 피고인 김갑동과 공범인지 아닌지를 판단하여야 한다.** 즉, (i) 증거목록(증거서류 등) 「비고」란에 "공소사실 제O항"이 기재된 경우가 있는데 이는 해당 증거서류 내용 중에 2개 이상의 공소사실에 관한 내용이 포함되어 있어 그중 어느 공소사실에 관한 증거의견·채부결정·증거조사인지를 특정하기 위하여 표기되는 경우인바([그림6]의 ⓒ 참조), 그런 경우에는 곧바로 공소장으로 넘어가서 「비고」란에 기재된 공소사실을 읽어 보면 피고인 이을남이 해당 공소사실에서 피고인 김갑동과 공범인지 아닌지 확인할 수 있다. (ii) [그림12]처럼 「비고」란에 아무런 기재가 없는 경우라면, 피고인 이을남에 대한 위 피의자신문조서를 읽어 보면 어떤 공소사실에 관한 문답내용인지 확인 가능하고 그 후 공소장 기재 중 해당 공소사실에서 피고인 이을남이 피고인 김갑동과 공범인지 아닌지 확인하면 된다.[15] 확인한 결과, 만일 피고인 이을남이 피고인 김갑동과 공범관계라면, [그림12]의 ⓐ에 표기된 피고인 김갑동의 증거의견은 "내용부인 취지의 증거부동의"이므로[16] 결국 피고인 이을남에 대한 사법경찰관 작성의 위 피의자신문조서는 피고인 김갑동에 대하여 증거능력이 없다.

반면에 만일 피고인 이을남이 피고인 김갑동과 공범관계가 아니라면, 피고인 김갑동의 입장에서 볼 때 피고인 이을남은 당해 피고인이 아닌 제3자에 불과하므로 피고인 이을남에 대한 위 피의자신문조서는 법 제312조 제4항과 제317조 제2항 또는 제309조의 요건이 모두 충족될 때에 한하여 피고인 김갑동에 대하여 증거능력이 있다. 따라서 이러한 때에는 나머지 공판기록을 검토하면서 변론분리절차가 실시된 후[17] 피고인 이을남이 증인으로 출석하여 실질적 진정성립을 인정하였는지 여부를 반드시 따져 보아야 한다. 변론분리 여부는 증인신문이 실시된 공판기일에 해당하는 공판조서 본문[18]에서 재판장이 변론분리를 명하는 진술이 기재되어 있는지

13 대법원 2004. 7. 15. 선고 2003도7185 전원합의체 판결, 대법원 2009. 5. 28. 선고 2008도10787 판결

14 증거법 124쪽

15 이른바 '공범 진술의 증거능력' 주제를 다룰 때 '공범'은 이렇듯 공소장 기재에 따라 판단한다. 실제 공범인지 아닌지를 가리려면 결국 실체 심리가 모두 종료되어야 하는데 공범 진술의 증거능력의 판단은 실체 심리 이전에 이루어져야 하므로 부득이하다.

16 대법원 1996. 7. 12. 선고 96도667 판결

17 증거법 120쪽, 실무제요[II] 99쪽. 공범이 아닌 공동피고인을 증인으로 신문하려면 변론분리절차를 거쳐야 하는지에 관하여 명시적인 판례는 없고 학설은 대립하고 있다. 다만 실무적으로 공범 아닌 공동피고인에 대하여 증인신문을 하는 경우 통상 변론을 분리하기 때문에 학설 대립의 실익은 적다.

확인하여 보면 알 수 있다.

4) 공동피고인 진술이 기재된 검찰 단계의 조서의 경우

형사소송법 제312조 제1항이 개정되어 2022. 1. 1.부터는 검사 작성의 피의자신문조서의 증거능력 부여요건이 경찰 작성의 피의자신문조서와 동일하게 되었다. 그렇다면 공동피고인 진술이 기재된 검찰 단계의 조서도, 앞서 설명한 공동피고인 진술이 기재된 경찰 단계의 조서와 마찬가지로 같은 법리에 따라 증거능력 유무를 따져야 하는 것이 아닌가 생각해 볼 수 있다. 그러나 이에 관하여는 판례가 없고 실무는 물론 학계에서도 아직 뚜렷한 논의가 없다. 이에 이 항목에서는 위 조항이 개정되기 전의 논의를 소개하고자 한다. 다만, 판례가 공동피고인 진술이 기재된 검찰 단계의 조서에 대하여 앞서 설명한 공동피고인 진술이 기재된 경찰 단계의 조서에 관한 법리를 동일하게 적용할 개연성이 있다고 전망된다.[19] 그렇게 될 경우 공동피고인 진술이 기재된 검찰 단계의 조서에도 바로 앞 항목의 논의를 그대로 적용하여 그 증거능력을 판단하면 된다는 점을 첨언하여 둔다. 한편 개정 형사소송법 제312조 제1항은 개정규정 시행 후 공소제기된 사건부터 적용하고 개정규정 시행 전에 공소제기된 사건에 관하여는 종전의 규정에 따르므로(형사소송법 부칙 <제16924호, 2020. 2. 4.> 제1조의2 제1항, 제2항), 개정규정 시행일인 2022. 1. 1. 전에 기소된 사건에 관하여는 이 항목의 설명이 그대로 적용됨에 유의하자.

피고인 김갑동, 이을남이 함께 기소되어 병합심리를 받는 경우인데, 피고인 이을남에 대한 검사 작성의 피의자신문조서에 관하여 피고인 김갑동, 이을남이 [그림13]과 같이 증거의견을 진술하였다고 하자. 피고인 이을남은 적법성/ 실질적 진정성립/ 임의성을 모두 인정하고 있다. 따라서 위 피의자신문조서는 나머지 요건인 특신상태만 문제 없다면 피고인 이을남에 대하여 증거능력이 있다. 그에 반해 피고인 김갑동은 위 피의자신문조서에 대하여 "증거부동의"[20]하였

---

18 공판조서 본문에 주로 사용되는 변론분리 관련 문언은 다음과 같다.

『재판장

증거조사를 하겠다고 고지

출석한 증인 이피혜, 정목격을 위 증인들에 대한 별지 조서와 같이 각 신문

피고인 이을남에 대한 변론을 분리한다고 결정 고지

출석한 증인 이을남을 위 증인에 대한 별지 조서와 같이 신문

피고인 이을남에 대하여 분리하였던 변론을 다시 병합한다고 결정 고지

증거관계 별지와 같음(검사, 변호인)』

19 이상훈/정성민/백광균, 수사기관 작성 조서의 증거 사용에 관한 연구: 2020년 개정 형사소송법에 따른 실무 변화 모색, 사법정책연구원(2021. 10.), 348쪽 참조.

20 피고인 김갑동의 입장에서 볼 때 피고인 이을남은 당해 피고인이 아니므로 증거동의 또는 증거부동의하는 방식으로 증거의견을 진술함이 원칙이다.

다. 그렇다면 이러한 경우 **피고인 이을남에 대한 검사 작성의 위 피의자신문조서는 피고인 김갑동에 대하여 어떠한 요건하에서 증거능력이 있는가?**

[그림13]

증 거 목 록 (증거서류 등) 2020고단1234 2020형 제3333호													① 김갑동 ② 이을남 신청인 : 검 사
순번	증거방법					참조사항등	신청기일	증거의견		증거결정		증거조사기일	비고
	작성	쪽수(수)	쪽수(증)	증 거 명 칭	성 명			기일	내용	기일	내용		
1	검사	78		피의자신문조서	이을남	공소사실	1	1	② ○ ① ×	ⓐ			

대법원 1996. 3. 8. 선고 95도2930 판결, 대법원 2000. 7. 28. 선고 2000도2617 판결 등은 검사 작성의 공동피고인에 대한 피의자신문조서는 공동피고인이 그 성립 및 임의성을 인정한 이상 피고인이 이를 증거로 함에 부동의하였다고 하더라도 그 증거능력이 있다고 판시하였다. 위 사안에서 이러한 대법원 판결에 따르면, 피고인 이을남이 피고인 김갑동과 공범일 경우 피고인 김갑동이 증거로 함에 부동의하였다고 하더라도 피고인 이을남이 증거결정에 관한 의견진술의 방법으로 적법성/ 실질적 진정성립/ 임의성을 모두 인정하였으므로 특신상태 요건이 문제되지 않는 한, 피고인 이을남에 대한 검사 작성의 위 피의자신문조서는 피고인 김갑동에 대하여 증거능력이 있다고 판단된다.

그러나 위와 같은 대법원 판결의 태도가 현재도 그대로 유효한 것인지에 관하여, 2007년 법 개정 이후에도 여전히 실질적으로는 피고인신문 절차를 통해서 반대신문을 할 기회가 있으므로 법 제312조 제4항의 요건이 충족되고, 위 대법원 판결들이 명시적으로 변경되지 아니한 상태여서 위 대법원 판결의 입장에 따라 증거능력을 판단하는 견해[21](이하 '제1설'이라 함)와 증거조사절차 이후에 이루어지는 피고인신문 절차는 실질적 반대신문의 기회라고 볼 수 없어서

21 사법연수원, 2019년도 법학전문대학원 형사재판실무 강의노트(이하 '강의노트'라 함), 430쪽. 제1설은 제2설에 대해서 입장이 다른 공범인 공동피고인을 무조건 변론분리하여 증인신문을 해야 한다면, 증인신문을 받는 공범은 결국 자신의 범행에 관해 증언을 할 수밖에 없는데 변론이 분리되어 진행되는 증인신문절차에서 그 공범은 증인에 불과하여 변호인의 조력을 받을 수 없게 되는 문제가 있다고 지적한다.

공범에 대한 변론분리 후 증인신문을 통하여 실질적 진정성립이 인정되고 당해 피고인의 반대신문권 행사가 가능하여야 비로소 증거능력이 있다는 취지의 견해[22](이하 '제2설'이라 함) 간에 대립이 있다.

제1설에 따르면, 위 사안에서 피고인 이을남에 대한 위 검찰 피의자신문조서가 피고인 김갑동에 대하여 증거능력이 있는지는, 피고인 이을남이 피고인 김갑동과 공범인지, 공범이 아닌지에 따라 그 판단이 달라진다. 공범인지, 공범이 아닌지는 앞서 공동피고인에 대한 경찰 피의자신문조서의 증거능력 판단 부분에서 보았듯이 증거목록 비고란이나 해당 조서의 내용을 살핀 후 공소장 기재 공소사실을 읽어 보아 판단 가능하다.

그런 과정을 거쳐 만일 피고인 이을남이 공범임이 확인되었다면, 공범인 공동피고인으로서 피고인 이을남이 증거결정에 관한 의견진술의 방법으로 적법성/ 실질적 진정성립/ 임의성을 모두 인정하였으므로[23] 특신상태 요건이 문제되지 않는 한, 기록을 추가로 검토할 필요 없이 피고인 이을남에 대한 위 검찰 피의자신문조서는 피고인 김갑동에 대하여 증거능력이 있다고 볼 수 있다.

만일 피고인 이을남이 공범이 아니라면, 나머지 공판기록과 증거기록을 살펴보아 법 제312조 제4항과 제317조 제2항 또는 제309조의 요건이 충족되었는지, 특히 이후 공판절차에서 변론이 분리되어[24] 피고인 이을남이 증인신문과정에서 실질적 진정성립을 인정하였는지를 검토하여야 한다.

제2설에 따르면, 피고인 이을남이 피고인 김갑동과 공범인지, 공범이 아닌지를 불문하고 피고인 이을남에 대한 위 검찰 피의자신문조서는 변론이 분리되어 피고인 이을남이 증인으로 출석하여 실질적 진정성립을 인정하는 등 법 제312조 제4항과 제317조 제2항 또는 제309조의 요건이 모두 충족될 때에 한하여 피고인 김갑동에 대하여 증거능력이 있다고 본다.

그런데 최근 실무는 당해 피고인과 공범인 공동피고인 사이에 그 입장이 서로 다른 경우 변론을 분리하여 증인으로 신문하는 것이 다수인 듯하고 이 경우 위와 같은 견해 대립의 실익은 없다. 추후 이에 관한 판례의 태도가 변화될지 여부를 지켜볼 필요가 있다.

---

22 배종대/이상돈/정승환/이주원, 형사소송법(제2판), 홍문사(2016. 9.), 641쪽; 이재상/조균석, 형사소송법(제10판보정판), 박영사(2016. 2.), 618쪽; 장승혁, 공범인 공동피고인의 진술과 반대신문권의 실질적 보장, 인권과정의 Vol. 485(2019. 11.), 81-100쪽. 제2설은 제1설에 대하여 피고인신문에서 공동피고인은 선서를 하거나 위증의 벌에 관한 경고를 받지도 아니하고, 2007년 법이 개정된 뒤에는 공범인 공동피고인에 대한 검찰 피의자신문조서를 포함한 증거들에 관하여 증거를 채택하여 그 증거조사를 마친 이후에야 임의적으로 피고인신문이 진행되는 결과 이를 실질적인 반대신문권의 보장이라고 볼 수 없어 문제가 있다고 지적한다.

23 [그림13] 「증거의견」란에 "② O"이 바로 그러한 의미이다.

24 공범이 아닌 공동피고인을 증인으로 신문하려면 변론분리절차를 거쳐야 하는지에 관하여는 각주 17 참조

Attention Please

(1) 증거목록 분석을 통한 증거능력 판단

1. 증거능력이 없다고 판단된 증거들은『검토보고서』,『검토의견서』및『변론요지서』에 반드시 기재하여야 함
2. 당해 피고인 또는 공범에 대한 경찰 피의자신문조서는 당해 피고인이 내용부인(증거목록상 기호 : OOOX) 또는 내용부인 취지의 부동의(증거목록상 기호 : X)를 한 경우 증거능력이 인정되지 않음
3. 참고인에 대한 진술조서에 대하여 당해 피고인이 증거부동의한 경우,「증거목록(증인 등)」에서 원진술자에 대한 증인신문이 실시되었는지 확인 → 해당 증인신문조서에서 원진술자가 해당 진술조서를 열람하고 진술한 대로 기재되어 있다고 진술하였는지 확인
4. 공동피고인(乙)의 진술이 기재된 **경찰** 단계의 조서에 대하여 당해 피고인(甲)이 증거부동의한 경우, 해당 조서 또는「증거목록(증거서류 등)」의「비고」란을 통해 관련 공소사실 확인 → 확인된 공소사실을 보아서 공동피고인(乙)의 공범 여부 확인 → 공범이면, 위 2.에 따라 증거능력 부인/ 공범이 아니면, 변론분리 여부와 위 3.에 따라 증거능력 판단
5. 공동피고인(乙)의 진술이 기재된 **검찰** 단계의 조서에 대하여 당해 피고인(甲)이 증거부동의한 경우
   개정 형사소송법 제312조 제1항에 대하여 제312조 제3항의 법리가 적용된다고 본다면 위 4.에 따라 증거능력 판단

3. 공소장의 검토

[그림14]

서울중앙지방검찰청

2022. 7. 17.

사건번호 2022년 형제3333호 ①

수 신 자 서울중앙지방법원 **발 신 자**

검 사 **최정의** 최정의 (인)

제 목 **공소장**

아래와 같이 공소를 제기합니다.

Ⅰ. 피고인 관련사항

피 고 인 김갑동 (660311-1123456), 56세
직업 일용직, 010-6000-2100
주거 서울특별시 서초구 서초로 100
등록기준지 강원도 춘천시 효목로 10

죄 명 상습절도

적용법조 형법 제332조, 제329조

구속여부 2022. 7. 2. 구속(2022. 7. 1. 체포)

변 호 인 변호사 황필승(국선)

1234

접 수
No. 11000
2022. 07. 17.
서울중앙지방법원
형사접수실

Ⅱ. 공소사실

범죄전력

피고인은 2019. 10. 10. 수원지방법원에서 상습절도죄로 벌금 100만 원을 선고받고 그 판결이 2019. 10. 18. 확정되었다.

범죄사실

피고인은 상습으로 2022. 7. 1. 14:50경 서울특별시 관악구 신림로 10에 있는 피해자 한가전이 관리하는 전자복합몰 1층 가전매장에서 감시가 소홀한 틈을 이용하여 위 매장에 판매 상품으로 진열되어 있는 시가 합계 120만 원 상당인 피해자 소유의 '브라더 X1000' 전기면도기 6개를 가방 안에 넣어 가지고 나오는 방법으로 이를 절취하였다.

Ⅲ. 첨부서류

1. 긴급체포서 1통
2. 구속영장(체포된 피의자용) 1통
3. 피의자 수용증명 1통
4. 국선변호인선정결정서 1통

공소장은 [그림14]에서 보는 바와 같이 크게 (i) 검찰청의 표시/ 공소제기일자와 검찰 단계의 사건번호/ 수신자(관할법원)/ 제목으로 구성된 「표제 부분」(①), (ii) 피고인의 인적사항/ 죄명/ 적용법조/ 구속여부/ 변호인으로 구성된 「피고인 관련사항」, (iii) 「공소사실」, (iv) 「첨부서류」로 이뤄져 있다.

공소제기 일자는 공소시효 경과 여부의 기준이 되므로 매우 중요하다. 또한 친고죄 또는 반의사불벌죄의 경우 고소취하나 처벌불원의 의사표시(합의)가 있으면 공소기각 판결을 해야 하는 점은 동일하나, 고소취하나 처벌불원의 의사표시(합의) 일자가 기소 전이면 공소제기가 위법하므로 법 제327조 제2호가, 기소 이후이면 법 제327조 제5호 또는 제6호가 각 적용되어 같은 판결이라도 적용되는 법률 조항이 달라지게 된다.

보통 검사 성명 위에 적힌 일자가 공소제기일이 될 것이지만, 실제로 공소장이 법원에 접수된 시기가 늦어져서 접수인(법원이 공소장을 접수하면서 공소장 가운데 찍은 고무인)에 적힌 일자와 서로 다르다면, 법원에 공소장이 접수된 때 공소가 제기되었다고 보아야 하므로 접수인에 기재된 일자를 공소제기 일자로 보아야 한다.

「피고인 관련사항」에서 죄명과 적용법조는 공소사실의 특정 여부를 판단하는 데 활용되므로 유심히 보아야 한다. ＜검토보고서＞를 작성하는 경우에는 기록검토 후 유죄로 인정되는 공소사실이 있을 경우 관련 압수물에 관하여 몰수·추징 등의 부수처분을 할 필요가 있으므로, 위 적용법조에 몰수·추징과 관련된 조항(가령, 형법 제134조, 변호사법 제116조, 마약류관리에 관한 법률 제67조 등)이 기재되어 있는지도 검토해야 한다. 구속 피고인의 경우 체포된 날짜를 메모할 필요가 있다. 피의자가 수사단계에서 체포되어 피의자신문을 받고 범행 관련 물건들이 압수되는 경우가 많은데, 체포과정이 위법할 경우 해당 체포일을 기준으로 그 무렵에 수집된 증거들도 위법수집증거가 될 수 있기 때문이다.

「공소사실」란은 범죄전력과 범죄사실로 구성되는데, 범죄전력에 기재되는 전과관계는 상습범 등 구성요건요소를 이루는 경우, 누범 등 형의 가중사유가 되는 경우, 형법 제37조 후단 경합범인 경우, 집행유예 결격사유로 되는 경우, 형의 선고유예나 집행유예의 실효대상이 되는 경우, 가석방기간 중의 범행인 경우 등에 기재한다.[25] 누범 전과는 집행유예 결격사유에 해당되면서[26] 필요적 보석 제외사유[27]에 해당되므로 실무상으로는 중요하다. 형법 제37조 후단 경합범 전과도 형의 임의적 감경 사유가 되므로 실무상 양형변론에 필요하다. 가석방기간 중 범행 여부나 집행유예 실효 여부도 양형변론에 필요한 정보이다. 그러나 상습범 전과는 구성요건요소 중 일부이므로 유죄 인정을 위해서는 증명대상이 된다. 따라서 범죄전력에 기재된 **상습범 전과**는 적절히 메모하여야 한다.

---

25 사법연수원, 검찰실무I(2019. 2.), 110쪽

26 형법 제62조 제1항 단서

27 법 제95조 제2호

「공소사실」 중 범죄사실을 검토할 때에는 우선 **범행일자**를 메모해야 한다. 다음으로 **범죄사실에 등장하는 사람들과 물건들**을 모두 메모해야 한다. 사람들은 피해자이거나 목격자인 경우가 많고 물건들은 피해품이거나 범행도구인 경우가 많은데, 이것들이 전부 증거방법이 되기 때문이다. 또한, 공소사실을 특정하거나 죄수를 판단할 때 범행일자나 피해자가 기준이 되는 경우도 많다.

「첨부서류」에는 체포, 구속 관련 서류 등이 기재되는데, 변호사시험이나 사법연수원 형사재판실무의 기말시험에서는 생략된 형태로 제공되는 경우가 많다. 그러나 쟁점에 따라서는(가령, 불법체포로 인한 위법수집증거 여부 등) 첨부서류를 실제로 첨부하여 보여줄 수도 있고, 아니면 첨부를 생략하되 해당 쟁점에 필요한 정보들을 증거기록 중 수사보고서나 피의자신문조서 등에 기재해 둘 수도 있다.

4. 공판조서의 검토

가. 제1회 공판조서의 검토

[그림15]에서 보듯이 공판조서는 수소법원/ 공판기일 횟수/ 사건번호/ 판사 성명/ 참여관 성명/ 기일 일시, 장소/ 공개 여부/ 고지된 다음 기일/ 피고인, 검사, 변호인 등 사건관계인의 출석 여부를 표시하는 ①, 진술거부권 고지/ 인정신문/ 모두절차/ 증거조사절차 내용이 기재된 ②, ③, ④와 나머지 조서작성일자와 참여관과 판사의 기명날인(⑤)으로 구성되어 있다.

[그림15]

서울중앙지방법원

제 1 회

사 건	2022고단1234 사기, 절도, 명예훼손		
판 사	이국준	기 일 :	2022. 8. 4. 10:00
		장 소 :	제210호 법정
		공개여부 :	공 개
법원 주사	장참여	고지된	
		다음기일 :	2022. 8. 18. 10:00
피 고 인	김갑동		출석
검 사	강지혁		출석
변 호 인	변호사 황필승(국선)		출석

①

판사
　피고인은 진술을 하지 아니하거나 각개의 물음에 대하여 진술을 거부할 수 있고 이익되는 사실을 진술할 수 있음을 고지
판사의 인정신문
　성　　　명 : 김갑동
　주민등록번호 : 공소장 기재와 같음
　직　　　업 : 〃
　주　　　거 : 〃
　등록기준지 : 〃
판사
　피고인에 대하여
　주소의 변동이 있을 때에는 이를 법원에 보고할 것을 명하고 소재가 확인되지 않는 때에는 그 진술 없이 재판할 경우가 있음을 경고
검사
　공소장에 의하여 공소사실, 죄명, 적용법조 낭독 ②

피고인
　공소사실 제1항의 절도 범행은 저지르지 않았습니다. 나머지 공소사실 제2항 명예훼손, 제3항 사기 범행에 관한 사실관계는 모두 인정합니다.
변호인 ③
　피고인의 주장과 동일합니다. 다만 명예훼손 범행은 반의사불벌죄로서 피해자가 처벌불원하였으므로 공소기각되어야 합니다.

판사
　증거조사를 하겠다고 고지

증거관계 별지와 같음(검사, 변호인)
판사
　각 증거조사결과에 대한 의견을 묻고 권리를 보호함에 필요한 증거조사를 신청할 수 있음을 고지
소송관계인
　별 의견 없다고 진술 ④
판사
　변론속행(증인신문을 위하여)

2022. 8. 4.
법원주사 장 참 여 ㉞
판　　사 이 국 준 ㉞ ⑤

①에서는 검사나 피고인의 출석 여부가 문제될 수 있다. 검사의 출석은 법 제275조 제2항에 따라, 피고인의 출석은 법 제276조 본문에 따라 각각 개정(開廷)요건이므로 예외규정에 해당하지 않는 이상 검사나 피고인이 출석하지 않은 상태에서 진행된 공판절차는 부적법하기 때문이다.

②는 진술거부권의 고지가 없을 경우 적법성이 문제되나 특별히 유의할 영역은 아니다. ③이 중요하다. 검사의 공소장 낭독 직후 피고인과 변호인이 개별 공소사실에 대하여 인정 여부를 진술하는 부분으로 곧바로 쟁점이 된다. [그림15]의 경우 피고인은 공소사실 제1항 절도 범행을 부인하고 나머지 공소사실 제2항 명예훼손 범행, 제3항 사기 범행에 관하여는 자백하고 있으므로 이를 적절히 메모해야 한다. 나아가 변호인은 명예훼손 범행에 관하여 처벌불원 의사표시(합의)로 인한 공소기각 주장을 하고 있다. 따라서 이 사건의 첫 번째 쟁점정리[28]는 아래와 같다.

	공소사실	자백 여부	1차 쟁점
1	절도	부인	**절도 여부**
2	명예훼손	자백	**처벌불원 의사표시(합의) 여부(공소기각 여부)**
3	사기	자백	**보강증거의 존부**

이렇게 쟁점이 정리되었다면 이하 기록을 읽을 때에는 각각의 공소사실은 위 쟁점과 관련하여 검토되어야 한다. 즉, 절도 범행은 유/무죄를 다투므로 유죄 쪽에 부합하는 사실과 이에 관한 증거들을 점검하고 그와 동시에 무죄 쪽에 부합하는 사실과 이에 관한 증거들이 있는지도 살펴야 한다. 명예훼손 범행은 피해자가 처벌불원의 의사표시를 한 사실이 있는지를 확인하는 것이 주된 검토내용이 된다. 사기 범행은 자백하고 별다른 주장을 하지 않았으므로 이후 기록을 볼 때에 <사기 범행에 부합하는/ 피고인의 자백과 별개 독립의/ 증거능력 있는/ 보강증거>를 찾는 일이 주된 검토내용이 된다.

다만, 위 사기 범행과 같이 **자백한 공소사실이라 할지라도 이에 관한 보강증거를 찾는 작업을 함과 동시에 혹시라도 이른바 '직권판단사항'이 있지는 않은지 주의하여야 한다. 형사상 '직권판단사항'은 (i) 법 제326조에서 정한 면소 사유, (ii) 법 제327조 및 제328조에서 정한 공소**

28 1차로 정리된 쟁점은 이후 제2회, 제3회 공판기일을 거치면서 수정되거나 추가되는 쟁점이 있을 수 있으므로, 이후 공판조서를 검토하면서 2차, 3차, 최종 쟁점정리 과정을 거쳐야 함에 유의하자.

기각 사유, (iii) 법리상 무죄에 해당하는 사유가 대표적이다.[29] 이후 기록검토과정에서 가령, 사기 범행에 관하여 피고인과 변호인이 주장하지 않았으나 당해 피고인에 대한 상습사기 유죄 확정판결이 증거에 의하여 인정되고 확정판결의 효력이 미치면 위 사기 범행은 면소사유라는 직권판단사항이 있게 되므로, 이 역시 쟁점이 된다.[30] 한편 위 명예훼손 범행의 경우 이후 기록검토과정에서 변호인의 처벌불원 주장이 배척된다면 사실관계는 자백하고 있으므로 기록상 보강증거가 있는지 검토되어야 함은 물론이다.

④ 부분 중 ≪증거관계 별지와 같음≫에서 '별지'는 공판기록 앞쪽에 편철된 증거목록을 가리킨다. 따라서 이 부분을 읽는 시점에서 기록 앞으로 가서 증거목록을 분석하고 메모한다.

나. 제2회 등 차회 공판조서의 검토

1차 쟁점정리가 진행된 상태에서 차회 공판조서를 읽게 되므로, 1차로 정리된 쟁점과 비교하여 추가되거나 수정되는 쟁점이 있는지를 생각하면서 2회 이후 차회 공판조서에 현출된 변론내용에 주목하여야 한다. 가령, [그림16]의 ①에 기재된 재판장의 공소시효 관련 석명사항과 검사의 답변내용을 보면서 쟁점의 추가나 수정을 판단하면 된다. 경우에 따라서는 종전 주장을 철회하기도 하므로 공판조서는 매우 주의해서 보아야 한다. 그 밖에도 ①에 공소장변경신청허가/ 피해자의 처벌불원(합의) 경과/ 이른바 직권판단사항과 관련된 단서들이 기재될 수 있으므로 유의하여야 한다.

---

29 형사소송법 제361조의4 제1항 단서는 항소심법원이 당사자가 주장하지 아니한 경우에도 직권으로 조사하여야 할 사유를 정하고 있다(대법원 2006. 3. 30.자 2005모564 결정 참조). 예를 들면, 소송조건의 존부, 제척사유의 유무, 필요적 변호사건 여부, 증거능력의 유무, 보강증거의 존부, 법령적용의 착오 여부 등이 이에 해당한다[서울고등법원 재판실무개선위원회, 형사 항소심 판결작성실무(개정판), 사법발전재단(2015. 2.), 9쪽]. 이는 직권주의적 요소를 가미하고 있는 우리 형사소송구조에서 비롯된 것으로, 이러한 직권조사사유는 형사 제1심 법원에도 동일하게 적용된다. 따라서 검사나 변호인, 피고인이 주장하지 않은 내용이라 하더라도 법원은 직권으로 조사해야 할 사항에 대한 심리를 누락하여서는 아니 된다.
이하에서는 그러한 직권으로 조사해야 할 사항을 '직권판단사항'이라 부르기로 한다. 엄밀히 말하자면, 직권판단사항은 면소사유, 공소기각사유, 법리상 무죄에 해당하는 사유 이외에도 더 많은 내용이 있으나, 로스쿨 단계에서 형사모의기록을 분석하는 데 있어서는 위 3가지를 주요한 직권판단사항으로 이해하고 있어도 무방하리라 본다.

30 한편 당사자가 주장하지 아니하고 있는 경우, 직권으로 검토한 결과 유죄 이외의 재판을 할 만한 사유가 없는 것으로 밝혀졌다면 이를 검토보고서나 검토의견서에 직권검토사항으로 기재할 필요는 없다. 예를 들어 공소시효가 만료되었다는 피고인 측의 주장이 없는 경우에는 공소사실이 공소제기일로부터 꽤 오래되어 공소시효를 자체적으로 검토한 결과 공소시효가 만료된 것으로 판명된다면 직권검토사항으로 검토보고서나 검토의견서에 그 판단을 적어야 할 것이나, 공소시효가 만료되지 아니한 것으로 판명된다면 이를 적을 필요가 없다.

[그림16]

서울중앙지방법원

제 2 회
사　　건　　2022고단1234　뇌물공여 등
판　　사　　이국준　　　　　　　　기　　일 : 2022. 8. 18. 10:00
　　　　　　　　　　　　　　　　　장　　소 : 제210호 법정
　　　　　　　　　　　　　　　　　공개여부 : 공 개
법원 주사　장참여　　　　　　　　고지된
　　　　　　　　　　　　　　　　　다음기일 : 2022. 8. 25. 10:00

피 고 인　　김갑동　　출석
검　　사　　강지혁　　출석
변 호 인　　변호사 황필승(국선)　　출석
증　　인　　이목격　　출석

판사
　전회의 공판심리의 주요사항의 요지를 공판조서에 의하여 고지
소송관계인
　변경하거나 이의할 점이 없다고 진술

판사
　검사에게　①
　피고인에 대한 뇌물공여의 점과 관련하여 공소시효 완성 여부에 대한 의견을 묻다.
검사
　공범들이 기소되어 재판이 확정되기까지 공소시효가 정지되었으므로 공소시효가 완성되지 않았다고 답변

판사
　증거조사를 하겠다고 고지

　출석한 증인 이목격을 별지와 같이 신문　②

증거관계 별지와 같음(검사, 변호인)
판사
　증거조사결과에 대한 의견을 묻고 권리를 보호함에 필요한 증거조사를 신청할 수 있음을 고지
소송관계인
　별 의견 없다고 진술
판사
　변론속행(증인신문을 위하여)

2022. 8. 18.
법원주사　장 참 여 ㊞
판　　사　이 국 준 ㊞

②는 증인 이목격에 대한 증인신문이 진행되었음을 표기한 부분이다. 실제 실무는 출석한 증인을 신문하되, 법 제56조의2에 따라 증인에 대한 신문을 녹음하고 그 녹취서를 기록에 편철하는 방식이나, 현재까지 변호사시험 기록에서는 ②의 기재와 같이 과거실무 방식대로 별지로 증인신문조서를 작성하고 이를 공판조서 뒤에 첨부하는 방식을 취하고 있다. 증인신문조서를 읽을 때에는 앞서 정리한 쟁점을 염두에 두면서 검토하여야 한다.

특히, 전문증거 중 전문서류의 경우는 앞서 본 증거목록을 분석하면서 증거능력 없는 전문서류를 가려내기가 상대적으로 어렵지 않은 반면, 전문증거 중 **전문진술(傳聞陳述)**의 경우는 증거목록에 전혀 현출되지 않으므로 이를 간과하기 쉽다. 따라서 증인신문과정에서 현출되는 증인의 법정진술과 주로 피고인신문과정에서 현출되는 피고인 또는 공동피고인의 법정진술을 읽을 때는 각별한 주의가 필요하다. **당해 피고인에 대하여, 공범인 공동피고인의 법정진술은 증거능력이 있는 반면에,**[31] **공범이 아닌 공동피고인의 법정진술은 증거능력이 없다**[32]**는 법리가 기록에서 구현될 수 있음을 유의**하자. 가령, 피고인 김갑동, 이을남이 함께 기소되었고 공동피고인 이을남이 제1공소사실에 관하여는 피고인 김갑동과 공범이나 제2공소사실에 관하여는 공범이 아님에도, 피고인 이을남이 피고인신문과정에서 제2공소사실에 관하여 피고인 김갑동에게 불리한 진술을 하였다고 하자. 그러한 피고인 이을남의 법정진술은 제2공소사실에 관하여 피고인 김갑동에게 증거능력이 없다. 이러한 사정을 기록에서 찾아내어 『검토의견서』나 『검토보고서』 등에 능숙하게 기재할 줄 알아야 한다. 또한 **피고인 또는 증인/ 공동피고인의 법정진술 중에 전문진술이 들어 있는지, (i) 그 전문진술이 피고인의 진술을 내용으로 하는 피고인 아닌 자의 진술에 해당하여 법 제316조 제1항의 요건(특신상태)을 충족하는지,** 혹은 **(ii) 그 전문진술이 피고인 아닌 타인의 진술을 내용으로 하는 피고인 아닌 자의 진술에 해당하여 법 제316조 제2항의 요건(원진술자의 진술불능/ 특신상태)을 충족하는지, (iii) 재전문진술에 해당되지 않는지**를 분석할 줄 알아야 한다.

31 대법원 2006. 5. 11. 선고 2006도1944 판결, 대법원 1992. 7. 28. 선고 92도917 판결 등. 이에 대해서는 2007년 형사소송법 개정으로 증거조사를 마친 이후에 임의적으로 이루어지는 피고인신문절차를 통해서는 실질적인 반대신문권이 보장된다고 볼 수 없다는 등의 이유로 공범인 공동피고인이 변론이 분리된 후 증인신문절차에서 반대신문을 할 수 있어야만 공범인 공동피고인 법정진술의 증거능력이 인정되어야 한다는 견해(장승혁, 앞의 논문)가 있다. 일단 앞서 든 판례가 명시적으로 변경되지 아니한 상태여서 본문은 종전 판례의 견해에 따라 기술하였다. 최근 실무의 경향은 공범인 공동피고인들 사이에 그 입장이 서로 다른 경우 변론을 분리하여 증인으로 신문하는 것이 다수인 듯하다. 추후 이에 관한 판례의 태도가 변화될지 여부를 지켜볼 필요가 있다.

32 대법원 2006. 1. 12. 선고 2005도7601 판결, 대법원 1982. 9. 14. 선고 82도1000 판결

5. 증거신청서의 검토

[그림17]

증거신청서

사건번호 2022고단1234호 사기
피 고 인 김갑동

위 사건에 관하여 피고인 김갑동의 변호인은 피고인의 이익을 위하여 다음 증거서류를 증거로 신청합니다.

다 음

1. 통장 사본 1통
2. 사업자등록증 사본 1통

2022. 8. 16.
변호사 **황필승** ㊞

서울중앙지방법원 형사 제1단독 귀중

증거신청서는 피고인 내지 변호인이 주로 공소사실과 양립할 수 없는 반대사실, 즉 무죄 사유, 면소 사유, 공소기각 사유를 증명하기 위하여 제출하는 서류이다. [그림17]과 같은 양식으로 작성된다. 이러한 증거신청서는 공소장 접수 이후에 언제든지 법원에 접수가 가능하므로 공판기록에서는 공소장과 제1회 공판조서 사이 또는 공판조서들 사이에 편철되어 있다. 증거신청서에 첨부되어 있는 증거들은 제1회 공판조서와 차회 공판조서들에서 피고인이나 변호인이 주장하였던 내용에 부합하는 증거들이거나 아니면 주장하지는 않았으나 이른바 직권판단사항에 부합하는 증거들일 가능성이 높다. 따라서 증거신청서에 첨부된 증거들을 토대로 쟁점을 명확히 정리하고 이를 적절히 메모하여야 한다.

Attention Please

(2) 공판기록검토

1. 제1차 쟁점정리 : 제1회 공판조서 중 검사의 공소장 낭독 직후 피고인/ 변호인이 공소사실 별로 인정 여부를 진술하는 부분에 착안
   (i) 부인한 공소사실 : 해당 공소사실의 존부가 쟁점
   (ii) 자백한 공소사실 + 면소/ 공소기각/ 법리상 무죄 사유를 주장한 경우 : 그 주장 내용이 곧 쟁점(단, 그 주장 배척시 아래 (iii)과 같이 처리)
   (iii) 자백한 공소사실 + 달리 주장한 내용 없는 경우 : 〈해당 범행에 부합하는/ 피고인의 자백과 별개 독립의/ 증거능력 있는/ 보강증거〉 찾는 것이 쟁점

2. 위 (i)유형이나 (iii)유형의 경우라도 이른바 직권판단사항[(i) 면소 사유, (ii) 공소기각 사유, (iii) 법리상 무죄에 해당하는 사유]의 가능성을 기록검토가 끝날 때까지 계속 열어두어야 함

3. 제2회 이후의 공판조서를 비롯한 공판기록을 읽으면서, 추가되거나 수정되는 쟁점이 있는지 파악 → 추가 쟁점정리

4. 진술의 증거능력 판단에 주의를 요함. (i) 증인의 법정진술과 주로 피고인신문과정에서 현출되는 피고인 또는 공동피고인의 법정진술을 읽으면서, 당해 피고인에 대하여, 공범인 공동피고인의 법정진술은 증거능력이 있는 반면, 공범이 아닌 공동피고인의 법정진술은 증거능력이 없다는 법리가 기록에서 구현될 수 있음을 유의, (ii) 피고인 또는 증인/ 공동피고인의 법정진술 중에 전문진술이 들어 있는지, 들어 있다면 법 제316조 제1항 또는 제2항 요건 구비 여부 검토

6. 『증거서류 등(검사)』의 표지/ 압수물총목록/ 증거목록

『증거서류 등(검사)』의 표지1과 표지2에서는 특별히 신경쓸 곳이 없고 증거목록도 공판기록상 검사 신청의 증거목록(증거서류 등)과 일치하는 내용이므로 달리 유의할 필요가 없다. 표지1, 2와 증거목록 사이에 편철되어 있는 압수물총목록에서는 몇 가지 유의할 점이 있다.

[그림18]

압 수 물 총 목 록

서울중앙지방검찰청	
압 수	2022. 7. 9.
㉿	2022 압 제63호

번호	품 종	수 량	기록쪽수	비 고
1	브라더 X1000 면도기	6대		가환부
2	지갑	1개	ⓐ	송치
3	신용카드	1장		송치

압수물총목록은 경찰에서 수사가 종료되어 사건을 검찰로 송치하면 검찰청 담당직원이 경찰에서 보내온 수사기록 맨 앞에 표지처럼 작성하는 서류이다. [그림18]의 오른쪽 상단 네모박스는 압수물총목록이 작성된 그날 압날된 고무인을 형상화한 것으로서 그 고무인에 찍혀진 날짜가 통상 사건이 검찰로 송치된 날에 해당한다.

압수물총목록에서는 「비고」란이 중요하다. [그림18]의 ⓐ에서 '가환부'라고 기재된 브라더 X1000 면도기 6대는 경찰 단계에서 압수되었다가 피압수자에게 반환되어 검찰로 송치될 때 물건 자체는 넘어오지 않았다는 것을 의미하고, '송치'라고 기재된 지갑 1개와 신용카드 1장은 경찰 단계에서 압수되어 검찰로 송치되면서 물건 자체도 검찰로 넘어왔다는 것을 의미한다. 따라서 위 「비고」란에 '송치'라고 기재된 압수물들은 법정에 증거물로 제출되는 경우가 대부분이다.

『검토보고서』를 작성하는 때에는, 유죄로 인정되는 공소사실에 관련된 압수물이 있을 경우 몰수·추징·피해자환부·피해자교부 등 부수처분을 하여야 하는데, 기록검토를 마친 결과 공소장 기재 공소사실 중 유죄로 판단된 것이 있을 경우에는 바로 여기 압수물총목록으로 와서 송치된 압수물을 보거나 아니면 공판기록 중 「증거목록(증인 등)」에 기재되어 있는 증거물을 보면서 몰수·추징 등 부수처분의 대상이 되는지를 따져 보아야 한다.

한편 압수물총목록에 송치된 것으로 기재된 압수물들은 유죄 인정의 증거로 사용할 수 있고, 이는 해당 압수물을 압수하였다는 취지의 기재가 적혀 있는 압수조서보다 우량한 증거이다. 『검토보고서』나 『검토의견서』를 작성할 때, 유죄로 판단된 공소사실에 관하여 <증거의 요지>를 나열할 때는 우량한 증거를 거시하는 것이 원칙이므로 위와 같은 경우 압수물을 증거물로서 거시하고 압수조서는 증거로서 거시하지 않는 것이 일반적이다.[33] 다만, 압수물 자체가 가환부되는 등의 사정이 있어서 법정에 증거로 제출되지 아니하였다면, 이를 증거로 거시해서는 아니 되고, 압수조서가 증거서류로 제출되었다면 압수조서를 증거로 거시할 수 있다.

7. 경찰/ 검찰 수집 증거서류

가. 검토의 주안점 : 보강증거를 찾아라! 직권판단사항을 조심하라!

공판기록을 검토하면서 최종 정리된 쟁점들을 곁에 두고 이와 관련하여 경찰/ 검찰 수집 증거서류들을 검토한다.

첫째, 자백하고 달리 주장한 바 없는 공소사실에 관하여는 <해당 공소사실에 부합하는/ 피고인의 자백과 별개 독립의/ 증거능력 있는/ 보강증거>를 찾는 작업을 한다.[34] 이때 공판기록 앞에 증거목록과 대조하면서 증거의견란의 기호표시를 독해하면서 증거기록상 서류들의 증거능력을 판정함으로써 보강증거를 찾아서 메모하고, 만일 증거능력 없는 증거가 발견되면 역시 『검토보고서』, 『검토의견서』, 『변론요지서』의 기재대상이므로 이를 메모하여야 한다.

둘째, 어떠한 주장이 제기되거나 직권판단사항이 있었던 공소사실에 관하여는 쟁점에 부합하는 증거들이 있는지를 검토하여 이를 메모하여야 한다. 가령 절도, 사기, 횡령, 배임 등 재산

---

33 판결서작성실무 141쪽

34 물론 피고인이 법정에서 자백하였다고 하더라도 법원은 이에 구속되지 아니하고 그 신빙성을 직권으로 판단하여 무죄를 선고할 수 있다. 이는 변론주의의 원칙에 따라 자백의 구속력이 인정되는 민사소송과 크게 다른 점이다. 다만, 법정이라는 공간은 공개된 장소이고 변호인의 도움을 받을 수 있어서 피고인은 충분히 자유롭게 진술할 수 있다. 따라서 그러한 상태에서의 피고인의 법정진술은 신빙성이 높은 유력한 증거가 되므로, 법정에서의 자백 여부는 변호인과 신중하게 상의한 후에 결정해야 한다.

범죄가 공소사실인데 변호인이 친족상도례가 적용되어 공소기각되어야 한다고 주장하였다면, 피해자와 당해 피고인이 동거하지 않는 친족인지 증거기록을 검토하면서 확인하고 이에 대한 증거를 찾아 메모하여야 한다.

셋째, 간혹 달리 쟁점이 없는 것으로 파악되었던 공소사실과 관련하여, 증거기록 중·후반부에 이르러 직권판단사항이 발견되는 경우(가령, 당해 피고인에 대한 전과 자료에서 확정판결의 기판력 쟁점이 발견되는 경우)도 있으므로 공판기록에서 정리된 쟁점에서 자백하고 달리 주장된 바 없는 공소사실이라 하더라도 증거기록검토를 마칠 때까지 직권판단사항의 존재 가능성을 계속 열어 두어야 한다.

앞서 설명한 것처럼, 직권판단사항이란 당사자가 주장하지 아니하였으나 유죄 이외의 판결을 해야하는 사유, 즉 (i) 법 제326조에서 정한 면소사유, (ii) 법 제327조, 제328조[35]에서 정한 공소기각사유, (iii) 법리상 무죄사유이다. 면소사유와 공소기각사유는 법상 한정적으로 열거되어 있을 뿐만 아니라, 그것도 면소사유는 실무상 확정판결의 기판력/ 공소시효가 문제되는 경우가 대부분이고, 공소기각사유는 친고죄, 반의사불벌죄에 관해서 문제되는 것이 보통이므로 충분히 대비 가능하다.

확정판결의 기판력이 문제될 경우 기록 어딘가에 당해 피고인에 관한 확정판결이 숨어 있기 마련이고, 거꾸로 기록에서 특정 피고인에 대한 확정판결이 발견되면 이것이 혹시 기판력이 미치는 것이 아닌지 따져보면 된다. 또, 공소시효는 벌금형의 경우에도 공소시효기간이 5년이므로(법 제249조 제1항 제5호) 공소사실에서 확인되는 범행일자가 기소일로부터 5년 이전이면 공소시효 쟁점을 연상하여야 한다.

형법상 친고죄는 모욕죄, 사자명예훼손죄, 비밀침해죄, 업무상비밀누설죄, 형법 제328조 제2항(친족상도례)이 적용되는 재산범죄이고, 반의사불벌죄는 명예훼손죄, 출판물에의한명예훼손죄, 폭행죄, 협박죄, 과실치상죄이다. 이러한 죄명들이 공소사실로 등장하면 공소기각사유를 고려하여야 한다. 또한 **기록에서 친고죄가 보인다고 단순히 고소 내지 고소취소 유무만 검토해서는 아니 되고, <피해자의 고소 유무/ 고소가 있었다면 범인을 안 날부터 6개월 이내에 고소가 제기되었는지 여부/ 공소제기 이후 고소되었는지 여부(이른바 고소추완의 문제)/ 고소취소 여부/ 고소취소되었다면 그 시점이 기소 전인지 후인지 여부/ 공범이 있는 경우 고소불가분 원칙의 적용 여부>를 마치 하나의 쟁점인 것처럼 항상 검토하는 자세가 필요하다.** 마찬가지로 **기록에서 반의사불벌죄가 보이면 <피해자의 처벌불희망 의사표시(합의) 유무/ 처벌불희망 의사표시(합의)가 있었다면 그 시점이 기소 전인지 후인지 여부/ 처벌희망하였다가 그 의사표시가 철**

35 다만 법 제328조에서 정한 공소기각결정사유는 모의기록에서는 거의 문제되지 않는다.

회되었는지 여부/ 철회되었다면 그 시점이 기소 전인지 후인지 여부>를 하나의 쟁점으로 보아 항상 검토하는 습관을 들여야 한다.

나. 위법수집증거의 검토

1) 위법수집증거의 유형

위법수집증거는 실무상 크게 보아 2가지 유형, 즉 (i) 위법한 체포절차를 기초로 하여 수집된 증거, (ii) 위법한 압수수색절차를 기초로 수집된 증거로 분류될 수 있다. 그 밖에 진술거부권, 변호인과의 접견교통권, 변호인의 피의자신문참여권[36] 등이 침해된 상태에서 수집된 증거들도 종종 문제가 된다. (ii) 유형은 다시 법 제215조 압수수색영장 발부요건이 흠결된 경우[주로 '관련성' 요건이 흠결된 이른바 무관증거(無關證據)], 법 제216조 제1항 제2호 체포현장에서의 압수수색, 제216조 제3항 범죄장소에서의 압수수색, 제217조 제1항 긴급체포시의 압수수색, 제218조 임의제출물/ 유류물에 관하여 영장주의 예외요건이 흠결된 경우로 구분할 수 있다.

2) 위법한 체포절차 등 관련[(i) 유형 등]

체포절차가 위법한 경우나 진술거부권/ 접견교통권/ 피의자신문참여권이 침해된 경우, 그러한 사정은 증거기록상 수사보고나 해당 피의자에 대한 피의자신문조서 등에서 확인되는 경우가 많다. 다음 [그림19]가 그러한 예에 해당한다. 긴급성 요건이 흠결되어 긴급체포절차가 위법하다는 내용의 대법원 2016. 10. 13. 선고 2016도5814 판결 사안을 증거기록으로 구현한 것이다. 이렇듯 증거기록상 수사보고 등에서 긴급체포, 현행범체포 등 체포절차가 위법한 사정을 발견하면, "체포일"을 기준으로 하여 진행되는 피의자신문절차, 증거물의 압수절차 등의 후속수사내용에 주목하여야 한다. 불법체포 상태에서 작성된 피의자신문조서와 수집된 압수물 등은 특별히 인과관계가 희석되거나 단절되었다고 평가할 만한 구체적인 사정[37]이 인정되지 아니하는 한, 모두 위법수집증거에 해당한다. 이렇듯 불법체포에 기초한 후속절차를 통해 수집된 증거들이 무엇인지 확인하고 이른바 인과관계의 희석·단절 여부를 살펴 위법수집증거들을 메모하여야 한다.

---

36 법 제243조의2. 제9회 변호사시험 형사기록형 기출

37 실무상 자주 드러나는 인과관계의 희석·단절의 예로는, 상당기간 경과한 후 공개된 법정에서 변호인의 도움을 받은 후 자백하였다거나 위법한 수사절차와는 별도로 영장을 발부받아 증거를 수집하였다는 등의 사정을 들 수 있다.

[그림19]

서 울 서 초 경 찰 서

2022. 1. 9.

수신 : 경 찰 서 장
참조 : 형사과장
제목 : 수사보고(긴급체포경위등)

1. 본직은 피의자 김갑동에 대한 필로폰 소지 혐의를 인지하고, 피의자가 주거지에 살고 있는지 등을 확인한 후에 피의자를 불러 조사하기 위하여 2022. 1. 9. 09:00경 서울특별시 서초구 반포대로13길 48, 302호 (서초3동, 서중빌라) 피의자의 집 앞에 임하여, 현관에서 담배를 피우고 있는 피의자를 발견하고 사진을 찍어 전송하여 제보자로부터 사진에 있는 사람이 김갑동이 맞다는 확인을 받은 후, 피의자의 전화번호로 전화를 하여 차량 접촉사고가 났으니 나오라고 하였으나 피의자는 나오지 않았음. 또한 본직이 경찰관임을 밝히고 만나자고 하는데도 피의자는 현재 집에 있지 않다는 취지로 거짓말을 하고 전화를 끊더니, 이후 다시 전화해도 전화를 받지 않았음
2. 이에 본직은 피의자의 집으로 가서 현관문을 두드렸으나 문을 열어주지 않으므로, 잠금장치를 해제하여 강제로 문을 열고 피의자의 집에 들어가, 집을 수색한 끝에 침대 밑에 숨어 있던 피의자를 발견하였음
3. 본직은 미란다원칙을 고지하고 피의자를 긴급체포하였으므로 이에 보고함

2022. 1. 9.

형사과 근무
경위 정진호 ㊞

3) 위법한 압수수색절차 관련[(ii) 유형]

압수수색절차가 위법한 경우 그러한 사정은 증거기록상 주로 압수조서나 수사보고, 피의자신문조서에 현출되는 경우가 많다. 따라서 이러한 서류들을 검토할 때에는 압수수색절차 위법성의 가능성을 열어 두고 있어야 한다. 경찰 압수조서에 관한 [그림20]의 예를 살펴보자.

경찰 압수조서에서는 제목 바로 옆 괄호 속 내용(①)을 먼저 주목해야 한다. 압수수색의 법적 근거를 표기하는 곳이기 때문이다. 【압수수색검증영장에 의한 압수수색/ 체포현장에서의 압수수색/ 범죄장소에서의 압수수색/ 긴급체포시의 압수수색/ 임의제출물 또는 유류물】 중 하나가 기재되는데, 특히 영장주의 예외요건에 해당하는지, 각각의 경우 법상 요건을 갖추고 있는지 검토해야 한다.

[그림20]

압 수 조 서 (임의제출) ①

피의자 김갑동에 대한 상습절도 사건에 관하여 2022. 7. 1. 서울특별시 서초구 서울서초경찰서 형사과 사무실에서 사법경찰관 경위 최경진은 사법경찰리 순경 박승준을 참여하게 하고, 별지 목록의 물건을 다음과 같이 압수하다.

압 수 경 위 ②

2022. 7. 1. 피의자 김갑동이 조사를 받던 도중, 피의자가 절취한 물건으로서 피의자가 소지하고 있던 브라더 X1000 면도기 6대를 임의로 제출하므로, 증거물로 사용하기 위하여 이를 영장 없이 압수하다.

참여인	성 명	주민등록번호	주 소	서명 또는 날인

2022. 7. 1.
서울서초경찰서

사법경찰관 경위 최경진 ㊞

사법경찰리 순경 박승준 ㊞

==

압 수 목 록

번호	품 명	수량	③ 소지자 또는 제출자		소 유 자		경찰 의견	비고
1	브라더 X1000 면도기	6대	성 명	김갑동	성 명		압수	김갑동 (무인)
			주 소	서울특별시 서초구 서초로 100	주 소			
			주민등록번호	660311-1123456	주민등록번호			
			전화번호	(생략)	전화번호			

압수경위(②)도 자세히 읽어 보아야 한다. 기본적으로 여기에 영장주의 예외요건에 관한 사실 또는 단서가 기재되기 때문이다. [그림20]의 예는 소지자 김갑동으로부터 브라더 X1000 면

도기 6대를 임의제출물로서 압수하였다는 취지인데, 압수경위의 내용으로 볼 때 법 제218조의 요건 중 하나인 '임의성'을 의심할 만한 사정은 보이지 않는다.

한편, 『검토보고서』 작성시 유죄로 인정되는 공소사실이 있을 경우 관련 압수물에 대하여 몰수 등 부수처분을 하여야 하는데, 이때 몰수의 상대방은 당해 압수물의 소유자 및 소지자이다.[38] 기록상 그 소유자와 소지자가 누구인지는 위 ③을 비롯하여 주로 관련 피의자신문조서의 진술내용 등에서 확인 가능하다.

---

38 몰수란 기소된 범죄행위와 관련된 물건의 소유권을 박탈하여 국고에 귀속시키는 처분으로서 다른 형에 부가하여 과하는 형벌이다. 이때 소유권을 박탈한다는 것은 소유와 소지(점유) 모두를 박탈하는 뜻으로 해석된다(판결서작성실무 61쪽).

다. 전과 관련 증거서류

[그림21]

조 회 회 보 서

제 2022-21000 호　　　　　　　　　　　　　　　　2022. 7. 8.

☐ 조회대상자

성　명	김갑동	주민등록번호	660311-1123456	성별	남
지문번호	84644-54898	주민지문번호	24312-18145	일련번호	06578342
주　소	서울특별시 서초구 서초로 100				
등록기준지	강원도 춘천시 효목로 10				

☐ 주민정보 : (생략)

☐ 범죄경력자료 :

연번	입건일	입건관서	작성번호	송치번호	형제번호
	처분일	죄　명		처분관서	처분결과
1	2019. 8. 31.	수원서부경찰서	002344	2019-002388	2019-356-11789
	2019. 10. 10.	상습절도		수원지방법원	벌금 100만 원

☐ 수사경력자료

연번	입건일	입건관서	작성번호	송치번호	형제번호
	처분일	죄　명		처분관서	처분결과
1	2017. 3. 14.	서울서초경찰서	001654	2017-001678	2017-210-36123
	2017. 4. 23.	절도		서울중앙지방검찰청	기소유예

☐ 지명수배내역 : (생략)

위와 같이 조회 결과를 통보합니다.

조 회 용 도 : 범죄수사

조회의뢰자 : 경위 최경진

작 성 자 :

서 울 서 초 경 찰 서 장

전과관계는 앞서 공소장 중 범죄전력 부분에서 설명한 것처럼 상습성과 관련된 전과 위주로 검토하면 된다. 나머지 누범전과, 형법 제37조 후단 경합범 전과, 집행유예 결격 관련 전과 등은 양형변론과 관계되므로 모의기록에서는 크게 문제되지 않는 것이 보통이기 때문이다. [그림21] 조회회보서, [그림22] 검찰 수사보고와 이에 첨부된 판결등본/ 약식명령등본 등이 주로 피고인의 상습성을 인정하는 증거가 되거나 기판력 관련 면소사유의 근거가 될 수 있으므로, 이 부분 서류들은 적절히 메모하여야 한다.

한편, [그림22] 검찰 수사보고에는 당해 피고인이나 공범 등 관련 사건의 판결등본(정본 또는 사본)이 첨부되는데, 그 판결의 내용은 면밀히 검토하여야 한다. **(i) 확정판결의 기판력이 문제되는 경우, (ii) 공범에 대한 기소일부터 판결확정일까지의 기간 동안 당해 피고인에 대하여 공소시효가 정지되는 경우, (iii) 친고죄에 있어 공범 간의 고소불가분의 원칙이 적용되는 경우 주로 이 부분에서 단서**가 주어지기 때문이다.[39]

[그림22]

서 울 중 앙 지 방 검 찰 청

수 신 검사 최정의
제 목 수사보고(확정일자등)

피의자 김갑동은 2017. 4. 23. 서울중앙지방검찰청에서 절도죄로 기소유예 처분을 받고, 2019. 10. 10. 수원지방법원에서 상습절도죄로 벌금 100만 원을 선고받아 그 판결이 2019. 10. 18. 확정되었습니다.

한편 피의자 김갑동은 2022. 6. 23. 수원지방법원에서 상습절도죄로 징역 6월에 집행유예 2년을 선고받고 2022. 6. 26. 항소를 제기하여, 현재 수원지방법원 2022노4000호로 항소심 공판계속 중에 있습니다.

붙임: 판결등본 1통

2022. 7. 15.

검찰주사 한고수 ㉑

39 주로 검찰 수사보고 뒤에 첨부된다는 것이지, 기록상 다른 곳에서 제시될 가능성이 없다는 뜻은 아니다. 따라서 공판기록이든 증거기록이든 당해 피고인의 확정판결이나 공범 등 관련 사건에 대한 확정판결을 발견하면, 위와 같은 쟁점들이 있을 수 있음을 상기하고 유의하여야 한다.

[그림23]의 예를 살펴보자. [그림23]은 당해 피고인이 현재 상습절도 범행으로 기소되어 기록검토 중인데, 이미 상습절도죄로 유죄판결을 받아 확정된 전력이 있음을 보여주고 있다. 이런 경우 오른쪽 상단 ①에서 그 판결의 확정일자와 확정사유를 확인할 수 있다. [그림23]의 경우는 1심 판결선고 후 항소기간이 경과됨으로 인해 그 1심 판결이 2019. 10. 18. 확정되었다는 의미이다. 검사나 피고인이 항소하였다가 항소기각되어 1심 판결이 확정된 경우라면, ① 부분 첫 번째 줄에 ≪항소기각≫이라고 기재되고, 만일 항소심 판결선고 후 상고기간이 경과된 경우라면 ≪상고기간도과≫, 상고하였다가 상고기각된 경우라면, ≪상고기각≫으로 기재될 것이다. 이를 통해 어느 심급까지 진행되었는지 확인 가능하다.

[그림23] 현재 상습절도로 기소된 피고인 김갑동의 상습범 확정판결 전과

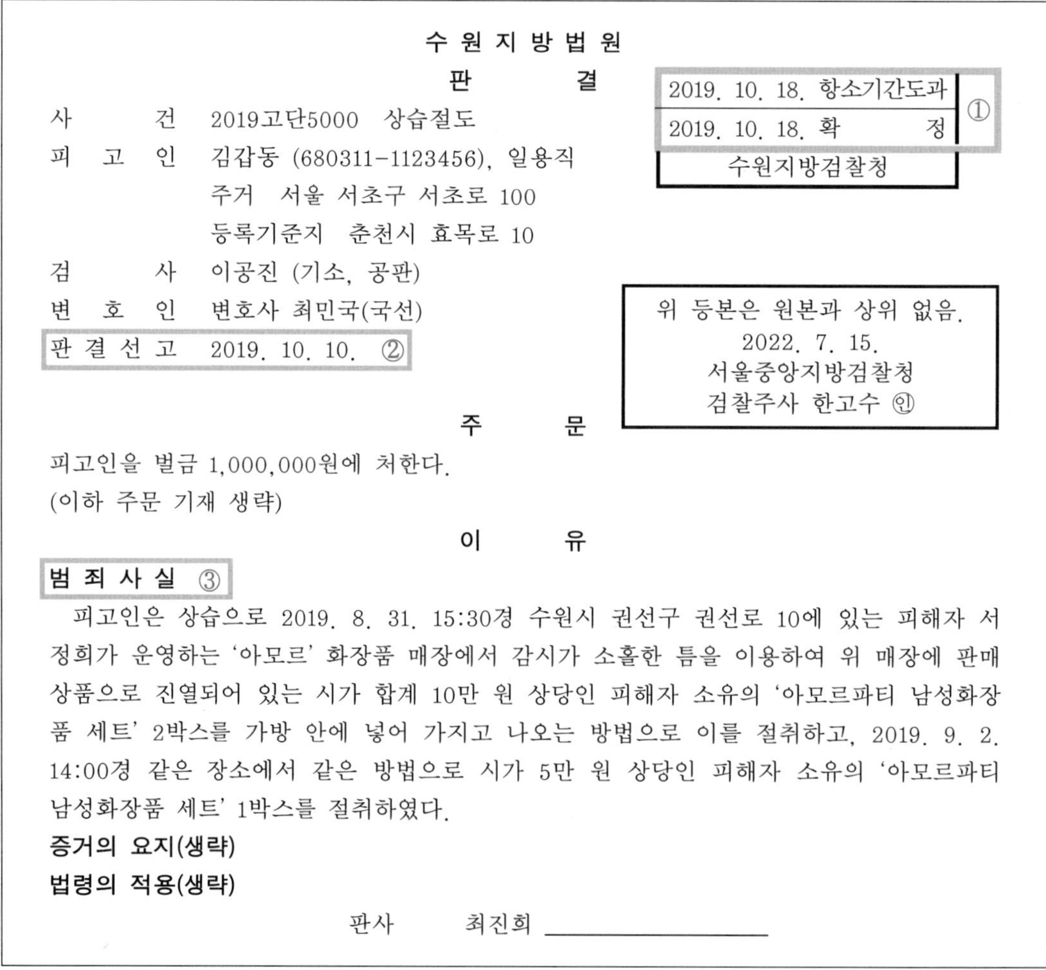

수 원 지 방 법 원

판 결

2019. 10. 18. 항소기간도과 ①
2019. 10. 18. 확 정
수원지방검찰청

사 건 2019고단5000 상습절도
피 고 인 김갑동 (680311-1123456), 일용직
주거 서울 서초구 서초로 100
등록기준지 춘천시 효목로 10
검 사 이공진 (기소, 공판)
변 호 인 변호사 최민국(국선)
판 결 선 고 2019. 10. 10. ②

위 등본은 원본과 상위 없음.
2022. 7. 15.
서울중앙지방검찰청
검찰주사 한고수 ㉑

주 문

피고인을 벌금 1,000,000원에 처한다.
(이하 주문 기재 생략)

이 유

범 죄 사 실 ③

피고인은 상습으로 2019. 8. 31. 15:30경 수원시 권선구 권선로 10에 있는 피해자 서정희가 운영하는 '아모르' 화장품 매장에서 감시가 소홀한 틈을 이용하여 위 매장에 판매상품으로 진열되어 있는 시가 합계 10만 원 상당인 피해자 소유의 '아모르파티 남성화장품 세트' 2박스를 가방 안에 넣어 가지고 나오는 방법으로 이를 절취하고, 2019. 9. 2. 14:00경 같은 장소에서 같은 방법으로 시가 5만 원 상당인 피해자 소유의 '아모르파티 남성화장품 세트' 1박스를 절취하였다.

증거의 요지(생략)

법령의 적용(생략)

판사 최진희 ______________

판결선고일자(②)가 특히 중요하다. 확정판결의 기판력은 시적 범위와 객관적 범위가 모두 충족될 때 당해 공소사실에 미치게 되는데, 시적 범위의 기준시점은 사실심 판결선고일이기 때문이다. 만일 항소된 경우라면 항소심 판결선고일이 기준시점이 된다.[40] 항소이유서 미제출로 인해 항소기각결정된 경우에는 항소기각결정시[41]가, 약식명령이 발령된 경우에는 해당 약식명령의 송달시가 아니라 발령시,[42] 즉 약식명령서에 기재된 작성일자가 그 기준시점이 된다.

확정판결의 기판력에 있어 객관적 범위는, ③에 기재된 확정판결의 범죄사실과 이번에 기소된 공소사실이 그 기초가 되는 사회적 사실관계가 기본적인 점에서 동일하면[43] 충족된다. 따라서 위 ③도 유의하여야 한다. 확정판결의 범죄사실과 이번에 기소된 공소사실을 비교하여 볼 때 양자가 **주로 포괄일죄 관계(가령, 상습범, 영업범 등)이거나 상상적 경합 관계[44]이면 객관적 범위가 충족되었다고 평가된다.** 상습범이나 영업범은 비교적 쉽게 확정판결의 기판력 쟁점을 찾을 수 있으나, 상상적 경합 관계[45]에 있는 확정판결의 범죄사실에 대하여는 간과되기 쉬우므로 평소에 상상적 경합 관계에 있는 범죄들을 차곡차곡 정리하고 있어야 한다.

8. [참고] 증거분리제출

과거에 검사가 수집한 증거서류 일체를 증거능력 유무를 불문하고 법원에 제출하는 실무관행이 있었다. 그러한 관행은 법관으로 하여금 증거능력 없는 증거에 노출되도록 하는 부작용을 드러내었던바, 이에 2006. 4. 1. 이른바 '증거분리제출제도'가 시행되었다[2006. 3. 29.자 대법원 재판예규 제1074호, 증거분리제출제도의 시행에 따른 형사소송기록관리에 관한 예규(재형 2006-1), 규칙 제134조 제4항 참조]. 가령, 검사가 수사하여 증거서류 (1)부터 증거서류 (5)까지 수사기록을 만들었다고 가정해 보자. 과거관행에 의하면, 검사는 수사기록 일체를 법원에 제출할 수 있었다. 그런데 그 수사기록 중에서 증거서류(1, 3, 5)는 증거능력이 있고, 증거서류(2, 4)는 증거능력이 없는 경우라면, 증거능력이 없는 증거서류(2, 4)를 법원에 제출할 수 없게 만드는 제도가 바로 '증거분리제출제도'이다. 즉, 검사는 수사기록(종이서류들이 한 권의 책의 형태로 시간 순서대로 끈으로 묶여 있다)에서 증거능력이 있는 증거서류(1, 3, 5) 부분만 떼어 내어 이를 법원에 제출하거나

---

40 대법원 1983. 4. 26. 선고 82도2829,82감도612 판결
41 대법원 1993. 5. 25. 선고 93도836 판결
42 대법원 1994. 8. 9. 선고 94도1318 판결
43 대법원 2002. 3. 29. 선고 2002도587 판결, 대법원 1996. 8. 23. 선고 96도88 판결
44 대법원 2017. 9. 21. 선고 2017도11687 판결
45 제2회, 제5회, 제10회, 제11회 변호사시험 형사기록형 기출

또는 나머지 증거들에 관하여 나중에 원진술자의 법정진술 등으로 증거능력이 부여되었을 때 따로 제출한다고 하여 '증거분리제출제도'라 명명하게 되었다.

따라서 '증거분리제출제도'에 의하면, 검사가 신청하는 증거 중 피고인 또는 변호인이 증거로 함에 동의한 증거서류는 증거능력이 있으므로 증거동의된 바로 그 공판기일에 법원에 제출할 수 있고, 피고인 또는 변호인이 증거로 함에 동의하지 아니하여 증거채부가 보류된 증거서류[46]는 당해 공판기일이 아닌 차회 공판기일에서 원진술자의 법정진술 등에 의하여 증거능력을 취득한 이후에야 비로소 이를 법원에 제출하게 된다. 그 결과로 검사가 법원에 제출한 증거서류들은 **시간순서가 아니라 증거능력을 부여받은 순서대로** 편철되게 된다. 가령, 수사기록에는 증거서류가 시간순서대로(1→2→3→4→5→6→7) 편철되어 있을 것인데 이 중에서 증거서류(2, 3)에 관하여 변호인의 증거부동의로 인해 증거채부 보류되었다가 차회 기일에 원진술자의 법정진술로 증거능력이 비로소 부여된 경우라면, 법원에 제출되어 편철되는 법원단계의 증거기록은 1, 4, 5, 6, 7이 먼저 편철되었다가 차회 기일에 이르러 2, 3이 그 다음 페이지부터 추가로 편철되므로, 결국 법원단계의 증거기록은 1→4→5→6→7→2→3 이렇게 편철된다.

현재의 실무에서는 증거가 분리제출된 경우 법원단계의 증거기록이 시간 순서대로 편철되지 않을 수 있으므로 주의를 요한다.[47]

---

46 가령, 검사가 제1회 공판기일에 참고인 A에 대한 경찰 작성의 진술조서에 대하여 증거신청을 하자 변호인이 증거부동의한 경우, 해당 진술조서는 그 단계에서는 일응 증거능력이 없으나 원진술자인 A가 증인 자격으로 법정에 출석하여 실질적 진정성립을 인정하여 줄 경우 증거능력이 부여될 가능성이 있다. 이런 경우 재판부는 A에 대한 진술조서에 관하여는 증거신청을 기각하지 않고 보류결정을 하게 된다. 증거법 138쪽

47 참고로, 이렇듯 시간 순서대로 기록이 편철되지 않을 경우 기록 읽기가 불편할 수 있으므로, 증거채부를 보류할 만한 증거서류가 일부라도 있을 경우 모든 증거서류들의 증거조사를 차회로 미루어 그때 가서 한꺼번에 증거서류들을 증거조사하는 실무처리례도 적지 않다.

Attention Please

(3) 증거기록검토

1. 공판기록을 검토하면서 최종 정리된 쟁점들을 곁에 두고 이와 관련하여 경찰/ 검찰 수집 증거서류들을 검토함
   (i) 공소사실 자백(그외 달리 주장 없는 경우) : 보강증거 찾기+직권판단사항 가능성 생각
   (ii) 공소사실 자백(면소/ 공소기각/ 법리 무죄 주장한 경우) : 해당 주장 관련 증거 파악(단, 그 주장 배척시 (i)과 같이 보강증거 찾기)
   (iii) 공소사실 부인 : 유/무죄 관련 증거들 찾기+직권판단사항 가능성 생각
   (iv) 증거능력 없는 증거서류 가려내기 : 공판기록 앞 증거목록과 대조하면서 증거의견란의 기호표시를 독해, 증거능력 판정 → 증거능력 없는 증거 발견시 메모
2. 친고죄가 보이면 〈피해자의 고소 유무/ 고소가 있었다면 범인을 안 날부터 6개월 이내에 고소가 제기되었는지 여부/ 공소제기 이후 고소되었는지 여부(고소추완의 문제)/ 고소취소 여부/ 고소취소되었다면 그 시점이 기소 전인지 후인지 여부/ 공범이 있는 경우 고소불가분 원칙의 적용 여부〉 '모두 항상' 검토
3. 반의사불벌죄가 보이면 〈피해자의 처벌불희망 의사표시(합의) 유무/ 처벌불희망 의사표시(합의)가 있었다면 그 시점이 기소 전인지 후인지 여부/ 처벌희망하였다가 그 의사표시가 철회되었는지 여부/ 철회되었다면 그 시점이 기소 전인지 후인지 여부〉 '모두 항상' 검토
4. 위법수집증거가 있는지 생각!
   (i) 위법한 체포절차를 기초로 하여 수집된 증거
   (ii) 위법한 압수수색절차를 기초로 수집된 증거[법 제215조 관련 이른바 무관증거(無關證據), 법 제216조 제1항 제2호 체포현장에서의 압수수색, 제216조 제3항 범죄장소에서의 압수수색, 제217조 제1항 긴급체포시의 압수수색, 제218조 임의제출물/ 유류물에 관하여 영장주의 예외요건이 흠결된 경우]

02

검토보고서의 작성원리

Notice

1. 『검토보고서』는 '재판연구원' 제도가 도입되던 무렵에 사법연수원에서 고안된 것으로서, '재판연구원'이 소속 재판부 판사에게 특정 사건에 관하여 보고하는 내용의 문서이다. 따라서 『검토보고서』는 사건에 관하여 판사가 결론을 내리고 판결문을 쓰는 데 도움이 될 수 있도록, 그 사건의 처리에 관한 최종적인 의견을 제시하는 문서라고 할 수 있다. 이에 『검토보고서』는 형사판결서의 작성원리에 기초하고 있다.
   이하의 내용은 작성원리의 큰 원칙에 해당한다. 다만, 지엽적인 세부사항까지 완벽하게 『검토보고서』를 작성하고자 한다면, 해당 수업의 기록강평 강의를 통해 이를 확인하여야 한다는 점을 유념하기 바란다.

2. 이하 내용은 사법연수원에서 발간한 모의기록에 관한 모범 검토보고서 등 강평자료의 내용을 기초로 하였다. 다만, 여기저기 흩어져 있는 작성요령에 관한 설명들을 한 곳에 모아서 정리하고, 결론별로 상정 가능한 경우들을 유형화하였으며, 그림을 산입하는 등 『검토보고서』의 작성원리를 보다 이해하기 쉽게 설명하는 데 초점을 맞추었다.

3. 법학전문대학원 교육과정에서 작성을 연습하거나 시험에 출제되는 문서는 『검토보고서』 이외에도, 변호인이 작성하는 내부보고용 『검토의견서』와 변호인이 법원에 제출하는 『변론요지서』가 있다. 판결을 전제로 객관적 입장에서 결론에 이르게 된 논증과정을 담고 있는 『검토보고서』의 성격에 비추어 볼 때, 이와 같은 『검토보고서』를 작성할 수 있다면 내부보고용 『검토의견서』나 피고인에게 유리한 면을 중심으로 한 『변론요지서』도 충분히 작성할 수 있으리라 믿는다. 이러한 이유로 이 책에서는 『검토보고서』의 작성원리를 중심으로 설명한다.

4. 이 책 제일 뒤편에서 부록으로 검토보고서의 유형별 기재례를 소개하였다. 작성원리를 학습한 후 연습과정에서 참조하기를 바란다.

제02장

검토보고서의 작성원리

I 『검토보고서』의 전체적 구조

[그림1]

검 토 보 고 서

사건	2022고단1234	가. 사기 나. 도로교통법위반(음주운전)		
피고인	가.나. 김갑동	변호사 이연주(국선)		2022. 1. 14. 체포 2022. 1. 15. 구속
	가. 이을남	변호사 김상우		
검사	정구현(기소), 구강직(공판)		구형	피고인 김갑동 : 징역 2년 피고인 이을남 : 징역 1년

①

I. 쟁점 및 검토 ②

1. 피고인들의 각 사기의 점(공소사실 제1항)

가. 결론

○ 피고인 김갑동 : 유죄

○ 피고인 이을남 : 면소

나. 논거

1) 공소사실의 요지

2) 주장 및 쟁점

3) 검토의견

2. 피고인 김갑동의 도로교통법위반(음주운전)의 점(공소사실 제2항)

…

II. 처단형의 범위 ③

1. 유죄인 범죄사실

2. 구체적인 처단형의 범위

[그림1]에서 보는 것처럼, 『검토보고서』는 크게 ①의 "형식적 기재사항", ②의 "쟁점 및 검토", ③의 "처단형의 범위"로 나누어진다.[48] 형식적 기재사항은 해당 기록 사건의 기본적인 정보(사건번호, 사건명, 피고인/ 검사/ 변호인 등)가 기재되는 영역인데, 실무가 아닌 강의현장에서는 기재하지 않는 것이 원칙이다. "쟁점 및 검토", "처단형의 범위"가 본문에 해당한다. "처단형의 범위"는 기록상 기소된 공소사실 중 유죄로 인정된 범죄사실에 관한 법정형으로부터 이른바 처단형을 산출하는 경위를 현출하는 부분인데, 형사법 관련 강좌 등 시험에서 별도의 사실관계를 주고 처단형의 범위를 묻는 문제가 출제될 수도 있으나, 검토보고서 작성문제에서는 이 부분의 작성을 요구하지 않는 것이 보통이다.[49]

Ⅱ 구성요소별 작성요령

1. 체계의 구성

"쟁점 및 검토" 아래에서는 공소장에 기재된 공소사실별로 제목을 붙이고 각각의 공소사실별로 검토해 나가면 된다. 이때 처음으로 부딪히는 문제가, 바로 어떤 공소사실을 독립해서 별개의 항목에서 기재할 것인지, 아니면 다른 공소사실과 묶어서 기재할 것인지 하는 체계 구성의 문제이다.

피고인별로 공소사실 1개씩 별개 항목으로 작성하는 것이 원칙이나, 공동정범, 교사범, 종범 관계에 있거나 상상적 경합 관계에 있는 등 공소사실 상호 간에 밀접한 관련이 있는 경우에는 이를 묶어서 같은 항목에서 작성한다.[50] [그림2]의 경우도 피고인 김갑동, 이을남이 공동정범 관계에 있는 사기의 점에 대해서는 이를 같은 항목에 묶어서 기재하였다. 어떤 공소사실들을 묶어서 기재할 것인지, 별개 항목으로 나누어 기재할지 판단이 모호할 때에는 기록상 공소장 기재 형식과 동일하게 기재하는 것도 방법이다. 공소장 기재 자체가 이미 공소사실들 간의 상호관련성을 고려하여 작성되기 때문이다.

---

48 강의노트 491-494쪽

49 그러나 실무에서 법정형으로부터 처단형을 산출하는 일은 양형변론에 필수적일 뿐만 아니라 1심 유죄판결에서 【법령의 적용】 부분을 독해하는 데에도 반드시 필요하다.

50 강의노트 491쪽 각주1 참조

[그림2]

1. 피고인들의 각 사기의 점(공소사실 제1항) ①

가. 결론

○ 피고인 김갑동 : 유죄

○ 피고인 이을남 : 면소

나. 논거

1) 공소사실의 요지(생략)

2) 주장 및 쟁점

3) 검토의견

2. 피고인 김갑동의 도로교통법위반(음주운전)의 점 (공소사실 제2항) ②

가. 결론

무죄

나. 논거

1) 공소사실의 요지(생략)

2) 주장 및 쟁점

3) 검토의견

2. 제목 붙이기 및 『결론』 작성하기

위와 같이 체계 구성을 마치면, 항목별로 제목을 붙인다. [그림2]와 같이 "1. 피고인 ○○○의 △△의 점(공소사실 제○항)" 이렇게 제목을 붙이는데, △△는 공식죄명에서 "죄"자만 제외하면 된다. 공식죄명은 『공소장 및 불기소장에 기재할 죄명에 관한 예규(대검예규 제1072호)』[51]에서 정하는 바에 따른다. 그리고는 공소장 기재를 확인하여 지금 검토하고자 하는 공소사실의 항목번호(가령, 제1항, 제2의 가항, 제3항 및 제4의 나항 등)를 찾아서 "(공소사실 제○항)"을 병기한다.

51 위 대검예규에 따른 죄명은 대개 수험용법전 뒤편에 수록되어 있다. 한편 대검찰청 홈페이지(www.spo.go.kr)에서 〈정보자료〉 → 〈훈령/예규〉 → 검색창에서 "죄명"을 입력하면 죄명에 관한 최신 대검예규를 찾을 수 있다. 참고로 형법범의 경우 그 죄명은 형법 각칙 개별조항 조문 표제가 그대로 죄명이 되는 것이 원칙이다. 가령, 형법 제329조(절도)의 죄명은 절도죄이다. 그러나 100% 그러한 것은 아니고 예외가 있다. 예컨대, 형법 제133조 제2항의 표제는 "(뇌물공여등)"이나 그 죄명은 제3자뇌물교부죄, 제3자뇌물취득죄이고, 형법 제144조 제2항의 표제는 "(특수공무방해)"이나 그 죄명은 특수공무집행방해치상죄이다. 따라서 평소에 위 대검예규를 통해 자주 등장하는 범죄들의 공식죄명을 익혀 두어야 한다.

[그림3]

1. 피고인들의 각 사기의 점(공소사실 제1항)

가. 결론 ①

○ 피고인 김갑동 : 유죄

○ 피고인 이을남 : 면소

나. 논거 ②

1) 공소사실의 요지(생략)

2) 주장 및 쟁점

3) 검토의견

그렇게 제목을 붙인 다음 그 아래는 [그림3]과 같이 『결론』과 『논거』 2가지를 기재하면 된다. 그중 『결론』 부분은 기록검토결과 당해 공소사실에 대하여 내린 결론을 기재하는 곳이다. <유죄>, <(주문) 무죄>, <(주문) 면소>, <(주문) 공소기각>, <이유 무죄>, <이유 면소>, <이유 공소기각> 중 하나를 기재하면 된다. <유죄>는 항상 형사판결서 주문에서 판단되므로 <주문 유죄>라는 용어를 쓰지 않고 그저 <유죄>라고만 기재한다.[52] 그러나 무죄/ 면소/ 공소기각의 경우는 주문이라는 단어를 사용하여 <주문 무죄/ 면소/ 공소기각>으로 써도 되고 단순히 <무죄/ 면소/ 공소기각>이라고 기재해도 무방하다.[53] 반면에 형사판결서 주문에서는 기재하지 않으나 이유에서만 그 내용을 기재하게 되는 이른바 <이유 무죄/ 면소/ 공소기각>의 경우에는 반드시 "이유"라는 단어를 붙여서 기재하여야 한다.[54] <무죄/ 면소/ 공소기각>을 기재하면서 그 근거조문(가령, 법 제326조 제1호, 제327조 제2호 등)까지는 병기하지 않아도 무방하다. 아래 <소결론> 부분에서 기재하기 때문이다.[55]

[그림3]과 같이 여러 명의 피고인들의 공소사실을 한 항목에 묶어서 기재하거나, 1명의 피고인의 2개 이상의 공소사실을 한 항목에 묶어서 기재하는 경우에는, 한 제목 밑에 기재해야 할 결론이 2개 이상이 되므로, 자연히 각각을 특정할 필요가 생긴다. 그런 경우 복수의 피고인

52 강의노트 472, 493쪽 참조

53 강의노트 472쪽 참조

54 형사판결서 작성시에는 공소사실 중 일부에 무죄, 면소, 공소기각 사유가 인정되는 경우, 그 부분이 죄수론상 유죄 부분과 구별되는 별개의 범죄인 경우에는 주문에서 따로 선언해야 하고, 유죄 부분과 상상적 경합이나 포괄일죄 등 법률상 일죄 관계에 있는 경우에는 단순히 이유에서만 판단해 주면 족하다(1죄 1주문의 원칙). 따라서 판결서 작성을 전제로 한 검토보고서에서도 이를 명시할 필요가 있다. 법률상 일죄의 일부와 나머지 부분에 유/무죄, 면소, 공소기각 사유가 경합할 때 (i) 일부라도 유죄가 되는 경우, 형사판결의 주문에서 피고인에게 형벌을 선고해야 하고 나머지 사유는 판결의 이유에서만 기재하면 족하나, (ii) 유죄 사유가 없는 경우에는 경합되는 사유들을 비교하여 **피고인에게 유리한 것**, 즉 무죄, 면소, 공소기각의 순서로 주문에 기재하고 나머지는 이유에 기재함이 원칙이다. 다만, 판결서 작성을 전제로 하지 않는 검토의견서나 변론요지서에는 이를 고려할 필요성이 크지 않다.

55 강의노트 491쪽 각주3 참조

인 경우에는 [그림3]의 예와 같이 <피고인 김갑동 : 유죄>, <피고인 이을남 : 면소> 이렇게 피고인 이름으로 이를 특정하면 된다. 만일 피고인 1명의 2개 이상의 공소사실을 한 항목에 기재한 경우라면 죄명으로 특정한다. 예컨대 피고인 김갑동이 하나의 교통사고로 상대방을 다치게 하고 상대방의 차량도 손괴하였는데 기록검토결과 대인사고 부분은 유죄로, 대물사고 부분은 공소기각 사유가 있는 것으로 판단되었다면, [표1]과 같이 기재하면 된다.

[표1]

2. 피고인 김갑동의 교통사고처리특례법위반(치상) 및 도로교통법위반의 점 가. 결론 ○ **교통사고처리특례법위반(치상)의 점** : 유죄 ○ **도로교통법위반의 점** : 이유 공소기각

만일 죄명이 동일하여 죄명만으로 특정이 어려우면, 행위일자/ 피해자 또는 피해품/ 행위유형으로 특정하면 된다.[56] 예를 들면, [표2][57] 와 같다. 한편 검토된 공소사실이 유죄로 판단되더라도 검토보고서에서는 그 죄수관계를 기재하지 않는 것이 원칙인데, 유일하게 상습범 등 포괄일죄인 경우에는 이를 기재하여야 한다. 이를 기재하는 위치는 여기 『결론』 부분이고, <유죄(포괄하여)>라고 기재한다.[58]

[표2]

2. 피고인 김갑동의 각 도로교통법위반의 점 가. 결론 ○ **2022. 8. 1.** 도로교통법위반의 점 : 유죄 ○ **2022. 9. 1.** 도로교통법위반의 점 : 공소기각 또는, ○ **피해자 A에 대한** 도로교통법위반의 점 : 유죄 ○ **피해자 B에 대한** 도로교통법위반의 점 : 공소기각

56 판결서작성실무 90쪽 및 같은 쪽 각주188 참조

57 [표1], [표2]의 기재 부분은 대단히 엄격한 형식에 따른 것처럼 보일 수 있다. 누구에 대한 어떤 공소사실에 대하여 어떤 결론을 내리는 것인지 분명히 밝히기 위함이다. 그러나 위와 같이 공소사실을 특정하는 방법은 실무상 많이 쓰는 용례를 보여준 것이고, 공소사실이 다른 사실과 구별되도록 특정만 잘 되었다면 다른 표현을 사용하더라도 큰 문제는 없다.

58 개별적인 범행은 여러 개이지만 이들 행위 전부를 포괄하여 하나의 상습절도죄가 성립한다는 뜻을 표현한 것이다. 판결서작성실무 159쪽 참조

> 또는,
> ○ **재물손괴 후 미조치로 인한** 도로교통법위반의 점 : 유죄
> ○ **재물손괴로 인한** 도로교통법위반의 점 : 공소기각

참고로 검토보고서 내에서 사용하는 <1. 가. 1) O……>의 기호표시는 하나의 예시에 불과하고 이 부분은 자유롭게 기호를 사용하여도 무방하다. 검토보고서의 독자가 글을 이해하는 데 지장만 없으면 될 일이다.

3.『논거』 작성하기

가. 구성요소

『논거』 부분은 아래 [그림4]와 같이『공소사실의 요지』,『주장 및 쟁점』,『검토의견』 3가지로 구성되어 있다.

[그림4]

> **1. 피고인들의 각 사기의 점(공소사실 제1항)**
> **가. 결론**
> ○ 피고인 김갑동 : 유죄
> ○ 피고인 이을남 : 면소
> **나. 논거**
> **1) 공소사실의 요지**
> **2) 주장 및 쟁점**
> ○ 피고인들은 각 사실관계를 인정한다.
> ○ 피고인들의 변호인들은 각 확정판결의 기판력에 따라 면소가 선고되어야 한다고 주장한다.
> **3) 검토의견**
> 가) 관련법리
> 나) 인정사실
> 다) 판단
> 라) 소결론

『공소사실의 요지』는 공소장에 기재된 해당 공소사실을 그대로 원용하여 기재하면 되는 부분으로, 실무가 아닌 강의현장에서는 주로 그 기재를 생략할 수 있도록 허용하고 있다.[59] 『논거』를 작성할 때에는 <공소사실의 요지>라는 말조차 기재할 필요 없이 곧바로 『주장 및 쟁점』을 기재하는 것이 허용되는 경우가 많다는 뜻이다.

나. 『주장 및 쟁점』 작성하기

『주장 및 쟁점』에는 기록검토를 하면서 정리하였던 각 공소사실에 관한 쟁점을 기재하는 곳인데, ① 해당 피고인이 해당 공소사실을 인정하는지 여부, ② 해당 공소사실에 관하여 피고인 또는 변호인이 주장하는 바가 있을 경우 그 주장 요지 혹은 직권판단사항의 요지 2가지만 기재하면 된다.[60] 가령, [그림4] 중 『2) 주장 및 쟁점』은 피고인 김갑동, 이을남은 사기 공소사실에 관하여 사실관계를 인정하고 있고 그 변호인들은 사기 공소사실에 관하여 확정판결의 기판력 주장을 하고 있음을 보여준다.

한 가지 주의할 점은, 직권판단사항의 요지를 기재하는 경우에 있어서는 기록검토결과 유죄 이외의 결론, 즉 면소사유/ 공소기각사유/ 법리상 무죄사유로 판단되는 쟁점에 국한하여 이를 쟁점으로 삼아야 한다는 점이다. **기록검토결과 대법원 판례에서 다루어지는 등 법리상 쟁점이 발견된다고 하더라도 결국 최종결론이 무죄/ 면소/ 공소기각이 아니라 유죄인 경우라면 피고인이나 변호인이 주장하지 않은 이상, 쟁점으로 정리할 필요가 없다.** 가령, 피고인이 제1매수인으로부터 계약금과 중도금을 받은 상태에서 제2매수인에게 같은 부동산을 매도하고 소유권이전등기를 마쳐 준 이른바 부동산이중매매 사안에서, 배임죄가 성립한다는 대법원 판결이 있는데,[61] 기록검토결과 피고인의 위와 같은 이중매매 행위가 발견되었을 경우 피고인이나 변호인이 이 점에 관하여 아무런 주장을 하지 않은 이상, 이를 쟁점으로 정리할 필요가 없다는 말이다.[62]

기록상 주장요지를 정리할 때에는 그 주장을 누가 하였는지 주장의 주체도 잘 살펴보아야 한다. 즉, 피고인과 변호인은 형사소송법상 별개의 소송주체이므로, 피고인이 주장하는지, 변호인이 주장하는지를 구분하는 것이 원칙이다. 다만 실무상 이를 엄밀하게 구별하지는 않는 듯하다.

---

59 강의노트 491쪽 각주4 참조

60 강의노트 492쪽 각주5 참조

61 대법원 2018. 5. 17. 선고 2017도4027 전원합의체 판결

62 수험단계에서 이른바 '사례형' 문제를 해결하는 경우라면 당연히 쟁점으로 삼아 이를 검토하여야 할 것이나, 재판연구원이 재판부 판사에게 보고하는 내용의 〈검토보고서〉에서는 최종 판결의 결론에 영향을 주지 않기 때문에 불필요하다.

한편, 직권판단사항의 요지는 "직권으로 확정판결의 기판력이 미치는지/ 친족상도례가 적용되어 공소기각되어야 하는지/ 공소시효가 완성되었는지 검토한다." 또는 "확정판결의 기판력이 미치는지/ 친족상도례가 적용되어 공소기각되어야 하는지/ 공소시효가 완성되었는지 직권검토한다."와 같이 간단히 적어 주면 족하다.[63]

본격적이고 상세한 검토는 아래 '검토의견' 항목에서 다루어야 하므로, 주장 및 쟁점 부분에서는 간단히 쟁점이 무엇인지 정도만 특정해 주면 충분하고, 여기서 주장 내용이나 직권 검토사항을 자세히 적을 필요는 없다.

다.『검토의견』 작성하기

1) 유형의 개요

『검토의견』은『결론』에 부합하는 근거를 제시하는 부분으로 검토보고서의 핵심 부분이다.『검토의견』은『결론』에 따라 그 작성하는 방식을 분류할 수 있다. 즉, 기록검토를 마친 결과 (i) 어떠한 공소사실에 대한 결론이 유죄인데, 피고인이 자백하고 있고 이에 관하여 기록상 주장된 내용도 없고 이른바 직권판단사항도 없어 특별한 쟁점이 없는 경우, (ii) 결론이 유죄인데 이에 관하여 기록상 주장된 내용이 있는 경우, (iii) 결론이 법 제325조 전단 무죄/ 면소/ 공소기각인 경우, (iv) 결론이 법 제325조 후단 무죄인 경우, 이렇게 4가지로 구분할 수 있다.

2) 결론 유죄/ 자백/ 특별한 쟁점 없는 경우의『검토의견』

우선 결론이 유죄인 경우에는『검토의견』에 항상 **<증거의 요지>, <소결론>, <부수처분>**을 차례로 기재하여야 한다. 그런데 결론이 유죄인데 피고인이 자백하고 특별한 쟁점이 없는 때에는,『주장 및 쟁점』([그림5]의 ①)을 기재하지 않아도 무방하다.[64] ①을 기재하지 않아도 위 검토보고서를 이해하는 데 아무런 지장이 없기 때문이다.[65] 따라서 검토보고서를 작성할 때에 기록검토결과 특정 공소사실에 대한 결론이 유죄이고, 피고인이 자백하고 있고 달리 쟁점이 없는 경우에는『논거』란 아래에 곧바로 <증거의 요지>부터(②) 차례로 기재하면 된다.

---

63 강의노트 493쪽 참조

64 강의노트 493쪽 각주8 참조

65 실제 기록검토결과 보강증거가 없는 경우라면 결론이 무죄이므로, 아래에서 보게 될 결론 무죄인 유형에 해당하는 검토보고서가 되므로, 그런 경우에는 원칙으로 돌아가 [그림5]와 같이 주장 및 쟁점을 기재하여야 한다. 그러나 검토결과 보강증거가 있는 경우라면 결론이 유죄이므로 위와 같이 쟁점정리를 할 필요가 없다.

[그림5]

1. 피고인 김갑동의 횡령의 점(공소사실 제3항)

가. 결론

유죄

나. 논거

1) 공소사실의 요지(생략가능)

2) 주장 및 쟁점 ①

○ 피고인은 사실관계를 인정한다.

○ 직권으로 보강증거가 있는지 검토한다.

3) 검토의견

가) 증거의 요지

나) 소결론 ②

다) 부수처분

한편, <증거의 요지>는 자백하는 내용의 피고인의 법정진술을 비롯하여 기록을 검토하면서 찾아 놓은 유죄에 부합하는 증거들을 일정한 법칙[66]에 맞추어 나열하는 부분이다. 예를 들면 [그림6]의 ①과 같다.[67] <소결론>에는 [그림6]의 ②와 같이 "유죄로 인정된다."라고 기재한다. 『결론』 부분에서 <유죄>라고 기재하였으나, <소결론>에도 한 번 더 기재하기로 한다.

<부수처분>에는 앞서 기록검토요령에서 언급한 것처럼, 압수물총목록이나 공판기록 중 <증거목록(증인 등)>에서 유죄로 인정된 공소사실과 관련된 압수물/ 증거물을 다시 일람하여 보고, 몰수/ 폐기/ 추징/ 피해자환부/ 피해자교부 중에 해당 요건이 충족되는 것이 있을 경우, 이곳에 <부수처분>이라는 제목하에 기재례[68]에 맞추어 그 내용을 작성한다([그림6]의 ③).[69]

66 나열하는 방식과 순서에 관한 자세한 설명은 판결서작성실무 146－155쪽 참조

67 [그림6]의 ①은 판결서작성실무에 기재된 작성원리에 따라 작성된 것이다. 그러나 실무상 통례에 따라 간소한 기재가 허용된다면, 가령 "피고인이 이 법정에서 한 이에 들어맞는 진술"은 "피고인의 법정진술"로, "사법경찰관이 작성한 OOO에 대한 피의자신문조서/ 진술조서 중 이에 들어맞는 진술기재"는 "OOO에 대한 경찰 피의자신문조서/ 진술조서의 진술기재"로 기재할 수도 있다.

68 몰수의 기본 기재례는 "압수된 식칼 1자루(증 제1호)를 피고인 김갑동으로부터 몰수한다(형법 제48조 제1항 제1호)."이다(판결서작성실무 70쪽 참조). 추징의 기본 기재례는 "피고인 김갑동으로부터 100,000원을 추징한다(마약류관리에 관한 법률 제67조 단서)."이고(판결서작성실무 76－77쪽), 피해자환부/ 피해자교부의 기본 기재례는 "압수된 손지갑 1개(증 제1호)를 피해자 오피혜에게 환부한다(형사소송법 제333조 제1항), 압수된 휴대폰 1대(증 제2호)를 피해자 이을동에게 교부한다(형사소송법 제333조 제2항, 제1항)."이다(판결서작성실무 79쪽 참조). 여기에 제시된 기재례는 판결서의 주문에서 사용하는 문언들이다. 검토보고서는 본래 판결서를 모체로 하는 것이므로 이 부분은 판결서의 주문 기재례에 따라 작성하는 것이 바람직하다.

69 강의노트 494쪽 각주14 내지 16 참조

[그림6]

1. 피고인 김갑동의 횡령의 점(공소사실 제3항)

가. 결론

유죄

나. 논거

○ 증거의 요지 ①

1. 피고인, 증인 박서준이 각 이 법정에서 한 이에 들어맞는 진술
1. 검사가 작성한 박서준에 대한 진술조서 중 이에 들어맞는 진술기재
1. 사법경찰관이 작성한 이광규에 대한 진술조서 중 이에 들어맞는 진술기재
1. 압수된 당좌수표 1장(증 제2호)의 현존

○ 소결론 ②

유죄로 인정된다.

○ 부수처분 ③

압수된 당좌수표 1장(증 제2호)을 피해자 박서준에게 환부한다(형사소송법 제333조 제1항).

<몰수>의 경우는 임의적 몰수인지(형법 제48조 제1항) 필요적 몰수인지(가령, 형법 제134조 전문 등) 불문하고 해당 법정 몰수요건이 충족되면 이를 기재하여야 한다. 반면, <추징>은 실무상 필요적으로 추징해야 한다는 규정이 있는 경우에만 추징을 명하는 것이 보통이다. 가령, 형법 제134조 후문, 변호사법 제116조 후문, 마약류 관리에 관한 법률 제67조 단서가 대표적인 예이다. <피해자환부/ 피해자교부>는 법 제333조 제1항, 제2항의 요건이 충족될 경우 이를 기재하여야 한다.

3) 결론 유죄/ 특별한 쟁점이 있는 경우의 『검토의견』

검토결과 결론이 유죄인데 특별한 쟁점이 있는 경우라면, 피고인 또는 변호인이 주장한 내용이 있었는데 그 주장이 배척된 사안이라는 말이다. 달리 말해 피고인 또는 변호인이 무죄/ 면소/ 공소기각 주장을 하였는데 그 주장이 받아들여지지 않은 경우에 해당한다. 이러한 경우 『검토의견』은 『주장 및 쟁점』에서 정리된 피고인 및 변호인의 주장에 관하여 그 주장이 배척된 이유를 밝혀 주는 것이므로, 원칙적으로 삼단논법에 따른다. 즉, **<관련법리> – <증거에 의한 사실인정> – <포섭판단>의 순서대로 기재함이 원칙**이다. 물론 쟁점에 따라서는 <관련법리> 혹은 <증거에 의한 사실인정> 부분을 기재하지 않더라도 논증에 무리가 없을 수도 있고, 그러한 경우라면 그 부분을 생략할 수도 있다. <관련법리>, <증거에 의한 사실인정>과 <포섭판단>[70] 부분을 기재할 때에 유의사항은 아래와 같다.

70 〈관련법리〉, 〈증거에 의한 사실인정〉, 〈포섭판단〉 항목에 대한 제목을 이 책에서는 [그림7]에서 보는 것처럼 『관련법리』, 『인정사실』, 『판단』이라고 표현하였는데, 다른 표현을 사용해도 무방하다. 그 제목 아래 기재하는 본문내용 즉, 법리/ 사실인정/ 포섭판단의 순서로 행해지는 논증이 중요하다.

관련법리의 구체적인 내용은 해당 쟁점에 관한 정확한 법리를 적어야 한다. 아무리 훌륭한 법리라도 쟁점과 무관한 것이라면 문제 해결에 도움이 안 되고 지식의 자랑에 불과하므로 불필요하다. 이 책에서는 대법원 판례가 있는 경우에는 최대한 그 판시사항을 그대로 소개하는 방식으로 적어 보았다.

실제 검토보고서의 작성시에 관련법리를 얼마나 자세히 적어주어야 할지 가늠하기 어려운 경우가 많다. 우선 관련법리의 구체적인 결론을 정확하게 밝혀야 한다. 관련법리가 법률의 내용인 경우는 그것이 법 조항임을 밝히면 충분하고 추가적인 논거를 제시할 필요는 없다. 다만 판례나 학설, 또는 독자적인 의견인 경우에는 그러한 결론에 이르게 된 논거를 밝혀줄 필요가 있다. 판례의 법리에 따를 경우 대법원 판례의 문언을 외워서 그대로 전부 적어줄 필요까지는 없겠으나, 읽는 이가 관련법리의 정당성을 수긍할 수 있을 정도로 그 핵심적 논거를 적어줄 필요는 있다. 관련법리를 학습할 때 법리의 정확한 결론 및 그 핵심적인 논거를 숙지하고 이를 구체적으로 표현하겠다는 목표를 갖고 연습해 보도록 하자.

또, 해당 법리에 관한 학설 대립이 있는 경우 관련법리 부분에서 이를 논증해 주는 것도 훌륭한 법률문서가 될 것이다. 다만 형사기록을 이해하고 법률문서를 작성할 수 있도록 한다는 이 책의 취지상, 구체적인 학설의 대립과 그 전개를 학습하고 검토하는 것은 교과서 등의 다른 학습과정에 미루어 둔다.

증거에 의한 사실인정 부분에서는 앞서 검토한 법리를 적용하기에 필요하고도 충분한 사실이 인정되는지 여부를 적어 준다. 포섭판단을 하기 위한 전제가 된다. 불필요한 사실을 적는 것은 법리와 무관한 사실관계를 고려한 것으로 오해할 우려가 있기 때문에 적지 않는다. 사실인정은 원칙적으로 증거에 의하여야 한다. "~증거에 의하면, ~사실이 인정된다."는 구조를 지켜서 쓰는 것이 좋다.

법리를 설시하고 사실을 인정했으니 법리에 인정된 사실을 적용하여 결론에 이르는 논증을 해야 한다. 앞에서 쓴 것을 반복하는 것 같은 느낌이 들 수 있으나, 위 인정사실의 어떤 면을 어떻게 법리에 적용하여 결론에 이르렀는지 논리적 과정을 밝힐 필요가 있다. 다음 [그림7]의 예를 살펴보자.

[그림7]은 피해품의 소유자와 점유자가 다른 절도 공소사실에 관하여 피고인과 변호인이 친족상도례가 적용되어 공소기각되어야 한다고 주장하였는데, 피고인 김갑동이 소유자 이을동과는 비동거 친족관계이나 점유자 안병철과는 아무런 친족관계가 아니어서 친족상도례가 적용되지 않는다는 법리가 적용되어 결국 그 주장이 배척된 사례이다. 먼저 <관련법리>라는 제목을 적고 그 아래에 해당 판례 등 법리의 요지를 기재한다([그림7]의 ①).[71] 그리고는 그 아래에 증거에 의한 <사실인정>[72]을 한 후(②), <포섭판단>을 기재한다(③). 법리를 제시하고

---

71 강의노트 475쪽 참조

72 절도 피해품의 소유자가 누구인지, 점유자가 누구인지, 피고인과 친족관계가 어떠한지를 확인하지 않으면, 위 관련법리에 따라 당해

사실인정을 한 후에는 그러한 법리가 이 사안에 어떻게 적용되는지를 밝혀 주는 "포섭판단"을 누락하지 않도록 주의하여야 한다. 법리/ 사실인정/ 포섭판단은 논리적으로 분리되어야 하는데, 엄별하여 3가지 의미 덩어리로 각각 기재하여야 함을 기억하자.

[그림7]

1. 피고인 김갑동의 절도의 점(공소사실 제3항)

가. 결론

유죄

나. 논거

1) 주장 및 쟁점

○ 피고인은 사실관계는 인정한다.

○ 피고인 및 변호인은 친족상도례가 적용되어 공소기각되어야 한다고 주장한다.

2) 검토의견

가) 관련법리 ①

절도죄는 형법 제329조에 해당하는 죄로서, 형법 제344조, 제328조 제2항에 의하면 피고인과 피해자 사이에 위 조항에 정해진 친족관계가 있는 경우에는 피해자의 고소가 있어야 공소를 제기할 수 있다. 다만, 절도죄는 재물의 점유 침탈로 인하여 점유자와 소유자를 모두 해하게 되는 것이므로, 재물의 점유자와 소유자 전부를 피해자로 보아야 한다. 따라서 절도죄에서 친족상도례에 관한 규정은 범인이 피해물건의 소유자 및 점유자 모두와 친족관계가 있는 경우에만 적용되고, 절도 범인이 피해물건의 소유자나 점유자 중 어느 일방과 사이에서만 친족관계가 있는 경우에는 적용되지 아니한다.[73]

나) 인정사실 ②

피고인의 법정진술, 이을동, 안병철에 대한 각 경찰 진술조서의 진술기재에 의하면, 피고인이 훔친 지갑은 이을동의 소유물이나 범행 무렵 안병철이 이을동으로부터 잠시 빌려서 점유하고 있었던 사실, 이을동은 피고인과 동거하지 않는 외삼촌이지만, 안병철은 이을동의 친구로서 피고인과 아무런 친족관계가 없는 사실을 인정할 수 있다.

다) 판단 ③

위 인정사실에 의하면, 피고인과 피해물건의 소유자인 이을동은 위 규정에서 정한 친족관계에 있으나, 피고인과 점유자인 안병철은 아무런 친족관계가 없으므로, 위 공소사실에는 친족상도례 규정이 적용되지 아니한다.

피고인 및 변호인의 위 주장은 받아들이지 아니한다. ④

라) 증거의 요지

1. ......

마) 소결론

유죄로 인정된다.

바) 부수처분

...

절도 공소사실에 대하여 친족상도례가 적용되는지를 판단할 수 없다. 따라서 증거에 의한 사실인정이 논리필연적으로 필요하다.

73 대법원 2014. 9. 25. 선고 2014도8984 판결, 대법원 1980. 11. 11. 선고 80도131 판결 등

그런 다음 해당 쟁점에 대한 검토결과를 ④와 같이 "피고인과 변호인의 위 주장은 받아들이지 아니한다."라고 하여 주장이 배척되었다는 취지의 표현을 기재한다. 그런 후에 <증거의 요지>,[74] <소결론>, <부수처분>을 앞서 본 바와 같은 원리에 따라 작성하면 된다.

4) 결론이 법 제325조 전단 무죄/ 면소/ 공소기각인 경우의 『검토의견』[75]

기록검토결과 결론이 법 제325조 전단 무죄 또는 면소/ 공소기각인 경우라면, 피고인 또는 변호인이 주장한 내용이 있었는데 그 주장이 받아들여졌거나 주장한 바는 없으나 직권판단사항이 있어 검토된 결과 무죄/ 면소/ 공소기각의 판단이 내려졌다는 말이다. 이러한 경우 『검토의견』은 『주장 및 쟁점』에서 정리된 피고인 및 변호인의 주장이 받아들여진 이유를 밝혀 주는 것이므로, 앞서 본 결론이 유죄이면서 특별한 쟁점이 있었던 경우와 마찬가지로 삼단논법에 따른다. **<관련법리>－<증거에 의한 사실인정>－<포섭판단>의 순서대로 기재함이 원칙**이다. 물론 쟁점에 따라서는 <관련법리> 혹은 <증거에 의한 사실인정> 부분을 기재하지 않더라도 논리를 이해하는 데 문제가 없을 수도 있고, 그러한 경우라면 그 부분을 생략할 수도 있다.[76] 아래 [그림8]의 예를 살펴보자.

[그림8]은 절도 공소사실에 관하여 피고인과 변호인이 친족상도례가 적용되어 공소기각되어야 한다고 주장하였는데, 검토결과 피고인과 피해자 이을숙이 비동거 친족관계이므로 결국 친족상도례가 적용되어 그 주장이 받아들여진 사례이다. 이를 삼단논법에 따라 기술하면 [그림8] 처럼, <관련법리>－<인정사실>－<소결론>과 같다. 판례나 법령 조항 등의 법리를 기재하고 "증거에 의한 사실인정"과 "포섭판단"을 기재한다.

<소결론>에는 [그림8]의 ①, ②, ③과 같이 다음 **3가지 사항**을 기재한다. (i) 무죄/ 면소/ 공소기각의 경우 **해당 형사소송법 조항에서 정한 사유들을 법조문 그대로 원용하여 기재**한다(가령, "범죄가 되지 아니하는 때", "확정판결이 있은 때", "공소의 시효가 완성되었을 때", "공소제기의 절차가 법률의 규정에 위반하여 무효인 때" 등). (ii) **그 해당 형사소송법 조항을 기재**한다(가령, "형사소송법 제325조 전단/ 제326조 제1호/ 제326조 제3호/ 제327조 제2호에 의하여" 등). (iii) 최종 결론을 기재한다(즉, **"무죄/ 면소/ 공소기각으로 판단된다."**).[77]

---

74 피고인 측의 무죄 등 주장이 배척된다고 곧바로 유죄로 결론을 내려서는 아니 된다. 유죄 결론을 내리기 전에 충분한 증거가 있음을 검토해야 함을 잊지 말자.

75 아래 『검토의견』의 서술방법은, 형사판결서 중 이유 기재방식에서 유래하였다. 법 제325조 전단 무죄는 판결서작성실무 209－211쪽을, 면소는 같은 책 219－223쪽을, 공소기각은 같은 책 224－231쪽을 참조하라.

76 강의노트 476쪽 참조

77 강의노트 492쪽 각주6, 7 참조. 어떠한 사유가 인정되므로 어떠한 법률조항을 적용하여 어떠한 결론을 내린다는 것인지를 구체적으로 명시한다는 의미이다.

[그림8]

1. 피고인 김갑동의 절도의 점(공소사실 제3항)

가. 결론

공소기각

나. 논거

1) 주장 및 쟁점

○ 피고인은 사실관계는 인정한다.

○ 피고인 및 변호인은 친족상도례가 적용되어 공소기각되어야 한다고 주장한다.

2) 검토의견

가) 관련법리

절도죄는 형법 제329조에 해당하는 죄로서, 형법 제344조, 제328조 제2항에 의하면 피고인과 피해자 사이에 위 조항에 정해진 친족관계가 있는 경우에는 피해자의 고소가 있어야 공소를 제기할 수 있다.

나) 인정사실

피고인의 법정진술, 이을숙에 대한 경찰 진술조서의 진술기재에 의하면, 피고인과 피해자 이을숙은 동거하지 않는 사촌 사이인 사실을 인정할 수 있으므로, 위 조항에 정해진 친족관계가 있다.

한편, 이을숙이 작성한 고소취하서의 기재에 의하면, 피해자 이을숙이 이 사건 공소제기 후인 2020. 9. 3. 고소를 취소한 사실을 인정할 수 있다.

다) 소결론

①이 부분 공소사실은 고소가 있어야 죄를 논할 사건에 대하여 고소의 취소가 있는 때에 해당하므로, ②형사소송법 제327조 제5호에 의하여 ③공소기각하여야 한다.

5) 결론이 법 제325조 후단 무죄인 경우의 『검토의견』

가) 유형의 개요

결론이 법 제325조 후단에 의한 무죄인 경우는 가장 복잡다기한 사안이다. 이를 유형화하자면, (i) 검사가 제출한 주요 증거들의 증거능력이 인정되지 아니하여 무죄가 되는 경우, (ii) 검사가 제출한 증거들의 증명력이 배척되어 무죄가 되는 경우이다. 위 (i)유형은 다시 전문법칙이나 위법수집증거배제법칙 중 하나가 적용되거나 둘 모두가 적용되어 증거능력이 배척되는 경우로 세분될 수 있다. 또한 위 (i), (ii)유형이 상호 간 혼합되는 경우도 많다.

나) 전문법칙의 예외규정 요건흠결로 증거능력이 배척되어 법 제325조 후단 무죄인 경우

이런 경우 『검토의견』은 다음 [그림9]와 같이 먼저 <검사가 제출한 증거>라는 제목을 적고 그 아래에 검사가 유죄를 증명하기 위해 제출한 증거를 나열한다. 그 다음에 <증거능력 없는 증거>라는 제목을 쓰고 그 아래에 앞서 나열한 개별 증거들 별로 왜 증거능력이 없는지를 그 이유를 밝혀 기재하면 된다. 이때 기록검토과정에서 확인한 전문법칙의 예외규정 요건흠결 사유들을 기재한다.[78]

---

78 강의노트 477쪽 참조

[그림9]

1. 피고인 김갑동의 절도의 점(공소사실 제3항)

가. 결론

무죄

나. 논거

1) 주장 및 쟁점

○ 피고인은 사실관계를 부인한다.

2) 검토의견

○ 검사가 제출한 증거

증인 이목격의 법정진술, 이을남에 대한 검찰 피의자신문조서, 박병철에 대한 경찰 피의자신문조서

○ 증거능력 없는 증거

(각 증거들 별로 전문법칙의 예외규정 요건 검토→각각 증거능력 배척)

○ 소결론

이 부분 공소사실은 범죄사실의 증명이 없는 때에 해당하므로 형사소송법 제325조 후단에 의하여 무죄로 판단된다.

그런 다음에 <소결론>에 형사소송법에서 정한 사유들을 원용하고("범죄사실의 증명이 없는 때에 해당하므로") 해당 형사소송법 조항("형사소송법 제325조 후단에 의하여")과 최종결론("무죄로 판단된다.") 부분을 기재한다.

다) 위법수집증거배제법칙에 따라 증거능력이 배척되어 법 제325조 후단 무죄인 경우

이런 경우 『검토의견』은 다음 [그림10]과 같이 먼저 검사가 유죄를 증명하기 위해 제출한 증거를 나열한다. 그 다음에 그 나열된 증거들이 위법수집증거에 해당한다는 점을 삼단논법에 따라 제시한다. 즉, 위법수집증거배제법칙에 관한 <관련법리>를 기재하고 → 증거수집절차가 어떠한 점에서 위법한 것인지 그 전제되는 사실관계를 증거에 의하여 인정하며 → 1차적 증거와 이에 기초한 2차적 증거의 증거능력을 순차로 배척하면 된다.

[그림10]

1. 피고인 김갑동의 절도의 점(공소사실 제3항)

가. 결론

무죄

나. 논거

1) 주장 및 쟁점

○ 피고인은 사실관계를 부인한다.

2) 검토의견

○ 검사가 제출한 증거

증인 이목격의 법정진술, 피고인 김갑동에 대한 경찰 피의자신문조서, 수사보고, 경찰 압수조서, 압수된 만능열쇠 1개(증 제1호)

○ 관련법리

(위법수집증거배제법칙에 관한 법리의 요지)

○ 인정사실

(어떤 절차가 위법한 것인지 증거에 의하여 사실인정)

○ 만능열쇠의 증거능력

○ 2차적 증거의 증거능력

○ 소결론

이 부분 공소사실은 범죄사실의 증명이 없는 때에 해당하므로 형사소송법 제325조 후단에 의하여 무죄로 판단된다.

만일 경우를 달리하여 <검사가 제출한 증거>에 열거된 증거들 중 자백취지의 피고인의 법정진술을 제외하고 나머지 증거들 모두가 위법수집증거에 해당하여 증거능력이 배척되는 경우에는 자백보강법칙이 적용되어 결국 법 제325조 후단 무죄에 이르게 된다. 이런 경우에는 [그림10]에서 보자면 <2차적 증거의 증거능력> 판단 바로 다음에 아래 [표3]과 같이 기재한다.

[표3]

○ 보강증거에 관하여

형사소송법 제310조에 의하면, 피고인의 자백이 그 피고인에게 불이익한 유일의 증거인 때에는 이를 유죄의 증거로 하지 못한다.

피고인의 법정진술은 앞서 본 바와 같이 증거능력이 있으나 이 부분 공소사실에 대하여는 피고인의 자백을 보강할 증거가 없으므로 피고인의 자백은 피고인에게 불리한 유일의 증거에 해당하여 이를 유죄의 증거로 삼을 수 없다.

라) 증거의 증명력(신빙성)이 배척되어 법 제325조 후단 무죄인 경우

증거의 증명력이 배척되는 유형이 실무상 가장 빈번하고 가장 복잡다기하며 이를 검토보고서로 구현하는 일도 쉽지 않다. 가령, 검사가 제출한 증거들, 즉 목격자나 피해자의 진술이 믿기 어려우므로 결국 법 제325조 후단 무죄에 이르는 구조이다. 따라서 가장 큰 논리의 틀은 유죄에 부합하는 듯한 증거 일체, 즉 <검사가 제출한 증거>를 나열하고 그중 증거능력이 없는 증거들을 분석하여 배척한 후 <증명력 없는 증거>라는 제목하에 나머지 증거능력 있는 증거들은 신빙성이 없어 배척하고 <부족증거 등>이라는 제목하에 나머지 증거들만으로는 공소사실을 인정하기 부족하다는 취지를 드러내 주는 형태이다.[79] [그림11]이 이를 구현한 검토보고서의 예이다.

[그림11]

1. 피고인 김갑동의 절도의 점(공소사실 제3항)

가. 결론

무죄

나. 논거

1) 주장 및 쟁점

○ 피고인은 사실관계를 부인한다.

2) 검토의견

○ **검사가 제출한 증거**

증인 오피해, 이목격의 각 법정진술, 피고인에 대한 경찰 피의자신문조서, 경찰 압수조서, 압수된 지갑 1개(증 제2호)

○ **증거능력 없는 증거**

(피고인에 대한 경찰 피의자신문조서, 내용부인으로 증거능력이 없다는 취지)

○ **증명력 없는 증거**

(증인 오피해, 이목격의 각 법정진술이 신빙성이 없다는 취지)

○ **부족증거 등**

나머지 증거들만으로는 위 공소사실을 인정하기에 부족하고, 달리 이를 인정할 증거가 없다.

○ **소결론**

이 부분 공소사실은 범죄사실의 증명이 없는 때에 해당하므로 형사소송법 제325조 후단에 의하여 무죄로 판단된다.

한편 신빙성이 있는지, 없는지를 판단하는 기본적인 기준은 (i) 해당 진술이 수사단계부터 법정에 이르기까지 얼마나 **일관되는지,**[80] (ii) 해당 진술이 **객관적인 정황**에 얼마나 부합하는지,[81] (iii) 해당 진술이 **경험칙**(**상식**)에 얼마나 부합하는지[82] 여부 등이다. 따라서 어떠한 진술이 일관되지 않을수록, 객관적인 정황에 부합하지 않을수록, 경험칙(상식)에 부합하지 않을수록

79 강의노트 488쪽 참조
80 증거법 231-232쪽 참조
81 증거법 228-230쪽 참조
82 증거법 233-237쪽

당해 진술의 신빙성은 낮아진다고 판단할 수 있다. 그러한 사정들을 [그림11]의 "증명력 없는 증거"란의 기재와 같이 적절히 표현하면 된다.

Ⅲ 특수한 유형

1. 『주장 및 쟁점』에서 정리된 쟁점이 2개 이상인 경우

[그림12]

1. 피고인 김갑동의 절도의 점(공소사실 제3항)
가. 결론
면소
나. 논거
1) 주장 및 쟁점
○ 피고인은 사실관계는 인정한다.
○ 피고인 및 변호인은 **친족상도례**가 적용되어 공소기각되어야 한다고 주장한다.
○ 직권으로 **공소시효 완성** 여부를 검토한다.
2) 검토의견
가) 친족상도례 적용 여부
(1) 관련법리
(2) 인정사실
(3) 판단
... 피고인 및 변호인의 위 주장은 받아들이지 아니한다.
나) 공소시효 완성 여부
(1) 관련법리
(2) 인정사실
(3) 판단
다) 소결론
이 부분 공소사실은 공소시효가 완성되었을 때에 해당하므로, 형사소송법 제326조 제1호에 의하여 면소로 판단된다.

[그림12]의 예를 살펴보자. 절도 공소사실에 관하여 변호인이 친족상도례 적용에 따른 공소기각을 주장하였고 기록검토결과 공소시효 완성의 쟁점이 발견된 사례이다. 『주장 및 쟁점』에서 쟁점이 2개로 정리되었으니 그 아래 『검토의견』에서는 자연히 2개의 쟁점에 대하여 다루게 된다. 각 쟁점별로 적절히 제목을 붙이고[83] 각 쟁점별로 삼단논법에 따라 검토해 주면 된다.

83 제목은 크게 구애받을 필요가 없다. 본 검토보고서를 읽는 독자가 글을 이해하는 데 지장이 없으면 충분하다. 제목을 붙이

2. 결론이 〈이유 무죄/ 면소/ 공소기각〉인 경우

이러한 경우는 앞서 [그림8]에서 살핀 <결론이 무죄/ 면소/ 공소기각인 경우> 검토보고서 작성방식에서 몇 가지만 추가하면 된다. 첫째, 『결론』 부분에 <이유 무죄/ 면소/ 공소기각>을 기재하고, 둘째, 『주장 및 쟁점』과 『검토의견』에서 개별행위들별로 쟁점을 정리하여 검토하며, 셋째, <소결론> 부분에 일부 문구가 추가된다. [그림13]의 예를 보자.

[그림13]

1. 피고인 김갑동의 상습절도의 점(공소사실 제3항)

가. 결론

○ 2022. 4. 1. 상습절도의 점 : 무죄

○ 2022. 5. 1. 상습절도의 점 : 이유 공소기각

나. 논거

1) 주장 및 쟁점

○ 2022. 4. 1. 상습절도의 점 : 피고인은 사실관계를 부인한다.

○ 2022. 5. 1. 상습절도의 점 : 피고인은 사실관계를 인정하나, 변호인은 친족상도례가 적용되어 공소기각되어야 한다고 주장한다.

2) 검토의견

가) 2022. 4. 1. 상습절도의 점

○ 검사가 제출한 증거

○ 증거능력 없는 증거

○ 증명력 없는 증거

○ 부족증거 등

○ 소결론

이 부분 공소사실은 범죄사실의 증명이 없는 때에 해당하므로 형사소송법 제325조 후단에 의하여 무죄로 판단된다.

나) 2022. 5. 1. 상습절도의 점

○ 관련법리

○ 인정사실

○ 판단

○ 소결론

이 부분 공소사실은 고소가 있어야 죄를 논할 사건에 대하여 고소의 취소가 있은 때에 해당하므로, 형사소송법 제327조 제5호에 의하여 공소기각하여야 하나, **①이와 포괄일죄 관계에 있는 2022. 4. 1. 상습절도의 점에 관하여 무죄를 선고②하는 이상, 주문에서 따로 공소기각을 선고하지 아니한다.**

는 데 유일무이한 정답이 있는 것도 아니다.

절도의 습벽이 있는 피고인이 2022. 4. 1. 절도행위, 2022. 5. 1. 절도행위를 하였다는 범죄사실로 인하여 상습절도죄로 기소되었는데, 2022. 4. 1. 절도행위는 범죄사실의 증명이 없는 때에 해당하고, 2022. 5. 1. 절도행위는 그 피해자가 피고인과 동거하지 않는 사촌 형제이므로 공소기각 사유가 있는 사례이다. 『결론』 부분에서 상습절도를 구성하는 개별행위별로 결론이 달라지므로 해당 행위별로 특정이 필요하고, 범행일시에 따라 구분하여 최종결론을 기재하였다.[84] 『논거』 중 『주장 및 쟁점』에서 각 개별행위별로 쟁점이 다르므로 역시 이를 특정하여 2가지(사실관계 인정 여부 및 주장 또는 직권판단사항의 요지)를 기재한다.

『검토의견』에서는 앞서 정리한 2개의 쟁점에 관하여 각각 적절히 제목을 붙이고 앞서 살펴본 기본 기재례에 따라 검토하면 된다. 다만, <소결론> 부분에 [그림13]의 ①, ②와 같은 문구를 추가한다. 2022. 5. 1. 상습절도의 점에 대해서 왜 주문에서 공소기각 판결을 선고하지 않는지 그 이유를 기재한다. 이른바 법률상 일죄의 일부와 나머지 부분에 유/무죄, 면소, 공소기각의 사유가 경합하는 사례는, 주로 상습범 등 포괄일죄, 상상적 경합의 경우나 축소사실을 인정하는 경우에 발생된다. [그림13]은 그중 상습범의 예를 보여주고 있다. 따라서 ①의 위치에 **"이와 포괄일죄 관계에 있는"(상습범 등 포괄일죄의 경우), "이와 상상적 경합 관계에 있는"(상상적 경합의 경우), "이(부분 공소사실)에 포함된(또는 이와 일죄관계에 있는)"(축소사실의 경우)라는 표현을 사용**하면 된다.[85] 그리고는 [그림13]의 ②처럼 **"~ 하는 이상, 주문에서 따로 ~을 선고하지 아니한다."**로 기재하면 된다.[86]

3. 축소사실을 인정하는 경우

기소된 공소사실을 심리한 결과 범죄가 되지 않거나 범죄사실이 증명이 없어 무죄를 선고하여야 하나, 당해 공소사실에 이른바 축소사실이 포함되어 있고 피고인이 자백하고 있어 법원이 그 축소사실을 인정하더라도 피고인에게 방어권행사에 불이익을 주지 않는 경우라면 공소장변경절차 없이도 그 축소사실에 관하여 심리, 판단할 수 있다.[87] 물론 이러한 경우에도 법원에 항상 축소사실을 인정하여야 할 심판의무가 있는 것은 아니다.[88] 다만 <검토보고서> 작

84 포괄일죄로서 하나의 죄인 상습절도죄가 2022. 4. 1.과 2022. 5. 1.에 각각 행해진 2개의 절도행위로 구성되어 있을 때, 그 개별행위들을 특정하는 경우에는 2022. 4. 1. **상습절도**의 점, 2022. 5. 1. **상습절도**의 점이라고 표현한다. 2022. 4. 1. **절도**의 점이라고 하지 않는다.

85 판결서작성실무 216-218, 224, 231쪽 기재례 참조

86 판결서작성실무 216-218, 224, 231쪽 기재례 참조

87 대법원 1999. 4. 15. 선고 96도1922 전원합의체 판결, 대법원 1990. 4. 24. 선고 90도401 판결 등

88 대법원 2004. 12. 10. 선고 2004도5652 판결, 대법원 2001. 12. 11. 선고 2001도4013 판결 등

성시에는 위와 같은 경우에 반드시 축소사실을 검토하고 이를 적절한 방식으로 기재하여야 하며,[89] <검토의견서>나 <변론요지서>도 마찬가지이다. [그림14]의 예를 살펴보자.

[그림14]

1. 피고인 김갑동의 강도치상의 점(공소사실 제3항)

가. 결론

○ 강도치상의 점 : 이유 무죄

○ 이(부분 공소사실)에 포함된 강도의 점 : 유죄

나. 논거

1) 주장 및 쟁점

○ 피고인 및 변호인은 강도의 점은 인정하나 피해자가 상해에 이른 점은 부인한다.

① ○ **직권으로 이 부분 공소사실에 포함된 강도의 점을 축소사실로 인정할 수 있는지 여부**를 검토한다.

2) 검토의견

가) 강도치상의 점에 관하여

○ 검사가 제출한 증거

○ 증명력 없는 증거

○ 부족증거 등

○ 소결론

② 이 부분 공소사실은 범죄사실의 증명이 없는 때에 해당하므로 형사소송법 제325조 후단에 의하여 무죄로 판단되나, **아래에서 보는 바와 같이 이에 포함된**(또는 이 부분 공소사실에 포함된, 이와 일죄관계에 있는) 강도의 점에 관하여 주문에서 유죄를 인정**하는 이상, 주문에서 따로 무죄를 선고하지 아니한다.**

나) 강도의 점

○ **축소사실의 인정 여부**

③ 강도치상 공소사실 중에는 강도의 공소사실도 포함되어 있고, 피고인이 자백하는 이상 이 경우 법원이 강도의 공소사실을 인정하더라도 피고인의 방어에 실질적으로 불이익을 초래할 염려는 없으므로 공소장변경 절차 없이도 강도의 공소사실에 관하여 심리, 판단할 수 있다.

○ **증거의 요지**

1. 피고인의 법정진술

1. …

○ **소결론**

유죄로 인정된다.

89 제3회, 제5회, 제6회, 제8회 변호사시험 형사기록형 출제

앞서 본 <결론이 무죄/ 면소/ 공소기각인 경우>([그림8] 참조)에서 다음과 같은 내용들이 추가된다. 첫째, 『결론』에 이번에 기소된 공소사실에 관하여 <이유 무죄>, 이에 포함된 축소사실에 관하여는 <유죄>라고 기재한다. 둘째, [그림14]의 ①처럼 『주장 및 쟁점』에서 축소사실 인정 여부를 직권검토한다는 취지를 기재하여야 한다. 셋째, ②에 원래 기소된 공소사실에 관하여 왜 <이유 무죄>를 하는지 이유를 추가한다. 넷째, [그림14]의 ③처럼 축소사실 인정 여부에 관해서는 관련법리 일체를 그대로 기재한다. 그리고 <검토의견>에서 2가지 쟁점(강도치상에서 피해자가 상해에 이르렀는지 여부, 축소사실인 강도의 점을 인정할 수 있는지 여부)을 쟁점별로 검토하면 된다.

그런데 **축소사실을 인정하려는데 마침 그 축소사실에 관하여 형식재판사유**(면소/ 공소기각 사유)**가 있는 경우**[90]가 있다.[91·92] [그림15]의 예를 보자.

[그림15]

1. 피고인 김갑동의 폭행치상의 점(공소사실 제3항)

가. 결론

○ 폭행치상의 점 : 이유 무죄

○ 이(부분 공소사실)에 포함된 폭행의 점 : 공소기각

나. 논거

1) 주장 및 쟁점

○ 피고인 및 변호인은 폭행의 점은 인정하나 피해자가 상해에 이른 점은 부인한다.

---

90 제2회, 제3회, 제4회, 제7회, 제8회 변호사시험 형사기록형 출제

91 ① 특정범죄가중처벌등에관한법률위반(도주치상)으로 기소된 사건에서 도주의 점에 관하여는 증명이 없고 공소제기 전에 피해자가 피고인의 처벌을 원하지 아니하는 의사표시를 한 경우에는 당초 기소된 특정범죄가중처벌등에관한법률위반(도주치상) 공소사실에 관하여 무죄의 선고를 할 것이 아니라(주문 무죄가 아니라 이유 무죄), 축소사실에 해당하는 교통사고처리특례법위반(치상) 공소사실에 관하여 주문에서 공소기각을 선고하여야 하고, ② 甲, 乙 두 사람이 폭력행위등처벌에관한법률위반(공동폭행)으로 기소된 사건에서 심리 결과 오히려 乙이 甲과 피해자 사이의 싸움을 말린 것으로 밝혀진 경우, 이미 피해자가 甲에 대한 처벌을 원하지 않는다는 의사표시를 하였다면, 甲에 대하여 당초 기소된 폭력행위등처벌에관한법률위반(공동폭행) 공소사실에 관하여 무죄를 선고할 것이 아니라(주문 무죄가 아니라 이유 무죄), 축소사실인 폭행 공소사실에 대하여 주문에서 공소기각의 선고를 하여야 한다(판결서작성실무 92쪽 참조). 강의노트 239쪽 참조

92 앞서 본 바와 같이 법률상 일죄의 일부와 나머지 부분에 유/무죄, 면소, 공소기각 사유가 경합할 때 (i) 일부라도 유죄가 되는 경우, 형사판결의 주문에서 피고인에게 형벌을 선고해야 하고 나머지 사유는 판결의 이유에서만 기재하면 족하나, (ii) 유죄 사유가 없는 경우에는 경합되는 사유들을 비교하여 **피고인에게 유리한 것**, 즉 무죄, 면소, 공소기각의 순서로 주문에 기재하고 나머지는 이유에 기재함이 원칙이다. 그러나 판례는 축소사실을 인정하는 경우에 있어서는 예외를 인정하고 있다. 즉, **축소사실을 인정하는 경우인데 마침 그 축소사실에 관하여 형식재판사유(면소/ 공소기각 사유)가 있는 때**에는 이른바 "피고인에게 유리한 것을 주문에 쓴다."는 원칙과 달리 해당 축소사실에 관한 면소 또는 공소기각을 주문에 쓰고, 원래 기소된 전체 공소사실에 관하여는 이유에서 무죄 판단을 한다(판결서작성실무 92쪽 참조).

① ○ **직권으로 이 부분 공소사실에 포함된 폭행의 점을 축소사실로 인정할 수 있는지, 피해자가 처벌을 원하지 않아 공소기각하여야 하는지 여부**를 검토한다.

2) 검토의견

가) 폭행치상의 점에 관하여

(생략)

○ 소결론

이 부분 공소사실은 범죄사실의 증명이 없는 때에 해당하므로 형사소송법 제325조 후단에 의하여 무죄로 판단되나, **아래에서 보는 바와 같이 이에 포함된**(또는 이 부분 공소사실에 포함된, 이와 일죄관계에 있는) 폭행의 점에 관하여 주문에서 공소를 기각**하는 이상, 주문에서 따로 무죄를 선고하지 아니한다.**

나) 폭행의 점

② ○ **축소사실의 인정 여부**

폭행치상 공소사실 중에는 폭행의 공소사실도 포함되어 있고, 피고인이 자백하는 이상 이 경우 법원이 폭행의 공소사실을 인정하더라도 피고인의 방어에 실질적으로 불이익을 초래할 염려는 없으므로 공소장변경 절차 없이도 폭행의 공소사실에 관하여 심리, 판단할 수 있다.

○ **공소기각 여부**

(반의사불벌죄로 피해자가 처벌불원하여 공소기각된다는 취지의 삼단논법)

○ **소결론**

이 부분 공소사실은 공소제기의 절차가 법률의 규정에 위반하여 무효인 때에 해당하므로 형사소송법 제327조 제2호에 의하여 공소기각으로 판단된다.

피고인 김갑동이 폭행치상죄로 기소되었는데 심리결과 피해자가 상해에 이른 점에 관하여 증거부족으로 법 제325조 후단의 무죄 사유가 확인되었다. 그리하여 폭행 공소사실을 축소사실로서 인정하려는데 마침 폭행의 점에 관하여 피해자가 처벌불원의 의사표시를 하여 공소기각 사유가 있을 경우, 검토보고서는 다음과 같이 기재한다. 앞서 본 축소사실을 유죄로 인정한 [그림14]의 경우와 작성하는 방식이 거의 같다. 다만, [그림14]의 경우에서 (i)『주장 및 쟁점』에 직권판단사항으로 축소사실의 인정 여부에 추가하여 폭행의 점에 관하여 피해자의 처벌불원 의사표시로 인하여 공소기각할 수 있는지 여부를 기재하고([그림15]의 ①), (ii) 그에 상응하여『검토의견』에서 해당 축소사실에 관한 2가지 쟁점, 즉 축소사실 인정 여부와 공소기각 여부를 각각 검토하면 된다([그림15]의 ②).

4. 이른바 형식재판우선의 원칙[93]이 적용되는 경우

기록검토결과 특정 공소사실에 관하여 무죄사유, 면소사유 또는 공소기각사유 중 2가지 또는 3가지가 모두 있는 것으로 판단된 경우, 판결서를 작성하는 때라면 이른바 형식재판우선의 원칙에 따라 우선되는 형식재판사유에 관해서만 주문과 이유에 기재하고 우선되지 아니하는 나머지 사유들은 판결서 어디에도 기재하지 않는 것이 원칙이다. 공소사실에 면소 또는 공소기각과 같은 형식재판을 해야 할 사유가 있는 경우에는 유·무죄의 판단으로 나아갈 수 없기 때문이다. 그러나 『검토보고서』는 그 문서의 성격상 쟁점이 되는 것은 모두 검토하여 보고할 필요가 있기 때문에 이와 다르다. 우선되는 사유는 물론이고 우선되지 아니하는 사유들도 모두 쟁점으로 보아 검토하여야 한다. 다만 『결론』은 형식재판우선의 원칙에 따라 기재한다. [그림 16]의 예를 살펴보자.

[그림16]

1. 피고인 김갑동의 점유이탈물횡령의 점(공소사실 제2항)

가. 결론

공소기각

나. 논거

1) 주장 및 쟁점

○ 피고인은 사실관계는 인정한다.
○ 변호인은 친족상도례가 적용되어 공소기각되어야 한다고 주장한다. ①
○ 직권으로 공소시효 완성 여부를 검토한다.

2) 검토의견

가) 친족상도례 적용 여부

(생략)

○ 소결론

… 형사소송법 제327조 제5호에 의하여 공소기각 사유가 있다. ②

나) 공소시효 완성 여부

(생략)

○ 소결론

… 형사소송법 제326조 제3호에 의하여 면소사유가 있다. ③

다) 형식재판우선의 원칙

공소기각 사유와 면소사유가 경합하나, 형식재판 우선의 원칙에 따라 공소를 기각하여야 한다. ④

---

93 대법원 1964. 4. 28. 선고 64도134 판결. 판결서작성실무 101쪽, 112쪽

[그림16]의 ①처럼 각각의 쟁점을 정리하고, 정리된 쟁점별로 각각 삼단논법에 따라 검토한 후 ②, ③처럼 각각의 소결론을 기재하며, 마지막 단락에 ④와 같이 적절히 제목을 붙이고 **"~ 사유가 경합하나, 형식재판우선의 원칙에 따라 ~ 한다."**라는 형식으로 최종결론을 기재한다.

03

유형별 기록검토

- 기록1 (면소 – 기판력)
- 기록2 (면소 – 공소시효)
- 기록3 (공소기각 – 친고죄/ 반의사불벌죄)
- 기록4 (공소기각 – 이중기소)
- 기록5 (전문법칙)
- 기록6 (위법수집증거배제법칙)
- 기록7 (법 제325조 전단 무죄)
- 기록8 (증명력 판단 Ⅰ)
- 기록9 (증명력 판단 Ⅱ)

Notice

1. 제3장에서는 형사사건에서 나올 수 있는 결론, 즉 면소, 공소기각, 법 제325조 전단 무죄, 법 제325조 후단 무죄, 유죄별로 기록을 제시하고 이를 검토해 나가는 모습을 구체적으로 제시하고자 한다. 이하에서는 유형별로 기록을 보면서 착안하고 주의해야 할 사항에 관하여 해당 기록 부분에 각주를 달아 상세한 설명을 덧붙였다.

2. 이하 모의기록에는 편의상 아래와 같은 전제를 설정하였다.
   가. 증거목록 중 '기재 생략'된 부분에는 법에 따른 절차가 진행되어 적절한 기재가 있는 것으로 본다.
   나. 증거목록 중 '증거결정'란, '증거조사기일'란 등의 기재를 생략하였으나, 증거능력 있는 증거는 모두 적법하게 제출되어 그 성질에 따라 적절한 증거조사를 마친 것으로 본다. 학습을 돕기 위하여 증거능력 없는 증거가 편철되었거나 서류 중 일부의 증거능력이 없는 경우에도 이 부분을 분리하거나 가리지 않고 서류 전체가 증거기록에 편철되어 있다.
   다. 증거분리제출제도가 시행되고 있는 실무와 달리 모든 증거기록은 시간 순서대로 편철되어 있다.
   라. 송달이나 접수절차, 결재인이 필요한 서류는 모두 소정의 절차를 적법하게 밟았고, 통지가 필요한 소송절차에는 적법한 통지가 있는 것으로 본다.
   마. 조서 기타 서류에는 필요한 서명, 날인 또는 무인, 간인, 정정인이 있는 것으로 본다[기록에서 '㊞, (인) 또는 (직인)'은 날인을, '(무인)'은 무인을 한 것을 의미한다].
   바. **[기록2]부터 [기록9]까지** ① 공판준비기일, 법정 외에서 정하는 기일을 표시하는 서류, ② 기록목록, ③ 구속관계서류목록, ④ 선고를 위한 공판기일 조서, ⑤ 2개의 증거기록 표지 중 두 번째 표지 부분, ⑥ 증거기록 중에 편철되는 증거목록, ⑦ 경찰 및 검찰 피의자신문조서에 기재되어 있는 '진술거부권 및 변호인 조력권 고지 등 확인', ⑧ 수사기관의 조서나 진술서 말미에 첨부하여야 할 '수사과정확인서'는 편의상 생략하였으나 적법하게 존재하는 것으로 본다.
   사. 기록검토시 토요일이나 공휴일은 고려하지 않아도 무방하다.

1

기록

면소 - 기판력

기록 1

<문제 1> 다음 기록을 읽고 서울중앙지방법원 재판연구원으로서 **검토보고서**를 작성하되, 다음의 검토보고서 양식 중 **본문 I의 1, 2 부분만 작성하시오.**

<문제 2> 다음 기록을 읽고 피고인 김갑동에 대하여 변호인 변호사 황필승의 입장에서 **변론요지서**를 작성하되, 다음의 변론요지서 양식 중 **본문 2. 부분만 작성하시오.**

[검토보고서 양식]

검토보고서

사 건 2022고단1234 상습절도
피고인 김갑동

I. 쟁점 및 검토
1. 결론
2. 논거
가. 공소사실의 요지(생략가능)
나. 주장 및 쟁점
다. 검토의견

II. 처단형의 범위

[변론요지서 양식]

변론요지서

사 건 2022고단1234 상습절도
피고인 김갑동

위 사건에 관하여 피고인 김갑동의 변호인 변호사 황필승은 다음과 같이 변론합니다.

다 음

1. 공소사실의 요지
2. 변론의 요지
3. 정상관계

2022. 8. 3.
피고인 김갑동의 변호인 변호사 황필승 ㊞

서울중앙지방법원 형사 제1단독 귀중

구속만료	2022. 9. 16.	미결구금
최종만료	2023. 1. 16.	
대행갱신 만료		

서 울 중 앙 지 방 법 원

구공판 **형사제1심소송기록**

기 일	사건번호	2022고단1234	담임	형사제1단독	주심	
1회 기일	사 건 명	상습절도[94]				
2022. 8. 4. 10:00	검 사	최정의	2022형제3333호			
	피 고 인	구 속[95] 김갑동				
	공소제기일	2022. 7. 17.[96]				
	변 호 인	변호사 황필승(국선)				

확 정	
보존종기	
종결구분	
보 존	

완결 공람	담 임	과 장	재판장

94 죄명을 보고서 상정 가능한 쟁점을 상기해 본다. 상습범이므로 확정판결의 기판력이 문제될 수 있음을 염두에 둘 수 있다.

95 '구속'이라고 새겨진 고무인을 형상화한 것이다. 이 부분에 불구속 피고인일 경우에는 아무 표시가 없다. 구속 피고인인 경우 최초 신병이 체포 내지 구속되는 과정에서 위법성이 문제될 여지가 있고, 실제 체포절차가 위법할 경우 그 체포일을 기준으로 위법수집증거들을 판별해 내야 하므로 구속 피고인인지 불구속 피고인인지 주목해야 한다.

96 공소시효완성 여부나 친고죄 또는 반의사불벌죄에 있어 고소취소 또는 처벌불원 의사표시의 시기를 판단하는 기준이 되므로 메모대상이다.

공 판 준 비 절 차[97]			
회 부 수명법관 지정 일자	수명법관 이름	재 판 장	비 고

법 정 외 에 서 지 정 하 는 기 일						
기일의 종류	일 시				재 판 장	비 고
1회 공판 기일	2022년	8월	4일	10:00시	㊞	

97 쟁점이 복잡한 사건의 경우 공판준비기일을 지정하게 되는데(법 제266조의5), 그 내용을 기재하는 영역이다. 아래 '법정 외에서 지정하는 기일'은, 가령 제1회 공판기일이 끝나고 제2회 공판기일을 언제, 어디서 열 것인지는 재판장이 법정에서 이를 고지한다(법 제76조 제2항 참조). 다만 공판기일 지정을 이와 같이 법정에서 지정하지 않는 경우가 있을 수 있는데 그 내용을 이 부분에 기재한다. 제1회 공판기일은 부득이 재판장이 법정이 아닌 판사사무실에서 지정하게 된다. 이 페이지 전체는 딱히 신경쓸 부분이 아니다.

서 울 중 앙 지 방 법 원[98]

목 록		
문 서 명 칭	쪽 수	비 고
증거목록	1	검 사
증거목록	2	피고인 및 변호인
공소장	3	
국선변호인선임결정	10	
의견서(**첨부생략**)		피고인
증거신청서	11	변호사 황필승
공판조서(제1회)	14	
공판조서(제2회)	18	

98 이하 공판기록의 전체 목차에 해당한다.

서울중앙지방법원[99]

목 록 (구속관계)		
문 서 명 칭	쪽 수	비 고
긴급체포서	5	피고인 김갑동
구속영장	7	피고인 김갑동
피의자 수용증명	9	피고인 김갑동

99 구속 관련 서류들만 따로 추려서 이들 서류에 관한 목차가 이곳에 기재된다.

증 거 목 록 (증거서류 등)[100]

2022고단1234

2022형제3333호 신청인 : 검 사

순번	증거방법					참조사항 등	신청 기일	증거의견		증거결정		증거조사 기일	비고
	작성	쪽수(수)	쪽수(증)	증 거 명 칭	성 명			기일	내용	기일	내용		
1	사경	3		피의자신문조서	김갑동	공소사실	1	1	○[101]	1	○	1	
2		9		압수조서			1	1	○	1	○	1	
3		11		진술서	한가전	공소사실	1	1	○	1	○	1	
4		13		조회회보서	김갑동	전과관계	1	1	○	1	○	1	
5	검사	14		피의자신문조서	김갑동	공소사실	1	1	○[102]	1	○	1	
6		19		수사보고 (확정일자등)			1	1	○	1	○	1	
7		20		판결등본 (2019고단5000)			1	1	○	1	○	1	

※ 증거의견 표시 – 피의자신문조서 : 인정 ○, 부인 ×[103]
(여러 개의 부호가 있는 경우, 적법성/실질성립/임의성/내용의 순서임)
– 기타 증거서류 : 동의 ○, 부동의 ×
– 진술이 특히 신빙할 수 있는 상태하에서 행하여졌다는 점 부인 : "특신성 부인"(비고란 기재)

※ 증거결정 표시 : 채 ○, 부 ×

※ 증거조사 내용은 제시, 낭독(내용고지, 열람)

---

100 증거목록(증거서류 등)과 증거목록(증인 등)은 뒤에 편철되어 있는 공판조서의 일부를 이루는 서류로서, 처음부터 읽기보다는 공소장을 읽은 다음 해당 공판조서를 읽을 때에 비로소 여기 앞으로 다시 와서 읽어 가는 것이 합리적이다. 증거의견란을 주로 검토하는데, 증거의견란에 모두 "O" 표시만 되어 있으므로 전문법칙이 적용되어 증거능력이 배제되는 증거서류는 없다고 판단된다. 경우를 달리하여 위 증거의견란에 "X"가 표시된 증거서류가 있을 경우에는 증거기록을 검토하면서 이 증거목록(증거서류 등)과 대조하여 전문법칙의 예외규정에 해당되는지 여부를 검토하여야 한다.

101 적법성, 실질적 진정성립, 임의성, 내용 모두를 인정한다는 의미이다(증거조사 목록화 예규 제3조 제2항 제7호).

102 2022. 1. 1. 개정 형사소송법 제312조 제1항이 시행되기 전에는 검사 작성의 피의자신문조서에 관하여 '내용인정 여부'에 대해서는 증거의견을 제시할 필요가 없었으므로, 종전 증거조사 목록화 예규에 따른 증거목록 중 검사 작성의 피의자신문조서에 대한 증거의견란에 'O'는 피고인 측이 적법성, 실질적 진정성립 및 임의성 3가지를 인정함을 의미하였다. 그러나 2022. 1. 1.부터 개정 형사소송법 제312조 제1항이 시행됨에 따라 증거조사 목록화 예규도 위 개정 조항의 내용을 반영하게 되었다. 따라서 위 본문 증거목록상 'O'는 피고인 측이 적법성, 실질적 진정성립, 임의성 및 내용의 4가지 모두를 인정한다는 의미이다(위 예규 제3조 제2항 제7호).

103 증거의견에 관한 기호표시, 증거결정에 관한 기호표시를 간략히 설명하는 주석에 해당한다.

증 거 목 록 (증거서류 등)

2022고단1234

2022형제3333호 신청인 : 피고인 및 변호인[104]

순번	증거방법					참조사항 등	신청기일	증거의견		증거결정		증거조사기일	비고
	작성	쪽수(수)	쪽수(공)	증 거 명 칭	성 명			기일	내용	기일	내용		
1			12	판결등본 (2022고단1300)			1	1	○	1	○	1	
2			13	판결등본 (2022노4000)			1	1	○	1	○	1	

※ 증거의견 표시 - 피의자신문조서 : 인정 ○, 부인 ×

(여러 개의 부호가 있는 경우, 적법성/실질성립/임의성/내용의 순서임)

- 기타 증거서류 : 동의 ○, 부동의 ×
- 진술이 특히 신빙할 수 있는 상태하에서 행하여졌다는 점 부인 : "특신성 부인"(비고란 기재)

※ 증거결정 표시 : 채 ○, 부 ×

※ 증거조사 내용은 제시, 낭독(내용고지, 열람)

104 피고인 측이 제출한 서류들이므로 공소사실에 반대되는 사실, 즉 무죄, 면소, 공소기각 사유와 관련한 증거들이거나 피고인에게 유리한 양형자료일 가능성이 높은 서류들이 열거되어 있음을 상기하자.

서울중앙지방검찰청

2022. 7. 17.

사건번호 2022년 형제3333호

수 신 자 서울중앙지방법원

발 신 자

검 사 **최정의** 최정의 (인)

제 목 **공소장**

아래와 같이 공소를 제기합니다.

Ⅰ. 피고인 관련사항

피 고 인 김갑동 (660311-1123456), 56세

직업 일용직, 010-6000-2100

주거 서울특별시 서초구 서초로 100

등록기준지 강원도 춘천시 효목로 10

죄 명 상습절도

적용법조 형법 제332조, 제329조[105]

구속여부 2022. 7. 2. 구속(2022. 7. 1. 체포)[106]

변 호 인 변호사 황필승(국선) 1234

접 수
No. 11000
2022. 07. 17.
서울중앙지방법원
형사접수실

105 죄명과 적용법조는 아래 기재된 범죄사실과 종합하여 공소사실의 특정 여부를 판단할 때 필요하다. 공범 규정(형법 제30 내지 33조), 상상적 경합(형법 제40조), 누범(형법 제35조), 후단 경합범(형법 제37조 후단, 제39조) 등 형법 총칙 규정에 유의하자. 특히 누범은 집행유예 결격사유에 해당할 뿐만 아니라(형법 제62조 제1항 단서) 필요적 보석의 제외사유 중 하나이고(법 제95조 제2호) 후단 경합범은 양형시 고려대상이므로(형법 제39조 제1항) 실무상으로는 양형판단을 위해 중요한 부분이다. 한편 이곳에 몰수·추징 관련 법조항(가령, 형법 제48조, 제134조, 제357조 제3항, 마약류 관리에 관한 법률 제67조, 변호사법 제116조, 특정경제범죄 가중처벌 등에 관한 법률 제10조 등)이 기재되는 경우에는 적절한 메모가 필요하다. 『검토보고서』에서는 유죄로 인정된 공소사실과 관련된 압수물에 관하여 관련 요건이 충족될 경우 몰수·추징의 부수처분을 판단하여야 하므로, 주의를 요한다.

106 구속 피고인의 경우 체포된 날짜를 메모할 필요가 있다. 앞서 본 바와 같이 피의자가 수사단계에서 체포되어 피의자신문을 받고 범행 관련 물건들이 압수되는 경우가 많은데, 체포과정이 위법할 경우 체포일을 기준으로 그 무렵에 수집된 증거들도 위법수집증거가 될 수 있기 때문이다.

Ⅱ. 공소사실

범죄전력

피고인은 2019. 10. 10. 수원지방법원에서 상습절도죄로 벌금 100만 원을 선고받고 그 판결이 2019. 10. 18. 확정되었다.[107]

범죄사실

피고인은 상습으로 2022. 7. 1. 14:50경 서울특별시 관악구 신림로 10에 있는 피해자 한가전이 관리하는 전자복합몰 1층 가전매장에서 감시가 소홀한 틈을 이용하여 위 매장에 판매 상품으로 진열되어 있는 시가 합계 120만 원 상당인 피해자 소유의 '브라더 X1000' 전기면도기 6개를 가방 안에 넣어 가지고 나오는 방법으로 이를 절취하였다.[108]

Ⅲ. 첨부서류[109]

1. 긴급체포서 1통
2. 구속영장(체포된 피의자용) 1통
3. 피의자 수용증명 1통
4. 국선변호인선정결정서 1통

107 상습범으로 기소되었고 상습성도 구성요건요소 중 하나이므로 증거에 의해 인정되어야 유죄가 가능하다. 따라서 범죄전력란에 기재된 전과들을 메모해야 한다. 형법 제37조 후단 경합범 전과나 누범 전과가 있을 경우 여기 공소사실 모두에 이를 기재하는데 실무상으로는 양형심리를 위해서 중요한 영역이다.

108 공소사실에서는 범행일자를 우선 메모해야 한다. 공소시효 완성 여부 판단을 위해 필요하기도 하고 사실관계 파악을 위해 필요하다. 다음으로 공소사실에 들어 있는 사람들과 물건들을 모두 메모해야 한다. 사람들은 피해자이거나 목격자인 경우가 많고 물건들은 피해품이거나 범행도구인 경우가 많은데, 이것들이 전부 증거방법이 되기 때문이다. 또한 공소사실의 특정과 죄수판단에 있어서도 일시와 피해자, 피해품을 기준으로 하는 경우가 많다.

109 각종 시험에서는 주로 첨부가 생략된 형태로 제공되는 경우가 많다. 그러나 쟁점에 따라서는(가령, 불법체포로 인한 위법수집증거 여부 등) 생략하지 않고 첨부서류를 실제로 보여줄 수도 있고 아니면 첨부를 생략하되 해당 쟁점에 필요한 정보들을 증거기록 중 수사보고서나 피의자신문조서 등에 기재해 둘 수도 있다.

긴 급 체 포 서

제2022-0123호

피의자	성 명	김갑동(金甲動)
	주민등록번호	660311-1123456 (56세)
	직 업	일용직
	주 거	서울 서초구 서초로 100
변 호 인		

위 피의자에 대한 **절도 피의사건**에 관하여 「형사소송법」 제200조의3 제1항에 따라 동인을 아래와 같이 긴급체포함

2022. 7. 1.

서울관악경찰서

사법경찰관 경위 정주행 (인)

체 포 한 일 시	2022년 7월 1일 15시 10분[110]
체 포 한 장 소	서울특별시 관악구 신림로 10 전자복합몰 매장 내
범죄사실 및 체포의 사유	별지와 같음
체포자의 관직 및 성명	서울관악경찰서 경위 정주행
인 치 한 일 시	2022년 7월 1일 15시 20분
인 치 한 장 소	서울관악경찰서 형사과 사무실
구 금 한 일 시	2022년 7월 1일 15시 30분
구 금 한 장 소	서울관악경찰서 유치장
구금을 집행한 자의 관직 및 성명	서울관악경찰서 경장 오경철

110 체포의 형식에 주목하자. 체포영장에 의한 체포인지, 긴급체포인지, 현행범체포인지 유의하고, 앞서 공소장에서 본 바와 같이 체포일시를 메모할 필요가 있다.

범죄사실 및 체포의 사유

피의자는 2022. 7. 1. 14:50경 서울특별시 관악구 신림로 10에 있는 피해자 한가전이 관리하는 전자복합몰 1층 가전매장에서 감시가 소홀한 틈을 이용하여 위 매장에 판매 상품으로 진열되어 있는 시가 합계 120만 원 상당인 피해자 소유의 '브라더 X1000' 전기면도기 6개를 가방 안에 넣어 가지고 나오는 방법으로 이를 절취하였음.

피의자는 범행 직후 신고로 출동한 경찰들을 피해 도주하던 중 검거되었는바, 영장을 발부받을 시간이 없고 방임하면 증거인멸 및 도주의 우려가 있음.[111]

111 각각의 체포형식(체포영장에 의한 체포/ 긴급체포/ 현행범체포)에 관하여는 적법요건이 법에 별도로 정해져 있는바, 이 부분에서 그 적법요건을 갖추었는지 확인할 수 있는 단서가 제시될 수 있다. 이 기록 사안에서는 이 부분에서 '긴급성' 등 긴급체포의 요건(법 제200조의3 제1항)에 관한 정보를 얻을 수 있겠다. 여기에서 단서를 찾고 증거기록을 검토하면서 수사보고서나 피의자신문조서 등에서 긴급체포의 적법요건 충족 여부를 확인하면 된다. 체포영장에 의한 체포(법 제200조의2), 현행범체포(법 제212조)의 경우에도 마찬가지이다.

구 속 영 장

[체포된 피의자용] 서울중앙지방법원

<table>
<tr><td>영 장 번 호</td><td>2022-960</td><td>죄 명</td><td colspan="3">상습절도</td></tr>
<tr><td rowspan="3">피 의 자</td><td>성 명</td><td>김 갑 동</td><td>직 업</td><td colspan="2">일용직</td></tr>
<tr><td>주민등록번호</td><td colspan="4">660311-1123456</td></tr>
<tr><td>주 거</td><td colspan="4">서울 서초구 서초로 100</td></tr>
<tr><td>청구한 검사</td><td colspan="2">이 용 규</td><td>변 호 인</td><td colspan="2">변호사 황필승(국선)</td></tr>
<tr><td>체포된 형식</td><td colspan="2">체포된 피의자(긴급체포)</td><td>체 포 일 시</td><td colspan="2">2022. 7. 1. 15:10[112] ㊞</td></tr>
<tr><td>청구서접수일시</td><td colspan="2">2022. 7. 1. 20:30[113] ㊞</td><td>기록반환일시</td><td colspan="2">2022. 7. 2. 17:00 ㊞</td></tr>
<tr><td>심문 여부</td><td colspan="5">☑심문(2022. 7. 2. 14:00) □ 심문하지 아니함</td></tr>
<tr><td>범죄사실의요지</td><td colspan="2">별지 기재와 같다.</td><td>유 효 기 간</td><td colspan="2">2022. 7. 9.까지[114]</td></tr>
<tr><td>구금할 장소</td><td colspan="5">☑ 〔서울관악〕경찰서 유치장 □ 〔 〕구치소 □〔 〕교도소</td></tr>
<tr><td colspan="3">□ 피의자는 일정한 주거가 없다.
☑ 피의자는 증거를 인멸할 염려가 있다.
[ ]
□ 피의자는 도망하였다.
☑ 피의자는 도망할 염려가 있다.
[ ]
□ 피의자는 소년으로서 구속하여야 할 부득이한 사유가 있다.</td><td colspan="3">피의자가 별지 기재와 같은 죄를 범하였다고 의심할 만한 상당한 이유가 있고, 구속의 사유가 있으므로, 피의자를 구금한다.
유효기간이 경과하면 집행에 착수하지 못하며 영장을 반환하여야 한다.

2022. 7. 2.

판 사 김 현 판 ㊞</td></tr>
<tr><td>집 행 일 시[115]</td><td colspan="2">2022. 7. 2. 18:30</td><td>집 행 장 소</td><td colspan="2">서울관악경찰서 유치장</td></tr>
<tr><td>구 금 일 시</td><td colspan="2">2022. 7. 2. 18:40</td><td>구 금 장 소</td><td colspan="2">서울관악경찰서 유치장</td></tr>
<tr><td>집행불능사유</td><td colspan="5"></td></tr>
<tr><td>처리자의 소속 관서, 관 직</td><td colspan="2">서울관악경찰서 형사과 경장</td><td>처 리 자 기 명 날 인</td><td colspan="2">오 경 철 ㊞</td></tr>
</table>

주 : 1. 주민등록번호(외국인은 외국인등록번호, 위 번호들을 알 수 없는 때에는 생년월일 및 성별)
2. 청구일시와 반환일시는 피의자심문을 한 경우에만 기재하고 법원사무관등이 날인한다.

112 여기에도 체포일시가 기재된다.

113 긴급체포 등 체포된 때부터 48시간 이내에 구속영장이 청구되어야 하고(법 제200조의2 제5항, 제200조의4 제1항, 제213조의2, 제200조의2 제5항) 이를 위반할 경우 해당 체포절차는 위법한바, 여기에서 이를 확인할 수 있다.

114 영장 '집행'의 유효기간을 가리킨다. 구속영장 자체의 유효기간이 아니다. 즉, 위 유효기간 안에 해당 피의자를 구금시설에 구속하는 집행행위를 할 수 있다는 의미이지, 위 유효기간 안에 구속집행을 마쳤으나 위 기간이 경과하면 구속영장 자체의 효력이 소멸된다는 의미가 아니다.

115 이하 내용은 이 구속영장을 실제로 집행하는 수사기관이 작성하는 영역이다. 구속영장을 발부받은 수사기관이 언제, 어디서 실제로 영장을 집행하였는지 그 내용을 기재한다.

범 죄 사 실

피의자는 2019. 10. 10. 수원지방법원에서 상습절도죄로 벌금 100만 원을 선고받고 그 판결이 2019. 10. 18. 확정되었다.

피의자는 상습으로 2022. 7. 1. 14:50경 서울특별시 관악구 신림로 10에 있는 피해자 한가전이 관리하는 전자복합몰 1층 가전매장에서 감시가 소홀한 틈을 이용하여 위 매장에 판매 상품으로 진열되어 있는 시가 합계 120만 원 상당인 피해자 소유의 '브라더 X1000' 전기면도기 6개를 가방 안에 넣어 가지고 나오는 방법으로 이를 절취하였다.

서 울 구 치 소

2022 - 1101 2022. 7. 10.

수 신 서울중앙지방검찰청 검사 발 신 서울구치소장

제 목 **피의자 수용증명**

아래 사람을 구속영장 등본에 의하여 수용하였음을 증명합니다.

피 의 자	성 명	김갑동
	주민등록번호	660311-1123456
죄 명	상습절도	
수 용 일 시	2022. 7. 9.[116]	
형 제 번 호	2022년 형제3333호	
비 고	수용자번호 2123호	

116 참고로, 이 날짜는 피고인 김갑동이 서울구치소에 수용된 날이다. 이 사건에서 피고인 김갑동은 서울관악경찰서 유치장에 구속수감되어 있던 중 바로 이날에 서울구치소로 이감되었다. 그 이유는 이날에 경찰수사가 종료되어 검찰로 사건이 송치되었기 때문이다. 사건이 검찰로 송치되었으므로 신병도 검찰이 속한 법무부가 관장하는 구금시설인 구치소로 이감된다.

서 울 중 앙 지 방 법 원

국선변호인선정결정

사 건 2022영장960 상습절도

피 의 자 김갑동 (660311-1123456)

주 문

변호사 황필승(전화번호 : 02-553-3152)을 위 피의자의 국선변호인으로 선정한다.

2022. 7. 1.[117]

판 사 김현판 ㉐

117 구속영장이 청구되어 영장실질심문을 할 피의자에게 변호인이 없는 때에는 지방법원판사는 법 제201조의2 제8항에 따라 직권으로 변호인을 선정하여야 한다. 따라서 해당 지방법원판사 김현판이 앞서 본 구속영장청구일인 2022. 7. 1.에 국선변호인 선정결정을 한 것이다.

증거신청서[118]

사건번호 2022고단1234호 상습절도

피 고 인 김갑동

위 사건에 관하여 피고인 김갑동의 변호인은 피고인의 이익을 위하여 다음 증거서류를 증거로 신청합니다.

다 음

1. 판결등본(2022고단1300) 1통
2. 판결등본(2022노4000) 1통

2022. 8. 3.

변호사 **황필승** ㉿

서울중앙지방법원 형사 제1단독 귀중

118 피고인에게 유리한 증거들이므로 어떤 취지인지 잘 살펴보아야 한다.

수 원 지 방 법 원

판 결[119]

사 건	2022고단1300 상습절도
피 고 인	김갑동 (660311-1123456), 일용직
	주거 서울 서초구 서초로 100
	등록기준지 춘천시 효목로 10
검 사	고민성 (기소, 공판)
변 호 인	변호사 정진훈(국선)
판 결 선 고	2022. 6. 23.[121]

2022. 7. 31. 상고기간도과
2022. 7. 31. 확 정[120]
수원지방검찰청

위 등본은 원본과 상위 없음.
2022. 8. 3.
서울중앙지방검찰청
검찰주사 한고수 ㉑

주 문

피고인을 징역 6월에 처한다.

다만, 이 판결 확정일부터 2년간 위 형의 집행을 유예한다.

이 유

범 죄 사 실

피고인은 상습으로 2022. 4. 13. 14:00경 수원시 권선구 권선로 80에 있는 피해자 황기전이 운영하는 '명품전자' 매장에서 감시가 소홀한 틈을 이용하여 위 매장에 판매 상품으로 진열되어 있는 시가 합계 40만 원 상당인 피해자 소유의 '브라더 S100' 전기면도기 2대를 가방 안에 넣어 가지고 나오는 방법으로 이를 절취하고, 2022. 4. 15. 16:00경 같은 장소에서 같은 방법으로 시가 20만 원 상당인 피해자 소유의 '브라더 S100' 전기면도기 1대를 가지고 나와 이를 절취하였다.[122]

증거의 요지, 법령의 적용(각 생략)

판사 이정성 ____________________

119 피고인 김갑동에 대한 상습절도에 관한 판결이므로 확정판결의 기판력 쟁점에 관한 증거가 될 수 있는지 살펴야 한다. 기판력의 객관적 범위와 시적 범위를 따져 보아야 한다.

120 이곳에서 판결확정일자를 확인할 수 있고, 확정사유는 그 위 칸에 기재된다. 항소심 판결에 대한 상고기간이 경과되어 확정되었음을 알 수 있다.

121 기판력의 시적 범위의 기준시점은 사실심 판결선고일인데, 항소된 경우에는 항소심 판결선고일이 기준일이 됨에 유의하여야 한다. 2022. 6. 23.은 1심 판결선고일이다.

122 기판력의 객관적 범위도 충족되어야 하는데, 확정판결의 범죄사실은 이곳에 기재되어 있고 앞서 본 이 사건 공소사실과 비교하여 기본적 사실관계가 동일한지 여부를 판단할 수 있다.

수 원 지 방 법 원
제 3 형 사 부
판 결

사 건	2022노4000 상습절도
피 고 인	김갑동 (660311-1123456), 일용직
	주거 서울 서초구 서초로 100
	등록기준지 춘천시 효목로 10
항 소 인	피고인
검 사	고민성(기소), 황철호(공판)
변 호 인	변호사 이재호(국선)
원 심 판 결	수원지방법원 2022. 6. 23. 선고 2022고단1300 판결
판 결 선 고	2022. 7. 23.[123]

위 등본은 원본과 상위 없음.
2022. 8. 3.
서울중앙지방검찰청
검찰주사 한고수 ㊞

주 문

피고인의 항소를 기각한다.

이 유

1. 항소이유의 요지

(원심판결의 양형이 부당하다는 취지의 주장. **이하 내용 생략**)

2. 판단 및 결론

(원심판결의 양형이 부당하지 않다는 취지의 판단. **이하 내용 생략**)

재 판 장 판사 정 숙 경 ______________

판사 김 응 균 ______________

판사 최 진 호 ______________

123 항소심 판결선고일이므로 확정판결 기판력의 시적 범위에 있어 기준일에 해당한다.

서울중앙지방법원

공 판 조 서

제 1 회

사 건 2022고단1234 상습절도

판 사 이국준

기 일 : 2022. 8. 4. 10:00

장 소 : 제210호 법정

공개여부 : 공 개

법원 주사 장참여

고지된 다음기일 : 2022. 8. 18. 10:00

피 고 인	김갑동	출석
검 사	강지혁	출석
변 호 인	변호사 황필승(국선)	출석[124]

판사

피고인은 진술을 하지 아니하거나 각개의 물음에 대하여 진술을 거부할 수 있고 이익되는 사실을 진술할 수 있음을 고지[125]

판사의 인정신문[126]

124 여기에 피고인, 검사, 변호인, 증인의 출석 여부를 표시한다. 검사나 피고인, 변호인의 출석 여부도 문제될 수 있다. 검사의 출석은 법 제275조 제2항에 따라, 피고인의 출석은 법 제276조 본문에 따라 개정요건에 해당하고, 이른바 필요적 변호 사건에서 변호인 없이는 개정하지 못하므로(법 제282조, 제33조)(필요적 변호사건에서 법원은 사선변호인이 선임되지 않을 경우 직권으로 국선변호인을 선정하여야 한다. 법 제283조) 예외규정에 해당하지 않는 이상 검사나 피고인, 해당 변호인이 출석하지 않은 상태에서 진행된 공판절차는 부적법하다. 그러나 모의기록에서는 문제되는 경우가 드물다. 다만 증인의 출석 여부는 전문법칙의 예외조항을 검토함에 있어 종종 문제가 될 수 있고, 필요적 변호 사건(특히 구속사건, 법 제33조 제1항 제1호)의 경우 국선변호인 선정결정이 누락되는 상황이 실무상 이따금 있기도 하므로 눈여겨보아야 한다.

125 이하에서는 형사소송법이 예정한 공판절차에 따라 진행된 재판의 내역을 기재한다. 첫 번째로 법 제283조의2에 따라 진술거부권을 고지하였다.

126 그 다음으로 법 제284조에 따라 인정신문(認定訊問)을 한다. 최근 실무는 성명, 주민등록번호, 직업, 주거, 등록기준지 중 주민등록번호 대신 생년월일을 묻고 있다.

성 명 : 김갑동
주민등록번호 : 공소장 기재와 같음
직 업 : 〃
주 거 : 〃
등 록 기 준 지 : 〃

판사
피고인에 대하여
주소의 변동이 있을 때에는 이를 법원에 보고할 것을 명하고 소재가 확인되지 않는 때에는 그 진술 없이 재판할 경우가 있음을 경고[127]

검사
공소장에 의하여 공소사실, 죄명, 적용법조 낭독[128]

피고인
공소사실을 모두 인정합니다. 잘못했습니다.[129]

변호인
공소장에 기재된 사실관계는 인정합니다. 다만 피고인은 수원지방법원에서 상습절도죄로 확정된 유죄판결이 있는데, 그 확정판결의 기판력이 미치므로 이 사건 공소사실은 면소되어야 합니다.[130]

판사
증거조사를 하겠다고 고지

증거관계 별지[131·132]와 같음(검사, 변호인[133])

---

127 그 다음으로 피고인에게 주소변동사실 신고의무를 고지하고 소재가 확인되지 않을 경우 피고인의 진술 없이 재판이 진행될 수 있음을 경고한다(소송촉진 등에 관한 특례규칙 제19조 제2항 참조).

128 그 다음으로 법 제285조에 따라 검사가 모두진술을 하였다.

129 법 제286조에 따라 피고인이 공소사실의 인정 여부를 진술한다. 공판기록에서 공식적으로 쟁점이 현출되기 시작하는 부분이므로 각별한 주의가 요구된다. 피고인이 자백하는지, 부인하는지 메모하고, 자백할 경우에는 향후 보강증거를 잘 찾아야 하고 그와 동시에 이른바 직권판단사항이 있지는 않은지 예의주시하여야 한다. 피고인이 부인한 경우에는 해당 공소사실의 존부가 문제되는 상황이므로 증거관계를 면밀히 살펴보아야 한다.

130 변호인이 앞서 본 피고인의 입장을 토대로 변론하는 영역이다. 여기에서는 확정판결의 기판력 쟁점을 직접적으로 주장하였다. 이렇게 변호인이 공소사실에 대하여 별도로 주장한 내용이 있을 경우, 그 주장이 곧바로 쟁점이 되므로 이 부분에 대한 적절한 메모가 필수적이다. 이 기록 사안에서 경우를 달리하여 변호인이 위와 같이 확정판결의 기판력 관련 주장을 하지 않았더라도 이는 직권판단사항에 해당하므로 쟁점이 됨에 유의하자.

131 이 별지가 공판기록에 앞쪽에 편철된 증거목록을 가리킨다. 이 부분을 읽는 시점에서 기록 앞으로 가서 증거목록을 분석하고 메모한다.

132 증거관계는 증거서류, 증인, 증거물 등 증거에 관한 증거조사의 절차와 내용을 가리킨다. 앞서 살펴본 것처럼 증거서류 및 '증거물인 서면'에 관한 증거목록과 그 밖에 증인 및 증거물 등 증거에 관한 증거목록으로 증거관계가 표시된다.

133 이렇게 '증거관계 별지와 같음' 바로 다음 괄호 속에 증거신청을 한 소송관계인을 표시한다. 만일 검사 또는 변호인만 증거신청을 한 경우라면 "(검사)" 또는 "(변호인)"이라고만 기재한다. 이 기록 사안에서는 검사는 물론이고 변호인도 증거신청을 하였다는 뜻이다. 앞서 보았듯이 변호인이 상습절도에 관한 1심 판결과 항소심 판결에 관하여 증거신청서를 접수한 상태이다.

판사

각 증거조사결과에 대한 의견을 묻고 권리를 보호함에 필요한 증거조사를 신청할 수 있음을 고지[134]

소송관계인

별 의견 없다고 진술[135]

판사

증거조사를 마쳤음을 고지

검사 및 변호인

피고인신문을 생략하겠다고 진술[136]

검사

이 사건 공소사실은 모두 그 증거가 있으므로 공소장 기재 법조를 적용하여 피고인을 징역 1년에 처함이 상당하다는 의견 진술[137]

판사

피고인 및 변호인에게 최종 의견 진술 기회 부여[138]

변호인

별지 변론요지서(첨부 생략)와 같이 변론하다

피고인

잘못을 뉘우치고 있으나, 변호인의 의견을 참조하여 공정한 판단을 해 주시기를 바

---

134 법 제293조에 따라 증거조사결과에 대한 의견을 묻고 추가로 증거신청을 할 수 있음을 알려주는 부분이다.

135 증거조사결과에 대하여 의견을 진술하는 대목이다. 가령 증인신문이 종료된 후에 변호인이 해당 증인의 어느 부분 진술은 전문진술로서 증거능력이 없다거나, 어느 부분 진술은 어느 증거서류와 모순되므로 신빙성이 없다는 취지의 의견을 밝힐 수 있고 그 의견이 여기에 기재된다. 모의기록을 검토하면서도 이 부분에 특별한 기재가 있다면 주의를 기울여야 한다.

136 증거조사를 마치면 법 제296조의2에 따라 피고인신문을 할 수 있다. 그러나 피고인신문은 임의적 절차이므로 검사나 변호인은 그 실시 여부를 선택할 수 있다. 이 기록 사안은 공소사실을 자백하고 확정판결 기판력의 법률적 주장만 하고 있으므로 굳이 피고인신문은 필요하지 않다. 만일 필요성이 인정되어 피고인신문을 하게 된다면, 이 부분 조서기재는 아래와 같다.

『 판사

피고인신문을 실시하되, 형사소송법 제56조의2에 따라 피고인에 대한 신문을 녹음할 것을 명하고 소송관계인에게 고지

피고인에 대한 신문내용은 법정녹음시스템의 녹음파일(고유번호 123456789013)과 같음(녹음파일 첨부 생략)

판사

피고인신문을 마쳤음을 고지』

137 법 제302조에 따라 검사가 구형 등 의견을 진술하는 부분이다.

138 이하 내용은 법 제303조에 따른 변호인과 피고인의 최후변론에 해당한다.

란다고 진술[139]

판사

변론종결

2022. 8. 4.

법원주사 장 참 여 ㊞

판 사 이 국 준 ㊞

139 최후변론 내용도 꼼꼼히 읽어야 한다. 변호인이 최후변론을 위해 별도 서면인 변론요지서를 법원에 접수하는 경우도 많다. 변론요지서를 비롯하여 최종 공판기일에서 행해지는 최후변론 내용과 관련하여, 변호인이나 피고인이 최초 주장하였던 내용과 견주어 추가되거나 수정되는 내용이 있는지를 검토·메모해야 한다. 이렇게 최종 공판기일에 이르도록 피고인과 변호인이 주장하였던 내용들이 추가 내지 수정되어 최종적으로 쟁점이 정리된다. 이렇게 정리된 쟁점들을 기초로 하여, 이후 기록들을 살펴본다.

서울중앙지방법원

공 판 조 서

제 2 회

사 건	2022고단1234 상습절도		
판 사	이국준	기 일 :	2022. 8. 18. 10:00
법원 주사	장참여	장 소 :	제210호 법정
		공개여부 :	공 개
피 고 인	김갑동		출석
검 사	강지혁		출석
변 호 인	변호사 황필승(국선)		불출석[140]

판사

판결서에 의하여 판결을 선고

2022. 8. 18.

법원주사 장 참 여 ㊞

판 사 이 국 준 ㊞

140 선고를 위한 공판기일에는 필요적 변호사건이라 하더라도 변호인 없이 개정이 가능하다(법 제282조 단서). 참고로 선고를 위한 공판기일에는 검사의 출석 없이도 개정할 수 있다(법 제278조 후단).

제 1 책
제 1 권

서울중앙지방법원

증거서류등(검사)

사 건 번 호	2022고단1234	담임	형사제1단독	주심	
사 건 명	상습절도				
검 사	최 정 의		2022년 형제3333호		
피 고 인	김 갑 동				
공소제기일	2022. 7. 17.				
1심 선고	20 . . .	항소	20 . . .		
2심 선고	20 . . .	상고	20 . . .		
확정	20 . . .	보존			

제 1 책
제 1 권

구공판 **서 울 중 앙 지 방 검 찰 청**

증 거 기 록

검 찰	사건번호	2022년 형제3333호	법 원	사건번호	2022년 고단 호
	검 사	최정의		판 사	
피 고 인	김 갑 동				
죄 명	상습절도				
공소제기일	2022. 7 . 17.				
구 속	2022. 7. 2. 구속(2022. 7. 1. 체포)		석 방		
변 호 인					
증 거 물					
비 고					

압 수 물 총 목 록

서울중앙지방검찰청	
압 수	2022. 7. 9.[141]
㉑	2022 압 제63호

번호	품 종	수 량	기록쪽수	비 고
1	브라더 X1000 면도기	6대		가환부[142]

141 경찰에서 수사를 마치고 사건을 검찰로 송치하면, 검찰청 담당직원이 송치 당일에 기록을 조제하면서 맨 먼저 압수물총목록을 만들게 되는데, 그때 이 부분 표시와 같이 고무인을 찍고 송치된 날짜와 이른바 '압제번호'(가령, 2022압 제63호)를 기입한다. 그러므로 이 부분에 기재된 날짜는 통상 경찰에서 검찰로 사건을 송치한 날을 가리킨다.

142 압수물총목록에서는 비고란이 중요하다. 비고란에 '가환부'라고 기재된 압수물은, 경찰 수사단계에서 압수되었다가 피압수자에게 이를 가환부했다는 의미이다. 따라서 여기 비고란에 가환부로 표기된 압수물은 현재 피압수자에게 반환된 상태이고, 해당 압수물을 압수하였다는 취지의 기재가 적혀진 압수조서가 증거서류로 남겨져 있을 뿐 물건 자체는 검찰청에 있지 않다는 뜻이다. 그 반면에 비고란에 '송치'라고 적혀 있는 압수물의 경우는 경찰 수사단계에서 압수되었다가 검찰로 사건을 송치하면서 해당 물건도 함께 송치되었다는 의미이다. 따라서 여기 비고란에 '송치'라고 표시된 압수물은 현재 검찰청에 보관되어 있다는 뜻이다. 압수물총목록 비고란에 '송치'라고 적혀진 압수물은 공판정에 증거로 제출될 수 있는데 그럴 경우 공판기록 중 증거목록(증인 등)에 기재된다.

한편, 『검토보고서』 작성시에는 유죄로 인정된 공소사실에 관하여 압수된 압수물이 있을 경우 이에 관하여 몰수·(추징)·폐기·피해자환부·피해자교부의 부수처분을 검토하여야 한다. 이러한 경우 기록검토를 마치고 검토보고서를 작성하는 단계에서 유죄로 판단된 공소사실과 관련하여 압수물이 있는지 확인하려면, 여기 압수물총목록이나 공판기록 중 증거목록(증인 등)을 보면 된다.

증 거 목 록 (증거서류 등)[143]

2022고단

2022형제3333호 신청인 : 검사 최정의 ㊞

순번	증거방법					참조사항 등	신청 기일	증거의견		증거결정		증거조사 기일	비고
	작성	쪽수(수)	쪽수(증)	증 거 명 칭	성 명			기일	내용	기일	내용		
1	사경	3		피의자신문조서	김갑동	공소사실							
2		9		압수조서									
3		11		진술서	한가전	공소사실							
4		13		조회회보서	김갑동	전과관계							
5	검사	14		피의자신문조서	김갑동	공소사실							
6		19		수사보고 (확정일자등)									
7		20		판결등본 (2019고단5000)									

※ 증거의견 표시 - 피의자신문조서 : 인정 ○, 부인 ×
(여러 개의 부호가 있는 경우, 적법성/실질성립/임의성/내용의 순서임)
- 기타 증거서류 : 동의 ○, 부동의 ×
- 진술이 특히 신빙할 수 있는 상태하에서 행하여졌다는 점 부인 : "특신성 부인"(비고란 기재)

※ 증거결정 표시 : 채 ○, 부 ×

※ 증거조사 내용은 제시, 낭독(내용고지, 열람)

143 이 증거목록은 공판기록 중 증거목록(증거서류 등)에서 보았던 내용과 중첩되므로 특별히 신경쓰지 않아도 된다.

피의자신문조서[144·145]

피 의 자 : 김갑동

위의 사람에 대한 상습절도 피의사건에 관하여 2022. 7. 1. 서울관악경찰서 형사과 사무실에서 사법경찰관 경위 최경진은 사법경찰리 순경 박승준을 참여하게 하고, 아래와 같이 피의자임에 틀림없음을 확인하다.

문 **피의자의 성명, 주민등록번호, 직업, 주거, 등록기준지 등을 말하십시오.**

답 **성명**은 김갑동(金甲動)

주민등록번호는 660311-1123456 만 56세

직업은 일용직

주거는 서울특별시 서초구 서초로 100

등록기준지는 강원도 춘천시 효목로 10

직장 주소는

연락처는

자택 전화 : (생략) **휴대 전화** : (생략)

직장 전화 : (생략) **전자우편(E-mail)** : (생략) 입니다.

사법경찰관은 피의사건의 요지를 설명하고 사법경찰관의 신문에 대하여 형사소송법 제244조의3의 규정에 의하여 진술을 거부할 수 있는 권리 및 변호인의 참여 등 조력을 받을 권리가 있음을 피의자에게 알려주고 이를 행사할 것인지 그 의사를 확인하다.

---

144 증거목록 바로 다음 페이지부터 본격적인 증거기록이다. 이하 내용을 살펴보면서 유의하여야 할 점들을 개관하자면 다음과 같다. 첫째, 공판기록을 보면서 정리하였던 쟁점들을 염두에 두면서, 공소사실별로 해당 쟁점과 관련하여서 이하 내용들을 살펴본다. 가령, 공판기일에서 공소사실(1)은 자백하면서 특별한 주장이 없었고, 공소사실(2)는 자백하였으나 법률상 무죄, 면소 또는 공소기각 사유를 주장하였으며, 공소사실(3)은 부인하였다고 해 보자. 공소사실(1)은 이하 증거기록을 보면서 '증거능력이 있는' 보강증거를 찾음과 동시에 혹시 모를 직권판단사항을 생각하면서 검토하면 된다. 공소사실(2)는 주장하였다는 법률상 무죄/ 면소/ 공소기각 사유와 관련된 증거들(예컨대, 피해자가 비동거친족이므로 친족상도례가 적용되어 공소기각되어야 한다고 주장한 경우, 피해자가 피고인과 동거하는지 여부, 친족관계인지 여부, 피해자의 고소 또는 그 취소 여부에 관한 증거들)을 찾으면서 검토하면 된다. 만일 그 쟁점 관련 증거들을 검토한 결과 그 주장을 받아들일 수 없는 경우라면 자백한 사안이므로 위 공소사실(1)과 같은 방법으로 증거능력 있는 증거들을 찾아서 메모하여야 한다. 공소사실(3)은 유/무죄를 다투는 경우이므로 관련 증거들을 찾는 작업을 하면서 증거능력을 비롯하여 증거들의 신빙성을 잘 검토하여야 한다. 공소사실(3)의 경우에도 직권판단사항이 있을 수 있으니 역시 가능성을 열고 있어야 한다.

둘째, 위 예에서 공소사실(1)과 같이 증거능력 있는 보강증거를 찾거나 공소사실(3)과 같이 유/무죄 관련 증거들을 찾는 과정에서, 이하 증거기록을 살펴보면서 해당 증거서류들의 증거능력을 하나하나 분석할 줄 알아야 한다. 기록에 따라서는

진술거부권 및 변호인 조력권 고지 등 확인

1. 귀하는 일체의 진술을 하지 아니하거나 개개의 질문에 대하여 진술을 하지 아니할 수 있습니다.
2. 귀하가 진술을 하지 아니하더라도 불이익을 받지 아니합니다.
3. 귀하가 진술을 거부할 권리를 포기하고 행한 진술은 법정에서 유죄의 증거로 사용될 수 있습니다.
4. 귀하가 신문을 받을 때에는 변호인을 참여하게 하는 등 변호인의 조력을 받을 수 있습니다.[146]

문 피의자는 위와 같은 권리들이 있음을 고지받았는가요.

답 예, 고지받았습니다.

문 피의자는 진술거부권을 행사할 것인가요.

답 아닙니다.

문 피의자는 변호인의 조력을 받을 권리를 행사할 것인가요.

답 아닙니다. 혼자서 조사를 받겠습니다.

이에 사법경찰관은 피의사실에 관하여 다음과 같이 피의자를 신문하다.

공판기록 중 증거목록(증거서류 등)에 열거된 증거들 중에 일부가 증거부동의 등의 사유로 증거능력 유무를 전문법칙에 따라서 따져 보아야 하는 경우가 있다. 그러한 경우에는 증거기록을 읽어 가면서 공판기록 앞에서 보았던 증거목록을 열어서 증거의견란에 『X』 표시가 일부라도 있는 서류들에 관하여 전문법칙의 예외규정에 정한 요건들을 충족하는지 검토하여야 한다.

145 이 기록 사안은 피고인이 공소사실을 자백하였고 다만 변호인이 확정판결의 기판력 주장을 하였던 사안으로, 유일한 쟁점이 확정판결의 기판력이 이 사건 공소사실에 미치는지 여부이다. 따라서 이하 증거기록을 볼 때에는 확정판결의 기판력 쟁점과 관련한 증거들을 검토하고, 그와 동시에 위 주장이 배척될 경우를 대비하여 증거능력 있는 보강증거를 찾으면 된다. 그런데 앞서 본 것처럼 이 기록 사안은 증거목록(증거서류 등)에 기재된 증거서류 전체에 대하여 증거동의가 있거나 진정성립 등이 인정되어서 애초에 모든 증거서류들이 증거능력 있음이 확인된 상태이다. 따라서 본 경찰 피의자신문조서는 증거능력이 있다. 그러나 확정판결 기판력 주장이 배척되는 경우라 하더라도 본 피의자신문조서는 피고인 김갑동의 법정에서의 자백에 대한 보강증거가 될 수는 없다. 보강증거는 증거능력도 있어야 하나 자백진술과 별개 독립의 증거라야 하는데 자백으로 자백을 보강할 수는 없기 때문이다.

문 피의자는 형벌을 받은 사실이 있는가요.

답 예. 몇 년 전에 벌금 선고받은 적이 있습니다.

문 군대는 갔다 왔나요.

답 육군 병장으로 제대하였습니다.

문 학력은 어떠한가요.

답 고졸입니다.

문 사회경력은 어떠한가요.

답 군대 제대 후 약 15년 간 택배 관련 일을 하였습니다.

문 가족관계는 어떠한가요.

답 모친 주경희(73세)가 계시고, 아직 미혼입니다.

문 현재 직업은 무엇인가요.

답 청소대행업체에서 일용직으로 일하고 있습니다.

문 재산이나 월수입은 어떠한가요.

답 별다른 재산이 없고, 월수입은 150만 원도 되지 않습니다.

문 정당이나 사회단체에 가입한 사실이 있나요.

답 없습니다.

문 건강상태는 어떠한가요.

답 혈액형은 O형, 키 175cm, 몸무게 70kg이고, 건강은 양호한 편입니다.

문 술과 담배는 어느 정도 하는가요.

답 평소 주량은 소주 1~2병 정도 되고, 담배는 피우지 않습니다.[147]

문 피의자는 오늘 긴급체포되었나요.

답 예. 그렇습니다.

---

146 법 제244조의3 제1항 각 호의 내용이다. 이와 그 바로 아래 문답 내용은 위 조항에 따라 진술거부권, 변호인의 조력을 받을 수 있다는 점 등을 고지하고, 같은 조 제2항에 따라 그 내용을 기재한 영역이다. 진술거부권을 고지하지 않은 채 작성된 피의자신문조서는 증거능력이 없으므로, 검사 또는 사법경찰관/리가 작성한 피의자신문조서 부분을 검토하면서 진술거부권 고지 여부를 확인하여야 한다.

147 피고인에 관한 양형요소가 언급되는 부분으로 실무상 양형변론을 위해서 요긴한 부분이다. 그 외에도 사기죄 등 재산범죄의 경우 피고인의 재산상태를 여기서 가늠할 수도 있고 도로교통법위반(음주운전)의 경우 피고인의 주량에 관한 정보를 여기서 찾을 수도 있으며, 간혹 쟁점에 따라서는 피고인의 혈액형이나 키, 몸무게 등의 정보가 필요할 수도 있는데 그러한 내용들이 위와 같이 경찰 피의자신문조서 서두에 기재된다.

문 피의자는 다른 사람의 물건을 훔친 적이 있는가요.

답 예. 있습니다.

문 그 경위를 자세히 진술하시오.

답 오늘 2022. 7. 1. 14:50경 서울특별시 관악구 신림로 10에 있는 전자복합몰 1층 가전매장에서 감시가 소홀한 틈을 이용하여 위 매장에 판매 상품으로 진열되어 있는 시가 합계 120만 원 상당인 '브라더 X1000' 전기면도기 6개를 가방 안에 넣어 가지고 나왔습니다. 그리고 10분 정도 후에 경찰들이 전자복합몰 안으로 들어오길래 달아났는데, 지하 1층 주차장 부근에서 체포되었습니다.[148]

문 전자복합몰 매장에서 추가로 더 훔친 물건이 있는 것은 아닌가요.

답 아닙니다. 다른 것은 훔치지 않았습니다. 잠시 배가 고파서 돈을 내고 지하 1층 식품코너에서 어묵을 하나 사먹을 뿐입니다.

문 피의자는 피해자와 합의를 하였나요.

답 조금 전에 체포되어 오는 통에 피해자를 만날 수조차 없었습니다. 기회를 주시면 합의할 생각입니다.[149]

이때 사법경찰관은 피의자가 임의로 제출하는 브라더 X1000 면도기 6대를 별지와 같이 압수하다.

문 이상의 진술 내용에 대하여 이의나 의견이 있는가요.

답 없습니다. (무인)[150]

148 체포 경위가 언급되고 있는데 체포절차의 위법성이 문제되는 기록이라면, 이 부분을 면밀히 검토해야 한다.

149 합의(처벌불원) 여부는 중요한 양형요소일 뿐만 아니라 친고죄나 반의사불벌죄에 있어서는 중요한 소송조건이 되기 때문에 합의 여부에 관한 문답 부분은 주의해서 읽어야 한다.

150 피의자가 피의자신문조서에 대하여 이의나 의견이 없음을 진술한 때에는 피의자로 하여금 그 취지를 자필로 기재하게 하고 조서에 간인한 후 기명날인 또는 서명하게 한다(법 제244조 제3항). 참고로 기명날인(記名捺印)은 한글프로그램 등으로 타이핑하여 작성·출력한 '성명' 옆에 도장만 찍는 것을 말하고, 서명날인(署名捺印)은 자필로 성명을 적고 그 옆에 도장을 찍는 것을 말한다. 간인(間印)은 2페이지 이상의 서류들이 하나의 서류로서 서로 이어져 있음을 확인하기 위해 종잇장 사이사이에 도장을 찍는 것을 가리킨다.

위의 조서를 진술자에게 열람하게 하였던바, 진술한 대로 오기나 증감·변경할 것이 전혀 없다고 말하므로 간인한 후 서명 무인하게 하다.

진술자 김갑동 (무인)[151]

2022. 7. 1.

서 울 관 악 경 찰 서

사법경찰관 경위 최경진 ㊞

사법경찰리 순경 박승준 ㊞[152]

151 법 제244조 제3항 참조
152 법 제243조 참조

수사 과정 확인서[153]

구분	내용
1. 조사 장소의 도착 시각	2022. 7. 1. 15:30
2. 조사 시작 시각 및 종료시각	□ 시작시각 : 2022. 7. 1. 16:00 □ 종료시각 : 2022. 7. 1. 16:40
3. 조서 열람 시작 시각 및 종료 시각	□ 시작시각 : 2022. 7. 1. 16:40 □ 종료시각 : 2022. 7. 1. 16:50
4. 그 밖에 조사과정 진행경과 확인에 필요한 사항	없습니다.
5. 조사과정 기재사항에 대한 이의제기나 의견진술 여부 및 그 내용	없습니다.

2022. 7. 1.

사법경찰관 경위 최경진은 김갑동을 조사한 후, 위와 같은 사항에 대해 김갑동으로부터 확인받음.

확 인 자 : 김갑동 (무인)

사법경찰관 : 경위 최경진 ㊞

153 법 제244조의4(수사과정의 기록) ① 검사 또는 사법경찰관은 피의자가 조사장소에 도착한 시각, 조사를 시작하고 마친 시각, 그 밖에 조사과정의 진행경과를 확인하기 위하여 필요한 사항을 피의자신문조서에 기록하거나 별도의 서면에 기록한 후 수사기록에 편철하여야 한다. ② 제244조 제2항 및 제3항은 제1항의 조서 또는 서면에 관하여 준용한다. ③ 제1항 및 제2항은 피의자가 아닌 자를 조사하는 경우에 준용한다.
이 조항에 따라 실무상 "수사과정확인서"를 피의자신문조서와 참고인 진술조서 뒤에 편철한다. 위 조항은 법 제312조 제1항, 제3항 및 제4항에서 규정하고 있는 "적법한 절차와 방식에 따라 작성된 것"의 내용을 이루므로, 이를 준수하지 않은 경우 법 제312조 제1항이나 제3항 또는 제4항의 요건흠결로 당해 피의자신문조서 또는 참고인 진술조서는 증거능력이 없다.

압 수 조 서 (임의제출)[154]

피의자 김갑동에 대한 상습절도 사건에 관하여 2022. 7. 1. 서울특별시 관악구 서울관악경찰서 형사과 사무실에서 사법경찰관 경위 최경진은 사법경찰리 순경 박승준을 참여하게 하고, 별지 목록의 물건을 다음과 같이 압수하다.

압 수 경 위[155]

2022. 7. 1. 피의자 김갑동이 조사를 받던 도중, 피의자가 절취한 물건으로서 피의자가 소지하고 있던 브라더 X1000 면도기 6대를 임의로 제출하므로, 증거물로 사용하기 위하여 이를 영장 없이 압수하다.

	성 명	주민등록번호	주 소	서명 또는 날인
참여인				

2022. 7. 1.

서울관악경찰서

사법경찰관 경위 최경진 ㊞

사법경찰리 순경 박승준 ㊞

154 경찰 압수조서에서는 "압수조서"라는 서류 제목 바로 옆에 있는 괄호 속을 먼저 주목해야 한다. 이곳에 압수수색의 법적 근거가 표시된다. 곧 '압수수색검증영장에 의한 압수수색'(법 제215조), '체포현장에서의 압수수색'(법 제216조 제1항 제2호), '범죄장소에서의 압수수색'(법 제216조 제3항), '긴급체포시의 압수수색'(법 제217조 제1항), '임의제출'(법 제218조), '유류물'(법 제218조)이 그것이다. 여기 괄호 속에 표기된 법적 근거를 확인한 후 해당 요건을 구비하였는지 여부를 판단한다. 요건을 모두 갖추었다면 증거로 사용할 수 있으나, 해당 요건을 갖추지 못했다면 압수절차가 위법하여 증거능력이 없기 때문이다.

155 그 다음으로 압수경위를 자세히 살펴야 한다. 여기에 압수가 어떠한 상황에서 이뤄졌는지 해당 법률요건의 충족 여부를 가늠할 수 있는 단서가 주어지기 때문이다.

압 수 목 록

<table>
<tr><th>번호</th><th>품 명</th><th>수량</th><th colspan="2">소지자 또는 제출자</th><th colspan="2">소 유 자[156]</th><th>경찰 의견</th><th>비고</th></tr>
<tr><td rowspan="4">1</td><td rowspan="4">브라더 X1000 면도기[157]</td><td rowspan="4">6대</td><td>성 명</td><td>김갑동</td><td>성 명</td><td></td><td rowspan="4">압수</td><td rowspan="4">김갑동 (무인)</td></tr>
<tr><td>주 소</td><td>서울특별시 서초구 서초로 100</td><td>주 소</td><td></td></tr>
<tr><td>주민등록번호</td><td>660311-1123456</td><td>주민등록번호</td><td></td></tr>
<tr><td>전화번호</td><td>(생략)</td><td>전화번호</td><td></td></tr>
</table>

156 『검토보고서』 작성시에는 유죄로 인정된 공소사실과 관련된 압수물에 대하여 몰수 등 부수처분을 검토하도록 한다. 그런데 그중 몰수는 기본적으로 범죄에 제공된 물건이나 범죄로 얻은 물건의 소유를 박탈하고 또한 그 소지를 박탈하는 것에 제도적 취지가 있으므로, 몰수의 상대방은 원칙적으로 그 물건의 소유자와 소지자이다(판결서작성실무 61쪽 참조). 따라서 몰수의 상대방이 누구인지는 여기 압수조서에 첨부된 압수목록에 '소지자 또는 제출자'란과 '소유자'란을 통해 확인 가능하다. 여기가 공란으로 되어 있는 경우라면 주로 피의자신문조서, 참고인 진술조서 등 조서나 수사보고에서 확인 가능하다.

157 앞서 압수물총목록에서 가환부되었음이 확인된 압수물이다. 피고인 김갑동은 이 사건 공소사실에 대하여 자백하고 있으므로 만일 확정판결의 기판력 주장이 배척되는 경우라면, 본 압수조서가 보강증거로 사용될 수 있다. 이 사건에서 압수된 면도기 자체는 가환부되어 증거로 제출된 적이 없으므로, 면도기를 유죄의 증거로 나열해서는 안 된다. 압수조서가 증거목록에 증거서류로 제출되었으므로, 유죄의 증거로 필요한 경우 압수조서를 나열해야 한다.

진 술 서 (피 해 자)[158]

성 명	한가전		성 별	(남)·여
연 령	48세(1973. 10. 1.생)	주민등록번호	(생략)	
등록기준지	(생략)			
주 거	서울특별시 관악구 신림로 800(신림본동)			
	(통 반)	자택전화	(생략)	직장전화 (생략)
직 업	자영업	직 장	(생략)	

위의 사람은 피의자 김갑동에 대한 상습절도 사건의 피해자로서 다음과 같이 임의로 자필진술서를 작성 제출함

1. 저는 2022. 7. 1. 14:50경 서울특별시 관악구 신림로 10에 있는 전자복합몰 1층 제가 운영하는 가전매장에서 진열해둔 브라더 X1000 전기면도기 6대를 도난당한 사실이 있습니다.

1. 제가 다른 손님들을 응대하고 있던 사이에 범인이 이를 가져간 것으로 보였습니다. 도난 사실을 알고 즉시 112로 경찰에 신고하였습니다.

1. 그랬더니 거의 즉시로 경찰분들이 저희 매장에 출동하셔서 전자복합몰 건물 지하 1층에서 범인 김갑동을 검거하였다고 들었습니다. 범인은 저와는 아무런 친족관계가 없는 처음 보는 사람입니다.

1. 압수된 전기면도기를 확인해 보니 제가 도난당한 전기면도기가 틀림없습니다.

1. 이상은 모두 사실과 다름없습니다.

2022. 7. 1.

한 가 전 ㊞

158 확정판결의 기판력 주장이 배척되는 경우라면, 본 진술서는 보강증거로 사용될 수 있다. 왜냐하면, 피해자의 진술이 들어

수사 과정 확인서[159]

구분	내용
1. 조사 장소의 도착 시각	2022. 7. 1. 17:00
2. 조사 시작 시각 및 종료시각	□ 시작시각 : 2022. 7. 1. 17:05 □ 종료시각 : 2022. 7. 1. 17:15
3. 조서 열람 시작 시각 및 종료 시각	□ 시작시각 : 2022. 7. 1. 17:20 □ 종료시각 : 2022. 7. 1. 17:25
4. 그 밖에 조사과정 진행경과 확인에 필요한 사항	없습니다.
5. 조사과정 기재사항에 대한 이의제기나 의견진술 여부 및 그 내용	없습니다.

2022. 7. 1.

사법경찰관 경위 최경진은 한가전을 조사한 후, 위와 같은 사항에 대해 한가전으로부터 확인받음.

확 인 자 : 한 가 전 ㊞

사법경찰관 : 경위 최경진 ㊞

있는 서류이므로 피고인 김갑동의 법정자백 진술과 별개 독립의 증거이고, 한편 공판기록 중 증거목록(증거서류 등) 순번 3번 증거의견란에 의하면, 증거동의되었으므로 증거능력도 있기 때문이다.

159 형사소송법 제221조 제1항, 제244조의4 제1항, 제3항, 제312조 제4항, 제5항 및 그 입법 목적 등을 종합하여 보면, 피고인이 아닌 자가 수사과정에서 진술서를 작성하였지만 수사기관이 그에 대한 조사과정을 기록하지 아니하여 형사소송법 제244조의4 제3항, 제1항에서 정한 절차를 위반한 경우에는, 특별한 사정이 없는 한 '적법한 절차와 방식'에 따라 수사과정에서 진술서가 작성되었다 할 수 없으므로 증거능력을 인정할 수 없다(대법원 2015. 4. 23. 선고 2013도3790 판결). 즉, 수사기관은 '피고인이 아닌 자가 수사과정에서 작성한 진술서'에 대하여도 '피고인 아닌 자에 대한 진술조서'에 준하여 법 제244조의4 제1항, 제3항에 따라 조사과정에 관한 기록을 남겨야 한다.

조 회 회 보 서[160]

제 2022-21000 호 2022. 7. 8.

☐ 조회대상자

성 명	김갑동	주민등록번호	660311-1123456	성별	남
지문번호	84644-54898	주민지문번호	24312-18145	일련번호	06578342
주 소	서울특별시 서초구 서초로 100				
등록기준지	강원도 춘천시 효목로 10				

☐ 주민정보 : (생략)

☐ 범죄경력자료 :

연번	입건일	입건관서	작성번호	송치번호	형제번호
	처분일	죄 명		처분관서	처분결과
1	2019. 8. 31.	수원서부경찰서	002344	2019-002388	2019-356-11789
	2019. 10. 10.	상습절도		수원지방법원	벌금 100만 원

☐ 수사경력자료

연번	입건일	입건관서	작성번호	송치번호	형제번호
	처분일	죄 명		처분관서	처분결과
1	2017. 3. 14.	서울서초경찰서	001654	2017-001678	2017-210-36123
	2017. 4. 23.	절도		서울중앙지방 검찰청	기소유예

☐ 지명수배내역 : (생략)

위와 같이 조회 결과를 통보합니다.

조 회 용 도 : 범죄수사

조회의뢰자 : 경위 최경진

작 성 자 :

서 울 서 초 경 찰 서 장

160 경찰 단계의 전과 조회회보서이다. 위와 같이 조회대상자/ 범죄경력자료/ 수사경력자료 등으로 구성되어 있다. 범죄경력자료에 기소되어 처벌받은 내역이, 수사경력자료에 수사받고 불기소처분을 받은 내역이 기재되어 있다. 범죄경력자료에서 필요한 전과들을 확인하고 적절히 메모해야 한다.
이 기록 사안은 공판기록 중 공소장을 읽으면서 상습성에 관한 전과를 메모한 상태인데, 만일 확정판결의 기판력 주장이 배척되는 경우라면, 본 조회회보서는 피고인 김갑동의 법정자백에 대하여 보강증거로 사용될 수 있다. 본 조회회보서는 피고인의 증거동의가 없더라도 공무원이 직무상 증명할 수 있는 사항에 관하여 작성한 문서로서 법 제315조 제1호에 의하여 당연히 증거능력이 있다.

피의자신문조서

성　　　명 : 김갑동

주민등록번호 : 660311-1123456

위의 사람에 대한 상습절도 피의사건에 관하여 2022. 7. 13. 서울중앙지방검찰청 제303호 검사실에서 검사 최정의는 검찰주사 한고수를 참여하게 한 후,[161] 아래와 같이 피의자임에 틀림없음을 확인하다.[162]

문　피의자의 성명, 주민등록번호, 직업, 주거, 등록기준지를 말하시오.

답　성명은　김갑동

주민등록번호는　660311-1123456　(56세)

직업은　일용직

주거는　서울특별시 서초구 서초로 100

등록기준지는　강원도 춘천시 효목로 10

직장 주소는　(생략)

연락처는

자택 전화 : (생략)　휴대 전화 : (생략)

직장 전화 : (생략)　전자우편(E-mail) : (생략)

입니다.

검사는 피의사실의 요지를 설명하고 검사의 신문에 대하여 「형사소송법」 제244조의3에 따라 진술을 거부할 수 있는 권리 및 변호인의 참여 등 조력을 받을 권리가 있음을 피의자에게 알려주고 이를 행사할 것인지 그 의사를 확인하다.

161 법 제243조 전단

162 법 제241조

진술거부권 및 변호인 조력권 고지 등 확인

1. 귀하는 일체의 진술을 하지 아니하거나 개개의 질문에 대하여 진술을 하지 아니할 수 있습니다.
2. 귀하가 진술을 하지 아니하더라도 불이익을 받지 아니합니다.
3. 귀하가 진술을 거부할 권리를 포기하고 행한 진술은 법정에서 유죄의 증거로 사용될 수 있습니다.
4. 귀하가 신문을 받을 때에는 변호인을 참여하게 하는 등 변호인의 조력을 받을 수 있습니다.[163]

문　피의자는 위와 같은 권리들이 있음을 고지받았는가요.

답　예, 고지받았습니다.

문　피의자는 진술거부권을 행사할 것인가요.

답　아닙니다.

문　피의자는 변호인의 조력을 받을 권리를 행사할 것인가요.

답　아닙니다. 혼자서 조사를 받겠습니다.

이에 검사는 피의사실에 대하여 다음과 같이 피의자를 신문하다.

163 본 내용과 바로 아래 문답들은 법 제244조의3에 근거한 것이다.

문 피의자는 형벌을 받은 사실이 있는가요.

답 있습니다.

문 피의자의 학력, 경력, 가족관계, 재산정도 등은 경찰에서 사실대로 진술하였나요.

이때 검사는 사법경찰관 작성의 피의자에 대한 피의자신문조서에 기재된 해당 부분을 읽어준바,

답 예, 그렇습니다.

문 피의자는 2022. 7. 1. 14:50경 서울특별시 관악구 신림로 10에 있는 피해자 한가전이 관리하는 전자복합몰 1층 가전매장에서 감시가 소홀한 틈을 이용하여 위 매장에 판매 상품으로 진열되어 있는 시가 합계 120만 원 상당인 '브라더 X1000' 전기면도기 6개를 가방 안에 넣어 가지고 나오는 방법으로 이를 절취한 사실이 있는가요.

답 예. 있습니다.

문 피의자는 2017. 4. 23. 서울중앙지방검찰청에서 절도죄로 기소유예 처분을 받고, 2019. 10. 10. 수원지방법원에서 상습절도죄로 벌금 100만 원을 선고받았나요.

답 예. 그렇습니다.[164]

문 피의자는 피해자와 합의하였나요.

답 아니오. 아직 합의하지 못하였습니다.

문 더 할 말이 있나요.

답 깊이 반성하고 있습니다. 최대한 선처를 해 주시기 바랍니다.

문 이상의 진술에 대하여 이의나 의견이 있는가요.

답 없습니다. (무인)[165]

164 범행 일체를 자백하고 있다. 본 검찰 피의자신문조서는 공판기록 중 증거목록(증거서류 등) 순번 5번의 증거의견란에 의하면, 적법성/ 실질적 진정성립/ 임의성 모두 인정되고 특신상태에 관하여 별다른 문제가 없어 증거능력이 있으나, 자백으로 자백을 보강할 수 없으므로 보강증거로 사용될 수는 없다.

165 법 제244조 제3항

위의 조서를 진술자에게 열람하게 하였던 바 진술한 대로 오기나 증감·변경할 것이 전혀 없다고 말하므로 간인한 후 서명 무인하게 하다.

진술자 김갑돌 (무인)[166]

2022. 7. 13.

서울중앙지방검찰청

검 사 허 정 의 ㊞

검찰주사 한 고 수 ㊞

166 법 제244조 제3항

수사 과정 확인서[167]

구분	내용
1. 조사 장소의 도착 시각	2022. 7. 13. 14:00
2. 조사 시작 시각 및 종료 시각	□ 시작시각 : 2022. 7. 13. 14:10 □ 종료시각 : 2022. 7. 13. 14:50
3. 조서 열람 시작 시각 및 종료 시각	□ 시작시각 : 2022. 7. 13. 14:55 □ 종료시각 : 2022. 7. 13. 15:15
4. 그 밖에 조사과정 진행 경과 확인에 필요한 사항	조사장소에 도착하여 곧바로 조사를 받았습니다.
5. 조사과정 기재사항에 대한 이의제기나 의견진술 여부 및 그 내용	없습니다.

2022. 7. 13.

검사 최정의는 김갑동을 조사한 후, 위와 같은 사항에 대해 김갑동으로부터 확인받음.

확 인 자 : 김갑동 (무인)

검 사 : 최정의 ㊞

167 법 제244조의4

서 울 중 앙 지 방 검 찰 청

수　　신　　검사 최정의

제　　목　　수사보고(확정일자등)[168]

피의자 김갑동은 2017. 4. 23. 서울중앙지방검찰청에서 절도죄로 기소유예 처분을 받고, 2019. 10. 10. 수원지방법원에서 상습절도죄로 벌금 100만 원을 선고받아 그 판결이 2019. 10. 18. 확정되었습니다.

한편 피의자 김갑동은 2022. 6. 23. 수원지방법원에서 상습절도죄로 징역 6월에 집행유예 2년을 선고받고 2022. 6. 26. 항소를 제기하여, 현재 수원지방법원 2022노4000호로 항소심 공판계속 중에 있습니다.

붙임: 판결등본 1통

2022. 7. 15.

검찰주사 한고수 ㊞

---

168 기본적으로 경찰 단계의 조회회보서와 더불어 검찰수사관이 작성한 확정판결 등 전과 관련 수사보고서가 당해 피고인의 전과 관계를 확인하는 원칙적인 서류이다. 이 수사보고를 통해 공소장의 범죄전력란에서는 확인되지 않던 판결확정일이나 형 집행종료일 등을 확인할 수 있으므로, 자세히 읽어 보고 적절히 메모해야 한다.
이 기록 사안에서는 확정판결의 기판력이 쟁점이므로 변호인의 주장대로 확정판결이 있는지 여부를 이곳에서 확인해 볼 수 있다. 그런데 내용을 살핀즉, 이 사건 공소사실은 2019. 10. 10. 선고되고 2019. 10. 18. 확정된 상습절도죄에 관한 벌금 100만 원의 판결 이후에 발생되었으므로 위 확정판결의 시적범위 내에 있지 않고, 다른 상습절도에 관한 사건은 1심이 선고되고 현재 항소심에 계속 중이라서 아직 확정되지 않았음을 확인할 수 있다. 그러나 공판기록에서 변호인은 위 항소심 계속 중인 사건이 상고기간 경과로 확정되었다는 취지의 판결등본을 법원에 제출한 상태이다.

수 원 지 방 법 원

판 결

2019. 10. 18. 항소기간도과
2019. 10. 18. 확 정
수원지방검찰청

사 건 2019고단5000 상습절도
피 고 인 김갑동 (660311-1123456), 일용직
주거 서울 서초구 서초로 100
등록기준지 춘천시 효목로 10
검 사 이공진 (기소, 공판)
변 호 인 변호사 최민국(국선)
판 결 선 고 2019. 10. 10.

주 문

피고인을 벌금 1,000,000원에 처한다.
(이하 주문 기재 생략)

위 등본은 원본과 상위 없음.
2022. 7. 15.
서울중앙지방검찰청
검찰주사 한고수 ㊞

이 유

범 죄 사 실

피고인은 상습으로 2019. 8. 31. 15:30경 수원시 권선구 권선로 10에 있는 피해자 서정희가 운영하는 '아모르' 화장품 매장에서 감시가 소홀한 틈을 이용하여 위 매장에 판매상품으로 진열되어 있는 시가 합계 10만 원 상당인 피해자 소유의 '아모르파티 남성화장품 세트' 2박스를 가방 안에 넣어 가지고 나오는 방법으로 이를 절취하고, 2019. 9. 2. 14:00경 같은 장소에서 같은 방법으로 시가 5만 원 상당인 피해자 소유의 '아모르파티 남성화장품 세트' 1박스를 절취하였다.

증거의 요지(생략)

법령의 적용(생략)

판사 최진희 ________________ [169]

---

169 여기까지 공판기록과 증거기록의 검토를 마쳤다. 쟁점은 변호인이 주장한 내용으로서 확정판결의 기판력이 이 사건 공소사실에 미치는지 여부였다. 검토를 마친 결과, 공판과정에서 변호인이 증거신청하였던 판결등본(2022고단1300), 판결등본(2022노4000)의 각 기재에 의하면, 피고인 김갑동은 2022. 4. 13. 면도기를 절취한 상습절도죄로 2022. 6. 23. 1심 판결을 선고받고 항소하였다가 2022. 7. 23. 항소기각 판결을 선고받은 후 상고기간 경과로 인해 1심 판결이 확정되었음을 확인할 수 있다. 그 범행수법이나 범행기간 등에 비추어 같은 절도 상습성의 발현으로 볼 수 있어서 이 사건 공소사실과 기본적 사실관계가 동일한 것으로 평가된다.
한편 이 사건 공소사실의 범행일자는 2022. 7. 1.로서 위 항소심 판결선고일인 2022. 7. 23. 이전이다. 확정판결 기판력의 객관적 범위와 시적 범위가 모두 충족되었다. 따라서 확정판결의 기판력이 이 사건 공소사실에 미치므로 면소판결을 해야 한다. 이러한 검토결과를 이제 변론요지서와 검토보고서로 표현하기만 하면 된다. 앞서 설명하였던 검토보고서 작성원리를 상기하면서 실제로 작성하여 보자.

문제 1 검토보고서[170]

170 검토보고서 작성방법은 앞서 설명하였으나 가장 기본되는 내용만 다시 한번 개관해 보자.

결론 유죄, (주문) 무죄/ 면소/ 공소기각, 이유 무죄/ 면소/ 공소기각

논거
- 주장 및 쟁점
  - 사실관계 인정 여부
  - 주장요지 또는 직권판단사항 요지
- 검토의견
  - 관련법리
  - 인정사실 — 증거에 의한 사실인정
  - 판단 — 포섭
  - 소결론
    - 범죄사실의 증명이 없는 때/ 확정판결이 있은 때 등
    - §325전단, 후단/ §326(i)(iii)/ §327(ii)(iii)(v)(vi)
    - 유죄/ 무죄/ 면소/ 공소기각으로 판단된다.

검토보고서는 크게 보아 공소사실 별로 쟁점을 검토하는 것인데, 각각의 공소사실에 관하여 '결론'과 '논거', 2가지를 작성하면 된다. '결론' 부분에는 〈유죄, (주문) 무죄/ 면소/ 공소기각, 이유 무죄/ 면소/ 공소기각〉 중 하나를 기재한다.
논거 부분은 '주장 및 쟁점'과 '검토의견', 2가지만 작성하면 된다('공소사실의 요지'는 학습단계에서는 공소사실의 반복에 불과하여 생략할 수 있도록 허용되는 것이 보통이다). '주장 및 쟁점'에는 '해당 공소사실을 인정하는지 여부'(사실관계 인정/ 사실관계 부인)와 '피고인 내지 변호인의 주장 요지 또는 직권판단사항의 요지', 2가지를 기재한다.
'검토의견'은 기본적으로 삼단논법, 즉 〈관련법리-증거에 의한 사실인정-포섭판단〉의 흐름에 따라 기재하고 〈소결론〉으로 마무리된다. 〈소결론〉에는 ① 형사소송법 제325조 전단/ 후단, 제326조 제1호, 제3호, 제327조 제2호, 제3호, 제5호, 제6호 등에 기재된 사유들을 그대로 원용하여 기재하고, ② 위 해당 법조항 자체를 기재하고, ③ '유죄/ 무죄/ 면소/ 공소기각으로 판단된다.' 이렇게 3가지를 기재한다.

1. 결론

면소[171]

2. 논거

가. 공소사실의 요지(생략가능)

피고인은 상습으로 2022. 7. 1. 14:50경 서울특별시 관악구 신림로 10에 있는 피해자 한가전이 관리하는 전자복합몰 1층 가전매장에서 감시가 소홀한 틈을 이용하여 위 매장에 판매 상품으로 진열되어 있는 시가 합계 120만 원 상당인 피해자 소유의 '브라더 X1000' 전기면도기 6개를 가방 안에 넣어 가지고 나오는 방법으로 이를 절취하였다.

나. 주장 및 쟁점

○ 피고인은 사실관계를 인정한다.

○ 변호인은 상습절도죄에 관한 유죄확정판결의 기판력이 미치므로 이 사건 공소사실은 면소되어야 한다고 주장한다.[172·173]

다. 검토의견

○ 관련법리[174]

상습범으로서 포괄적 일죄의 관계에 있는 여러 개의 범죄사실 중 일부에 대하여 유죄판결이 확정된 경우에, 그 확정판결의 사실심 판결선고 전에 저질러진 나머지 범죄에 대하여 새로이 공소가 제기되었다면 그 새로운 공소는 확정판결이 있었던 사건과 동일한 사건에 대하여 다시 제기된 데 해당하므로 이에 대하여는 판결로써 면소의 선고를 하여야 한다.[175]

공소의 효력과 판결의 기판력의 기준시점은 사실심리의 가능성이 있는 최후의 시점인 판결선고시라고 할 것이나, 항소된 경우 그 시점은 현행 항소심의 구조에 비추어 항소심 판결선고시라고 함이 타당하다.[176]

---

171 앞서 검토한 대로 면소가 결론이다.

172 주장 및 쟁점에 첫째 자백하였으므로 '사실관계 인정'을 기재하고, 둘째 변호인이 주장한 내용인 '확정판결 기판력 주장의 요지'를 기재하였다.

173 이하 이 책에서는 법률문장작성이라는 학습목적을 고려하여 본문과 같이 완전한 문장으로 표현하기로 한다. 이와 달리 '피고인은 사실관계 인정', '변호인은 ~ 주장함'과 같이 간결하게 표현하여도 무방하다.

174 「검토의견」란의 기본 작성원리인 삼단논법 〈관련법리-증거에 의한 사실인정-포섭판단〉 중 관련법리 부분이다. 판례의 요지를 기재한다.

175 대법원 2010. 2. 11. 선고 2009도12627 판결

176 대법원 1983. 4. 26. 선고 82도2829,82감도612 판결

○ 인정사실

수사보고(확정일자등), 판결등본(2022고단1300), 판결등본(2022노4000)의 각 기재에 의하면, 피고인은 2022. 6. 23. 수원지방법원 2022고단1300 사건에서 상습절도죄로 징역 6월에 집행유예 2년을 선고받고 항소하였는데 2022. 7. 23. 항소심인 수원지방법원 2022노4000 사건에서 항소기각판결을 받아 위 2022고단1300 판결(이하 '확정판결'이라고 한다)이 2022. 7. 31. 확정된 사실, 확정판결의 범죄사실[177]은 "피고인은 상습으로 2022. 4. 13. 14:00경 수원시 권선구 권선로 80에 있는 피해자 황기전이 운영하는 '명품전자' 가전매장에서 감시가 소홀한 틈을 이용하여 위 매장에 판매 상품으로 진열되어 있는 시가 합계 40만 원 상당인 피해자 소유의 '브라더 S100' 전기면도기 2대를 가방 안에 넣어 가지고 나오는 방법으로 이를 절취하고, 2022. 4. 15. 16:00경 같은 장소에서 같은 방법으로 시가 20만 원 상당인 피해자 소유의 '브라더 S100' 전기면도기 1대를 가지고 나와 이를 절취하였다."인 사실을 인정할 수 있다.

○ 판단

위 인정사실에 의하면, 확정판결의 범죄사실과 그 항소심 판결선고일인 2022. 7. 23. 이전에 범한 이 사건 공소사실은, 그 범행수단과 방법, 범행기간 및 피고인의 전과 등에 비추어 볼 때, 범행수단과 방법이 거의 비슷하고, 범행 간격이 짧아서 모두 피고인의 절도 습벽이 발현된 것이므로, 포괄일죄의 관계에 있다.

따라서 확정판결의 효력은 그와 포괄일죄의 관계에 있는 이 사건 공소사실에 미친다.

○ 소결론[178]

결국 이 사건 공소사실은 확정판결이 있은 때에 해당하여, 형사소송법 제326조 제1호에 따라 면소로 판단된다.

---

177 별도의 상습절도죄로 처벌받은 확정판결의 효력이 이 사건 공소사실에 미치는지에 관하여 논증을 하기 위해서는 단순히 상습범죄로 판결이 선고되어 확정되었다는 사실만 인정해서는 부족하다. 나아가 그 확정판결의 구체적인 범죄사실의 내용까지 사실인정으로 적어 주어야 비로소 이 사건 공소사실과 비교하여 동일한 상습성의 발현에 의한 것인지, 양자가 포괄일죄 관계에 있는지에 관해서 확인할 수 있다. 따라서 다소 장황해 보이지만 확정판결의 범죄사실을 여기에 적는 것은 필수적이다. 만일 확정판결의 범죄사실이 너무 오래전의 일이고 이 사건 공소사실과 전혀 다른 수법에 의한 것이라면, 이 사건 공소사실은 절도 습벽의 발현이라고 볼 수 없게 되어 기판력이 미친다고 볼 수 없을 수도 있다.

178 ① 형사소송법 제326조 제1호에 기재된 사유를 그대로 원용하여 기재하고, ② 위 해당 법조항을 기재하였으며, ③ '면소로 판단된다.' 이렇게 기재하였다. 소결론에는 이 사건이 어떤 경우에 해당하고, 어떤 법률 조항을 적용하여 어떤 결론을 내리는지 구체적으로 밝혀 주어야 한다

문제 2 변론요지서[179]

1. 공소사실의 요지(기재 생략)

2. 변론의 요지

가. 관련법리

상습범으로서 포괄적 일죄의 관계에 있는 여러 개의 범죄사실 중 일부에 대하여 유죄판결이 확정된 경우에, 그 확정판결의 사실심 판결선고 전에 저질러진 나머지 범죄에 대하여 새로이 공소가 제기되었다면 그 새로운 공소는 확정판결이 있었던 사건과 동일한 사건에 대하여 다시 제기된 데 해당하므로 이에 대하여는 판결로써 면소의 선고를 하여야 합니다.[180]

공소의 효력과 판결의 기판력의 기준시점은 사실심리의 가능성이 있는 최후의 시점인 판결선고시라고 할 것이나, 항소된 경우 그 시점은 현행 항소심의 구조에 비추어 항소심 판결선고시라고 함이 타당합니다.[181]

나. 인정사실

수사보고(확정일자등), 판결등본(2022고단1300), 판결등본(2022노4000)에 의하면, 피고인은 2022. 6. 23. 수원지방법원 2022고단1300 사건에서 상습절도죄로 징역 6월에 집행유예 2년을 선고받고 항소하였는데 2022. 7. 23. 항소심인 수원지방법원 2022노4000 사건에서 항소기각판결을 받아 위 2022고단1300 판결(이하 '확정판결'이라고 합니다)이 2022. 7. 31. 확정되었고, 그 확정판결의 범죄사실은 "피고인은 상습으로 2022. 4. 13. 14:00경 수원시 권선구 권선로 80에 있는 피해자 황기전이 운영하는 '명품전자' 가전매장에서 감시가 소홀한 틈을 이용하여 위 매장에 판매 상품으로 진열되어 있는 시가 합계 40만 원 상당인 피해자 소유의 '브라더 S100' 전기면도기 2대를 가방 안에 넣어 가지고 나오는 방법으로 이를 절취하고, 2022. 4. 15. 16:00경 같

---

179 변론요지서는 유일무이한 형식이 정해져 있는 것이 아니라, 해당 사건기록의 쟁점을 선명하게 드러내고 이에 관하여 논리적인 서술을 하는 것이 관건이다. 지금까지 살펴본 검토보고서의 작성원리에 준하여 작성하면 충분하다. 다만 법원에 제출하는 서면이므로 경어체를 사용하는 것이 좋다. 변론요지서를 제출하는 중요한 이유 중 하나는 법원이 피고인에 대해 가장 유리한 판결을 내릴 수 있도록 필요한 재료를 제공하는 것이다. 담당 판사가 변론요지서의 기재를 그대로 인용해서 판결문에 쓰도록 하겠다는 목표를 가지고 작성해 보는 것도 좋은 학습목표가 될 수 있다. 결국 변론요지서나 검토보고서는 그 작성 원리가 크게 다르지 않음을 알 수 있다.

180 대법원 2010. 2. 11. 선고 2009도12627 판결

181 대법원 1983. 4. 26. 선고 82도2829,82감도612 판결

은 장소에서 같은 방법으로 시가 20만 원 상당인 피해자 소유의 '브라더 S100' 전기면도기 1대를 가지고 나와 이를 절취하였다."입니다.

다. 판단

위 확정판결의 범죄사실과 그 항소심 판결선고일인 2022. 7. 23. 이전에 범한 이 사건 공소사실은, 그 범행수단과 방법, 범행기간 및 피고인의 전과 등에 비추어 볼 때, 범행수단과 방법이 거의 비슷하고, 범행 간격이 짧아서 모두 피고인의 절도 습벽이 발현된 것이므로, 포괄일죄의 관계에 있습니다.

라. 결론

확정판결의 효력은 그와 포괄일죄의 관계에 있는 이 사건 공소사실에 미치므로, 이 사건 공소사실은 확정판결이 있은 때에 해당합니다. 따라서 형사소송법 제326조 제1호에 따라 면소를 선고하여 주시기 바랍니다.

3. 정상관계(기재 생략)

【기록1 보충문제】

[기록1]에서 사안을 달리 하여 ① 공판기록 중 변호인이 증거신청한 판결등본(2022고단1300)의 내용을 아래와 같이 수정하고, ② 판결등본(2022노4000)은 삭제하며, ③ 증거기록 중 검찰주사가 작성한 수사보고(확정일자등)의 2번째 문단을 삭제하였다고 하고, ④ [기록1]에서 그 이외에 나머지 내용은 아무런 변경이 없다고 가정해보자. 이러한 가정하에 **검토보고서**를 작성하여 보라.

수 원 지 방 법 원
판 결

2022. 6. 26. 항소기간도과	
2022. 6. 26. 확	정
수원지방검찰청	

사 건 2022고단1300 상습절도
피 고 인 김갑동 (660311-1123456), 일용직
주거 서울 서초구 서초로 100
등록기준지 춘천시 효목로 10
검 사 고민성 (기소, 공판)
변 호 인 변호사 정진훈(국선)
판 결 선 고 2022. 6. 18.

위 등본은 원본과 상위 없음.
2022. 8. 2.
서울중앙지방검찰청
검찰주사 한고수 ㊞

주 문

피고인을 징역 6월에 처한다.
다만, 이 판결 확정일부터 2년간 위 형의 집행을 유예한다.

이 유

범 죄 사 실

피고인은 상습으로 2022. 4. 13. 14:00경 수원시 권선구 권선로 80에 있는 피해자 황기전이 운영하는 '명품전자' 가전매장에서 감시가 소홀한 틈을 이용하여 위 매장에 판매 상품으로 진열되어 있는 시가 합계 40만 원 상당인 피해자 소유의 '브라더 S100' 전기면도기 2대를 가방 안에 넣어 가지고 나오는 방법으로 이를 절취하고, 2022. 4. 15. 16:00경 같은 장소에서 같은 방법으로 시가 20만 원 상당인 피해자 소유의 '브라더 S100' 전기면도기 1대를 가지고 나와 이를 절취하였다.

증거의 요지(생략)

법령의 적용(생략)

판사 이정성 ________________

보충문제 검토보고서

1. 결론

유죄[182]

2. 논거

가. 주장 및 쟁점[183]

○ 피고인은 사실관계를 인정한다.

○ 변호인은 상습절도죄에 관한 유죄확정판결의 기판력이 미치므로 이 사건 공소사실은 면소되어야 한다고 주장한다.

나. 검토의견[184]

○ 관련법리

상습범으로서 포괄적 일죄의 관계에 있는 여러 개의 범죄사실 중 일부에 대하여 유죄판결이 확정된 경우에, 그 확정판결의 사실심 판결선고 전에 저질러진 나머지 범죄에 대하여 새로이 공소가 제기되었다면 그 새로운 공소는 확정판결이 있었던 사건과 동일한 사건에 대하여 다시 제기된 데 해당하므로 이에 대하여는 판결로써 면소의 선고를 하여야 한다. 공소의 효력과 판결의 기판력의 기준시점은 사실심리의 가능성이 있는 최후의 시점인 판결선고시이다.

○ 인정사실

수사보고(확정일자등), 판결등본(2022고단1300)의 각 기재에 의하면, 피고인은 2022. 6. 18. 수원지방법원 2022고단1300 사건에서 상습절도죄로 징역 6월에 집행유예 2년을 선고받고 그 판결이 2022. 6. 26. 확정된 사실을 인정할 수 있다.[185]

---

182 공소사실 중 일부라도 유죄가 되는 경우 판결의 주문에서는 피고인에게 형벌을 선고해야 한다. 따라서 주문 유죄나 이유 유죄와 같은 구별은 필요 없고, 그냥 유죄라고 하면 족하다.

183 사실관계 인정 여부와 주장요지 또는 직권판단사항의 요지를 기재함은 동일하다.

184 역시 변호인이 주장한 내용에 관하여 삼단논법에 따라 판단한다.

185 이 사건 공소사실은 기판력의 기준이 되는 확정판결의 판결선고시 이후의 범행이므로, 확정판결의 구체적 범죄사실이 이 사건 공소사실과 범행수단이나 방법 면에서 동일·유사한지, 범행기간이 근접해 있는지를 고려할 필요 없이 기판력이 미치지 않는다. 따라서 확정판결의 선고일만 사실인정하면 충분하고 확정판결의 구체적인 범죄사실은 여기에 기재할 필요가 없다.

○ 판단

위 인정사실을 위 관련법리에 비추어 보면, 이 사건 공소사실은 확정판결의 판결선고일인 2022. 6. 18. 이후에 행해진 것이므로 위 확정판결의 효력은 이 사건 공소사실에 미치지 않는다.

변호인의 위 주장은 받아들이지 아니한다.[186]

○ 증거의 요지(상습성 인정자료 포함)[187 · 188]

1. 피고인의 법정진술

1. 한가전이 작성한 진술서의 기재

1. 경찰 압수조서의 기재

1. 조회회보서, 판결등본(2019고단5000)의 각 기재[189]

○ 소결론

유죄로 인정된다.[190]

---

186 〈관련법리-증거에 의한 사실인정-포섭판단〉의 삼단논법을 거치는 것은 앞선 사안과 동일하나, 다만 포섭판단까지 마쳐 준 다음 마지막에 이렇게 그 주장을 배척한다는 취지("피고인 또는 변호인의 위 주장은 받아들이지 아니한다.")를 밝혀 주는 것만 달라진다.

187 그 주장한 내용이 배척되었고 피고인 김갑동이 자백하였으니 보강증거만 있으면 유죄로 판단되는 사안이다. 따라서 자연히 자백과 이에 부합하는 보강증거들을 열거할 필요가 생긴다. 공판기록 제1회 공판조서에서 시작하여 정리된 쟁점에 따라, 이후 기록을 보면서 피고인 김갑동의 법정에서의 자백진술에 부합하는 보강증거를 찾아 메모하였을 것이고, 이를 이곳에 "증거의 요지"라는 제목하에 기재하면 된다.
앞서 기록검토하면서 각각의 증거서류들이 공소사실에 부합하는지, 법정자백과 별개 독립된 증거인지(자백을 자백으로 보강할 수 없다), 증거능력이 있는지를 검토하였는데, 그 검토결과 피해자 한가전이 작성한 진술서, 사법경찰관이 작성한 압수조서(압수물총목록 비고란에 의하면, 피해품인 면도기 6대는 압수되었다가 가환부되었으므로 면도기 자체가 증거로 사용될 수는 없다), 피고인 김갑동의 절도 습벽에 관한 증거에 해당하는 사법경찰관이 작성한 조회회보서, 판결등본(2019고단5000)이 보강증거에 해당한다.

188 법원실무상 형사판결서 작성시에는 상습성에 관하여는 별도 항목에서 이를 인정하는 데 사용된 증거를 구분해서 기재하고 있다. 그러나 검토보고서에서는 검토보고서의 체계를 구성함에 있어 특별한 사정이 없는 이상, 이렇게 "증거의 요지**(상습성 인정자료 포함)**"라는 제목을 사용하여 상습성에 관한 증거도 다른 기본적 구성요건에 관한 증거들과 함께 표기한다.

189 그 증거를 나열하는 방식과 순서에 관한 자세한 설명은 판결서작성실무 146-155쪽을 참조하기 바란다. 다만 실무에서는 보다 간소한 기재를 사용하고 있고, 학습목적상 수업에 따라서는 이러한 간소한 기재를 허용하는 경우도 많다. 가령 "피고인이 이 법정에서 한 이에 들어맞는 진술"은 "피고인의 법정진술"로, "사법경찰관이 작성한 OOO에 대한 피의자신문조서/진술조서 중 이에 들어맞는 진술기재"는 "OOO에 대한 경찰 피의자신문조서/ 진술조서의 진술기재"로 간략하게 기재하는 것이 허용되기도 한다. 구체적인 내용은 해당 강좌의 안내에 따라야 할 것이다.

190 검토보고서 작성시에 결론이 유죄인 경우에는 〈증거의 요지〉-〈소결론〉-〈부수처분〉을 항상 기재함이 원칙이다. 그러나 이 보충문제 사안은 증거기록 중 압수물총목록을 살펴보면, 압수물인 면도기 6대가 가환부되었으므로 별도의 처분이 필요 없다. 가환부한 장물에 대하여 별단의 선고가 없는 때에는 환부의 선고가 있는 것으로 간주되기 때문이다(법 제333조 제3항).

Attention Please

(4) 기록1 관련 변호사시험 형사기록형 기출문제

○ 제1회 : 무전취식 관련 사기죄로 기소되었는데, 동일한 수법의 무전취식 관련 상습사기죄의 확정판결의 기판력이 미치는 사안

○ 제2회 : 매도인 A, 매수인 B라고 기재된 한 장의 매매계약서에 관하여, 甲이 위 매매계약서 중 매도인 A 명의 부분에 대하여 사문서위조 및 위조사문서행사죄의 유죄판결을 받아 그 판결이 확정되었고, 그 후 甲이 위 매매계약서 중 매수인 B 명의 부분에 대하여 다시 사문서위조 및 위조사문서행사죄로 기소되었는데, 확정판결의 효력이 그 범죄사실과 상상적 경합 관계에 있는 이 사건 공소사실에 미친다는 사안

○ 제5회 : 甲이 A의 아들이 사기혐의로 검찰수사를 받고 있음을 알고 A에게 마치 담당검사에게 청탁하여 선처할 수 있는 것처럼 거짓말하여 현금을 받은 사실관계에서, 甲이 이에 관하여 먼저 사기죄로 유죄판결을 받아 그 판결이 확정되었고 그 후 甲이 다시 위 사실관계와 관련하여 변호사법위반죄로 기소되었는데, 사기죄에 관한 확정판결의 효력이 그 범죄사실과 상상적 경합 관계에 있는 변호사법위반 공소사실에 미친다는 사안

○ 제6회 : 甲이 2016. 1. 3.경부터 2016. 1. 5.경까지 A에게 "너는 인간쓰레기다. 두고 보자. 이 벌레보다도 못한 인간아."라는 내용의 동일한 문자메시지를 2회 발송함으로써 정보통신망을 통하여 불안감을 유발하는 문언을 반복적으로 A에게 도달하게 한 공소사실로 정보통신망 이용촉진 및 정보보호 등에 관한 법률 제74조 제1항 제3호, 제44조의7 제1항 제3호에 따라 정보통신망이용촉진및정보보호등에관한법률위반죄로 기소되었는데, 甲이 A에게 비슷한 시기에 위와 동일한 문자를 총 25회 반복하여 도달하게 한 범죄사실로 같은 적용법조에 따라 2016. 10. 30. 약식명령을 발령받아 그 약식명령이 2016. 12. 15. 확정된 경우, 위 약식명령의 효력이 그와 포괄일죄 관계에 있는 이 사건 공소사실에 미치는 사안

○ 제7회 : 甲이 절취된 X신용카드를 이용하여 비슷한 시기에 A주점과 B주점에서 각각 술값을 지불한 사실관계에서, 먼저 A주점에서 X신용카드를 이용하여 결제한 행위에 관하여 사기 및 여신전문금융업법위반죄로 유죄판결을 받아 그 판결이 확정되었고 그 후 甲이 다시 B주점에서 X신용카드를 이용하여 결제한 행위에 관하여 사기 및 여신전문금융업법위반죄로 기소되었는데, 확정판결 중 여신전문금융업법위반죄 부분의 효력은 그 범죄사실과 포괄일죄 관계에 있는 이 사건 여신전문금융업법위반 공소사실에 미치는 반면, 확정판결 중 사기 부분의 효력은 이 사건 사기 공소사실에는 미치지 않는다는 사안

○ 제8회 : 상습존속폭행죄로 기소되었는데, 상습폭행죄의 확정판결의 기판력이 미친다는 사안(대법원 2018. 4. 24. 선고 2017도10956 판결 참조)

○ 제9회 : ①, ②, ③, ④ 4개의 절도행위로 구성된 상습절도죄로 기소되었는데, 다른 상습절도죄에 관한 확정판결의 기판력의 시적 범위를 따져 확정판결의 선고일을 기준으로 이 사건 4개의 절도행위 중 ①절도 부분만 주문 면소를 하는 사안

○ 제10회 : 특정범죄가중처벌등에관한법률위반(위험운전치사상)죄와 업무상과실 재물손괴로 인한 도로교통법위반죄는 상상적 경합관계에 있고, 도로교통법위반죄의 약식명령의 기판력이 특정범죄가중처벌등에관한법률위반(위험운전치사상)의 공소사실에 미치므로 면소를 하는 사안

○ 제11회 : 업무상배임죄로 기소되었는데, 상상적 경합관계에 있는 사기죄의 확정판결의 기판력이 미치므로 면소를 하는 사안

2

기록

면소 - 공소시효

기록 2

<문제1> 다음 기록을 읽고 서울중앙지방법원 재판연구원으로서 **검토보고서**를 작성하되, 다음의 검토보고서 양식 중 **본문 I의 1, 2 부분만 작성하시오.**

<문제2> 다음 기록을 읽고 피고인 김갑동에 대하여 변호인 법무법인 만세 담당변호사 황필승이 객관적인 입장에서 대표변호사에게 보고할 **검토의견서**를 작성하되, 다음의 검토의견서 양식 중 **본문 2, 3, 4 부분만 작성하시오.**

[검토보고서 양식]

검토보고서

사 건 2022고단1234 배임증재
피고인 김갑동

I. 쟁점 및 검토
1. 결론
2. 논거
가. 공소사실의 요지
나. 주장 및 쟁점
다. 검토의견
II. 처단형의 범위

[검토의견서 양식]

검토의견서

사 건 2022고단1234 배임증재
피고인 김갑동

1. 공소사실의 요지
2. 쟁점
3. 검토의견
4. 결론

2022. 8. 14.
담당변호사 황필승 ㊞

구속만료		미결구금
최종만료		
대행갱신 만료		

서 울 중 앙 지 방 법 원

구공판 형사제1심소송기록

기 일	사건번호	2022고단1234		담임	형사제1단독	주심	
1회 기일	사 건 명	배임증재					
2022. 8. 4. 10:00							
	검 사	최정의	2022형제3333호				
	피 고 인	김갑동					
	공소제기일	2022. 7. 17.					
	변 호 인	사선 법무법인 만세 담당변호사 황필승					

확 정	
보존종기	
종결구분	
보 존	

완결 공람	담 임	과 장	재판장

증 거 목 록 (증거서류 등)

2022고단1234

2022형제3333호 신청인 : 검 사

<table>
<tr><th rowspan="2">순번</th><th colspan="5">증거방법</th><th rowspan="2">참조사항 등</th><th rowspan="2">신청기일</th><th colspan="2">증거의견</th><th colspan="2">증거결정</th><th rowspan="2">증거조사기일</th><th rowspan="2">비고</th></tr>
<tr><th>작성</th><th>쪽수(수)</th><th>쪽수(증)</th><th>증 거 명 칭</th><th>성 명</th><th>기일</th><th>내용</th><th>기일</th><th>내용</th></tr>
<tr><td>1</td><td>사경</td><td>1</td><td></td><td>피의자신문조서</td><td>김갑동</td><td>공소사실</td><td>1</td><td>1</td><td>○</td><td colspan="3" rowspan="6">기재생략</td><td></td></tr>
<tr><td>2</td><td></td><td>5</td><td></td><td>진술서</td><td>최정직</td><td>공소사실</td><td>1</td><td>1</td><td>○</td><td></td></tr>
<tr><td>3</td><td></td><td>6</td><td></td><td>조회회보서</td><td>김갑동</td><td>전과관계</td><td>1</td><td>1</td><td>○</td><td></td></tr>
<tr><td>4</td><td>검사</td><td>7</td><td></td><td>피의자신문조서</td><td>김갑동</td><td>공소사실</td><td>1</td><td>1</td><td>○</td><td></td></tr>
<tr><td>5</td><td></td><td>10</td><td></td><td>수사보고
(관련사건)</td><td></td><td></td><td>1</td><td>1</td><td>○</td><td></td></tr>
<tr><td>6</td><td></td><td>11</td><td></td><td>판결등본
(2017고단5000)</td><td></td><td></td><td>1</td><td>1</td><td>○</td><td></td></tr>
<tr><td></td><td></td><td></td><td></td><td></td><td></td><td></td><td></td><td></td><td></td><td></td><td></td><td></td><td></td></tr>
<tr><td></td><td></td><td></td><td></td><td></td><td></td><td></td><td></td><td></td><td></td><td></td><td></td><td></td><td></td></tr>
</table>

※ 증거의견 표시 - 피의자신문조서 : 인정 ○, 부인 ×
(여러 개의 부호가 있는 경우, 적법성/실질성립/임의성/내용의 순서임)
- 기타 증거서류 : 동의 ○, 부동의 ×
- 진술이 특히 신빙할 수 있는 상태하에서 행하여졌다는 점 부인 : "특신성 부인"(비고란 기재)

※ 증거결정 표시 : 채 ○, 부 ×

※ 증거조사 내용은 제시, 낭독(내용고지, 열람)

서울중앙지방검찰청

2022. 7. 17.

사건번호 2022년 형제3333호
수 신 자 서울중앙지방법원

발 신 자

검 사 **최정의** 최정의 (인)

제 목 **공소장**

아래와 같이 공소를 제기합니다.

Ⅰ. 피고인 관련사항

피 고 인 김갑동 (660311-1123456), 56세
직업 일용직, 010-6000-2100
주거 서울특별시 서초구 서초로 100
등록기준지 강원도 춘천시 효목로 10

죄 명 배임증재

적용법조 형법 제357조 제2항, 제1항

구속여부 불구속 1234

변 호 인 없음

Ⅱ. 공소사실

피고인은 2012. 9.경부터 2017. 4.경까지 아파트 인테리어 공사업체인 주식회사 데코(이하 '데코'라고 한다)의 대표이사로 근무하며 공사계약 체결 및 영업 등을 총괄하던 사람으로서, 2017. 3. 10. 20:00경 서울 강남구 삼성로 100에 있는 삼성 일식집에서 주식회사 중원건설(이하 '중원건설'이라고 한다)의 영업부장인 탁수완에게, 중원건설이 재건축 중인 미소아파트 공사와 관련하여 데코가 중원건설의 관련 사규에 위반하여 공개경쟁입찰방식이 아닌 수의계약방식으로 인테리어 공사 부분을 도급받을 수 있도록 영향력을 행사해 달라는 취지의 부정한 청탁을 하고, 그 자리에서 탁수완에게 1,000만 원을 교부하였다.

이로써 피고인은 탁수완의 임무에 관하여 부정한 청탁을 하고 재물을 공여하였다.

변호인선임신고서

사 건 번 호　　2022고단1234
피　고　인　　김 갑 동
사　건　명　　배임증재

위 사건에 관하여 **법무법인 만세**(담당변호사 **황필승**)를 변호인으로 선임하고 이에 신고함.

2022. 7. 20.
선임인 피고인 김갑동 (무인)

위 변호인 **법무법인 만세** (직인)

주소 서울 서초구 서초대로206번길 법조빌딩 502호
전화번호 02 - 534 - 2233

11001-
No 030227
(위임장등부착용)
경유증표(본안)
2022. 07. 20.
서울지방변호사회

서울중앙지방법원 형사 제1단독 귀중

서울중앙지방법원

공 판 조 서

제 1 회

사 건 2022고단1234 배임증재

판 사 이 국 준 기 일 : 2022. 8. 4. 10:00

장 소 : 제210호 법정

공개여부 : 공 개

법원 주사 장 참 여 고지된

다음기일 : 2022. 8. 18. 10:00

피 고 인 김 갑 동 출석

검 사 강 지 혁 출석

변 호 인 법무법인 만세 담당변호사 황필승 출석

판사

피고인은 진술을 하지 아니하거나 각개의 물음에 대하여 진술을 거부할 수 있고 이익되는 사실을 진술할 수 있음을 고지

판사의 인정신문

성 명 : 김갑동

주민등록번호 : 공소장 기재와 같음

직 업 : 〃

주 거 : 〃

등록기준지 : 〃

판사

피고인에 대하여

주소의 변동이 있을 때에는 이를 법원에 보고할 것을 명하고 소재가 확인되지 않는 때에는 그 진술 없이 재판할 경우가 있음을 경고

검사

공소장에 의하여 공소사실, 죄명, 적용법조 낭독

피고인

공소사실을 모두 인정합니다. 잘못했습니다.

변호인

공소장에 기재된 사실관계에 대하여는 다툼이 없습니다. 다만 공소시효가 경과되었으므로 면소되어야 합니다.[191]

판사

검사에게

공소시효 완성 여부에 대하여 의견을 구함

검사

공범 탁수완이 기소된 2017. 4. 30.부터 그 판결이 상고기각으로 확정된 2017. 9. 30.까지 기간 동안 공소시효가 정지되었으므로, 피고인에 대한 공소시효가 완성되지 않았다고 답변[192]

판사

증거조사를 하겠다고 고지

증거관계 별지와 같음(검사)

판사

증거조사결과에 대한 의견을 묻고 권리를 보호함에 필요한 증거조사를 신청할 수 있음을 고지

소송관계인

별 의견 없다고 진술

판사

증거조사를 마쳤음을 고지

191 여기서 쟁점이 현출되었다. 공소사실을 자백하면서 공소시효 완성 주장을 한 사안이다. 따라서 이하 기록을 보면서 공소시효 경과 여부를 검토함과 동시에 그 주장이 배척될 경우를 대비하여 위 자백진술에 부합하는 증거능력 있는 보강증거를 찾아야 한다.

192 검사가 공소시효 정지 주장을 하였으니, 이에 관한 법리를 상기하면서 공소시효 완성 여부를 검토하여야 한다.

검사 및 변호인

피고인신문을 생략하겠다고 진술

검사

이 사건 공소사실은 모두 그 증거가 있으므로 공소장 기재 법조를 적용하여 피고인을 징역 10월에 처함이 상당하다는 의견 진술

판사

피고인 및 변호인에게 최종 의견 진술 기회 부여

변호인

공소시효가 완성되었으니 정확한 판단을 요청드린다고 진술

피고인

잘못을 뉘우치고 있으나, 변호인의 의견을 참조하여 공정한 판단을 해 주시기를 바란다고 진술

판사

변론종결

2022. 8. 4.

법원주사 장 참 여 ㊞

판 사 이 국 준 ㊞

제 1 책
제 1 권

서울중앙지방법원

증거서류등(검사)

사 건 번 호	2022고단1234	담임	형사제1단독	주심	
사 건 명	배임증재				
검 사	최 정 의		2022년 형제3333호		
피 고 인	김 갑 동				
공소제기일	2022. 7. 17.				
1심 선고	20 . . .	항소	20 . . .		
2심 선고	20 . . .	상고	20 . . .		
확정	20 . . .	보존			

피 의 자 신 문 조 서

피 의 자 : 김갑동

위의 사람에 대한 배임증재 피의사건에 관하여 2022. 6. 26. 서울서초경찰서 형사과 사무실에서 사법경찰관 경위 최경진은 사법경찰리 순경 박승준을 참여하게 하고, 아래와 같이 피의자임에 틀림없음을 확인하다.

문 **피의자의 성명, 주민등록번호, 직업, 주거, 등록기준지 등을 말하십시오.**

답 **성명**은 김갑동(金甲動)

주민등록번호는 660311-1123456 만 56세

직업은 일용직

주거는 서울특별시 서초구 서초로 100

등록기준지는 강원도 춘천시 효목로 10

직장 주소는

연락처는

자택 전화 : (생략) **휴대 전화** : (생략)

직장 전화 : (생략) **전자우편(E-mail)** : (생략)

입니다.

사법경찰관은 피의사건의 요지를 설명하고 사법경찰관의 신문에 대하여 형사소송법 제244조의3의 규정에 의하여 진술을 거부할 수 있는 권리 및 변호인의 참여 등 조력을 받을 권리가 있음을 피의자에게 알려주고 이를 행사할 것인지 그 의사를 확인하다.

이에 사법경찰관은 피의사실에 관하여 다음과 같이 피의자를 신문하다.

문 피의자는 형벌을 받은 사실이 있는가요.

답 없습니다.

문 군대는 갔다 왔나요.

답 육군 병장으로 제대하였습니다.

문 학력은 어떠한가요.

답 4년제 대학을 졸업하였습니다.

문 사회경력은 어떠한가요.

답 대학교 졸업하고 인테리어 공사를 주로 하는 중소기업에서 직장 생활을 하다가 2012. 9.경 주식회사 데코라는 회사를 설립하고 그때부터 2017. 4.경까지 대표이사로 있었습니다.

문 가족관계는 어떠한가요.

답 2016년 이혼한 이래 혼자 살고 있습니다. 자녀는 없습니다.

문 현재 직업은 무엇인가요.

답 청소대행업체에서 일용직으로 일하고 있습니다.

문 재산이나 월수입은 어떠한가요.

답 별다른 재산이 없고, 월수입은 150만 원도 되지 않습니다.

문 정당이나 사회단체에 가입한 사실이 있나요.

답 없습니다.

문 건강상태는 어떠한가요.

답 혈액형은 O형, 키 175cm, 몸무게 70kg이고, 건강은 양호한 편입니다.

문 술과 담배는 어느 정도 하는가요.

답 평소 주량은 소주 1~2병 정도 되고, 담배는 피우지 않습니다.

문 피의자는 어떤 일로 자수를 하는 것인가요.

답 제가 2012. 9.경 설립한 주식회사 데코를 경영하던 중 수주를 위해 부정한 청탁을 한 일이 있습니다.

문 그 경위를 자세히 진술하시오.

답 제가 회사를 세우고 2016년경까지는 영업실적이 나쁘지 않았는데 2017년 1/4분기

부터 급격히 영업손실이 커져서 아파트 재건축을 전문으로 하는 건설사들을 상대로 새로이 활로를 찾게 되었습니다. 그러던 중 고등학교 동창회에서 주식회사 중원건설 영업부장으로 있는 탁수완이라는 동문 후배를 알게 되었습니다. 그 후 2017. 3. 10. 20:00경 서울 강남구 삼성로 100에 있는 삼성 일식집에서 탁수완에게, 주식회사 중원건설이 서울 강남구 일원동 일대에서 재건축 중인 미소아파트 공사와 관련하여 저희 주식회사 데코가 인테리어 공사 부분을 도급받을 수 있도록 힘 좀 써달라는 청탁을 하면서 그 자리에서 탁수완에게 1,000만 원을 교부하였습니다.

문 1,000만 원을 어떤 방식으로 전달하였나요.

답 5만 원 권으로 200장을 준비해서 '비트500'이라는 음료수 박스에 담아서 넘겨주었습니다.

문 피의자가 위와 같이 부정한 청탁을 한 대가로, 주식회사 데코는 미소아파트 인테리어 공사 부분을 실제로 도급받았나요.

답 아니오. 도급받지 못했습니다. 중원건설이 건설업계에서 제법 규모도 있고 이름도 있는 곳이다 보니 중원건설의 회사 사규상 인테리어 공사를 비롯해서 하도급계약은 공개경쟁입찰방식이 원칙이었습니다. 그래서 제가 특별히 수의계약방식으로 하도급계약을 체결해 달라고 부탁한 것이었습니다. 그런데 인테리어 회사들 중에서 저희 회사와 경쟁관계에 있는 '주식회사 한실하우스'가 어떻게 저와 탁수완 사이의 거래를 알게 되었는지 2017. 3.경에 형사고발을 하는 바람에 일이 틀어지게 되었습니다. 탁수완은 그 일로 회사를 그만 두게 되었다고 들었습니다.

문 탁수완이 주식회사 한실하우스의 고발로 입건되어 결국 형사 유죄판결을 받았나요.

답 네. 그렇게 들었습니다.

문 피의자는 그 때 고발로 조사를 받지 않았나요.

답 제가 고발당한 무렵 저희 주식회사 데코는 사실상 폐업상태였고 회사채권자들로부터 채권추심 압박도 상당하여...... (이때 피의자는 고개를 숙이고 눈물을 흘리다) 부득이 야반도주를 하게 되었습니다. 그때부터 지금까지 전국을 떠돌며 거의 노숙자 생활을 하였습니다. 그래서 오늘 이렇게 자수를 하게 된 것입니다.

문 이상의 진술 내용에 대하여 이의나 의견이 있는가요.

답 없습니다. (무인)

위의 조서를 진술자에게 열람하게 하였던바, 진술한 대로 오기나 증감·변경할 것이 전혀 없다고 말하므로 간인한 후 서명 무인하게 하다.

진술자 김갑돌 (무인)

2022. 6. 26.

서 울 서 초 경 찰 서

사법경찰관 경위 최경진 ㊞

사법경찰리 순경 박승준 ㊞

진 술 서 (참 고 인)

성 명	최정직		성 별	(남)·여
연 령	48세(1973. 11. 11.생)	주민등록번호	(생략)	
등록기준지	(생략)			
주 거	서울특별시 동작구 상도로 100(상도동)			
	(통 반)	자택전화	(생략)	직장전화 (생략)
직 업	회사원	직 장	주식회사 중원건설	

위의 사람은 피의자 김갑동에 대한 배임증재 사건의 참고인으로서 다음과 같이 임의로 자필진술서를 작성 제출함

1. 저는 주식회사 중원건설에서 영업과장으로 근무하고 있습니다.
1. 그런데 제 직속상관인 탁수완 영업부장이 2017. 3.경 저희 중원건설이 당시 시공중이던 미소아파트 공사 중 인테리어 공사와 관련하여 사규에 위반하여 수의계약방식으로 주식회사 데코(대표이사 김갑동)에 하도급을 주려고 하였습니다.
1. 그 무렵에 다른 인테리어 업체들이 우리 중원건설 입장에서 좋은 조건으로 미소아파트 인테리어 공사에 참가하겠다면서 전화문의가 많았습니다. 그런데 사규상 엄연히 경쟁입찰을 하도록 되어 있었음에도 불구하고, 탁수완 부장이 밀어붙이는 바람에 저를 포함해서 영업부 직원들이 모두 곤란한 상황이었습니다.
1. 나중에 주식회사 데코가 우리 중원건설과 체결하려고 한 하도급계약서의 초안을 보니, 저희 영업부로 전화문의를 하였던 다른 업체들에 비해 공사대금이며 대부분의 조건이 우리 중원건설에 불리한 내용이었습니다. 급기야 다른 업체들 중 하나인 '주식회사 한실하우스'가 형사고발까지 하게 되었습니다.
1. 그래서 탁수완 부장은 2017년 그 일로 회사에서 퇴사조치되기도 하였습니다.
1. 이상은 모두 사실과 다름없습니다.

2022. 6. 28.

최 정 직 ㉑

조 회 회 보 서

제 2022-21000 호 2022. 6. 30.

☐ 조회대상자

성　　명	김갑동	주민등록번호	660311-1123456	성별	남
지문번호	86644-54898	주민지문번호	24312-18145	일련번호	06578342
주　　소	서울특별시 서초구 서초로 100				
등록기준지	강원도 춘천시 효목로 10				

☐ 주민정보 : (생략)

☐ 범죄경력자료 :

연번	입건일	입건관서	작성번호	송치번호	형제번호
	처분일	죄　명		처분관서	처분결과

☐ 수사경력자료

연번	입건일	입건관서	작성번호	송치번호	형제번호
	처분일	죄　명		처분관서	처분결과
1	2017. 4. 14.	서울서초경찰서	001654	2017-001678	2017-210-36123
	2017. 6. 23.	배임증재		서울중앙지방 검찰청	기소중지

☐ 지명수배내역 : (생략)

위와 같이 조회 결과를 통보합니다.

조 회 용 도 : 범죄수사

조회의뢰자 : 경위 최경진

작　성　자 :

서 울 서 초 경 찰 서 장

피의자신문조서

성 명 : 김갑동

주민등록번호 : 660311-1123456

위의 사람에 대한 배임증재 피의사건에 관하여 2022. 7. 10. 서울중앙지방검찰청 제303호 검사실에서 검사 최정의는 검찰주사 한고수를 참여하게 한 후, 아래와 같이 피의자임에 틀림없음을 확인하다.

문 피의자의 성명, 주민등록번호, 직업, 주거, 등록기준지를 말하시오.

답 성명은 김갑동

주민등록번호는 660311-1123456 (56세)

직업은 일용직

주거는 서울특별시 서초구 서초로 100

등록기준지는 강원도 춘천시 효목로 10

직장 주소는 (생략)

연락처는

자택 전화 : (생략) 휴대 전화 : (생략)

직장 전화 : (생략) 전자우편(E-mail) : (생략)

입니다.

검사는 피의사실의 요지를 설명하고 검사의 신문에 대하여 「형사소송법」 제244조의3에 따라 진술을 거부할 수 있는 권리 및 변호인의 참여 등 조력을 받을 권리가 있음을 피의자에게 알려주고 이를 행사할 것인지 그 의사를 확인하다.

이에 검사는 피의사실에 대하여 다음과 같이 피의자를 신문하다.

문 피의자는 형벌을 받은 사실이 있는가요.

답 없습니다.

문 피의자의 학력, 경력, 가족관계, 재산정도 등은 경찰에서 사실대로 진술하였나요.

이때 검사는 사법경찰관 작성의 피의자에 대한 피의자신문조서에 기재된 해당 부분을 읽어준바,

답 예, 그렇습니다.

문 피의자는 2012. 9.경부터 2017. 4.경까지 아파트 인테리어 공사업체인 주식회사 데코의 대표이사로 근무하였나요.

답 예. 그렇습니다.

문 피의자는 2017. 3. 10. 20:00경 서울 강남구 삼성로 100에 있는 삼성 일식집에서 주식회사 중원건설의 영업부장인 탁수완에게, 주식회사 중원건설이 서울 강남구 일원동 일대에 재건축 중인 미소아파트 공사와 관련하여 주식회사 데코가 인테리어 공사 부분을 도급받는데 영향력을 행사해 달라는 취지의 부정한 청탁을 하고, 그 자리에서 탁수완에게 현금 1,000만 원을 교부한 사실이 있는가요.

답 예. 있습니다.

문 더 할 말이 있나요.

답 깊이 반성하고 있습니다. 최대한 선처를 해 주시기 바랍니다.

문 이상의 진술에 대하여 이의나 의견이 있는가요.

답 없습니다. (무인)

위의 조서를 진술자에게 열람하게 하였던 바 진술한 대로 오기나 증감·변경할 것이 전혀 없다고 말하므로 간인한 후 서명 무인하게 하다.

진술자 김갑동 (무인)

2022. 7. 10.

서울중앙지방검찰청

검 사 최 정 의 ⓘ

검찰주사 한 고 수 ⓘ

서 울 중 앙 지 방 검 찰 청

수 신 검사 최정의

제 목 수사보고(관련사건)

피의자 김갑동에 대한 배임증재 피의사건의 관련사건인 탁수완에 대한 배임수재 고발사건이 먼저 2017. 4. 30. 기소되어 2017. 5. 27. 서울중앙지방법원 2017고단5000호로 유죄판결이, 2017. 7. 16. 서울중앙지방법원 2017노6000호로 항소기각 판결이, 2017. 9. 30. 대법원 2017도7000호로 상고기각 판결이 선고되어, 2017. 9. 30. 확정되었음을 확인하였습니다. 이에 보고합니다.[193]

2022. 7. 15.

검찰주사 한고수 ㊞

첨부 : 판결등본 1통

193 검사가 법정에서 주장하였던 배임수재죄를 범한 탁수완이 기소된 날과 그 판결이 확정된 날에 관한 정보가 주어져 있다. 공판기록에서 정리했던 쟁점에 관한 내용이므로 유의하여야 한다.

서 울 중 앙 지 방 법 원

판 결[194]

2017. 9. 30. 상고기각
2017. 9. 30. 확 정
서울중앙지방검찰청

사 건 2017고단5000 배임수재
피 고 인 탁수완 (681108-1765432), 회사원
주거 및 등록기준지 서울 서초구 방배로 100
검 사 이공진 (기소, 공판)
변 호 인 변호사 최민국
판 결 선 고 2017. 5. 27.

위 등본은 원본과 상위 없음.
2022. 7. 15.
서울중앙지방검찰청
검찰주사 한고수 ㊞

주 문

피고인을 징역 1년에 처한다.
다만, 이 판결 확정일부터 2년간 위 형의 집행을 유예한다.

이 유

범 죄 사 실

피고인은 1998. 9.경부터 현재까지 아파트 건설을 주된 사업으로 하는 주식회사 중원건설(이하 '중원건설'이라고 한다)에서 공사계약 체결 및 영업 등의 업무를 하는 사람으로서, 2017. 3. 10. 20:00경 서울 강남구 삼성로 100에 있는 삼성 일식집에서 아파트 인테리어 공사업체인 주식회사 데코(이하 '데코'라고 한다)의 대표이사 김갑동으로부터, 중원건설이 재건축 중인 미소아파트 공사와 관련하여 데코가 중원건설의 사규에 위반하여 공개경쟁입찰방식이 아닌 수의계약방식으로 인테리어 공사 부분을 도급받을 수 있도록 영향력을 행사해 달라는 취지의 부정한 청탁을 받고, 그 자리에서 김갑동으로부터 현금 1,000만 원을 교부받았다.

이로써 피고인은 그 임무에 관하여 부정한 청탁을 받고 재물을 취득하였다.

증거의 요지 및 법령의 적용(생략)

판사 강진성 ________________

194 여기까지 검토한 결과, 공판기록에서 정리하였던 공소시효의 정지 여부와 공소시효의 완성 여부에 관한 판단이 가능해졌다. 배임수재죄 및 배임증재죄와 같은 대향범은 법 제253조 제2항에서 정한 공범에 해당하지 않으므로 그중 1인이 기소되고 그 판결이 확정된 날까지 기간 동안 나머지 1인에 대하여 공소시효가 정지되지 않는다는 법리에 기초해 보면, 대향범인 탁수완이 배임수재죄로 기소되어 그 판결이 확정된 기간 동안 피고인 김갑동에 대한 공소시효는 정지되지 않는다. 이러한 판단을 토대로 검토보고서와 검토의견서를 작성해 보자.

기록 2

모범답안

문제 1 검토보고서

1. 결론

면소

2. 논거

가. 공소사실의 요지(생략가능)

피고인은 2012. 9.경부터 2017. 4.경까지 아파트 인테리어 공사업체인 주식회사 데코(이하 '데코'라고 한다)의 대표이사로 근무하며 공사계약 체결 및 영업 등을 총괄하던 사람으로서, 2017. 3. 10. 20:00경 서울 강남구 삼성로 100에 있는 삼성 일식집에서 주식회사 중원건설(이하 '중원건설'이라고 한다)의 영업부장인 탁수완에게, 중원건설이 재건축 중인 미소아파트 공사와 관련하여 데코가 중원건설의 관련 사규에 위반하여 공개경쟁입찰방식이 아닌 수의계약방식으로 인테리어 공사 부분을 도급받을 수 있도록 영향력을 행사해 달라는 취지의 부정한 청탁을 하고, 그 자리에서 탁수완에게 1,000만 원을 교부하였다.

이로써 피고인은 탁수완의 임무에 관하여 부정한 청탁을 하고 재물을 공여하였다.[195]

나. 주장 및 쟁점

○ 피고인은 사실관계를 인정한다.

○ 변호인은 공소시효가 경과되었으므로 면소되어야 한다고 주장한다.

○ 검사는, 공범인 탁수완이 배임수재죄로 기소되어 그 판결이 확정되었는데, 그 기소일부터 그 판결확정일까지 공소시효가 정지되었다고 주장한다.[196]

195 배임수재죄, 배임증재죄에 있어 '부정한 청탁'에 관한 판례로, 대법원 2006. 11. 23. 선고 2006도906 판결 참조

196 '주장 및 쟁점'에는 <사실관계 인정 여부/ 주장 요지 또는 직권판단사항의 요지> 2가지를 기재한다.

다. 검토의견

1) 공소시효 정지 여부[197]

○ 관련법리[198]

형사소송법 제248조 제1항, 제253조 제1항, 제2항에서 규정하는 바와 같이, 형사소송법은 공범 사이의 처벌에 형평을 기하기 위하여 공범 중 1인에 대한 공소의 제기로 다른 공범자에 대하여도 공소시효가 정지되도록 규정하고 있는데, 위 공범의 개념이나 유형에 관하여는 아무런 규정을 두고 있지 아니하다. 따라서 형사소송법 제253조 제2항의 공범을 해석할 때에는 공범 사이의 처벌의 형평이라는 위 조항의 입법 취지, 국가형벌권의 적정한 실현이라는 형사소송법의 기본이념, 국가형벌권 행사의 대상을 규정한 형법 등 실체법과의 체계적 조화 등의 관점을 종합적으로 고려하여야 하고, 특히 위 조항이 공소제기 효력의 인적 범위를 확장하는 예외를 마련하여 놓은 것이므로 원칙적으로 엄격하게 해석하여야 하고 피고인에게 불리한 방향으로 확장하여 해석해서는 아니 된다.

배임증재죄와 배임수재죄 사이와 같은 이른바 대향범 관계에 있는 자는 강학상으로는 필요적 공범이라고 불리고 있으나, 서로 대향된 행위의 존재를 필요로 할 뿐 각자 자신의 구성요건을 실현하고 별도의 형벌규정에 따라 처벌되는 것이어서, 2인 이상이 가공하여 공동의 구성요건을 실현하는 공범관계에 있는 자와는 본질적으로 다르며, 대향범 관계에 있는 자 사이에서는 각자 상대방의 범행에 대하여 형법 총칙의 공범규정이 적용되지 아니한다.

이러한 점들에 비추어 보면, 형사소송법 제253조 제2항에서 말하는 '공범'에는 배임증재죄와 배임수재죄 사이와 같은 대향범 관계에 있는 자는 포함되지 않는다.

○ 판단

위 관련법리에 비추어 보면, 배임수재죄와 배임증재죄는 대향범 관계이므로 탁수완에 대하여 배임수재죄로 기소되어 그 판결이 확정되었다고 하더라도 이는 피고인에 대한 공소시효 정지와는 무관하다.[199]

---

197 정리된 쟁점에 관하여 삼단논법에 따라 서술하는데, 이 사안은 배임수재범이 먼저 기소되어 판결이 확정되었으므로 기소 후 판결확정시까지 공소시효가 정지되는지에 관하여 먼저 규명되지 않으면 공소시효 완성 여부를 판단할 수 없다. 이에 공소시효 정지 여부를 먼저 검토하였다. 제목은 적절히 붙이면 된다. 제목보다는 논리와 내용이 중요하다.

198 뇌물공여죄, 뇌물수수죄에 관한 대법원 2015. 2. 12. 선고 2012도4842 판결 참조

199 검사의 주장 자체에 의하더라도 법리상 탁수완의 배임수재죄와 피고인의 배임증재죄가 대향범 관계에 있음은 자명하므로, 탁수완이 배임수재죄로 기소되어 판결이 확정되었다는 점에 관하여 증거에 의한 사실인정을 하지 않은 채, 관련법리를 제시하고 막 바로 포섭판단으로 들어가도 논리를 이해하는 데 지장이 없다.

2) 공소시효 완성 여부[200]

○ 관련법리

배임증재죄는 형법 제357조 제2항, 제1항에 의하여 그 법정형이 2년 이하의 징역 또는 500만 원 이하의 벌금에 해당하는 범죄로서, 형사소송법 제250조, 형법 제50조, 형사소송법 제249조 제1항 제5호[201]에 의하여 그 공소시효가 5년이다.

○ 인정사실

그런데 이 사건 공소는 피고인의 배임증재 행위가 종료된 2017. 3. 10.[202]부터 5년이 경과된 2022. 7. 17.에 제기되었음이 기록상 명백하다.

○ 소결론

그렇다면 이 부분 공소사실은 공소시효가 완성되었을 때에 해당하므로 형사소송법 제326조 제3호에 의해 면소로 판단된다.[203]

---

200 이하 내용은 판결서작성실무 중 면소판결 이유 부분에서 설명하고 있는 기재례를 따라 작성하면 된다. 판결서작성실무에서 설명하고 있는 면소판결 이유 중 확정판결의 기판력이 미치는 경우, 공소시효가 완성된 경우와 공소기각판결 이유 중 법 제327조 제2호, 제3호, 제5호, 제6호에 관한 전형적인 기재례들은 반드시 숙지하여야 한다.

201 배임증재죄의 형벌은 2년 이하의 징역형과 500만 원 이하의 벌금형 중 선택하도록 규정되어 있다. 이러한 경우에 어떤 형을 기준으로 공소시효를 결정하는가. 이를 규정한 것이 법 제250조이다. 이에 의하면 그중 중한 형에 의하여 공소시효를 적용하여야 한다. 그러면 징역형과 벌금형은 어떤 형벌이 더 중한 형인가? 그것은 형법 제50조에서 정하고 있다. 이에 따르면 징역형이 더 중하다. 그리하여 법 제249조 제1항 제5호에서 정한 바에 따라 공소시효가 5년이라는 결론에 이르게 된다. 이러한 논리적 과정을 다 보여주기 위해 형사소송법 제250조, 형법 제50조, 형사소송법 제249조 제1항 제5호를 모두 나열한 것이다.

202 이 사건 공소장 기재 공소사실에 의하더라도 그 행위가 종료된 시기가 이날이므로 별도로 증거에 의해서 사실을 인정할 필요는 없다.

203 소결론에 이르러 법조항 사유 원용 기재/ 해당 법조항 열거/ 최종결론 기재〈무죄/ 면소/ 공소기각으로 판단된다〉, 이렇게 3가지를 기재한다.

문제 2 검토의견서[204]

1. 공소사실의 요지(기재 생략)

2. 쟁점

피고인은 공소사실의 사실관계를 인정하고 있다. 다만, 변호인은 공소시효가 경과되었으므로 면소되어야 한다고 주장하는 반면, 검사는 공범인 탁수완이 배임수재죄로 먼저 기소되어 판결이 확정되었으므로 기소 후 그 판결확정일까지 피고인에 대한 공소시효가 정지되었다고 주장한다.

따라서 공소시효 정지 여부와 완성 여부가 쟁점이다.

3. 검토의견

가. 공소시효 정지 여부

○ 관련법리

형사소송법 제248조 제1항, 제253조 제1항, 제2항에서 규정하는 바와 같이, 형사소송법은 공범 사이의 처벌에 형평을 기하기 위하여 공범 중 1인에 대한 공소의 제기로 다른 공범자에 대하여도 공소시효가 정지되도록 규정하고 있는데, 위 공범의 개념이나 유형에 관하여는 아무런 규정을 두고 있지 아니하다. 따라서 형사소송법 제253조 제2항의 공범을 해석할 때에는 공범 사이의 처벌의 형평이라는 위 조항의 입법 취지, 국가형벌권의 적정한 실현이라는 형사소송법의 기본이념, 국가형벌권 행사의 대상을 규정한 형법 등 실체법과의 체계적 조화 등의 관점을 종합적으로 고려하여야 하고, 특히 위 조항이 공소제기 효력의 인적 범위를 확장하는 예외를 마련하여 놓은 것이므로 원칙적으로 엄격하게 해석하여야 하고 피고인에게 불리한 방향으로 확장하여 해석해서는 아니 된다.

배임증재죄와 배임수재죄 사이와 같은 이른바 대향범 관계에 있는 자는 강학상으로는 필요적 공범이라고 불리고 있으나, 서로 대향된 행위의 존재를 필요로 할 뿐 각자 자신의 구성요건

---

204 **검토의견서는 고정된 하나의 형식이 정해져 있는 문서가 아니다. 해당 형사기록에서 파악한 쟁점을 현출하고 이를 논리적으로 서술하는 과정이 핵심이다. 따라서 지금까지 살펴 본 검토보고서의 작성원리에 준하여 작성하면 충분하다.** 일응의 서술체계를 추천하자면, 〈쟁점 - 검토의견 - 결론〉의 흐름을 따라 기재하되, '쟁점'은 마치 변호사시험 사례형 문제에서 파악한 쟁점들을 먼저 소개하듯이 '쟁점'이라는 제목하에 파악된 쟁점들을 열거하고, '검토의견'은 〈검토보고서〉의 삼단논법과 동일한 방식으로 서술하고, 마지막에 '결론'을 언급하면 충분하리라 본다.

을 실현하고 별도의 형벌규정에 따라 처벌되는 것이어서, 2인 이상이 가공하여 공동의 구성요건을 실현하는 공범관계에 있는 자와는 본질적으로 다르며, 대향범 관계에 있는 자 사이에서는 각자 상대방의 범행에 대하여 형법 총칙의 공범규정이 적용되지 아니한다.

이러한 점들에 비추어 보면, 형사소송법 제253조 제2항에서 말하는 '공범'에는 배임증재죄와 배임수재죄 사이와 같은 대향범 관계에 있는 자는 포함되지 않는다.

○ 판단

위 관련법리에 비추어 보면, 배임수재죄와 배임증재죄는 대향범 관계이므로 탁수완에 대하여 배임수재죄로 기소되어 그 판결이 확정되었다고 하더라도 이는 피고인에 대한 공소시효 정지와는 무관하다.

나. 공소시효 완성 여부

○ 관련법리

배임증재죄는 형법 제357조 제2항, 제1항에 의하여 그 법정형이 2년 이하의 징역 또는 500만 원 이하의 벌금에 해당하는 범죄로서, 형사소송법 제250조, 형법 제50조, 형사소송법 제249조 제1항 제5호에 의하여 그 공소시효가 5년이다.

○ 인정사실

그런데 이 사건 공소는 피고인의 배임증재 행위가 종료된 2017. 3. 10.부터 5년이 경과된 2022. 7. 17.에 제기되었음이 기록상 명백하다.

4. 결론

그렇다면 이 부분 공소사실은 공소시효가 완성되었을 때에 해당하므로 형사소송법 제326조 제3호에 의해 면소로 판단된다.

【기록2 보충문제】

[기록2]에서 사안을 달리하여 ① 공소장의 내용과 증거기록 중 검찰주사가 작성한 수사보고(관련사건)의 내용을 각 아래와 같이 수정하고, ② 위 수사보고서에 첨부된 판결등본의 내용도 아래와 같이 위 수사보고서의 내용과 상응하게 수정되었으며, ③ [기록2]에서 위와 같이 수정된 스토리와 관련된 부분들도 모두 모순되지 않게 적정하게 수정되었고(검사가 공범 이을남에 대한 기소 및 판결 확정으로 피고인에게 공소시효가 정지되었다는 주장을 한 것으로 본다), ④ 그 이외에 나머지 내용은 아무런 변경이 없다고 가정해 보자. 이러한 가정하에 **검토보고서**를 작성하여 보라.

서울중앙지방검찰청

사건번호 2022년 형제3333호 2022. 7. 17.

수 신 자 서울중앙지방법원 **발 신 자**

검 사 **최정의** 최정의 (인)

제 목 **공소장**

아래와 같이 공소를 제기합니다.

접 수
No. 11000
2022. 07. 17.
서울중앙지방법원
형사접수실

Ⅰ. **피고인 관련사항** 1234

피 고 인 김갑동 (660311-1123456) **(나머지 기재 생략)**

Ⅱ. **공소사실**

피고인은 2012. 9.경부터 2017. 4.경까지 아파트 인테리어 공사업체인 주식회사 데코(이하 '데코'라고 한다)의 대표이사로 근무하며 공사계약 체결 및 영업 등을 총괄하던 사람이고, **공소외 이을남**은 같은 기간 데코의 총무과장으로서 피고인의 위 업무를 보조하던 사람인바, 피고인과 이을남은 2017. 3. 10. 20:00경 서울 강남구 삼성로 100에 있는 삼성 일식집에서 주식회사 중원건설(이하 '중원건설'이라고 한다)의 영업부장인 탁수완에게, 중원건설이 재건축 중인 미소아파트 공사와 관련하여 데코가 중원건설의 관련 사규에 위반하여 공개경쟁입찰방식이 아닌 수의계약방식으로 인테리어 공사 부분을 도급받을 수 있도록 영향력을 행사해 달라는 취지의 부정한 청탁을 하고, 그 자리에서 탁수완에게 1,000만 원을 교부하였다.

이로써 피고인은 **이을남과 공모하여** 탁수완의 임무에 관하여 부정한 청탁을 하고 재물을 공여하였다.

서 울 중 앙 지 방 검 찰 청

수 신 검사 최정의

제 목 수사보고(관련사건)

피의자 김갑동에 대한 배임증재 피의사건의 관련사건인 **이을남**에 대한 배임증재 고발사건이 먼저 2017. 4. 30. 기소되어 2017. 5. 27. 서울중앙지방법원 2017고단5000호로 유죄판결이, 2017. 7. 16. 서울중앙지방법원 2017노6000호로 항소기각 판결이, 2017. 9. 30. 대법원 2017도7000호로 상고기각 판결이 선고되어, 2017. 9. 30. 확정되었음을 확인하였습니다. 이에 보고합니다.

2022. 7. 15.

검찰주사 한고수 ㊞

첨부 : 판결등본 1통

서 울 중 앙 지 방 법 원

판　　　결

2017. 9. 30. 상고기각
2017. 9. 30. 확　정
서울중앙지방검찰청

사　　건　　2017고단5000　배임증재

피 고 인　　이을남 (761101-1987654), 회사원

주거 및 등록기준지　서울 서초구 남부순환로 100

검　　사　　이형진 (기소, 공판)

변 호 인　　변호사 최현구

판결선고　　2017. 5. 27.

위 등본은 원본과 상위 없음.
2022. 7. 15.
서울중앙지방검찰청
검찰주사 한고수 ㊞

주　　문

피고인을 벌금 500만 원에 처한다.

(이하 주문 기재 생략)

이　　유

범 죄 사 실

피고인은 2012. 9.경부터 현재까지 아파트 인테리어 공사업체인 주식회사 데코(이하 '데코'라고 한다)의 총무과장으로 근무하던 중 데코의 대표이사 김갑동과 함께, 2017. 3. 10. 20:00경 서울 강남구 삼성로 100에 있는 삼성 일식집에서 주식회사 중원건설(이하 '중원건설'이라고 한다)의 영업부장인 탁수완에게 중원건설이 재건축 중인 미소아파트 공사와 관련하여 데코가 중원건설의 사규에 위반하여 공개경쟁입찰방식이 아닌 수의계약방식으로 인테리어 공사 부분을 도급받을 수 있도록 영향력을 행사해 달라는 취지의 부정한 청탁을 하고, 그 자리에서 탁수완에게 현금 1,000만 원을 교부하였다.

이로써 피고인은 김갑동과 공모하여 탁수완의 임무에 관하여 부정한 청탁을 하고 재물을 교부하였다.

증거의 요지 및 법령의 적용(생략)

판사　　강진성 ______________

보충문제 검토보고서

1. 결론

유죄

2. 논거

가. 공소사실의 요지(생략가능)

피고인은 2012. 9.경부터 2017. 4.경까지 아파트 인테리어 공사업체인 주식회사 데코(이하 '데코'라고 한다)의 대표이사로 근무하며 공사계약 체결 및 영업 등을 총괄하던 사람이고, 공소외 이을남은 같은 기간 데코의 총무과장으로서 피고인의 위 업무를 보조하던 사람인바, 피고인과 이을남은 2017. 3. 10. 20:00경 서울 강남구 삼성로 100에 있는 삼성 일식집에서 주식회사 중원건설(이하 '중원건설'이라고 한다)의 영업부장인 탁수완에게, 중원건설이 재건축 중인 미소아파트 공사와 관련하여 데코가 중원건설의 관련 사규에 위반하여 공개경쟁입찰방식이 아닌 수의계약방식으로 인테리어 공사 부분을 도급받을 수 있도록 영향력을 행사해 달라는 취지의 부정한 청탁을 하고, 그 자리에서 탁수완에게 1,000만 원을 교부하였다.

이로써 피고인은 이을남과 공모하여 탁수완의 임무에 관하여 부정한 청탁을 하고 재물을 공여하였다.

나. 주장 및 쟁점

○ 피고인은 사실관계를 인정한다.

○ 변호인은 공소시효가 경과되었으므로 면소되어야 한다고 주장한다.

○ 검사는, 공범인 이을남이 배임증재죄로 기소되어 그 판결이 확정되었는데, 그 기소일부터 그 판결확정일까지 공소시효가 정지되었다고 주장한다.

다. 검토의견

○ 관련법리

형사소송법 제253조 제1항, 제2항에 의하면, 공소시효는 공소의 제기로 진행이 정지되는데, 공범 중 1인에 대한 위와 같은 시효정지는 다른 공범자에 대하여 효력이 미치고 공범에 대한 재판이 확정된 때로부터 다시 진행한다.

배임증재죄는 형법 제357조 제2항, 제1항에 의하여 그 법정형이 2년 이하의 징역 또는 500만 원 이하의 벌금에 해당하는 범죄로서, 형사소송법 제250조, 형법 제50조, 형사소송법 제249조 제1항 제5호에 의하여 그 공소시효가 5년이다.

○ 인정사실

이 사건 공소는 피고인의 배임증재 행위가 종료된 2017. 3. 10.부터 5년 4개월 7일이 경과된 2022. 7. 17.에 제기되었음이 기록상 명백하다.

그런데 수사보고(관련사건), 판결등본(2017고단5000)의 각 기재에 의하면, 피고인과 이을남은 이 부분 공소사실에 관하여 공범관계에 있고, 공범인 이을남은 피고인과 함께 2017. 3. 10. 20:00경 서울 강남구 삼성로 100에 있는 삼성 일식집에서 중원건설의 영업부장인 탁수완에게, 중원건설이 재건축 중인 미소아파트 공사와 관련하여 데코가 중원건설의 관련 사규에 위반하여 공개경쟁입찰방식이 아닌 수의계약방식으로 인테리어 공사 부분을 도급받을 수 있도록 영향력을 행사해 달라는 취지의 부정한 청탁을 하고 그 자리에서 탁수완에게 1,000만 원을 교부함으로써 피고인과 공모하여 탁수완의 임무에 관하여 부정한 청탁을 하고 재물을 공여한 공소사실로 2017. 4. 30. 기소되어, 2017. 5. 27. 벌금 500만 원의 판결을 선고받았으며 2017. 9. 30. 위 판결이 확정된 사실을 인정할 수 있다.[205]

○ 판단

2017. 4. 30.부터 2017. 9. 30.까지 5개월 동안 피고인에 대한 이 부분 공소시효 진행이 정지되므로,[206] 이 기간을 제외하면 이 부분 공소사실은 공소시효 5년이 경과되지 않았음이 명백하다.

변호인의 위 주장을 받아들이지 아니한다.

---

205 이을남이 피고인 김갑동이 범한 배임증재죄의 공범에 해당하는지, 이을남이 같은 내용의 배임증재죄로 기소되어 그 판결이 확정된 날이 언제인지에 관하여 사실관계가 확인되어야 공소시효의 정지 여부를 판단할 수 있다. 따라서 그 사실관계에 관한 서술이 반드시 필요하다.

206 [기록2]의 원래 문제상황과 달리 이을남은 공동정범으로서 공범이므로 이을남에 대한 기소일부터 그 판결확정일까지는 피고인에 대하여 공소시효가 정지된다.

○ 증거의 요지[207]

1. 피고인의 법정진술

1. 최정직이 작성한 진술서의 기재

1. 판결등본(2017고단5000)의 기재

○ 소결론[208]

유죄로 인정된다.

207 변호인의 면소 주장이 배척되었고 피고인은 공소사실의 사실관계를 인정하고 있으니 보강증거를 열거할 필요가 있다. 제출된 증거들(공판기록 중 증거목록 참조)은 피고인에 대한 경찰 및 검찰 피의자신문조서, 최정직이 작성한 진술서, 조회회보서, 수사보고(관련사건), 판결등본(2017고단5000)인데, 이 중에서 〈공소사실에 부합하는/ 피고인의 자백과 별개 독립의/ 증거능력 있는〉 보강증거는 최정직이 작성한 진술서와 판결등본(2017고단5000)이다.

208 앞서 〈결론〉에서 유죄라고 하였으나, 여기 〈소결론〉에서 다시 유죄로 판단된다는 취지를 기재한다. 다만, 압수물이 따로 없는 사안이라서 〈부수처분〉을 기재할 필요는 없다.

Attention Please

(5) 기록2 관련 변호사시험 형사기록형 기출문제

○ 제3회 : 점유이탈물횡령죄의 공소시효를 검토해야 하는 사안

○ 제4회 : 『2009. 2. 3. 위험한 물건인 등산용 칼을 휴대하고 피해자에게 "계속 시비를 걸면 평생 불구로 만들어 버리겠다."라고 협박한 공소사실』에 관하여 폭력행위등처벌에관한법률위반(집단·흉기등협박)죄로 기소되었는데, 위험한 물건을 휴대한 점이 인정되지 않았고, 축소사실에 해당하는 형법상 협박죄에 대하여 공소시효가 경과된 사안

* 위 공소사실에 대한 적용법조는 구 폭력행위 등 처벌에 관한 법률(2016. 1. 6. 법률 제13718호로 개정되기 전의 것) 제3조 제1항(단체나 다중의 위력으로써 또는 단체나 집단을 가장하여 위력을 보임으로써 제2조 제1항에 열거된 죄를 범한 자 또는 흉기 기타 위험한 물건을 휴대하여 그 죄를 범한 자는 제2조 제1항 각 호의 예에 따라 처벌한다)이다. 위 조항은 2016. 1. 6. 법률 제13718호로 삭제되었다.

○ 제10회 : 횡령의 공소사실에 대하여 범행일로부터 7년의 시효기간이 지나 공소제기되어 면소를 하는 사안

기록

공소기각 - 친고죄/ 반의사불벌죄

기록 3

<문제1> 다음 기록을 읽고 서울중앙지방법원 재판연구원으로서 **검토보고서**를 작성하되, 다음의 검토보고서 양식 중 **본문 I의 1, 2 부분만 작성하시오.**

<문제2> 다음 기록을 읽고 피고인 김갑동에 대하여 변호인 법무법인 만세 담당변호사 황필승이 객관적인 입장에서 대표변호사에게 보고할 **검토의견서**를 작성하되, 다음의 검토의견서 양식 중 **본문 I, II의 각 2, 3, 4 부분만 작성하시오.**

[검토보고서 양식]

검토보고서

사 건 2022고단1234 폭행 등
피고인 김갑동

I. 쟁점 및 검토
 1. 모욕의 점
  가. 결론
  나. 논거
   1) 공소사실의 요지
   2) 주장 및 쟁점
   3) 검토의견
 2. 폭행의 점
  가. 결론
  나. 논거
   1) 공소사실의 요지
   2) 주장 및 쟁점
   3) 검토의견
II. 처단형의 범위

[검토의견서 양식]

검토의견서

사 건 2022고단1234 폭행 등
피고인 김갑동

I. 모욕의 점
 1. 공소사실의 요지
 2. 쟁점
 3. 검토의견
 4. 결론
II. 폭행의 점
 1. 공소사실의 요지
 2. 쟁점
 3. 검토의견
 4. 결론

※ 평가제외사항 - 공소사실의 요지, 정상관계 (답안지에 기재하지 말 것)

2022. 8. 14.

담당변호사 황필승 ㊞

구속만료		미결구금
최종만료		
대행갱신 만 료		

서 울 중 앙 지 방 법 원

구공판 **형사제1심소송기록**

기 일	사건번호	2022고단1234	담임	형사제1단독	주심	
1회 기일	사 건 명	가. 폭행 나. 모욕[209]				
2022. 8. 4. 10:00						
	검 사	최정의	2022형제3333호			
	피 고 인	김갑동				
	공소제기일	2022. 7. 17.				
	변 호 인	사선 법무법인 만세 담당변호사 황필승				

확 정	
보존종기	
종결구분	
보 존	

완결 공람	담 임	과 장	재판장

209 앞서 언급한 것처럼, 실제 사건이라면 죄명을 보고서 결단코 예단을 가져서는 아니 되나, 수험단계에서는 여기 표지에 기재된 죄명을 읽으면서 그동안 학습한 법리들을 동원하여 상정 가능한 쟁점들을 상기하여 보면 기록을 파악하는 데 도움이 된다. 폭행은 반의사불벌죄, 모욕은 친고죄이므로 피해자의 고소 여부, 처벌불원 여부 등을 따져 보아 공소기각 판결이 될 수 있음을 한 번 상기해 볼 수 있다.

증 거 목 록 (증거서류 등)

2022고단1234

2022형제3333호 신청인 : 검 사

순번	증거방법					참조사항 등	신청기일	증거의견		증거결정		증거조사기일	비고
	작성	쪽수(수)	쪽수(증)	증 거 명 칭	성 명			기일	내용	기일	내용		
1	사경	1		수사보고 (폭행사건발생)		공소사실	1	1	○	1	○	1	
2		2		진술조서	오낙천	피해사실	1	1	○	1	○	1	
3		5		진술서	구구성	목격사실	1	1	○	1	○	1	
4		6		수사보고 (관련사건 병합)			1	1	○	1	○	1	
5		7		고소장	오낙천	피해사실	1	1	○	1	○	1	
6		8		네이버카페 댓글		공소사실	1	1	○	1	○	1	
7		9		피의자신문조서	이을남	공소사실	1	1	○	1	○	1	
8		12		피의자신문조서	김갑동	공소사실	1	1	○	1	○	1	
9		16		조회회보서	김갑동	전과	1	1	○	1	○	1	
10	검사	17		피의자신문조서	김갑동	공소사실	1	1	○	1	○	1	
11		20		수사보고 (관련사건)		전과 등	1	1	○	1	○	1	
12		21		판결등본 (2018고단5000)	김갑동		1	1	○	1	○	1	
13		22		판결등본 (2022고단10000)	이을남		1	1	○	1	○	1	

※ 증거의견 표시 - 피의자신문조서 : 인정 ○, 부인 ×
(여러 개의 부호가 있는 경우, 적법성/실질성립/임의성/내용의 순서임)
- 기타 증거서류 : 동의 ○, 부동의 ×
- 진술이 특히 신빙할 수 있는 상태하에서 행하여졌다는 점 부인 : "특신성 부인"(비고란 기재)

※ 증거결정 표시 : 채 ○, 부 ×

※ 증거조사 내용은 제시, 낭독(내용고지, 열람)

증 거 목 록 (증거서류 등)

2022고단1234

2022형제3333호 신청인 : 피고인 및 변호인

순번	증거방법					참조사항 등	신청기일	증거의견		증거결정		증거조사기일	비고
	작성	쪽수(수)	쪽수(공)	증거명칭	성 명			기일	내용	기일	내용		
1			7	합의서			1	1	○	기재 생략			

※ 증거의견 표시 - 피의자신문조서 : 인정 ○, 부인 ×
(여러 개의 부호가 있는 경우, 적법성/실질성립/임의성/내용의 순서임)
- 기타 증거서류 : 동의 ○, 부동의 ×
- 진술이 특히 신빙할 수 있는 상태하에서 행하여졌다는 점 부인 : "특신성 부인"(비고란 기재)

※ 증거결정 표시 : 채 ○, 부 ×

※ 증거조사 내용은 제시, 낭독(내용고지, 열람)

서울중앙지방검찰청

2022. 7. 17.

사건번호 2022년 형제3333호
수 신 자 서울중앙지방법원

발 신 자
검 사 **최정의** 최정의 (인)

제 목 **공소장**
아래와 같이 공소를 제기합니다.

Ⅰ. 피고인 관련사항

접 수
No. 11000
2022. 07. 17.
서울중앙지방법원
형사접수실

피 고 인 김갑동 (660311-1123456), 56세
직업 일용직, 010-6000-2100
주거 서울특별시 서초구 서초로 100
등록기준지 강원도 춘천시 효목로 10
죄 명 폭행, 모욕 **1234**
적용법조 형법 제311조, 제260조 제1항, 제30조, 제35조, 제37조, 제38조
구속여부 불구속
변 호 인 없음

Ⅱ. 공소사실

범죄전력

피고인은 2019. 1. 12. 서울중앙지방법원에서 특수상해죄로 징역 10월을 선고받고 2019. 1. 20. 그 판결이 확정되어 2019. 9. 28. 안양교도소에서 그 형의 집행을 종료하였다.

범죄사실

1. 모욕

피고인은 이을남과 공모하여, 피고인은 2021. 12. 1. 20:00경 서울 서초구 서초로 500에 있는 '서초 PC방'에서 인터넷사이트 네이버 '제34회 효목고등학교 동창회' 카페에 닉네임 '대박남'으로 접속한 후, 이을남은 피고인에게 '생쇼를 하네 나쁜 놈, 개새끼 오낙천'이라는 댓글내용을 불러주고 피고인은 이을남이 불러주는 그대로 위 카페 자유게시판에 댓글을 입력·게재함으로써 공연히 피해자 오낙천을 모욕하였다.

2. 폭행

피고인은 2022. 6. 10. 21:00경 서울 강남구 논현로 100 '강남99'식당에서 피해자 오낙천(55세)이 피고인을 부당하게 해고한 것에 화가 나 오른 주먹으로 피해자의 얼굴을 1회 때리고 계속하여 오른 발로 피해자의 정강이 부위를 1회 차 피해자를 폭행하였다.

변호인선임신고서

사 건 번 호　　2022고단1234
피　고　인　　김 갑 동
사　건　명　　폭행, 모욕

위 사건에 관하여 **법무법인 만세**(담당변호사 **황필승**)를 변호인으로 선임하고 연서하여 이에 신고함.

2022. 7. 20.
선임인 피고인 김갑동 (무인)

위　변호인　**법무법인 만세** (직인)

주소 서울 서초구 서초대로206번길 법조빌딩 502호
전화번호 02 - 534 - 2233

11001-
No 030227
(위임장등부착용)
경유증표(본안)
2022. 07. 20.
서울지방변호사회

서울중앙지방법원 형사 제1단독　귀중

증거신청서

사건번호　2022고단1234호　폭행 등
피 고 인　김갑동

위 사건에 관하여 피고인 김갑동의 변호인은 피고인의 이익을 위하여 다음 증거서류를 증거로 신청합니다.

다　음

합의서 1통

접 수
No. 11900
2022. 7. 31.[210]
서울중앙지방법원
형사접수실

2022. 7. 31.

법무법인 만세 담당변호사 **황필승** ㊞

서울중앙지방법원 형사 제1단독 귀중

210 고소취소라는 소송행위가 있었던 날은, 합의서 등 고소취소장이 작성된 날이 아니라 그 서면이 법원에 접수된 날이다. 피해자가 자기 집에서나 사무실에서 어떠한 문서를 작성한 것만으로 어떠한 소송행위가 있었다고 볼 수는 없기 때문이다. 따라서 이 기록사안에서 고소취소라는 소송행위가 행해진 날은, 첨부되어 있는 합의서의 작성일인 2022. 7. 29.이 아니라, 그 합의서가 법원에 접수된(위 법원의 접수인에 표시된) 2022. 7. 31.이다. 검토보고서 등 법률문서에서 고소취소일이 언제인지를 특정할 때 이 점을 유념하자.

합 의 서[211]

피고인 김갑동 (660311-1123456)

피해자 오낙천

피해자는 피고인 김갑동과 원만히 합의하여, 위 피고인에 대한 폭행, 모욕 사건 전부에 관한 고소를 취소하고 피고인에 대한 형사처벌을 원하지 않습니다.[212]

첨부서류 : 피해자의 인감증명 1통(**첨부 생략**)

2022. 7. 29.

피해자 오낙천 ㉞

211 친고죄와 반의사불벌죄에 있어 합의서나 고소취소장은 아주 중요한 서류이다. 반드시 메모하여야 한다. 이 사건 기록상 모욕죄는 친고죄이고 폭행죄는 반의사불벌죄이므로, 아직 피고인이나 변호인의 변론 내용을 확인하지 못한 상태이나, 본 합의서가 공소기각 판결의 증거로 사용될 가능성이 농후하기 때문이다.

212 실무상 간혹 '고소취소'나 '처벌불원'이라는 용어를 사용하지 않은 채 그저 '합의되었다.'는 표현이 기재된 합의서를 제출하는 경우가 있다. 그러나 단순히 '합의되었다.'는 표현은 정확한 법률용어가 아니므로 합의서에는 명시적으로 '**고소를 취소한다**.' 또는 '**처벌을 원하지 않는다**.'는 표현이 사용되어야 함을 주의하자.

서울중앙지방법원

공 판 조 서

제 1 회

사 건	2022고단1234 폭행 등		
판 사	이 국 준	기 일 :	2022. 8. 4. 10:00
법원 주사	장 참 여	장 소 :	제210호 법정
		공개여부 :	공 개
		고지된 다음기일 :	2022. 8. 18. 10:00

피 고 인	김 갑 동	출석
검 사	강 지 혁	출석
변 호 인	법무법인 만세 담당변호사 황필승	출석

판사

피고인은 진술을 하지 아니하거나 각개의 물음에 대하여 진술을 거부할 수 있고 이익되는 사실을 진술할 수 있음을 고지

판사의 인정신문

성 명 : 김갑동

주민등록번호 : 공소장 기재와 같음

직 업 : 〃

주 거 : 〃

등 록 기 준 지 : 〃

판사

피고인에 대하여

주소의 변동이 있을 때에는 이를 법원에 보고할 것을 명하고 소재가 확인되지 않는 때에는 그 진술 없이 재판할 경우가 있음을 경고

검사

공소장에 의하여 공소사실, 죄명, 적용법조 낭독

피고인

공소사실을 모두 인정합니다. 잘못했습니다.

변호인

공소장에 기재된 사실관계에 대하여는 다툼이 없습니다. 다만 피해자가 공소사실 전부에 관하여 피고인의 처벌을 원하지 않고 있으므로 공소기각 판결을 내려주시기 바랍니다.[213]

판사

증거조사를 하겠다고 고지

증거관계 별지와 같음(검사, 변호인)

판사

각 증거조사결과에 대한 의견을 묻고 권리를 보호함에 필요한 증거조사를 신청할 수 있음을 고지

소송관계인

별 의견 없다고 진술

판사

증거조사를 마쳤음을 고지

검사 및 변호인

피고인신문을 생략하겠다고 진술

검사

이 사건 공소사실은 모두 그 증거가 있으므로 공소장 기재 법조를 적용하여 피고인을 징역 6월에 처함이 상당하다는 의견 진술

판사

피고인 및 변호인에게 최종 의견 진술 기회 부여

변호인

공소기각 사유가 있으니 명확한 법률판단을 요청드린다고 진술

213 공소사실의 사실관계는 인정하나, 합의로 인한 공소기각 주장을 하고 있다. 바로 이것이 이 기록사안의 쟁점이 된다. 그러므로 이하 기록에서는 고소 여부, 고소취소 여부, 처벌불원(합의) 여부 등을 검토하면서 그와 동시에 그 주장이 배척될 경우에 대비하여 위 자백진술에 부합하는 증거능력 있는 증거들을 찾는 작업을 하면 된다. 이 사건에서는 제1회 공판기일 전에 앞서 검토한 것처럼 변호인이 피해자와의 합의서를 제출한 상태이다. 그러므로 이 단계까지만 살펴보자면, 다른 특별한 사정이 없는 한 일단은 모욕과 폭행의 점 모두에 대하여 공소기각 사유가 있는 것으로 파악된다.

피고인

잘못을 뉘우치고 있으나, 변호인의 의견을 참조하여 공정한 판단을 해 주시기를 바란다고 진술

판사

변론종결

2022. 8. 4.

법원주사 장 참 여 ㊞

판 사 이 국 준 ㊞

제 1 책
제 1 권

서울중앙지방법원

증거서류등(검사)

<table>
<tr><td rowspan="3">사 건 번 호</td><td>2022고단1234</td><td rowspan="3">담임</td><td>형사제1단독</td><td rowspan="3">주심</td><td></td></tr>
<tr><td></td><td></td><td></td></tr>
<tr><td></td><td></td><td></td></tr>
<tr><td>사 건 명</td><td colspan="5">가. 폭행
나. 모욕</td></tr>
<tr><td>검 사</td><td colspan="2">최 정 의</td><td colspan="3">2022년 형제3333호</td></tr>
<tr><td>피 고 인</td><td colspan="5">김 갑 동</td></tr>
<tr><td>공소제기일</td><td colspan="5">2022. 7. 17.</td></tr>
<tr><td>1심 선고</td><td colspan="2">20 . . .</td><td>항소</td><td colspan="2">20 . . .</td></tr>
<tr><td>2심 선고</td><td colspan="2">20 . . .</td><td>상고</td><td colspan="2">20 . . .</td></tr>
<tr><td>확정</td><td colspan="2">20 . . .</td><td>보존</td><td colspan="2"></td></tr>
</table>

서 울 서 초 경 찰 서

수신 : 경 찰 서 장 2022. 6. 10.

참조 : 형사과장

제목 : 수사보고(폭행사건발생)[214]

우리 관내에서 폭행 피의사건이 발생하였기에 아래와 같이 보고합니다.

1. 발생일시 및 장소

일시 : 2022. 6. 10. 21:00경

장소 : 서울 강남구 논현로 100 '강남99'식당

2. 피의자 인적사항

성명 : 김갑동(주민등록번호 : 660311-1123456)

주소 : 서울특별시 서초구 서초로 100, 연락처 : 010-6000-2100

3. 사건경위

112신고센터로부터 무전지령을 받고 현장출동하여 위 식당 주인 구구성(휴대전화 010-3456-9876)으로부터 다음과 같이 사건경위를 청취하였음. 피의자는 피해자 오낙천(55세)과 얘기를 하며 술을 마시던 중 갑자기 주먹으로 피해자의 얼굴을 1회 때리고 발로 정강이 부위를 걷어 차 피해자를 폭행하였음

2022. 6. 10.

형사과 근무

경위 양수철 ㊞

214 앞서 공판기록에서 잠정적으로 이 사건 공소사실인 폭행과 모욕의 점 모두에 대하여 공판계속 중 고소취소 취지의 합의서의 제출로 공소기각 사유가 있는 것으로 파악되었다. 그러나 혹시 다른 특별한 사정이 생겨서 공소기각 사유에 해당되지 않을 가능성이 있음을 유의하여야 한다.

앞서 형사기록검토요령에서 지적한 것처럼, 형사기록에서 친고죄가 보이면 **〈피해자의 고소 유무/ 고소가 있었다면 범인을 안 날부터 6개월 이내에 고소가 제기되었는지 여부/ 공소제기 이후에 고소되었는지 여부(고소추완의 문제)/ 고소취소 여부/ 고소취소되었다면 그 시점이 기소 전인지 후인지 여부/ 공범이 있는 경우 고소불가분 원칙의 적용 여부〉**를 마치 하나의 **쟁점인 것처럼 항상 검토**하는 자세가 필요하다. 마찬가지로 기록에서 반의사불벌죄가 보이면 **〈피해자의 처벌불희망 의사표시(합의) 유무/ 처벌불희망 의사표시(합의)가 있었다면 그 시점이 기소 전인지 후인지 여부/ 처벌희망하였다가 그 의사표시가 철회되었는지 여부/ 철회되었다면 그 시점이 기소 전인지 후인지 여부〉**를 **하나의 쟁점으로 보아 항상 검토**하는 습관을 들여야 한다.

이 기록사안에서 보건대, 공소사실 제1항 모욕의 점은 공동정범 이을남이 있는 사안이므로 고소불가분의 원칙 법리에 따라 공범 이을남에 대한 판결이 선고된 후에 고소취소되었을 가능성을 열어 두고 있어야 한다.

진 술 조 서[215] (피해자)

성 명	오낙천
주민등록번호	661102 - 1****** 55세
직 업	자영업
주 거	서울 송파구 올림픽로 100
등록기준지	(생략)
직 장 주 소	(생략)
연 락 처	자택전화 (생략) 휴대전화 (생략)
	직장전화 (생략) 전자우편(e-mail) (생략)

위의 사람은 피의자 김갑동에 대한 폭행 피의사건에 관하여 2022. 6. 10. 서울서초경찰서 형사과 사무실에 임의 출석하여 다음과 같이 진술하다.

---

1. 피의자와의 관계

피의자는 고등학교 동창입니다.

2. 피의사실과의 관계

저는 피의사실에 관하여 피해자 자격으로 출석하였습니다.

이때 사법경찰관은 진술인 상대로 다음과 같이 문답을 하다.

---

215 공소사실 모욕과 관련하여 공범인 이을남과의 관계에서 고소불가분의 원칙이 적용되어 피고인에 대하여 공소기각판결을 할 수 없을 경우에 대비하여, 피고인의 법정 자백진술에 부합하는 증거능력 있는 보강증거를 찾는 작업을 간과하여서는 아니 된다. 본 진술조서는 피해자 오낙천의 피해사실에 관한 진술을 담고 있는데 공소사실에 부합하고 공판기록의 증거목록(증거서류 등) 순번 2번에서 증거동의되어 증거능력이 있음이 확인되므로, 보강증거로 사용될 수 있다. 이를 적절히 메모하여야 한다.

문 진술인은 폭행 피해를 입은 사실이 있나요.

답 예. 있습니다.

문 그 일시 및 경위를 자세히 진술해 보세요.

답 오늘 2022. 6. 10. 21:00경 서울 강남구 논현로 100 '강남99'식당에서 혼자 식사를 하면서 반주를 들고 있었는데 피의자 김갑동이 위 술집으로 들어왔습니다. 김갑동이 저를 보고 합석하더니 대뜸 왜 나를 부당해고 했냐며 따지기 시작했습니다. 그러더니 갑자기 김갑동이 갑자기 오른 주먹으로 얼굴을 1회 때리고 발로 제 왼쪽 정강이를 1차례 걷어찼습니다.

문 그 이후에는 어떻게 되었나요.

답 제가 맞는 모습을 본 식당 주인이 곧바로 경찰에 신고를 해서 한 3-4분 뒤에 경찰이 출동했습니다.

문 진술인은 피의자의 폭행으로 다치지는 않았나요.

답 예. 다행히 다치지는 않았습니다.

문 피의자가 술에 취해 있었나요.

답 아니오. 술은 전혀 마시지 않은 상태였습니다.

문 더 할 말이 있는가요.

답 김갑동이 인터넷에서 댓글로 저를 모욕한 일이 있습니다. 제가 작년 가을에 상가건물 하나를 매입해서 1층에 대형식당을 오픈했습니다. 그래서 제가 부회장으로 있는 제34회 효목고등학교 동창회 네이버카페에 식당 오픈행사를 공지하는 글을 남겼습니다. 그런데 김갑동이 2021. 12. 1. 20:00경 그 공지글 아래에 "생쇼를 하네 나쁜 놈, 개새끼 오낙천"이라는 댓글을 게재하였습니다. 제가 듣기로는 역시 같은 고등학교 동창인 이을남과 함께 댓글을 게재하였다고 합니다. 제가 고소장을 제출한 송파경찰서에 확인해 보시면 바로 알 수 있을 겁니다.

문 피의자 김갑동이나 이을남이 진술인에게 그렇게 욕설 취지의 댓글을 달만한 이유라도 있는가요.

답 정확히는 모르겠지만, 제가 식당을 열기 전에는 편의점을 운영했고 김갑동이 그 편의점에서 몇 년간 알바를 했는데 제가 부당하게 자기를 해고했다면서 앙심을 품고 그런 댓글을 단 것으로 생각됩니다. 사실 김갑동이 너무 자주 지각을 하고 심야 근무 시간에 자주 졸고 그래서 영업에 지장이 많아 그만 두게 한 것인데, 억지 주장을 하고 있었습니다. 이을남은 몇 년 전부터 제게 빌려 간 돈이 많았는데 아무리 고등학교 친구지만 계속 약속을 어겨서 민사소송을 제기하였더니 그 일로 그런 짓을 함께 저지른 것이 아닌가 싶습니다.

문 진술인은 피의자의 처벌을 원하나요.

답 예. 처벌을 바랍니다.[216]

문 이상 진술한 내용이 사실인가요.

답 예. ㊞

위의 조서를 진술자에게 열람하게 하였던바 진술한 대로 오기나 증감·변경할 것이 없다고 말하므로 간인한 후 서명 날인하게 하다.

진 술 자 오낙천 ㊞

2022. 6. 10.

서울서초경찰서

사법경찰관 경위 양수철 ㊞

216 반의사불벌죄에 있어 피해자가 합의의 의사표시(처벌불원 의사표시 또는 처벌희망 의사표시의 철회)를 한 날이 기소 전이면 법 제327조 제2호에 따르고, 기소 후이면 법 제327조 제6호에 따른다. 따라서 기록검토시에 합의의 의사표시가 기소 전에 있었는지, 기소 후에 있었는지 확인하여야 한다.
또한, 법 제327조 제6호는 "피해자의 명시한 의사에 반하여 죄를 논할 수 없는 사건에 대하여 처벌을 희망하지 아니하는 의사표시가 있거나/ 처벌을 희망하는 의사표시가 철회되었을 때"로 규정되어 있는데, 6호 전단과 6호 후단이 구분된다. 곧 반의사불벌죄에 있어서 피해자가 아무런 의사표시를 하지 않다가 기소 후에 처벌불원 의사표시를 한 경우는 6호 전단에 해당하고, 피해자가 처벌희망 의사표시를 하였다가 기소 후에 이를 철회한 경우는 6호 후단에 해당한다.
따라서 반의사불벌죄의 경우, 기록검토시 피해자가 수사단계에서 처벌을 희망하는 의사표시를 하였는지 여부를 살펴보고 적절히 메모하여야 한다. 이 기록사안은 피해자 오낙천이 기소 전인 2022. 6. 10. 경찰에서 처벌희망의 의사표시를 하였다가 공판계속 중에 처벌불원 취지의 합의서를 작성하였으므로 6호 후단에 해당한다.

진 술 서[217]

성명	구구성		성별	(남)·여
연령	47세(1975. 5. 12.생)		주민등록번호	(생략)
등록기준지	(생략)			
주거	서울 강남구 (이하 생략)			
	(통 반)	자택전화 (생략)	직장전화	(생략)
직업	자영업	직장		

위의 사람은 피의자 김갑동에 대한 폭행 사건의 목격자로서 다음과 같이 임의로 자필 진술서를 작성 제출함

저는 서울 강남구 논현로 100에서 '강남99'식당을 운영하고 있습니다. 그런데 어제 2022. 6. 10. 21:00경 저희 식당 단골손님인 오낙천 사장이 반주를 곁들여 식사를 하던 중 뒤늦게 합석한 친구로 보이는 남자로부터 폭행당하는 장면을 보게 되어, 112에 신고를 하였습니다. 당시 그 남자는 오른손 주먹으로 오낙천 사장의 왼쪽 얼굴 부위를 1차례, 오른발로 오낙천 사장의 왼쪽 정강이 부위를 1차례 걷어찼습니다.

2022. 6. 11.

구 구 성 (무인)

217 이 사건 폭행 공소사실은 피고인의 단독범행으로서 공범이 없을 뿐만 아니라 폭행죄는 반의사불벌죄로서 고소불가분의 원칙도 적용되지 않기 때문에, 공판기록에서 메모된 합의서에 근거하여 공소기각 판결이 결론임이 분명해졌다. 따라서 폭행 공소사실에 부합하는 본 진술서는 검토보고서를 작성함에 있어 불필요한 서류이다.

서 울 서 초 경 찰 서

2022. 6. 12.

수신 : 경 찰 서 장

참조 : 형 사 과 장

제목 : 수사보고(관련사건 병합)[218]

피의자 김갑동에 대한 당서 사건번호 2022-100 폭행 피의사건을 수사하던 중, 서울송파경찰서에서 피의자 김갑동에 대한 모욕 피의사건이 이송(당서 사건번호 2022-200)되었습니다. 위 사건을 본건과 병합하여 수사함이 상당하다고 사료되기에 보고합니다.

붙임 : 피의자 김갑동에 대한 당서 2022-200 피의사건의 수사기록 1부 일체

2022. 6. 12.

형사과 근무

경위 양수철 ㊞

218 수사단계에서 사건이 병합되었다는 취지의 순수한 절차 관련 서류이므로, 특별히 신경 쓰지 않아도 된다.

<table>
<tr><td rowspan="2">서울송파경찰서</td><td>담 당</td><td>수사지원팀장</td><td>수사과장</td><td>서 장</td></tr>
<tr><td>이주흥</td><td>박수진</td><td>전결</td><td>허정훈</td></tr>
</table>

고 소 장[219]

접수일자	2021. 12. 16.
접수번호	제 3201 호
사건번호	(생략)
압수번호	

1. 고 소 인 : 오낙천 (661102-1******)
   주소 서울특별시 송파구 올림픽로 100
   전화번호 **(생략)**
2. 피고소인 :
   가. 김갑동 (1966. 3. 11.생) 010-6000-2100
   주소 서울특별시 서초구 서초로 100
   나. 이을남 (1966. 10. 2.생) 010-1122-3300
   주소 서울특별시 송파구 오금로 100
3. 죄 명 : 모욕

고 소 사 실

피고소인들은 2021. 12. 1. 20:00경 인터넷사이트 네이버 '제34회 효목고등학교 동창회' 카페에 닉네임 '대박남'으로 접속한 후, 위 카페 자유게시판에 '생쇼를 하네 나쁜 놈, 개새끼 오낙천'이라는 댓글을 입력·게재하였습니다.

피고소인들을 엄히 처벌해 주시기 바랍니다.

첨부자료 : 네이버카페 댓글 캡쳐화면 1부

2021. 12. 16.

고소인 **오낙천** ㊞

서울송파경찰서장 귀중

219 앞서 보았듯이 모욕 공소사실과 관련하여서는 공범인 이을남과의 관계에서 고소불가분의 원칙이 적용되어 피고인에 대하여 공소기각 판결을 할 수 없는 경우가 있으므로 이에 대비하여, 피고인의 법정 자백진술에 부합하는 증거능력 있는 보강증거를 찾는 작업을 병행하여야 한다. 본 고소장은 피해자 오낙천의 피해사실에 관한 진술을 담고 있으므로 공소사실에 부합하고 공판기록의 증거목록(증거서류 등) 순번 5번에서 증거동의되어 증거능력이 있음이 확인되므로, 보강증거로 사용될 수 있다. 이를 적절히 메모하여야 한다.

네이버카페 댓글[220]

NAVER 카페 홈

제34회 효목고등학교 동창회

전체글보기 이미지모아보기 카페태그보기

개업식 안내 자유게시판

작성자 **오낙천**

제가 한식당을 오픈했습니다. 많은 성원 부탁드려요^^

개업연 일시 : 2021. 12. 10. 13:00

장소 : 서울 송파구 가락로 100 한우가

제34회 동창회 부회장 **오낙천** 배상

댓글1 | 등록순▼ | **조회수 155**

대박남(2021. 12. 1. 20:00)
생쇼를 하네 나쁜 놈, 개새끼 오낙천

---

220 마찬가지로 본 네이버카페 댓글은 모욕 공소사실에 부합하고 공판기록의 증거목록(증거서류 등) 순번 6번에서 증거동의되어 증거능력이 있음이 확인되므로, 보강증거로 사용될 수 있다. 이를 적절히 메모하여야 한다.

피 의 자 신 문 조 서[221]

피 의 자 : 이을남

위의 사람에 대한 모욕 피의사건에 관하여 2022. 5. 30. 서울송파경찰서 형사과 사무실에서 사법경찰관 경위 한지훈은 사법경찰리 순경 박승준을 참여하게 하고, 아래와 같이 피의자임에 틀림없음을 확인하다.

문 **피의자의 성명, 주민등록번호, 직업, 주거, 등록기준지 등을 말하십시오.**

답 **성명**은 이을남(李乙男)

주민등록번호는 661002-1723456 만 55세

직업은 일용직

주거는 서울특별시 송파구 오금로 100

등록기준지는 강원도 춘천시 효목로 50

직장 주소는

연락처는

자택 전화 : (생략) **휴대 전화** : (생략)

직장 전화 : (생략) **전자우편(E-mail)** : (생략)

입니다.

사법경찰관은 피의사건의 요지를 설명하고 사법경찰관의 신문에 대하여 형사소송법 제244조의3의 규정에 의하여 진술을 거부할 수 있는 권리 및 변호인의 참여 등 조력을 받을 권리가 있음을 피의자에게 알려주고 이를 행사할 것인지 그 의사를 확인하다.

221 역시 마찬가지로 공범인 이을남에 대한 피의자신문조서는 모욕 공소사실에 부합하고 공판기록의 증거목록(증거서류 등) 순번 7번에서 증거동의되어 증거능력이 있음이 확인되므로, 보강증거로 사용될 수 있다. 이를 적절히 메모하여야 한다.

이에 사법경찰관은 피의사실에 관하여 다음과 같이 피의자를 신문하다.

문 피의자는 형벌을 받은 사실이 있는가요.

답 없습니다.

(병역관계, 학력, 사회경력, 가족관계, 재산이나 월소득, 건강상태 등에 관한 문답은 **기재 생략**)

문 피의자는 인터넷사이트에서 댓글을 입력하는 방식으로 다른 사람을 모욕한 사실이 있는가요.

답 예. 있습니다.

문 그 경위를 자세히 진술하시오.

답 2021. 12. 1. 20:00경 서울 서초구 서초로 500에 있는 '서초 PC방'에서 고등학교 동창 김갑동과 만나 김갑동으로 하여금 인터넷사이트 네이버 '제34회 효목고등학교 동창회' 카페에 닉네임 '대박남'으로 접속하게 한 다음, 김갑동에게 '생쇼를 하네 나쁜 놈, 개새끼 오낙천'이라는 댓글내용을 불러주었습니다. 그랬더니 김갑동이 제가 불러주는 그대로 위 카페 자유게시판에 댓글을 입력·게재하였습니다.

이때 사법경찰관은 피의자에게 '네이버카페 댓글' 캡쳐화면을 보여주다.

문 여기 아래 댓글에 작성된 내용이 피의자가 불러 준 내용이 맞는가요.

답 예. 맞습니다.

문 당시 위 댓글의 조회수가 155명에 이르는데 이렇게 많은 사람들이 열람할 수 있는 게시판 공간에 욕설의 글을 남긴 이유가 무엇인가요.

답 사실 오낙천이 제 고등학교 동창이고 서로 믿고 지내는 오랜 친구입니다. 그래서 제가 몇 년 전부터 돈을 좀 빌려다 사용했습니다. 물론 제가 상환기일을 몇 번 어긴 잘못이 있긴 합니다만, 오낙천이 저를 상대로 민사소송을 걸어오자 제가 화가 나서 전화를 했는데 아예 전화도 받지 않더라고요. 그래서 홧김에 그렇게 되었습니다.

문 이상의 진술 내용에 대하여 이의나 의견이 있는가요.

답 없습니다. (무인)

위의 조서를 진술자에게 열람하게 하였던바, 진술한 대로 오기나 증감·변경할 것이 전혀 없다고 말하므로 간인한 후 서명 무인하게 하다.

진술자 이을남 (무인)

2022. 5. 30.

서 울 송 파 경 찰 서

사법경찰관 경위 한지훈 ㊞
사법경찰리 순경 박승준 ㊞

피 의 자 신 문 조 서[222]

피 의 자 : 김갑동

위의 사람에 대한 폭행 등 피의사건에 관하여 2022. 6. 12. 서울서초경찰서 형사과 사무실에서 사법경찰관 경위 양수철은 사법경찰리 순경 이형진을 참여하게 하고, 아래와 같이 피의자임에 틀림없음을 확인하다.

문 **피의자의 성명, 주민등록번호, 직업, 주거, 등록기준지 등을 말하십시오.**

답 **성명**은 김갑동(金甲動)

주민등록번호는 660311-1123456 만 56세

직업은 일용직

주거는 서울특별시 서초구 서초로 100

등록기준지는 강원도 춘천시 효목로 10

직장 주소는

연락처는

자택 전화 : (생략) **휴대 전화** : (생략)

직장 전화 : (생략) **전자우편(E-mail)** : (생략)

입니다.

사법경찰관은 피의사건의 요지를 설명하고 사법경찰관의 신문에 대하여 형사소송법 제244조의3의 규정에 의하여 진술을 거부할 수 있는 권리 및 변호인의 참여 등 조력을 받을 권리가 있음을 피의자에게 알려주고 이를 행사할 것인지 그 의사를 확인하다.

222 자백을 자백으로 보강할 수 없으므로, 본 피고인에 대한 경찰 피의자신문조서는 모욕 공소사실에 있어 보강증거가 될 수 없고 폭행 공소사실은 이미 공소기각으로 결론났으므로, 이 피의자신문조서는 특별히 주의를 기울일 부분이 없다.

이에 사법경찰관은 피의사실에 관하여 다음과 같이 피의자를 신문하다.

문 피의자는 형벌을 받은 사실이 있는가요.

답 특수상해죄로 실형을 선고받고 복역한 적이 한 번 있습니다.

문 군대는 갔다 왔나요.

답 육군 병장으로 제대하였습니다.

문 학력은 어떠한가요.

답 전문대학을 졸업하였습니다.

문 사회경력은 어떠한가요.

답 대학교 졸업하고 조그마한 개인 인쇄공장에서 일을 하다가 최근에는 일용직으로 어렵게 지내고 있습니다.

문 가족관계는 어떠한가요.

답 2016년에 이혼하여 현재 혼자 지내고 있습니다. 자녀는 없습니다.

문 현재 직업은 무엇인가요.

답 경비대행업체에서 일용직으로 일하고 있습니다.

문 재산이나 월수입은 어떠한가요.

답 별다른 재산이 없고, 월수입은 200만 원 정도 됩니다.

문 정당이나 사회단체에 가입한 사실이 있나요.

답 없습니다.

문 건강상태는 어떠한가요.

답 혈액형은 O형, 키 178cm, 몸무게 75kg이고, 건강은 양호한 편입니다.

문 술과 담배는 어느 정도 하는가요.

답 평소 주량은 소주 1~2병 정도 되고, 담배는 피우지 않습니다.

문 피의자는 인터넷사이트에서 댓글을 입력하는 방식으로 다른 사람을 모욕한 사실이 있는가요.

답 예. 있습니다.

문 그 경위를 자세히 진술하시오.

답 2021. 12. 1. 20:00경 서울 서초구 서초로 500에 있는 '서초 PC방'에서 고등학교 동창 이을남과 만나 인터넷사이트 네이버 '제34회 효목고등학교 동창회' 카페에 닉네임 '대박남'으로 접속한 다음, 이을남이 저에게 '생쇼를 하네 나쁜 놈, 개새끼 오낙천'이라는 댓글내용을 불러주었습니다. 이을남이 불러주는 그대로 위 카페 자유게시판에 댓글을 입력·게재하였습니다.

이때 사법경찰관은 피의자에게 '네이버카페 댓글' 캡쳐화면을 보여주다.

문 여기 아래 댓글에 작성된 내용이 피의자가 게재한 내용이 맞는가요.

답 예. 맞습니다.

문 당시 위 댓글의 조회수가 155명에 이르는데 이렇게 많은 사람들이 열람할 수 있는 공개된 게시판이라는 사정을 알고 있었나요.

답 예. 알고 있었습니다.

문 이을남이 불러주고 피의자는 이를 받아쓴 것이 맞는가요.

답 예. 맞습니다.

문 그렇게 욕설의 글을 남긴 이유가 무엇인가요.

답 사실 오낙천은 제 고등학교 동창이고 오랜 친구입니다. 그래서 제가 오낙천이 편의점을 운영할 때 그 밑에서 직원으로 몇 년 동안 일한 적이 있는데, 어느 날 갑자기 저를 부당하게 해고를 하였습니다. 그래서 이을남과 함께 오낙천이 골탕 좀 먹이자고 서로 얘기를 하게 되었습니다. 억울한 마음에 큰 실수를 저질렀습니다. 죄송합니다.

문 피의자는 오낙천을 때린 사실도 있는가요.

답 예. 있습니다.

문 그 경위를 진술하시오.

답 2022. 6. 10. 21:00경 서울 강남구 논현로 100 '강남99'식당에서 우연히 들렀다가 혼자 식사를 하고 있는 오낙천을 보게 되었습니다. 그때도 하는 일마다 안 되고 변변한 직장도 없고 마음이 힘들었는데, 오낙천을 보니까 나를 부당해고한 일이 다시 떠올라 순간적으로 화가 나서, 제 오른 주먹으로 얼굴을 1회 때리고 오른발로 정강이를 1차례 걷어찼습니다.

문 피해자 오낙천이 다치지는 않았나요.

답 예. 다치지는 않았을 겁니다.

문 피해자와 합의는 되었나요.

답 시도는 하고 있는데 아직 합의에 이르지는 못했습니다.

문 이상의 진술 내용에 대하여 이의나 의견이 있는가요.

답 **없습니다. (무인)**

위의 조서를 진술자에게 열람하게 하였던바, 진술한 대로 오기나 증감·변경할 것이 전혀 없다고 말하므로 간인한 후 서명 무인하게 하다.

진술자 **김갑동 (무인)**

2022. 6. 12.

서 울 서 초 경 찰 서

사법경찰관 경위 양수철 ㊞

사법경찰리 순경 이형진 ㊞

조 회 회 보 서[223]

제 2022-21000 호 2022. 6. 15.

□ 조회대상자

성 명	김갑동	주민등록번호	660311-1123456		성별	남
지문번호	84644-54898	주민지문번호	24312-18145	일련번호		06578342
주 소	서울특별시 서초구 서초로 100					
등록기준지	강원도 춘천시 효목로 10					

□ 주민정보 : (생략)

□ 범죄경력자료

연번	입건일	입건관서	작성번호	송치번호	형제번호
	처분일	죄 명		처분관서	처분결과
1	2018. 11. 22.	서울서초경찰서	001654	2018-001678	2018-210-36123
	2019. 1. 12.	특수상해		서울중앙 지방법원	징역 10월

□ 수사경력자료 : (생략)

□ 지명수배내역 : (생략)

위와 같이 조회 결과를 통보합니다.

조 회 용 도 : 범죄수사

조회의뢰자 : 경위 양수철

작 성 자 :

서 울 서 초 경 찰 서 장

223 상습성이 문제되는 기록이 아니고, 한편 위 전과내용을 보면 이 사건 공소사실 이전에 확정되었을 것으로 추측되므로 확정판결의 기판력이 문제될 사안도 아니다. 따라서 특별히 유의할 필요가 없다.

피의자신문조서[224]

성　　　명 : 김갑동

주민등록번호 : 660311-1123456

위의 사람에 대한 **폭행 등** 피의사건에 관하여 2022. 7. 10. 서울중앙지방검찰청 제303호 검사실에서 검사 최정의는 검찰주사 한고수를 참여하게 한 후, 아래와 같이 피의자임에 틀림없음을 확인하다.

문　피의자의 성명, 주민등록번호, 직업, 주거, 등록기준지를 말하시오.

답　성명은　　　김갑동

주민등록번호는　　　660311-1123456 (56세)

직업은　　　일용직

주거는　　　서울특별시 서초구 서초로 100

등록기준지는　　　강원도 춘천시 효목로 10

직장 주소는　　　(생략)

연락처는

자택 전화 : (생략)　　　휴대 전화 : (생략)

직장 전화 : (생략)　　　전자우편(E-mail) : (생략)

입니다.

검사는 피의사실의 요지를 설명하고 검사의 신문에 대하여 「형사소송법」 제244조의3에 따라 진술을 거부할 수 있는 권리 및 변호인의 참여 등 조력을 받을 권리가 있음을 피의자에게 알려주고 이를 행사할 것인지 그 의사를 확인하다.

224 경찰 피의자신문조서와 마찬가지로, 본 검찰 피의자신문조서는 모욕 공소사실에 있어 법정 자백진술의 보강증거가 될 수 없고, 폭행 공소사실은 이미 공소기각으로 결론났으므로, 이 피의자신문조서는 특별히 주의를 기울일 부분이 없다. 한편 참고로 실무의 경향을 소개하자면, 경미한 사건으로서 피의자가 모두 자백하는 때에는 검찰에서 피의자신문조서를 받지 않는 경우도 적지 않다.

이에 검사는 피의사실에 대하여 다음과 같이 피의자를 신문하다.

문 피의자는 형벌을 받은 사실이 있는가요.

답 3년 전에 특수상해죄로 실형을 선고받고 복역한 적이 있습니다.

문 피의자의 학력, 경력, 가족관계, 재산정도 등은 경찰에서 사실대로 진술하였나요.

이때 검사는 사법경찰관 작성의 피의자에 대한 피의자신문조서에 기재된 해당 부분을 읽어준바,

답 예, 그렇습니다.

문 피의자는 2021. 12. 1. 20:00경 서울 서초구 서초로 500에 있는 '서초 PC방'에서 고등학교 동창 이을남과 만나 인터넷사이트 네이버 '제34회 효목고등학교 동창회' 카페에 닉네임 '대박남'으로 접속한 다음, 이을남은 피의자에게 '생쇼를 하네 나쁜 놈, 개새끼 오낙천'이라는 댓글내용을 불러주고, 피의자는 이을남이 불러주는 그대로 위 카페 자유게시판에 댓글을 입력·게재한 사실이 있는가요.

답 예. 있습니다.

문 당시 위 댓글의 조회수가 155명에 이르는데 이렇게 많은 사람들이 열람할 수 있는 공개된 게시판이라는 사정을 알고 있었나요.

답 예. 알고 있었습니다.

문 피의자는 이을남과 사전에 피의자의 아이디로 접속하여 욕설 댓글을 게재하기로 공모한 것인가요.

답 예. 그렇습니다.

문 피의자는 2022. 6. 10. 21:00경 서울 강남구 논현로 100 '강남99'식당에서 화가 나서 피의자의 오른 주먹으로 피해자 오낙천의 얼굴 부위를 1회 때리고 오른발로 정강이 부위를 1차례 걷어 찬 사실이 있는가요.

답 네. 그렇습니다.

문 피해자와 합의는 되었나요.

답 아직 합의하지 못했습니다.

문 더 할 말이 있나요.

답 오낙천에게 정말로 미안하고 깊이 반성하고 있습니다.

문 이상의 진술에 대하여 이의나 의견이 있는가요.

답 없습니다. (무인)

위의 조서를 진술자에게 열람하게 하였던 바 진술한 대로 오기나 증감·변경할 것이 전혀 없다고 말하므로 간인한 후 서명 무인하게 하다.

진술자 김갑돌 (무인)

2022. 7. 10.

서울중앙지방검찰청

검 사 최 정 의 ㉑

검찰주사 한 고 수 ㉑

서 울 중 앙 지 방 검 찰 청

수 신 검사 최정의

제 목 수사보고(관련사건)

1. 피의자는 2019. 1. 12. 서울중앙지방법원에서 특수상해죄로 징역 10월을 선고받고 2019. 1. 20. 그 판결이 확정되어 2019. 9. 28. 안양교도소에서 그 형의 집행을 종료하였습니다.

2. 피의자 김갑동에 대한 모욕 피의사건의 관련사건인 이을남에 대한 모욕 피의사건이 먼저 2022. 6. 10. 기소되어 2022. 6. 24. 서울동부지방법원 2022고단10000호로 벌금 500,000원의 판결을 선고받아 그 판결이 2022. 7. 2. 확정되었음을 확인하였습니다. 이에 보고합니다.[225]

2022. 7. 15.

검찰주사 한고수 ㊞

첨부 : 판결등본 2통

225 이 부분이 본 기록의 하이라이트이다. 공판기록에서 고소취소 취지의 합의서가 제출된 상태이나, 모욕 공소사실은 공범이 있는 친고죄이므로 고소불가분의 원칙 법리에 따라 공범에 대한 판결이 선고된 후에 고소취소되었을 가능성을 열어 두고, 기록을 검토해 온 결과 여기 증거기록 말미에 이르러 비로소 그 단서가 확인되었기 때문이다. 앞서 형사기록검토요령에서 언급한 것처럼, (i) 확정판결의 기판력이 문제되는 경우, (ii) 공범에 대한 기소일부터 판결확정일까지의 기간 동안 당해 피고인에 대하여 공소시효가 정지되는 경우, (iii) 친고죄에 있어 공범 간의 고소불가분의 원칙이 적용되는 경우, 검찰 단계 중 여기 확정판결에 관한 수사보고서에서 주로 단서가 주어진다는 점을 유념하자.
이 기록사안에서 보면, 모욕 공소사실의 공동정범인 이을남에 대하여 2022. 6. 24. 판결이 선고되었고, 공판기록에서 확인하였던 합의서의 기재에 의하면, 피해자 오낙천이 그 이후인 2022. 7. 31. 피고인에 대하여 고소를 취소하였으므로 고소불가분의 원칙 법리에 따라 그 고소취소는 효력이 없다.
본 수사보고(관련사건)은 검토보고서 논거 중 〈검토의견〉에서 삼단논법 가운데 '증거에 의한 사실인정' 부분에서 필요한 증거에 해당한다. 메모대상이다.

서 울 중 앙 지 방 법 원

2019. 1. 20. 항소기간도과
2019. 1. 20. 확 정
서울중앙지방검찰청

판 결

사 건	2018고단5000 특수상해
피 고 인	김갑동 (660311-1123456), 일용직
	주거 서울 서초구 서초로 100
	등록기준지 춘천시 효목로 10
검 사	이공진 (기소, 공판)
변 호 인	변호사 최민국
판 결 선 고	2019. 1. 12.

위 등본은 원본과 상위 없음.
2022. 7. 15.
서울중앙지방검찰청
검찰주사 한고수 ㊞

주 문

피고인을 징역 10월에 처한다.

이 유

범 죄 사 실(생략)

증거의 요지(생략)

법령의 적용(생략)

판사 강진성 ________________

서 울 동 부 지 방 법 원

판 결[226]

2022. 7. 2. 항소기간도과
2022. 7. 2. 확 정
서울동부지방검찰청

사 건 2022고단10000 모욕

피 고 인 이을남(661002-1723456), 일용직

주거 서울 송파구 오금로 100

등록기준지 춘천시 효목로 50

검 사 정희성 (기소, 공판)

변 호 인 변호사 오민성

판 결 선 고 2022. 6. 24.

주 문

피고인을 벌금 500,000원에 처한다.

(이하 주문 기재 생략)

위 등본은 원본과 상위 없음. 2022. 7. 15. 서울중앙지방검찰청 검찰주사 한고수 ㊞

이 유

범 죄 사 실

피고인은 김갑동과 공모하여, 피고인은 2021. 12. 1. 20:00경 서울 서초구 서초로 500에 있는 '서초 PC방'에서 김갑동으로 하여금 인터넷사이트 네이버 '제34회 효목고등학교 동창회' 카페에 닉네임 '대박남'으로 접속하게 한 후, 김갑동에게 '생쇼를 하네 나쁜 놈, 개새끼 오낙천'이라는 댓글내용을 불러주고 김갑동은 피고인이 불러주는 그대로 위 카페 자유게시판에 댓글을 입력·게재함으로써 공연히 피해자 오낙천을 모욕하였다.[227]

증거의 요지 및 법령의 적용(생략)

판사 심인철 ____________________

226 본 판결은 모욕 공소사실과 관련하여 고소불가분의 원칙 법리가 적용되어 유죄 결론에 이르는 논증과정, 즉 검토보고서 논거 중 〈검토의견〉에서 삼단논법 가운데 '증거에 의한 사실인정' 부분에서 필요한 증거에 해당한다. 메모대상이다.

227 여기까지 검토를 마친 결과, 모욕 공소사실은 친고죄이고 피해자인 오낙천이 공판계속 중에 피고인에 대한 고소를 취소하였으나, 공동정범인 이을남에 대하여 판결이 선고된 이후에 고소취소되어 그 고소취소는 효력이 없다. 따라서 모욕 공소사실은 사실관계를 자백한 상태로, 앞서 증거기록을 검토하면서 이를 대비하여 증거능력 있는 증거들을 찾아 메모하였으므로 결론은 유죄이다.

폭행 공소사실은 반의사불벌죄로서 공판계속 중에 피해자 오낙천이 처벌을 불원하여 결론은 공소기각 판결이다. 이제 이를 검토보고서와 검토의견서로 표현하여 보자.

기록 3

모범답안

문제 1 검토보고서

1. 모욕의 점(공소사실 제1항)

가. 결론

유죄

나. 논거

1) 공소사실의 요지(생략가능)

피고인은 이을남과 공모하여, 피고인은 2021. 12. 1. 20:00경 서울 서초구 서초로 500에 있는 '서초 PC방'에서 인터넷사이트 네이버 '제34회 효목고등학교 동창회' 카페에 닉네임 '대박남'으로 접속한 후, 이을남은 피고인에게 '생쇼를 하네 나쁜 놈, 개새끼 오낙천'이라는 댓글내용을 불러주고 피고인은 이을남이 불러주는 그대로 위 카페 자유게시판에 댓글을 입력·게재함으로써 공연히 피해자 오낙천을 모욕하였다.

2) 주장 및 쟁점

○ 피고인은 사실관계를 인정한다.

○ 변호인은 피해자가 처벌불원하고 있으므로 공소기각되어야 한다고 주장한다.

3) 검토의견

○ 관련법리

모욕죄는 형법 제311조에 해당하는 죄로서 형법 제312조 제1항에 의하여 고소가 있어야 공소를 제기할 수 있는 친고죄에 해당한다.

형사소송법 제233조는 친고죄의 공범 중 그 1인 또는 수인에 대한 고소 또는 그 취소는 다른 공범자에 대하여도 효력이 있다고 하고 같은 법 제232조 제1항은 고소는 제1심 판결선고전까지 취소할 수 있다고 규정하고 있으므로 친고죄의 공범 중 그 일부에 대하여 제1심 판결이 선고된 후에는 제1심 판결선고 전의 다른 공범자에 대하여는 그 고소를 취소할 수 없고 그 고소의 취소가 있다 하더라도 그 효력을 발생할 수 없다.[228]

---

228 대법원 1985. 11. 12. 선고 85도1940 판결

○ 인정사실

오낙천이 작성한 합의서, 판결등본(2022고단10000)의 각 기재[229]에 의하면, 이을남은 2022. 6. 24. 서울동부지방법원 2022고단10000호로 2021. 12. 1. 20:00경 서울 서초구 서초로 500에 있는 '서초 PC방'에서 피고인으로 하여금 인터넷사이트 네이버 '제34회 효목고등학교 동창회' 카페에 닉네임 '대박남'으로 접속하게 한 후, 피고인에게 '생쇼를 하네 나쁜 놈, 개새끼 오낙천'이라는 댓글내용을 불러주고 피고인은 이을남이 불러주는 그대로 위 카페 자유게시판에 댓글을 입력·게재함으로써 피고인과 공모하여 피해자 오낙천을 모욕한 사실로 벌금 50만 원의 판결을 선고받고, 그 판결이 2022. 7. 2. 확정된 사실, 피해자 오낙천은 2022. 7. 31.[230] 피고인에 대한 고소를 취소한 사실을 인정할 수 있다.

○ 판단

위 인정사실을 앞서 본 관련법리에 비추어 보면, 피해자 오낙천은 공범에 대한 판결이 선고된 이후에 고소를 취소하였으므로, 그 고소취소는 효력이 없다.[231]

변호인의 위 주장은 받아들이지 아니한다.

○ 증거의 요지[232]

1. 피고인의 법정진술
1. 이을남에 대한 경찰 피의자신문조서의 진술기재
1. 오낙천에 대한 경찰 진술조서의 진술기재
1. 고소장, 네이버카페 댓글의 각 기재

○ 소결론

유죄로 인정된다.[233]

---

229 앞서 찾아두었던 해당 증거들을 이렇게 거시한다.

230 공판기록 합의서 부분에서 설명한 것처럼, 고소취소라는 소송행위가 이뤄진 날은 해당 합의서가 작성된 2022. 7. 29.이 아니라 그 합의서가 법원에 접수된 날인 2022. 7. 31.이다.

231 관련법리-증거에 의한 사실인정 이후에 포섭판단을 누락하지 않도록 유의하자.

232 앞서 증거기록을 검토하면서, 변호인의 위 공소기각 주장이 배척될 경우를 대비하여 〈모욕 공소사실에 부합하는/ 별개 독립의/ 증거능력 있는〉 보강증거를 찾아두었는데, 이를 "증거의 요지"라는 제목하에 열거하면 된다.

233 서두에서 〈결론〉에서 유죄라고 기재하였으나, 〈소결론〉에서 다시 한번 더 "유죄로 인정된다."라고 기재한다. 결론 유죄이므로 〈부수처분〉도 고려하여야 하나, 이 기록사안은 압수물이 없으므로 부수처분을 기재하지 않았다.

2. 폭행의 점

가. 결론

공소기각

나. 논거

1) 공소사실의 요지(생략가능)

피고인은 2022. 6. 10. 21:00경 서울 강남구 논현로 100 '강남99'식당에서 피해자 오낙천(55세)이 피고인을 부당하게 해고한 것에 화가 나 오른 주먹으로 피해자의 얼굴을 1회 때리고 계속하여 오른 발로 피해자의 정강이 부위를 1회 차 피해자를 폭행하였다.

2) 주장 및 쟁점

○ 피고인은 사실관계를 인정한다.

○ 변호인은 피해자가 처벌불원하고 있으므로 공소기각되어야 한다고 주장한다.

3) 검토의견

○ 관련법리

폭행죄는 형법 제260조 제1항에 해당하는 죄로서 같은 조 제3항에 의하여 피해자의 명시한 의사에 반하여 공소를 제기할 수 없다.

○ 인정사실

그런데 오낙천이 작성한 합의서의 기재에 의하면, 피해자 오낙천은 이 사건 공소제기 후인 2022. 7. 31.[234] 피고인에 대한 처벌을 희망하는 의사표시를 철회한 사실을 인정할 수 있다.

○ 소결론

그렇다면 이 부분 공소사실은 피해자의 명시한 의사에 반하여 죄를 논할 수 없는 사건에 대하여 처벌을 희망하는 의사표시가 철회되었을 때[235]에 해당하므로 형사소송법 제327조 제6호에 의해 공소기각으로 판단된다.

234 앞서 본 것처럼, 소송행위일은 합의서가 법원에 접수된 2022. 7. 31.이지, 그 작성일인 2022. 7. 29.이 아니다.

235 앞서 설명한 것처럼, 제327조 제6호는 "피해자의 명시한 의사에 반하여 죄를 논할 수 없는 사건에 대하여 처벌을 희망하지 아니하는 의사표시가 있거나/ 처벌을 희망하는 의사표시가 철회되었을 때"로 규정되어 있는데, 6호 전단과 6호 후단이 구분된다. 곧 반의사불벌죄에 있어서 피해자가 아무런 의사표시를 하지 않다가 기소 후에 처벌불원 의사표시를 한 경우는 6호 전단에 해당하고, 피해자가 처벌희망 의사표시를 하였다가 기소 후에 이를 철회한 경우는 6호 후단에 해당한다.
이 기록사안은 피해자 오낙천이 기소 전인 2022. 6. 10. 경찰에서 처벌희망의 의사표시를 하였다가 공판계속 중에 처벌불원 취지의 합의서를 작성하였으므로 6호 후단에 해당한다. 6호 후단의 내용을 그대로 원용하여 기재하였다.

문제 2 검토의견서[236]

I. 모욕의 점

1. 공소사실의 요지(기재 생략)

2. 쟁점

피고인은 사실관계를 인정하나, 변호인은 피해자가 처벌불원하고 있으므로 공소기각되어야 한다고 주장한다. 공범이 있는 친고죄에 있어 공범에 대한 판결이 선고된 이후에 나머지 공범에 대하여 고소취소된 경우 공소기각할 수 있는지 문제된다.

3. 검토의견

가. 관련법리

형사소송법 제233조는 친고죄의 공범 중 그 1인 또는 수인에 대한 고소 또는 그 취소는 다른 공범자에 대하여도 효력이 있다고 하고 같은 법 제232조 제1항은 고소는 제1심 판결선고 전까지 취소할 수 있다고 규정하고 있으므로 친고죄의 공범 중 그 일부에 대하여 제1심 판결이 선고된 후에는 제1심 판결선고 전의 다른 공범자에 대하여는 그 고소를 취소할 수 없고 그 고소의 취소가 있다 하더라도 그 효력을 발생할 수 없다.

모욕죄는 형법 제311조에 해당하는 죄로서 형법 제312조 제1항에 의하여 고소가 있어야 공소를 제기할 수 있는 친고죄에 해당한다.

나. 인정사실

오낙천이 작성한 합의서, 판결등본(2022고단10000)에 의하면, 이을남은 2022. 6. 24. 서울동부지방법원 2022고단10000호로 2021. 12. 1. 20:00경 서울 서초구 서초로 500에 있는 '서초PC방'에서 피고인으로 하여금 인터넷사이트 네이버 '제34회 효목고등학교 동창회' 카페에 닉네임 '대박남'으로 접속하게 한 후, 피고인에게 '생쇼를 하네 나쁜 놈, 개새끼 오낙천'이라는 댓글 내용을 불러주고 피고인은 이을남이 불러주는 그대로 위 카페 자유게시판에 댓글을 입력·게재함으로써 피고인과 공모하여 피해자 오낙천을 모욕한 사실로 벌금 50만 원의 판결을 선고받고, 그 판결이 2022. 7. 2. 확정되었다. 그런데 피해자 오낙천은 2022. 7. 31. 피고인에 대한

---

236 형식만 조금 다를 뿐 〈검토보고서〉와 작성할 내용이 거의 일치한다.

고소를 취소하였다.

다. 판단

피해자 오낙천은 공범에 대한 판결이 선고된 이후에 고소를 취소하였으므로, 그 고소취소는 효력이 없다.

4. 결론

모욕의 점은, 피고인의 법정진술, 이을남에 대한 경찰 피의자신문조서, 오낙천에 대한 경찰 진술조서, 고소장, 네이버카페 댓글[237]에 의하여 유죄로 판단된다.

Ⅱ. 폭행의 점[238]

1. 공소사실의 요지(기재 생략)

2. 쟁점

피고인은 공소사실을 인정하나, 변호인은 피해자가 처벌불원하고 있으므로 공소기각되어야 한다고 주장한다. 합의로 인한 공소기각 여부가 문제된다.

3. 검토의견

가. 관련법리

폭행죄는 형법 제260조 제1항에 해당하는 죄로서 같은 조 제3항에 의하여 피해자의 명시한 의사에 반하여 공소를 제기할 수 없다.

나. 인정사실

오낙천이 작성한 합의서에 의하면, 피해자 오낙천은 이 사건 공소제기 후인 2022. 7. 31. 피고인에 대한 처벌을 희망하는 의사표시를 철회하였다.

237 유죄인정의 근거가 된 증거들을 열거하고 최종 결론을 표시하였다. 다만 〈검토의견서〉에서 그 증거를 표기하는 방식은 〈판결서〉나 〈검토보고서〉와 달리 특별히 정해진 틀이 있는 것은 아니다. 공판기록 중 증거목록에 기재된 증거명칭을 보고서 적절히 특정하기만 하면 충분하다.

238 이 부분도 형식만 조금 다를 뿐 〈검토보고서〉와 작성 내용이 거의 일치한다.

4. 결론

이 부분 공소사실은 피해자의 명시한 의사에 반하여 죄를 논할 수 없는 사건에 대하여 처벌을 희망하는 의사표시가 철회되었을 때에 해당하므로 형사소송법 제327조 제6호에 의해 공소기각으로 판단된다.

【기록3 보충문제】

[기록3]에서 사안을 달리하여 ① 공소장의 공소사실 제1항의 내용과 증거기록 중 오낙천이 작성한 고소장의 내용을 각 아래와 같이 수정하고, ② 변호인이 합의서를 제출하지 않고 법정에서 별다른 주장을 하지 않은 채 양형변론만 하였으며, ③ [기록3]에서 위와 같이 수정된 스토리와 관련된 부분들도 모두 모순되지 않게 적정하게 수정되었고, ④ 그 이외에 나머지 내용은 아무런 변경이 없다고 가정해 보자. 이러한 가정하에 **검토보고서 중 모욕의 점(공소사실 제1항)**에 한정하여 이를 작성하여 보라.

서울중앙지방검찰청

사건번호 2022년 형제3333호 2022. 7. 17.

수 신 자 서울중앙지방법원 **발 신 자**

검 사 **최정의** 최정의 (인)

제 목 **공소장**

아래와 같이 공소를 제기합니다.

접 수
No. 11000
2022. 07. 17.
서울중앙지방법원
형사접수실

Ⅰ. 피고인 관련사항 **1234**

피 고 인 김갑동 (660311-1123456) **(나머지 기재 생략)**

Ⅱ. 공소사실

1. 모욕

피고인은 2021. 5. 20. 20:00경 서울 서초구 서초로 500에 있는 '서초 PC방'에서 인터넷사이트 네이버 '제34회 효목고등학교 동창회' 카페에 닉네임 '대박남'으로 접속한 후, 위 카페 자유게시판에 '생쇼를 하네 나쁜 놈, 개새끼 오낙천'이라는 댓글을 입력·게재하였다.

이로써 피고인은 피해자 오낙천을 공연히 모욕하였다.

고 소 장

1. 고 소 인 : 오낙천 (661102-1******)
주소 서울특별시 송파구 올림픽로 100
전화번호 **(생략)**

2. 피고소인 : 김갑동 (1966. 3. 11.생) 010-6000-2100
주소 서울특별시 서초구 서초로 100

접수일자	2021. 12. 16.
사건번호	(기재 생략)

3. 죄 명 : 모욕

고 소 사 실

피고소인은 2021. 5. 20. 20:00경 인터넷사이트 네이버 '제34회 효목고등학교 동창회' 카페에 닉네임 '대박남'으로 접속한 후, 위 카페 자유게시판에 '생쇼를 하네 나쁜 놈, 개새끼 오낙천'이라는 댓글을 입력·게재하였습니다. 그 날 밤에 다른 고교 동창이 알려주어 위 카페를 확인해 보았더니 위와 같은 댓글이 작성되어 있었고 그 날 하루 밤 동안만 조회수가 30명이 넘었습니다. 친구라 오랜 시간 참았는데 도저히 안 되겠다 싶어, 고소하게 되었습니다.

피고소인을 엄히 처벌해 주시기 바랍니다.

첨부자료 : 네이버카페 댓글 캡쳐화면 1부

2021. 12. 16.

고소인 **오낙천** ㊞

서울송파경찰서장 귀중

보충문제 검토보고서

1. 결론

공소기각

2. 논거

가. 공소사실의 요지(생략가능)

피고인은 2021. 5. 20. 20:00경 서울 서초구 서초로 500에 있는 '서초 PC방'에서 인터넷사이트 네이버 '제34회 효목고등학교 동창회' 카페에 닉네임 '대박남'으로 접속한 후, 위 카페 자유게시판에 '생쇼를 하네 나쁜 놈, 개새끼 오낙천'이라는 댓글을 입력·게재하였다.

이로써 피고인은 공연히 피해자 오낙천을 모욕하였다.

나. 주장 및 쟁점

○ 피고인은 사실관계를 인정하였다.

○ 직권으로 피해자의 고소가 형사소송법 제230조 제1항에 의한 고소기간을 경과하여 공소기각 사유가 있는지를 검토한다.[239]

다. 검토의견[240]

○ 관련법리

모욕죄는 형법 제311조에 해당하는 죄로서 형법 제312조 제1항에 의하여 고소가 있어야 공소를 제기할 수 있고, 형사소송법 제230조 제1항은 범인을 알게 된 날로부터 6개월이 경과되면 고소하지 못한다고 규정하고 있다.[241]

○ 인정사실

고소장의 기재에 의하면, 오낙천은 2021. 5. 20. 밤에 다른 고교 동창이 알려주어 이 부분 공소사실 기재와 같은 댓글이 공소장 기재 네이버카페 자유게시판에 작성되어 있음을 확인한

239 피고인이나 변호인이 양형 이외에 아무런 주장을 하지 않았으나 기록을 검토한 결과, 직권판단사항 중 하나인 고소기간 경과로 인한 공소기각 사유가 발견되었으므로, 〈주장 및 쟁점〉 항목에 직권판단사항의 요지를 기재한다.

240 아래 기재방식은 판결서작성실무 227-228쪽에서 비롯되었다.

241 친고죄의 고소기간에 관한 법조항을 기재하였다.

사실, 오낙천은 2021. 12. 16. 서울송파경찰서에 이 부분 공소사실에 관한 고소장을 작성·제출한 사실을 인정할 수 있다.[242]

○ 판단

따라서 오낙천은 2021. 5. 20.에는 범인을 알게 되었다고 보아야 하므로 그때부터 6월이 경과하였음이 역수상 명백한 2021. 12. 16.에 제기된 위 고소는 고소기간이 경과한 뒤에 제기된 것으로 부적법하다.

○ 소결론

그렇다면 이 부분 공소사실은 공소제기의 절차가 법률의 규정을 위반하여 무효인 때에 해당하므로, 형사소송법 제327조 제2호에 의하여 공소기각으로 판단된다.

242 법 제230조 제1항에서 정한 '범인을 알게 된 날'이 언제인지 사실인정이 있어야 판단이 가능하므로, 이렇게 증거에 의하여 사실인정을 하였다.

Attention Please

(6) 기록3 관련 변호사시험 형사기록형 기출문제

○ 제1회 : 자전거를 타고 횡단보도를 횡단하던 피해자를 들이받아 교통사고를 일으킨 공소사실에 관하여 피해자가 처벌불원(합의)한 경우 공소기각 판결을 할 수 있는지 판단하는 사안(도로교통법 제27조 제1항 참조)

○ 제2회 : ① 특정범죄가중처벌등에관한법률위반(도주치상)죄로 기소되었는데 심리한 결과 상해의 점에 관한 증명이 부족하였고, 축소사실에 해당하는 교통사고처리특례법위반(치상)죄에 대하여 자동차종합보험이 가입되어 있어 공소기각 판결을 하는 사안, ② 공갈죄로 기소되었는데 심리한 결과 피해자(피공갈자)의 처분행위가 인정되지 않았고, 축소사실에 해당하는 폭행죄가 피해자의 처벌불원의 의사표시로 인하여 공소기각 판결의 대상이 되는 사안

○ 제3회 : 강도죄로 기소되었는데 심리한 결과 그 협박의 정도가 강도죄의 협박에 이르지 않았고, 축소사실에 해당하는 공갈죄의 피해자가 동거하지 않는 사촌 형제로서 고소기간을 경과하여 고소하였으므로 공갈죄가 공소기각 판결의 대상이 되는 사안

○ 제4회 : 당초 명예훼손죄로 기소되었다가 공판계속 중에 검사가 모욕죄를 예비적으로 추가하였는데, 명예훼손죄는 '구체적 사실의 적시' 구성요건이 인정되지 않았고, 모욕죄는 공소제기 이후에 고소가 제기되었으므로 고소추완이 허용되지 않아 공소기각 판결의 대상이 된 사안

○ 제6회 : 甲이 가계수표 2장(수표번호 아가21, 아가22)에 관하여 각각 수표발행 후 부도로 인한 부정수표단속법위반죄로 기소되었는데, ① 수표번호 아가21에 관하여 수표금 상당액인 500만 원을 공탁하고 수표소지인이 위 공탁금을 수령하였다고 하더라도 부정수표단속법 제2조 제4항에 해당되지 않아 공소기각 사유로 볼 수 없고, ② 수표번호 아가22의 수표소지인이 기소 후 피고인의 처벌을 희망하지 않는 의사표시를 하였으므로 수표번호 아가22에 관한 부정수표단속법위반죄가 공소기각 판결의 대상이 되는 사안

○ 제7회 : 甲이 乙에게 A의 돈을 훔쳐 오라고 교사하여 乙이 야간에 A의 집에 들어가 현금과 신용카드 1장을 절취하였는데, A는 乙과 동거하지 않는 고종사촌 사이이고 고소를 제기하지 않은 경우, 乙에 대하여는 공소기각 판결을 하여야 하나 甲에 대하여는 고소불가분의 원칙이 상대적 친고죄에는 적용되지 않으므로 공소기각 판결을 할 수 없는 사안

○ 제8회 : 甲이 피해자 A에 대한 특정범죄가중처벌등에관한법률위반(보복협박등)죄로 기소되었는데, 甲이 자기 또는 타인의 형사사건이 아니라 A와의 민사사건 재판과 관련하여 협박을 한 사실이 확인되어(특정범죄 가중처벌 등에 관한 법률 제5조의9 제2항, 제1항 참조) 위 죄를 인정할 수 없고, 축소사실에 해당하는 형법상 협박죄가 A의 처벌희망 의사표시의 철회로 인하여 공소기각 판결의 대상이 되는 사안

○ 제9회 : 甲과 乙이 망 丙에 대한 사자명예훼손죄(고소권자 丙의 처 A)와 정보통신망이용촉진및정보보호등에관한법률위반(명예훼손)죄(피해자 A)에 관하여 공동정범으로 기소되었는데, 기소 후 A가 甲에 대해서만 고소를 취소한 경우 그 고소취소의 효력이 乙에게도 미치는지 여부에 관하여 묻는 사안

○ 제10회 : 상대적 친고죄에 해당하는 특정경제범죄가중처벌등에관한법률위반(사기)죄에 있어서 피고인들이 피해자와 각각 동거하지 않는 친족관계에 있는지 여부, 공범 중 1인에 대한 고소가 고소 기간 내에 이루어져 적법한지 여부, 공범에 대한 고소가 고소되지 않은 다른 공범에게도 효력이 있는지 여부가 문제된 사안

○ 제11회 : 모욕죄로 기소되었는데, 고소 기간이 경과되어 공소기각 판결의 대상이 된 사안

4 기록 공소기각 - 이중기소

기록 4

<문제1> 다음 기록을 읽고 서울중앙지방법원 재판연구원으로서 **검토보고서**를 작성하되, 다음의 검토보고서 양식 중 **본문 I의 1, 2 부분만 작성하시오.**

<문제2> 다음 기록을 읽고 피고인 김갑동에 대하여 변호인 법무법인 만세 담당변호사 황필승이 객관적인 입장에서 대표변호사에게 보고할 **검토의견서**를 작성하되, 다음의 검토의견서 양식 중 **본문 2, 3, 4 부분만 작성하시오.**

[검토보고서 양식]

검토보고서

사 건 2022고단1234 상습사기
피고인 김갑동

I. 쟁점 및 검토

1. 결론

2. 논거

가. 공소사실의 요지

나. 주장 및 쟁점

다. 검토의견

II. 처단형의 범위

[검토의견서 양식]

검토의견서

사 건 2022고단1234 상습사기
피고인 김갑동

1. 공소사실의 요지

2. 쟁점

3. 검토의견

4. 결론

2022. 8. 14.

담당변호사 황필승 ㊞

구속만료		미결구금
최종만료		
대행갱신 만 료		

서 울 중 앙 지 방 법 원

구공판 **형사제1심소송기록**

기 일	사건번호	2022고단1234		담임	형사제1단독	주심	
1회 기일	사 건 명	상습사기[243]					
2022. 8. 4. 10:00							
	검 사	최정의	2022형제3333호				
	피 고 인	김갑동					
	공소제기일	2022. 7. 17.					
	변 호 인	사선 법무법인 만세 담당변호사 황필승					

확 정	
보존종기	
종결구분	
보 존	

완결 공람	담 임	과 장	재판장

243 죄명을 보고서 상정 가능한 쟁점들을 상기해 보자. 사기죄로서 재산범죄이니 피해자가 비동거친족에 해당되어 친고죄 관련 공소기각 여부가 문제될 것이라 예상해 볼 수 있다. 상습범 전과가 있을 경우 확정판결의 기판력이 문제될 수도 있겠다. 이러한 예상이 기록검토에 도움이 될 수 있다.

증 거 목 록 (증거서류 등)

2022고단1234

2022형제3333호 신청인 : 검사

순번	증거방법					참조사항 등	신청기일	증거의견		증거결정		증거조사기일	비고
	작성	쪽수(수)	쪽수(증)	증 거 명 칭	성 명			기일	내용	기일	내용		
1	사경	1		수사보고(긴급체포)			1	1	○	기재생략			
2		2		피의자신문조서	김갑동		1	1	○				
3		5		진술조서	오창섭		1	1	○				
4		7		진술서	박영식		1	1	○				
5		8		조회회보서	김갑동		1	1	○				
6	검사	9		피의자신문조서	김갑동		1	1	○				
7		12		수사보고(확정일자등)			1	1	○				
8		13		판결등본(2020고단5000)	김갑동		1	1	○				
9		14		공소장사본	김갑동		1	1	○				

※ 증거의견 표시 – 피의자신문조서 : 인정 ○, 부인 ×
(여러 개의 부호가 있는 경우, 적법성/실질성립/임의성/내용의 순서임)
– 기타 증거서류 : 동의 ○, 부동의 ×
– 진술이 특히 신빙할 수 있는 상태하에서 행하여졌다는 점 부인 : "특신성 부인"(비고란 기재)

※ 증거결정 표시 : 채 ○, 부 ×

※ 증거조사 내용은 제시, 낭독(내용고지, 열람)

증 거 목 록 (증거서류 등)

2022고단1234

2022형제3333호

신청인 : 피고인 및 변호인

순번	증거방법					참조사항 등	신청 기일	증거의견		증거결정		증거조사기일	비고
	작성	쪽수(수)	쪽수(공)	증거명칭	성 명			기일	내용	기일	내용		
1			7	합의서			1	1	○	기재 생략			
2			11	사건진행내역			1	1	○	기재 생략			

※ 증거의견 표시 – 피의자신문조서 : 인정 ○, 부인 ×
(여러 개의 부호가 있는 경우, 적법성/실질성립/임의성/내용의 순서임)
– 기타 증거서류 : 동의 ○, 부동의 ×
– 진술이 특히 신빙할 수 있는 상태하에서 행하여졌다는 점 부인 : "특신성 부인"(비고란 기재)

※ 증거결정 표시 : 채 ○, 부 ×

※ 증거조사 내용은 제시, 낭독(내용고지, 열람)

서울중앙지방검찰청

2022. 7. 17.

사건번호 2022년 형제3333호

수 신 자 서울중앙지방법원

발 신 자

검 사 **최정의** 최정의 (인)

제 목 **공소장**

아래와 같이 공소를 제기합니다.

접 수
No. 10003
2022. 07. 17.
서울중앙지방법원
형사접수실

1234

Ⅰ. 피고인 관련사항

피 고 인 김갑동 (660311-1123456), 56세

직업 일용직, 010-6000-2100

주거 서울특별시 서초구 서초로 100

등록기준지 강원도 춘천시 효목로 10

죄 명 상습사기

적 용 법 조 형법 제351조, 제347조 제1항, 제35조

구 속 여 부 불구속

변 호 인 없음

Ⅱ. 공소사실

범죄전력

피고인은 2020. 12. 6. 서울중앙지방법원에서 상습사기죄로 징역 1년을 선고받아 2020. 12. 14. 그 판결이 확정되어 2021. 10. 28. 안양교도소에서 그 형의 집행을 종료하였다.[244]

244 앞서 떠올려 본 상정 가능한 쟁점들 중에서 확정판결의 기판력 쟁점이 실제로 문제되는지 살펴볼 수 있는 부분이다. 피고인 김갑동은 상습사기죄에 관한 확정판결 전과가 있는 자이다. 그런데 그 확정판결의 선고일이 2020. 12. 6.로서 이 사건 공소사실보다 앞서므로 기판력의 시적 범위를 벗어나 있음을 알 수 있다. 일단 이 단계에서 판단해 보자면, 확정판결 기판력은 쟁점이 아닌 것으로 보인다.

범죄사실

피고인은 상습으로,

1. 2022. 5. 29. 21:00경 서울 서초구 서초로 300 지하 1층에 있는 피해자 박영식이 경영하는 '비즈니스' 유흥주점에 들어가 대금을 지급할 의사나 능력이 없음에도 대금을 지급할 것 같이 행세하며 술과 안주를 주문하여 이에 속은 피해자 박영식으로부터 시가 50만 원 상당의 양주 2병과 안주를 제공받아 이를 편취하였고,
2. 2022. 6. 11. 22:00경 서울 서초구 남부순환로 100에 있는 피해자 오창섭이 경영하는 '남해홀' 유흥주점에서 전항 기재와 같은 방법으로 피해자 오창섭으로부터 시가 50만 원 상당의 양주 2병과 안주를 제공받아 이를 편취하였다.

Ⅲ. 첨부서류(각 첨부생략)

1. 긴급체포서 1통
2. 피의자석방보고서 1통

변호인선임신고서

피 고 인　김 갑 동

사 건 명　2022고단1234 상습사기

위 사건에 관하여 **법무법인 만세**(담당변호사 **황 필 승**)를 변호인으로 선임하고 이에 신고함.

2022. 7. 25.

선임인 피고인 김갑동 (무인)

위 변호인 **법무법인 만세** (직인)

주소 서울 서초구 서초대로206번길 법조빌딩 502호

전화번호 02 - 534 - 2288

11001-
No 072501
(위임장등부착용)
경유증표(본안)
2022. 07. 25.
서울지방변호사회

서울중앙지방법원 형사 제1단독 귀중

증거신청서[245]

사건번호 2022고단1234호 상습사기
피 고 인 김갑동

위 사건에 관하여 피고인 김갑동의 변호인은 피고인의 이익을 위하여 다음 증거서류를 증거로 신청합니다.

다 음

합의서 1통

접 수
No. 11900
2022. 7. 31.
서울중앙지방법원
형사접수실

2022. 7. 31.

법무법인 만세 담당변호사 **황필승** ㊞

서울중앙지방법원 형사 제1단독 귀중

245 피고인이나 변호인이 제출한 증거들은 공소사실과 반대되는 사실에 관한 증거들이거나 양형자료이다. 공소사실과 반대되는 사실과 관련되어 있다면, 특별히 주의를 기울여야 하고 그러한 내용은 메모대상이다.

합 의 서[246]

피고인 김갑동 (660311-1123456)

피해자 박영식

피해자 박영식은 피고인 김갑동에 대한 상습사기 사건에 관하여, 합의금 50만 원을 지급받고 위 피고인과 원만히 합의하여 피고인에 대한 형사처벌을 원하지 않습니다.

첨부서류 : 피해자의 인감증명 1통(**첨부 생략**)

2022. 7. 29.

피해자 박영식 ㊞

246 피해자 박영식이 피고인 김갑동의 처벌을 원하지 않는다는 취지의 합의서이다. 현재 이 서류만 보아서는 피해자 박영식이 피고인 김갑동과 비동거친족인지 알 수 없으므로, 일단은 양형자료로 평가된다. 적절한 메모가 필요하다.

서울중앙지방법원

공 판 조 서

제 1 회

사 건 2022고단1234 상습사기

판 사 이 국 준 기 일 : 2022. 8. 4. 10:00

장 소 : 제210호 법정

공개여부 : 공 개

법원 주사 장 참 여 고지된

다음기일 : 2022. 8. 18. 10:00

피 고 인 김 갑 동 출석

검 사 강 지 혁 출석

변 호 인 법무법인 만세 담당변호사 황필승 출석

판사

피고인은 진술을 하지 아니하거나 각개의 물음에 대하여 진술을 거부할 수 있고 이익되는 사실을 진술할 수 있음을 고지

판사의 인정신문

성 명 : 김갑동

주민등록번호 : 공소장 기재와 같음

직 업 : 〃

주 거 : 〃

등 록 기 준 지 : 〃

판사

피고인에 대하여

주소의 변동이 있을 때에는 이를 법원에 보고할 것을 명하고 소재가 확인되지 않는 때에는 그 진술 없이 재판할 경우가 있음을 경고

검사

공소장에 의하여 공소사실, 죄명, 적용법조 낭독

피고인

공소사실을 모두 인정합니다.

변호인

피고인에 대한 귀원 2022고단1100 상습사기 사건은 2022. 6. 24. 기소되어 현재까지 제2회 공판기일이 진행되었고, 2022. 8. 20. 제3회 공판기일에서 증인 신문이 예정되어 있는바, 이 사건 공소사실은 이중기소에 해당하여 공소기각되어야 한다고 진술[247 · 248]

---

247 형사소송법 제327조 제3호(공소가 제기된 사건에 대하여 다시 공소가 제기되었을 때)의 이중기소란 토지관할 및 사물관할을 같이 하는 동일법원에 이중기소된 경우만을 의미한다(판결서작성실무 108쪽, 실무제요[II] 491쪽). 다시 말해, 동일 사건이 같은 법원에 두 번 기소되고 양 사건의 사물관할도 같을 경우에, 후행기소된 사건에 관하여 공소기각 판결을 한다는 말이다. 실무상 동일한 사건이 두 번 기소되는 경우는 거의 없으나, 상습범에 있어서 상습범을 구성하는 개별행위들 중에서 일부가 뒤늦게 기소되는 경우가 있을 수 있다. 만일 사물관할이나 토지관할이 동일하지 아니하면, 법 제12조(동일사건이 사물관할을 달리하는 수개의 법원에 계속된 때에는 법원합의부가 심판한다), 제13조(동일사건이 사물관할을 같이하는 수개의 법원에 계속된 때에는 먼저 공소를 받은 법원이 심판한다. 단, 각 법원에 공통되는 직근 상급법원은 검사 또는 피고인의 신청에 의하여 결정으로 뒤에 공소를 받은 법원으로 하여금 심판하게 할 수 있다)에 따르게 된다. 이를 간략히 정리하자면 아래와 같다.

▶ **A법원 단독-A법원 단독 사이(같은 재판부 포함) → 後行사건에 대하여 공소기각 판결**

▶ **A법원 합의부-A법원 합의부 사이(같은 재판부 포함) → 後行사건에 대하여 공소기각 판결**

▶ A법원 단독-A법원 합의부 사이 → 단독사건에 대하여 **공소기각 결정**(법 제12조, 제328조 제1항 제3호)

▶ A법원 단독-B법원 합의부 사이 → 단독사건에 대하여 **공소기각 결정**(법 제12조, 제328조 제1항 제3호)

▶ A법원 단독-B법원 단독 사이 → 後行사건에 대하여 **공소기각 결정**(법 제13조, 제328조 제1항 제3호)

▶ A법원 합의부-B법원 합의부 사이 → 後行사건에 대하여 **공소기각 결정**(법 제13조, 제328조 제1항 제3호)

248 공소장 범죄전력에서 보았던 상습사기죄에 관한 확정판결과 별개로, 피고인 김갑동이 다른 상습사기죄로 현재 공판계속 중이라는 점이 드러났다. 여기서 법 제327조 제3호에서 말하는 '이중기소'의 쟁점이 확인된다. 우리 사안은 2022. 8. 4. 제1회 공판기일을 열었고 다음 공판기일이 2022. 8. 18.로 예정되어 있는데(위 공판조서 기일 기재 부분 참조), 변호인의 변론에 의하면 다른 상습사기죄에 관한 제3회 공판기일이 2022. 8. 20.로 예정되어 있고, 우리 사안은 2022. 7. 17. 기소되었는데 위 다른 상습사기 사건은 2022. 6. 24. 기소된 것으로 보인다.

한편, 상습사기죄는 형법 제351조, 제347조 제1항에 해당하는 범죄로서 법정형이 15년 이하의 징역 또는 3,000만 원 이하의 벌금이므로 법원조직법 제32조 제1항 제3호(사형, 무기 또는 단기 1년 이상의 징역 또는 금고에 해당하는 사건)의 반대해석상, 단독사건이다. 이 사건 공소사실과 위 다른 상습사기 사건은 모두 서울중앙지방법원 단독사건으로 배당된 상태이다. 따라서 이 사건 공소사실에 관하여 이중기소를 이유로 공소기각 판결을 하려면, (i) 위 다른 상습사기 사건과 이 사건 공소사실이 동일사건이어야 하고(=기본적 사실관계가 동일하여야 하고), (ii) 위 다른 상습사기의 기소일이 이 사건 공소사실의 기소일 보다 앞서야 하며, (iii) 위 다른 상습사기 사건이 이 사건 선고시에 그 판결이 확정되지 않아야 한다(만일 이 사건 선고시에 위 다른 상습사기 사건에 관한 판결이 확정되었다면, 그 확정판결의 기판력에 따라 이 사건 공소사실은 면소판결의 대상이 된다). 따라서 이하 기록을 살피면서 위 (i), (ii), (iii)을 확인하여야 한다.

판사

증거조사를 하겠다고 고지

증거관계 별지와 같음(검사, 변호인)

판사

각 증거조사결과에 대한 의견을 묻고 권리를 보호함에 필요한 증거조사를 신청할 수 있음을 고지

소송관계인

별 의견 없다고 진술

판사

증거조사를 마쳤음을 고지

검사 및 변호인

피고인신문을 생략하겠다고 진술

검사

이 사건 공소사실은 모두 그 증거가 있으므로 공소장 기재 법조를 적용하여 피고인을 징역 1년에 처함이 상당하다는 의견 진술

판사

피고인 및 변호인에게 최종 의견 진술 기회 부여

변호인

이중기소에 해당하므로 공소기각 판결을 선고하여 주시되, 만일 이중기소에 해당하지 않을 경우에는 피고인에게 동종의 전과가 있으나 피해자 박영식과는 합의가 된 점 등을 참작하시어 법이 허용하는 최대한의 관용을 바란다고 진술

피고인

잘못을 깊이 뉘우치고 있으니 선처를 바란다고 진술

판사

변론종결

2022. 8. 4.

법원주사 장 참 여 ㊞

판 사 이 국 준 ㊞

사건진행내역[249]

▸서울중앙지방법원 ›인쇄하기 ›검색화면으로

▶ 기본내용

사건번호	2022고단1100	사건명	상습사기
피고인명	김갑동	검사	홍민유
재판부	형사3단독 [Tel.02-530-2145]		
접수일	2022. 6. 24.	종국결과	

▶ 진행내용 [전체 | 기일 | 명령 | 제출서류 | 송달]

일자	내용	결과
2022. 6. 24.	**공소장접수**	
	(기재 생략)	
2022. 7. 3.	법무법인 만세 담당변호사 황필승 변호인의견서 제출	
2022. 7. 7.	**제2회 공판기일**(서관317호 형사법정 10:30)	
	검사 홍민유 출석	속행
	피고인 김갑동 출석	속행
	법무법인 만세 담당변호사 황필승 출석	속행
	(기재 생략)	
2022. 8. 20.	**제3회 공판기일**(서관317호 형사법정 15:00)	

2022. 8. 4. 법정접수

법원주사 장참여

2022. 8. 4.

피고인 김갑동의 변호인 변호사 황필승 ㊞

249 변호인이 변론종결된 2022. 8. 4. 법정에서 접수한 서면이다. 변호인의 변론내용 그대로 피고인 김갑동에 대하여 같은 서울중앙지방법원에 같은 사물관할인 단독사건으로서 형사 제3단독 재판부에 다른 상습사기사건이, 이 사건보다 먼저 2022. 6. 24. 기소되어 현재 공판계속 중이고 이 사건 선고기일인 2022. 8. 18. 이후인 2022. 8. 20.에 공판기일을 예정하고 있음을 확인할 수 있다. 따라서 위 사건진행내역은 위와 같은 사실들을 인정할 수 있는 증거가 되므로, 이를 메모하여야 한다. 그렇다면, 그 다른 상습사기 사건의 공소사실과 이 사건 공소사실이 기본적 사실관계가 동일한지 여부만 확인하면, 이 사건 공소사실에 관하여 공소기각 판결을 할 수 있는지 알 수 있다.

제 1 책
제 1 권

서울중앙지방법원

증거서류등(검사)

사 건 번 호	2022고단1234	담임	형사제1단독	주심	
사 건 명	상습사기				
검 사	최 정 의		2022년 형제3333호		
피 고 인	김 갑 동				
공소제기일	2022. 7. 17.				
1심 선고	20 . . .	항소	20 . . .		
2심 선고	20 . . .	상고	20 . . .		
확정	20 . . .	보존			

서 울 서 초 경 찰 서

수신 : 경 찰 서 장 2022. 6. 11.

참조 : 형사과장

제목 : 수사보고(긴급체포)[250]

우리 관내에서 무전취식 피의사건이 발생하여 아래와 같이 긴급체포하였기에 보고합니다.

1. 발생일시 및 장소

일시 : 2022. 6. 11. 22:00경, 장소 : 서울 종로구 숭인로 100 '남해홀'

2. 피의자 인적사항

김갑동(660311-1123456), 연락처 010-6000-2100, 서울특별시 서초구 서초로 100

3. 긴급체포 경위[251]

112신고센터로부터 무전지령을 받고 현장출동하였는데, 그때 피의자가 술에 취하여 위 유흥주점 사장 오창섭과 실랑이를 벌이고 있었음. 오창섭으로부터 피의자가 50만 원 상당의 술과 안주를 먹고도 계산은 하지 않고 계속 횡설수설하고 있다는 진술을 청취하였음. 그런데 피의자가 본직이 오창섭의 진술을 청취하고 있던 사이에 출입문을 열고 달아났는바, 이에 본직은 쫓아나가 위 유흥주점 바로 앞에서 미란다원칙 고지 등 적법한 절차를 거쳐 피의자를 긴급체포하였음

2022. 6. 11.

형사과 근무

경위 양수철 ㊞

250 공판기록에서 이중기소 쟁점을 찾은 상태로 증거기록에 진입하였다. 피고인 김갑동이 이 사건 공소사실인 상습사기의 점 이외에 다른 상습사기죄로 기소되었는데, 그 다른 상습사기 공소사실이 이 사건 상습사기와 기본적 사실관계가 동일한지 여부를 확인하는 것이 관건이다. 증거기록에서 이를 먼저 찾아서 살펴보는 것이 효율적이다. 통상 피고인의 전과 내지 다른 사건들에 관한 처리내역은 검찰단계 말미에 검찰주사(보)가 작성한 수사보고에 있다. 이 기록사안도 마찬가지이다. 해당 부분을 가서 읽어 보면, 다른 상습사기 사건과 이 사건 공소사실은 동일한 수법을 사용한 무전취식 사안으로서 양자가 기본적 사실관계가 동일함을 확인할 수 있다. 결국 이 사건 공소사실은 이중기소로서 공소기각 판결이 결론이다.

251 체포경위에 관한 설명이 나오면 자세히 살펴야 한다. 혹시 체포절차의 적법성이 문제되는지 반드시 확인해야 한다. 사안에서는 특별히 위법적인 요소가 보이지 않는다.

피의자신문조서

피 의 자 : 김갑동

위의 사람에 대한 상습사기 피의사건에 관하여 2022. 6. 11. 서울서초경찰서 형사과 사무실에서 사법경찰관 경위 양수철은 사법경찰리 순경 이형진을 참여하게 하고, 아래와 같이 피의자임에 틀림없음을 확인하다.

문 **피의자의 성명, 주민등록번호, 직업, 주거, 등록기준지 등을 말하십시오.**

답 **성명**은 김갑동(金甲動)

주민등록번호는 660311-1123456 만 56세

직업은 일용직

주거는 서울특별시 서초구 서초로 100

등록기준지는 강원도 춘천시 효목로 10

직장 주소는

연락처는

자택 전화 : (생략) **휴대 전화** : (생략)

직장 전화 : (생략) **전자우편(E-mail)** : (생략)

입니다.

사법경찰관은 피의사건의 요지를 설명하고 사법경찰관의 신문에 대하여 형사소송법 제244조의3의 규정에 의하여 진술을 거부할 수 있는 권리 및 변호인의 참여 등 조력을 받을 권리가 있음을 피의자에게 알려주고 이를 행사할 것인지 그 의사를 확인하다.

이에 사법경찰관은 피의사실에 관하여 다음과 같이 피의자를 신문하다.

문 피의자는 형벌을 받은 사실이 있는가요.

답 상습사기죄로 실형을 선고받고 복역한 적이 한 번 있습니다.

(병역관계, 학력, 사회경력, 가족관계, 재산이나 월소득, 건강상태 등에 관한 문답은 **기재 생략**)

문 오늘 긴급체포되었나요.

답 예. 그렇습니다.

문 어떤 피의사실로 긴급체포되었나요.

답 2022. 6. 11. 22:00경 서울 서초구 남부순환로 100에 있는 피해자 오창섭이 경영하는 '남해홀'이라는 상호의 유흥주점에 혼자 들어가 대금을 지불할 의사나 지불능력이 없으면서 양주 2병 등 50만 원 상당의 술과 안주를 제공받은 사실입니다.

문 피의자는 지급할 돈이 없으면서 술과 안주 등을 먹은 것인가요.

답 예. 그렇습니다. 일용직으로 어렵게 살다 보니 괜히 억울하기도 하여 그렇게 되었습니다.

문 피의자가 종전에 처벌받은 상습사기의 범죄사실도 혹시 비슷한 내용인가요.

답 예. 그렇습니다. 2020. 10. 9. 22:00경 서울 강남구 논현로 100에 있는 '7080홀'이라는 상호의 유흥주점에 혼자 들어가 대금을 지불할 의사나 지불능력이 없으면서 양주 1병 등 30만 원 상당의 술과 안주를 제공받은 사실로 징역 1년을 선고받았습니다.[252]

문 피의자는 이번에 긴급체포된 사건 말고도 무전취식 범행을 추가로 하지는 않았나요.

(이때 피의자는 고개를 숙이고 한숨을 쉬다)

답 이왕 이렇게 된 거 이참에 모두 털고 가겠습니다. 1건이 더 있습니다. 2022. 5. 29. 21:00경 서울 서초구 서초로 300 지하 1층에 있는 '비즈니스'라는 상호의 유흥주점에 혼자 들어가 대금을 지불할 의사나 지불능력이 없으면서 양주 2병 등 50만 원 상당의 술과 안주를 제공받아 먹은 사실이 있습니다.

문 이상의 진술 내용에 대하여 이의나 의견이 있는가요.

답 없습니다. (무인)

252 이 사안은 이미 공소기각 판결 결론을 얻은 상태이나, 참고로 보자면 상습범으로 기소된 사안은 상습성도 구성요건요소이므로 이에 관한 증거들을 찾아야 하는데 그러한 단서들이 이렇게 피의자신문조서 등에서 확인되기도 한다.

위의 조서를 진술자에게 열람하게 하였던바, 진술한 대로 오기나 증감·변경할 것이 전혀 없다고 말하므로 간인한 후 서명 무인하게 하다.

진술자 김갑돌 (무인)

2022. 6. 11.

서 울 서 초 경 찰 서

사법경찰관 경위 양수철 ㊞

사법경찰리 순경 이형진 ㊞

진 술 조 서 (피해자)

성 명	: 오창섭
주민등록번호	: 760310 - 1****** 46세
직 업	: 유흥주점업
주 거	: 서울 송파구 올림픽로 100[253]
등록기준지	: (생략)
직 장 주 소	: (생략)
연 락 처	: 자택전화 (생략) 휴대전화 (생략)
	직장전화 (생략) 전자우편(e-mail) (생략)

위의 사람은 피의자 김갑동에 대한 상습사기 피의사건에 관하여 2022. 6. 11. 서울서초경찰서 형사과 사무실에 임의 출석하여 다음과 같이 진술하다.

1. **피의자와의 관계**

피의자는 오늘 처음 본 저희 가게에 온 손님입니다.[254]

2. **피의사실과의 관계**

저는 피의사실에 관하여 피해자 자격으로 출석하였습니다.

이때 사법경찰관은 진술인 상대로 다음과 같이 문답을 하다.

253 상습사기죄는 법 제328조의 친족상도례 규정이 준용될 수 있는 범죄이므로, 피해자와 피고인의 신분관계도 살펴보아야 한다. 피고인과 피해자가 친족관계임이 드러날 경우 주소를 확인하면 피고인과 피해자가 동거하는지 여부를 알 수 있다.
254 여기서 보자면, 피해자는 피고인과 친족관계가 아니다.

문 진술인은 무전취식 피해를 입은 사실이 있나요.

답 예. 있습니다.

문 그 일시 및 경위를 진술해 보세요.

답 저기 저 사람(김갑동)이 2022. 6. 11. 22:00경 서울 서초구 남부순환로 100에 제가 경영하는 '남해홀'유흥주점에 혼자 들어오더니 양주 2병 등 50만 원 상당의 술과 안주를 시켜서 먹었습니다. 그런데 카운터에서 계산은 하지 않고 술에 취해서 횡설수설하였습니다. 계산할 돈이 없냐니까 계산할 거야 하면서 소리를 치다가 조금 있다가 바닥에 주저앉아서 목 놓아 울기도 하였습니다. 이거 안 되겠다 싶어서 경찰에 신고를 하게 되었습니다.

문 진술인은 피의자의 처벌을 원하나요.

답 예. 처벌을 바랍니다. 술값도 받았으면 합니다.

문 이상 진술한 내용이 사실인가요.

답 예. ㊞

위의 조서를 진술자에게 열람하게 하였던바 진술한 대로 오기나 증감·변경할 것이 없다고 말하므로 간인한 후 서명 날인하게 하다.

진 술 자 오창섭 ㊞

2022. 6. 11.

서울서초경찰서

사법경찰관 경위 양수철 ㊞

진 술 서

<table>
<tr><td>성명</td><td colspan="3">박 영 식</td><td>성별</td><td>(남)·여</td></tr>
<tr><td>연령</td><td colspan="2">47세(1975. 5. 12.생)</td><td>주민등록번호</td><td colspan="2">(생략)</td></tr>
<tr><td>등록기준지</td><td colspan="5">(생략)</td></tr>
<tr><td rowspan="2">주거</td><td colspan="5">서울 강남구 (이하 생략)</td></tr>
<tr><td>(통 반)</td><td>자택전화</td><td>(생략)</td><td>직장전화</td><td>(생략)</td></tr>
<tr><td>직업</td><td>자영업</td><td>직장</td><td colspan="3"></td></tr>
</table>

위의 사람은 피의자 김갑동에 대한 상습사기 사건의 피해자로서 다음과 같이 임의로 자필 진술서를 작성 제출함

저는 서울 서초구 서초로 300 지하 1층에서 '비즈니스'라는 상호로 유흥주점을 운영하고 있습니다. 그런데 2022. 5. 29. 21:00경 어떤 50대 남자가 혼자 들어와서는 양주 2병 등 50만 원 상당의 술과 안주를 시켜서 먹고는 화장실을 가는 척 하다가 계산을 하지 않고 달아난 일이 있습니다. 그때 경찰에 바로 신고도 하였는데 범인은 처음 보는 사람이라서 범인을 잡지 못하고 있던 차에, 저희 가게에 마침 CCTV가 설치되어 있어서 당일 촬영본을 경찰에 넘겨 드렸는데 지난주에 범인을 검거했다는 소식을 듣고 오늘 범인 김갑동을 대면하게 되었습니다. 그 날 밤에 저랑 카운터에서 10분 이상 얼굴을 마주보고 얘기를 하였기 때문에 얼굴을 정확히 기억하고 있는데, 김갑동이 그 날 밤 술값을 떼어 먹고 도망간 범인임이 확실합니다.[255]

2022. 6. 18.

박 영 식 (무인)

255 피해자 박영식이 피고인과 친족관계라는 점에 관하여 별다른 정보가 없음을 확인할 수 있다.

조 회 회 보 서

제 2022-21000 호 2022. 6. 23.

☐ 조회대상자

성 명	김갑동	주민등록번호	660311-1123456	성별	남
지문번호	84644-54898	주민지문번호	24312-18145	일련번호	06578342
주 소	서울특별시 서초구 서초로 100				
등록기준지	강원도 춘천시 효목로 10				

☐ 주민정보 : (생략)

☐ 범죄경력자료

연번	입건일	입건관서	작성번호	송치번호	형제번호
	처분일	죄 명		처분관서	처분결과
1	2020. 10. 9.	서울서초경찰서	001654	2020-001678	2020-210-36123
	2020. 12. 6.	상습사기		서울중앙지방법원	징역 1년

☐ 수사경력자료 : (2018년, 2019년 2년간 무전취식으로 인한 사기혐의로 3회 기소유예[256] 처분을 받은 내용 이외에 기재 생략)

☐ 지명수배내역 : (생략)

위와 같이 조회 결과를 통보합니다.

조 회 용 도 : 범죄수사
조회의뢰자 : 경위 양수철
작 성 자 :

서 울 서 초 경 찰 서 장

256 상습사기의 상습성에 부합하는 내용이므로, 이 사건 공소사실이 유죄 결론이었다면 본 조회회보서는 상습성 인정자료로서 메모되어야 한다.

피의자신문조서

성　　　명 : 김갑동

주민등록번호 : 660311-1123456

위의 사람에 대한 상습사기 피의사건에 관하여 2022. 7. 10. 서울중앙지방검찰청 제303호 검사실에서 검사 최정의는 검찰주사 한고수를 참여하게 한 후, 아래와 같이 피의자임에 틀림없음을 확인하다.

문　피의자의 성명, 주민등록번호, 직업, 주거, 등록기준지를 말하시오.

답　성명은　　　　　　김갑동

　　주민등록번호는　　660311-1123456 (56세)

　　직업은　　　　　　일용직

　　주거는　　　　　　서울특별시 서초구 서초로 100

　　등록기준지는　　　강원도 춘천시 효목로 10

　　직장 주소는　　　(생략)

　　연락처는

　　자택 전화 : (생략)　　　　휴대 전화 : (생략)

　　직장 전화 : (생략)　　　　전자우편(E-mail) : (생략)

　　입니다.

검사는 피의사실의 요지를 설명하고 검사의 신문에 대하여 「형사소송법」제244조의3에 따라 진술을 거부할 수 있는 권리 및 변호인의 참여 등 조력을 받을 권리가 있음을 피의자에게 알려주고 이를 행사할 것인지 그 의사를 확인하다.

이에 검사는 피의사실에 대하여 다음과 같이 피의자를 신문하다.

문 피의자는 형벌을 받은 사실이 있는가요.

답 상습사기죄로 징역 1년을 선고받고 복역한 적이 있습니다.

문 피의자의 학력, 경력, 가족관계, 재산정도 등은 경찰에서 사실대로 진술하였나요.

이때 검사는 사법경찰관 작성의 피의자에 대한 피의자신문조서에 기재된 해당 부분을 읽어준바,

답 예, 그렇습니다.

문 유흥주점에서 술과 안주를 먹고서 술값을 지불하지 않은 적이 있는가요.

답 예. 있습니다. 최근에 2차례가 있었습니다. 첫째는 2022. 5. 29. 21:00경 서울 서초구 서초로 300 지하 1층에 있는 '비즈니스'유흥주점이고, 둘째는 2022. 6. 11. 22:00경 서울 서초구 남부순환로 100 '남해홀'유흥주점입니다.

문 술과 안주는 어느 정도 시켜서 먹었나요.

답 '비즈니스'에서나 '남해홀'에서나 모두 양주 2병에 여러 안주를 시켜서 술값이 각각 50만 원씩 되었습니다.

문 2번 모두 술집에 들어갈 때부터 술값을 지불하지 않을 의사였나요.

답 예. 그렇습니다. 사실 수중에 돈도 전혀 없었고요.

문 그렇게 50만 원에 이르도록 술을 먹어도 되는가요.

답 죄송합니다.

문 피해자와 합의는 되었나요.

답 아직 합의하지 못했습니다.

문 더 할 말이 있나요.

답 사장님들께 정말로 죄송합니다. 깊이 반성하고 있습니다.

문 이상의 진술에 대하여 이의나 의견이 있는가요.

답 **없습니다. (무인)**

위의 조서를 진술자에게 열람하게 하였던 바 진술한 대로 오기나 증감·변경할 것이 전혀 없다고 말하므로 간인한 후 서명 무인하게 하다.

진술자 김갑동 (무인)

2022. 7. 10.

서울중앙지방검찰청

검 사 허정의 ㊞

검찰주사 한고수 ㊞

서 울 중 앙 지 방 검 찰 청

수 신 검사 최정의

제 목 수사보고(확정일자등)

1. 피의자 김갑동은 2020. 12. 6. 서울중앙지방법원에서 상습사기죄로 징역 1년을 선고받아 2020. 12. 14. 그 판결이 확정되어 2021. 10. 28. 안양교도소에서 그 형의 집행을 종료하였습니다.

2. 한편 피의자 김갑동은 2022. 6. 24. 서울중앙지방법원 2022고단1100 상습사기 피고사건으로 기소되어 현재 위 법원 형사3단독 재판부에 사건이 계속되어 있습니다.[257]

붙임 : 판결등본 1통, 공소장사본 1통

2022. 7. 15.

검찰주사 한고수 ㊞

257 이곳에 다른 상습사기 사건의 현재 상태를 확인할 수 있는 정보가 있다. 따라서 이 수사보고서는 그러한 사실을 인정할 수 있는 증거가 되므로 이를 메모하여야 한다.

서 울 중 앙 지 방 법 원

판 결

2020. 12. 14. 항소기간경과
2020. 12. 14. 확 정
서울중앙지방검찰청

사 건 2020고단5000 상습사기

피 고 인 김갑동 (660311-1123456), 일용직

주거 서울 서초구 서초로 100

등록기준지 춘천시 효목로 10

검 사 이공진 (기소, 공판)

변 호 인 변호사 최민국

판 결 선 고 2020. 12. 6.

위 등본은 원본과 상위 없음.
2022. 7. 15.
서울중앙지방검찰청
검찰주사 한고수 ㊞

주 문

피고인을 징역 1년에 처한다.

이 유

범 죄 사 실

피고인은 상습으로, 2020. 10. 9. 22:00경 서울 강남구 논현로 100에 있는 피해자 이칠성이 운영하는 '7080홀' 유흥주점에 들어가 대금을 지급할 의사나 능력이 없음에도 대금을 지급할 것 같이 행세하며 술과 안주를 주문하여 이에 속은 피해자로부터 시가 30만 원 상당의 양주 1병과 안주를 제공받아 이를 편취하였다.

증거의 요지(생략)

법령의 적용(생략)

판사 강진성 ________________

서울중앙지방검찰청

2022. 6. 24.

사건번호 2022년 형제2800호

수 신 자 서울중앙지방법원 **발 신 자**

검 사 **이공의** 이공의 (인)

제 목 **공소장**

아래와 같이 공소를 제기합니다.

1100 접 수 No. 978 2022. 6. 24. 서울중앙지방법원 형사접수실

Ⅰ. 피고인 관련사항

피 고 인 김갑동 (660311-1123456) (나머지 인적사항 **기재 생략**)

죄 명 상습사기

(적용법조, 범죄전력 등 **기재 생략**)

위 사본임
검찰주사 한고수 ㊞

Ⅱ. 공소사실

피고인은 상습으로, 2022. 4. 30. 22:00경 서울 서초구 반포대로 100에 있는 피해자 방성철이 운영하는 '반포대로' 유흥주점에 들어가 대금을 지급할 의사나 능력이 없음에도 대금을 지급할 것 같이 행세하며 술과 안주를 주문하여 이에 속은 피해자로부터 시가 30만 원 상당의 양주 1병과 안주를 제공받아 이를 편취하였다.[258]

258 여기서 다른 상습사기의 공소사실을, 이 사건 공소사실과 비교하여 보면서 기본적 사실관계가 동일한지 여부를 판단한다. 살피건대 유흥주점에서 지불의사나 능력 없이 술 먹은 내용으로 범행수법이나 피고인 김갑동의 전과 등에 비추어 볼 때 양자는 기본적 사실관계가 동일하다. 따라서 위 공소장사본은 이러한 사실을 인정할 수 있는 증거가 되므로 이를 메모하여야 한다. 결국 이 사건 공소사실에 관한 최종결론은 이중기소로 인한 공소기각 판결이다.

기록 4 모범답안

문제 1 검토보고서

1. 결론

공소기각

2. 논거

가. 공소사실의 요지(생략가능)

피고인은 상습으로,

1. 2022. 5. 29. 21:00경 서울 서초구 서초로 300 지하 1층에 있는 피해자 박영식이 경영하는 '비즈니스' 유흥주점에 들어가 대금을 지급할 의사나 능력이 없음에도 대금을 지급할 것 같이 행세하며 술과 안주를 주문하여 이에 속은 피해자 박영식으로부터 시가 50만 원 상당의 양주 2병과 안주를 제공받아 이를 편취하였고,
2. 2022. 6. 11. 22:00경 서울 서초구 남부순환로 100에 있는 피해자 오창섭이 경영하는 '남해홀' 유흥주점에서 전항 기재와 같은 방법으로 피해자 오창섭으로부터 시가 50만 원 상당의 양주 2병과 안주를 제공받아 이를 편취하였다.

나. 주장 및 쟁점

○ 피고인은 사실관계를 인정한다.

○ 변호인은 이중기소에 해당되어 공소기각되어야 한다고 주장한다.

다. 검토의견[259]

○ 관련법리

상습범에 있어서 공소제기의 효력은 공소가 제기된 범죄사실과 동일성이 인정되는 범죄사실 전체에 미치고, 또한 공소제기의 효력이 미치는 시적 범위는 사실심리가 가능한 마지막 시점인 판결선고시를 기준으로 삼아야 하므로, 검사가 일단 상습사기죄로 공소를 제기한 후(단순

259 이하 기본적인 작성방식은 판결서작성실무 229쪽을 참조하였다.

사기죄로 공소를 제기하였다가 상습사기죄로 공소장이 변경된 경우도 포함된다) 그 공소의 효력이 미치는 위 기준시까지의 사기행위 일부를 별개의 독립된 사기죄로 공소를 제기하는 것은 그 공소사실인 사기 범행이 이루어진 시기가 먼저 공소를 제기한 상습사기의 범행 이전이거나 이후인지 여부를 묻지 않고 공소가 제기된 동일사건에 대한 이중기소에 해당되어 허용될 수 없다.[260]

○ 인정사실

수사보고(확정일자등), 공소장사본, 사건진행내역[261]의 각 기재에 의하면, 피고인은 상습으로 2022. 4. 30. 22:00경 서울 서초구 반포대로 100에 있는 피해자 방성철이 운영하는 '반포대로'라는 상호의 유흥주점에 혼자 들어가 대금을 지불할 의사나 지불능력이 없으면서 방성철로부터 양주 1병 등 30만 원 상당의 술과 안주를 제공받아 이를 편취하였다는 공소사실로 이 사건 공소가 제기된 2022. 7. 17. 이전인 2022. 6. 24. 서울중앙지방법원 2022고단1100 상습사기 사건으로 기소되어 현재 공판계속 중에 있는 사실을 인정할 수 있다.

○ 판단

위 인정사실에 의하면, 공소가 제기되어 계속 중인 서울중앙지방법원 2022고단1100 사건의 공소사실과 이 사건 공소사실은 그 범행수단과 방법, 범행기간 및 피고인의 전과 등에 비추어 모두 피고인의 사기 습벽이 발현된 것이므로, 위 2022고단1100 상습사기 사건에 관한 공소제기의 효력은 동일한 습벽의 발현에 의한 이 사건 공소사실에 대하여도 미친다.

○ 소결론

그렇다면, 이 부분 공소사실은 공소가 제기된 사건에 대하여 다시 공소가 제기되었을 때에 해당하므로 형사소송법 제327조 제3호에 따라 공소기각으로 판단된다.

260 대법원 2001. 7. 24. 선고 2001도2196 판결
261 기록검토하면서 찾아 두었던 증거들을 열거한다.

문제 2 검토의견서[262]

1. 공소사실의 요지(기재 생략)

2. 쟁점

피고인은 공소사실의 사실관계를 인정하나, 이중기소에 해당되어 공소기각되어야 하는지 문제된다.

3. 검토의견

가. 관련법리

상습범에 있어서 공소제기의 효력은 공소가 제기된 범죄사실과 동일성이 인정되는 범죄사실 전체에 미치고, 또한 공소제기의 효력이 미치는 시적 범위는 사실심리가 가능한 마지막 시점인 판결선고시를 기준으로 삼아야 하므로, 검사가 일단 상습사기죄로 공소를 제기한 후(단순사기죄로 공소를 제기하였다가 상습사기죄로 공소장이 변경된 경우도 포함된다) 그 공소의 효력이 미치는 위 기준시까지의 사기행위 일부를 별개의 독립된 사기죄로 공소를 제기하는 것은 그 공소사실인 사기 범행이 이루어진 시기가 먼저 공소를 제기한 상습사기의 범행 이전이거나 이후인지 여부를 묻지 않고 공소가 제기된 동일사건에 대한 이중기소에 해당되어 허용될 수 없다.

나. 인정사실

수사보고(확정일자등), 공소장사본, 사건진행내역에 의하면, 피고인은 상습으로 2022. 4. 30. 22:00경 서울 서초구 반포대로 100에 있는 피해자 방성철이 운영하는 '반포대로'라는 상호의 유흥주점에 혼자 들어가 대금을 지불할 의사나 지불능력이 없으면서 방성철로부터 양주 1병 등 30만 원 상당의 술과 안주를 제공받아 이를 편취한 범행으로 인해 이 사건 공소가 제기된 2022. 7. 17. 이전인 2022. 6. 24. 서울중앙지방법원 2022고단1100 상습사기 사건으로 기소되어 현재 공판계속 중에 있는 사실이 인정된다.

다. 판단

따라서, 공소가 제기되어 계속 중인 서울중앙지방법원 2022고단1100 사건의 공소사실과 이

262 형식만 조금 다를 뿐 〈검토보고서〉와 작성내용이 거의 일치한다.

사건 공소사실은 그 범행수단과 방법, 범행기간 및 피고인의 전과 등에 비추어 모두 피고인의 사기 습벽이 발현된 것이므로, 위 2022고단1100 상습사기 사건에 관한 공소제기의 효력은 동일한 습벽의 발현에 의한 이 사건 공소사실에 대하여도 미친다.

4. 결론

그렇다면, 이 부분 공소사실은 공소가 제기된 사건에 대하여 다시 공소가 제기되었을 때에 해당하므로 형사소송법 제327조 제3호에 따라 공소기각으로 판단된다.

5 기록 전문법칙

기록 5

<문제1> 다음 기록을 읽고 서울중앙지방법원 재판연구원으로서 **검토보고서**를 작성하되, 다음의 검토보고서 양식 중 **본문 I의 1, 2 부분만 작성하시오.**

<문제2> 다음 기록을 읽고 피고인 김갑동에 대하여 변호인 변호사 장혜성이 객관적인 입장에서 대표변호사에게 보고할 **검토의견서**를 작성하되, 다음의 검토의견서 양식 중 **본문 2, 3, 4 부분만 작성하시오.**

[검토보고서 양식]

검토보고서

사 건 2022고단227 폭력행위등처벌에관한법률위반(공동협박)
피고인 김갑동

I. 쟁점 및 검토
 1. 결론
 2. 논거
  가. 공소사실의 요지
  나. 주장 및 쟁점
  다. 검토의견

II. 처단형의 범위

[검토의견서 양식]

검토의견서

사 건 2022고단227 폭력행위등처벌에관한법률위반(공동협박)
피고인 김갑동

1. 공소사실의 요지
2. 쟁점
3. 검토의견
4. 결론

2022. 4. 1.
담당변호사 장혜성 ㊞

구속만료		미결구금
최종만료		
대행 갱신 만 료		

서 울 중 앙 지 방 법 원

구공판 **형사제1심소송기록**

기 일	사건번호	2022고단227	담임	형사제5단독	주심	
1회기일						
2022. 3. 20. 10:00	사 건 명	폭력행위등처벌에관한법률위반(공동협박)				
	검 사	서동연	2022형제39370호			
	공소제기일	2022. 3. 2.				
	피 고 인	김 갑 동				
	변 호 인	사선 법무법인 만세 담당변호사 장혜성				

확 정	
보존종기	
종결구분	
보 존	

완결 공람	담 임	과 장	재판장

증 거 목 록 (증거서류 등)

2022고단227

2022형 제39370호 신청인 : 검사

순번	증거방법					참조사항 등	신청기일	증거의견		증거결정		증거조사기일	비고
	작성	쪽수(수)	쪽수(증)	증 거 명 칭	성 명			기일	내용	기일	내용		
1	사경	1		수사보고 (관련사건 조서 보고)			1	1	O	기재생략			
2		2		진술조서 사본	강피해		1	1	X[263]				
3		5		피의자신문조서 사본	최병북		1	1	X[264]				
4		8		진술조서	윤전문		1	1	X[265]				
5		10		피의자신문조서	김갑동		1	1	OOOX[266]				
6		13		조회회보서	김갑동		1	1	O				
7	검사	14		피의자신문조서	김갑동		1	1	O				
8		17		수사보고 (사망사실 확인)			1	1	O				
9		18		수사보고(진술청취)			1	1	X[267]				
10		19		수사보고(판결문 첨부)			1	1	O				
11		20		판결문 사본			1	1	O				

※증거의견 표시 **(이하 생략)**

263 강피해의 진술이 담긴 경찰 진술조서 사본을 부동의하였다는 뜻이다. 강피해가 법정에 나와 자신이 진술한대로 위 조서 사본이 기재되어 있고, 내용을 확인한 후 서명하고 날인하였다고 진술(실질적 진정성립의 인정)하여야 위 조서 사본은 증거능력을 얻고 법원이 증거조사를 할 수 있다. 공판기록에서 강피해가 법정에서 증언을 하였는지 살펴보아야 할 이유이다.

264 최병북의 진술이 담긴 경찰 피의자신문조서 사본을 부동의하였다는 뜻이다. 공소장이나 증거기록을 확인하면, 최병북은 피고인과 폭력행위등처벌에관한법률위반(공동협박)죄의 공범이므로 피고인이 내용부인 취지로 부동의한 이상, 최병북이 법정에서 위 피의자신문조서의 진정성립을 인정하는지와 관계없이 위 피의자신문조서 사본은 피고인에 대하여 증거능력이 없다(대법원 2004. 7. 15. 선고 2003도7185 전원합의체 판결, 대법원 2010. 2. 25. 선고 2009도14409 판결 등).

265 윤전문의 진술이 담긴 경찰 진술조서를 부동의하였다는 뜻이다. 그렇다면 윤전문이 어떠한 증인인지 확인할 필요가 있고, 윤전문이 법원에서 위 조서의 실질적 진정성립을 인정하였는지 검토해야 한다. 윤전문은 뒤에서 보는 바와 같이 피해자로부터 협박 사실을 전해들은 사람으로 전문 증인에 해당하는데, 윤전문이 위 조서의 실질적 진정성립을 인정하는 것과 더불어 윤전문에게 협박 사실을 전한 강피해가 법 제316조 제2항의 요건에 따라 진술할 수 없는지도 확인해야 비로소 위 진술조서의 증거능력을 인정할 수 있다[피고인 아닌 자의 진술을 기재한 조서가 피고인 아닌 타인의 진술을 그 내용으로 하는 것인 때에는 그 전문진술이 기재된 조서는 법 제312조 내지 제314조의 규정에 의하여 그 증거능력이 인정될 수 있는 경우에 해당하여야 함은 물론 나아가 제316조 제2항의 규정에 따른 조건을 갖춘 때에 예외적으로 증거능력이 인정된다

증 거 목 록 (증인 등)

2022고단227

2022형제39370호 신청인 : 검사

증거방법	쪽수(공)	입증취지 등	신청기일	증거결정		증거조사기일	비고
				기일	내용		
증인 강피해		협박 사실	1	1	○	2022. 3. 27. 14:00 2회 기일 철회, 취소	
증인 윤전문	10	협박 사실	1	1	○	2022. 3. 27. 15:00 (실시)	

※ 증거결정 표시 : 채 ○, 부 ×

(대법원 2006. 4. 14. 선고 2005도9561 판결, 대법원 2017. 7. 18. 선고 2015도12981, 2015전도218 판결 등)].

266 피고인이 경찰에서 자신이 조사 받은 피의자신문조서의 내용을 부인한다는 뜻이다. 그렇다면 법 제312조 제3항에 의하여 위 조서는 증거능력이 없다.

267 수사관이 진술인과 통화한 진술내용을 담은 수사보고서를 부동의한다는 뜻이다. 그렇다면 위 수사보고서는 증거능력을 취득할 수 없다. 위 수사보고서는 수사기관이 법에 따른 절차를 밟지 않고 진술인을 조사하고 그 진술인의 서명날인을 받지 않고 만든, 내부 보고용으로 만든 문서이기 때문이다(대법원 1999. 2. 26. 선고 98도2742 판결, 대법원 2010. 10. 14. 선고 2010도5610, 2010전도31 판결).

서울중앙지방검찰청

2022. 3. 2.

사건번호 2022년 형제39370호

수 신 자 서울중앙지방법원 발 신 자

검 사 서동연 서동연 (인)

제 목 **공소장**

아래와 같이 공소를 제기합니다.

접 수
No. 26887
2022. 3. 2.
서울중앙지방법원
형사접수실

Ⅰ. 피고인 관련사항 227

피 고 인 김갑동 (740505-1324518), 47세

직업 일용직, 010-6523-3123

주거 서울특별시 서초구 반포대로13길 48, 302호(서초3동, 서중빌라)

등록기준지 경기도 남양주시 별내3로 64-2

죄 명 폭력행위등처벌에관한법률위반(공동협박)

적용법조 폭력행위 등 처벌에 관한 법률 제2조 제2항 제1호, 형법 제283조 제1항

구속여부 불구속

변 호 인 없음

Ⅱ. 공소사실

피고인은 최병북(2021. 4. 13. 사망)과 공동하여 2021. 1. 20. 17:00경 서울 종로구 북촌동 소재 '라라'커피숍에서, 피해자 강피해(남, 48세)가 이을남으로부터 빌려간 돈 1,000만 원을 주지 않자 화가 난다는 이유로 최병북은 인상을 쓰면서 옆에 서 있고, 피고인은 피해자에게 "네 애새끼(피해자의 아들)부터 병신 만들어주마, 평생 절뚝거리는 거 보고 살아라", "(내가) 징역가면 니 아들 병신 만들어줄께", "보면 죽여버릴지 모르니까 알아서 피해라"라는 등 피해자와 피해자 가족의 생명 또는 신체에 어떠한 위해를 가할 것처럼 말하여 겁을 주어 피해자를 협박하였다.

변호인선임신고서

피 고 인　　김 갑 동

사 건 명　　2022고단227 폭력행위등처벌에관한법률위반(공동협박)

위 사건에 관하여 **법무법인 만세(담당변호사 장 혜 성)**를 변호인으로 선임하고 이에 신고함.

2022. 3. 10.

선임인 피고인 김갑동 (무인)

위 변호인 **법무법인 만세** (직인)

주소 서울 서초구 서초대로206번길 법조빌딩 502호

전화번호 02 - 534 - 2233

11001-
No 040327
(위임장등부착용)
경유증표(본안)
2022. 03. 10.
서울지방변호사회

서울중앙지방법원 형사 제5단독 귀중

서울중앙지방법원

공 판 조 서

제 1 회

사 건	2022고단227 폭력행위등처벌에관한법률위반(공동협박)		
판 사	김한일	기 일 :	2022. 3. 20. 10:00
		장 소 :	제 308 호 법정
		공개여부 :	공개
법원 주사	마원경	고지된	
		다음기일 :	2022. 3. 27. 14:00
피 고 인	김갑동		출석
검 사	최희열		출석
변 호 인	법무법인 만세 담당변호사 장혜성		출석

판사

피고인은 진술을 하지 아니하거나 각개의 물음에 대하여 진술을 거부할 수 있고 이익되는 사실을 진술할 수 있음을 고지

판사의 인정신문

성 명 : 김갑동

주민등록번호 : 공소장 기재와 같음

직 업 : 〃

주 거 : 〃

등록 기준지 : 〃

판사

피고인에 대하여

주소의 변동이 있을 때에는 이를 법원에 보고할 것을 명하고, 소재가 확인되지 않을 때에는 그 진술 없이 재판할 경우가 있음을 경고

검사

공소장에 의하여 공소사실, 죄명, 적용법조 낭독

피고인 및 변호인

공소사실을 인정하지 않습니다.[268]

판사

증거조사를 하겠다고 고지

증거관계 별지[269]와 같음(검사)

판사

증거조사결과에 대한 의견을 묻고 권리를 보호함에 필요한 증거조사를 신청할 수 있음을 고지

소송관계인

별 의견 없다고 진술

판사

변론속행(증인들을 신문하기 위하여)

2022. 3. 20.

법원 주사 마원경 ㊞

판 사 김한일 ㊞

268 피고인이 무죄 주장을 하고 있다. 유무죄 판단이 쟁점이다.

269 앞서 보았듯이 증거목록(증거서류 등)에서 전문법칙에 따라 증거능력이 없는 증거서류들을 확인하고 적절히 메모하여야 한다.

서울중앙지방법원

공 판 조 서

제 2 회

사 건	2022고단227 폭력행위등처벌에관한법률위반(공동협박)		
판 사	김한일	기 일 :	2022. 3. 27. 14:00
		장 소 :	제 308 호 법정
		공개여부 :	공개
법원 주사	마원경	고지된	
		다음기일 :	2022. 4. 3. 14:00
피 고 인	김갑동		출석
검 사	최희열		출석
변 호 인	법무법인 만세 담당변호사 장혜성		출석
증 인	윤전문		출석
증 인	강피해(송달불능)[270 · 271]		불출석

---

270 피고인은 앞에서 본 증거목록 중 강피해에 대한 경찰 진술조서 사본을 부동의하였다. 따라서 위 진술조서 사본에 증거능력이 부여되려면, 원진술자인 강피해가 법원에 증인으로 출석하여 위 진술조서 사본의 실질적 진정성립을 인정해야 하는데, 여기 공판조서를 보면 증인소환장이 송달불능되어 강피해가 불출석하였다. 그럼에도 검사가 별다른 조치를 취하지 않고 증거목록에서 본 것처럼 증인신청을 철회하였으며, 법원이 증인채택결정을 취소하였다("2회 기일 철회, 취소"가 그런 의미이다). 그렇다면 위 진술조서 사본은 법 제312조 제4항의 요건을 충족하지 못하였다.

다만, 법 제314조의 요건이 충족되면 증거능력이 부여될 수는 있다. 법 제314조에서 정한 '소재불명'이란 수회에 걸쳐 원진술자를 소환하였으나 증인소환장이 송달되지 아니하여 법원이 그 '소재탐지촉탁'까지 하였으나 주거가 없이 떠돌아다니거나 주거를 이탈하는 등 그 소재를 알지 못하는 경우를 말한다(증거법 83쪽). 증인이 불출석할 경우 재판부는 통상 검사 등 증인 신청인에게 증인의 주소를 확인하여 주소보정서를 제출하도록 하고(규칙 제70조의2) 보정된 주소로 증인소환장을 다시 발송하게 된다. 그럼에도 계속하여 송달이 되지 않을 경우에는 '소재탐지' 절차를 밟는다. 그런데 이 기록 사안에서는, 검사가 주소보정을 하지도 않았고 기록상 소재탐지를 촉탁한 내역도 전혀 보이지 않는다. 따라서 위 진술조서 사본은 법 제314조에 의하여도 증거능력을 획득할 수 없다.

참고로, '소재탐지'란 증인의 소재지를 관할하는 관청(주로 경찰서)에 대하여 그 증인의 현재지, 공부상 주거 이동현황, 직장, 증인의 가족·친지 등의 진술 기타 증인의 소재파악에 필요한 자료를 조사하여 회보할 것을 촉탁하는 행위로서, 법상으로는 사실조회(법 제272조)의 한 종류에 속한다(실무제요[II] 212쪽).

271 공판기록상 증인이 불출석한 경우, 해당 증인에 대한 진술조서의 증거능력을 판단하기 위하여는 적어도 해당 증인에 대하여 소재탐지촉탁이 이루어졌는지 확인해야 하고, 나아가 소재탐지불능회보를 받았는지까지 확인하여야 한다(증거법 84-85쪽 참조).

판사

전회 공판심리에 관한 주요사항의 요지를 공판조서에 의하여 고지

소송관계인

변경할 점이나 이의할 점이 없다고 진술

판사

증거조사를 하겠다고 고지

출석한 증인을 신문하되, 형사소송법 제56조의2에 따라 증인에 대한 신문을 녹음할 것을 명하고 소송관계인에게 고지

증거관계 별지와 같음(검사)

판사

증거조사결과에 대한 의견을 묻고 권리를 보호함에 필요한 증거조사를 신청할 수 있음을 고지

피고인의 변호인

증인 윤전문의 수사기관, 법정에서의 진술 중 전해 들었다는 부분은 전문증거로서 증거능력이 없다고 진술[272]

피고인의 변호인을 제외한 소송관계인

별 의견 없다고 진술

판사

증거조사를 마치고, 피고인신문을 실시하되, 형사소송법 제56조의2에 따라 피고인에 대한 신문을 녹음할 것을 명하고 소송관계인에게 고지

피고인에 대한 신문내용은 법정녹음시스템의 녹음파일(고유번호 123456789013)과 같음

판사

피고인 신문을 마쳤음을 고지

272 변호인은 증인 윤전문의 수사기관에서의 진술(=윤전문에 대한 경찰 진술조서) 중 전문진술 부분과 증인 윤전문의 법정진술 중 전문진술 부분에 관하여 증거능력이 없다며 증거로 함에 동의하지 않고 있다. 피고인이나 변호인이 특정한 증거에 관하여 증거능력이 없다고 주장하면 이는 쟁점으로서 검토대상이다. 따라서 〈검토보고서〉 중 주장 및 쟁점 항목에 그 요지를 기재하고 검토하여야 한다. 이하 증인신문조서를 읽으면서 전문진술에 해당하는 부분이 어디에 있는지 면밀히 살펴야 한다.

검사

이 사건 공소사실은 모두 그 증거가 있으므로 공소장 기재 법조를 적용하여 피고인을 징역 1년에 처함이 상당하다는 의견 진술

판사

피고인 및 변호인에게 최종 의견 진술 기회 부여

변호인

피고인을 위하여 별지 변론요지서(**첨부 생략**) 기재와 같이 변론하다.

피고인

협박한 사실이 없어 너무 억울합니다.

판사

변론종결

2022. 3. 27.

법원 주사 마원경 ㊞

판 사 김한일 ㊞

서울중앙지방법원

증인신문조서(제2회 공판조서의 일부)

사 건	2022고단227		폭력행위등처벌에관한법률위반(공동협박)
증 인	이 름		윤 전 문
	생 년 월 일		1969. 8. 24.
	주 거		서울 강남구 선릉로 202-1

판사

증인에게 형사소송법 제148조 또는 제149조에 해당하는가의 여부를 물어 이에 해당하지 아니함을 인정하고 위증의 벌을 경고한 후 별지 선서서(**첨부 생략함**)와 같이 선서하게 하였다.

증인에 대한 신문내용은 법정녹음시스템의 녹음파일
(고유번호 000260-20180750000-160226140612)과 같다(녹음파일 첨부 **생략**).

2022. 3. 27.

법원 주사 마원경 ㊞

판 사 김한일 ㊞

녹취서【B1275-1】

확인인
㉢

녹 취 서 (요지)

사건번호	2022고단227
기　　일	2022. 3. 27. 15:00
비　　고	

형사소송규칙 제38조 제1항의 규정에 따라 작성한 녹취서를 붙임과 같이 제출합니다.
1. 붙임 : 증인 신문 녹취서 1부

2022. 3. 30.

속기사 최선아 ㉢

※ 이 녹취서는 진술의 주요한 부분만을 정리하여 기재하는 방식으로 작성되었습니다.
※ 당사자나 피고인 등은 이 녹취서에 적힌 사항에 대해 이의를 제기할 수 있습니다. 이의가 제기되면 법원사무관등이 그 이의의 취지를 이 녹취서 또는 별도의 서면에 기재하거나 이 녹취서 중 해당 부분을 정정하여야 합니다.

검사

증인에게

문 증인은 피고인, 피해자와 어떤 사이인가요.

답 피고인은 모르는 사람이고, 피해자는 5년 전부터 산악회를 같이 활동하며 알고 지내는 지인입니다.

문 피고인은 2021. 1. 20. 강피해를 만나 이을남에게 돈을 주지 않으면 강피해와 그의 아들에게 해악을 가하겠다고 말한 적이 없다고 공소사실을 부인하고 있는데 증인은 이에 대하여 아는 것이 있나요.

답 예. 2021. 1. 21. 저녁 서울 강남구 삼성동 일식집에서 강피해를 만났습니다. 저는 강피해로부터, 피고인이 2021. 1. 20. 강피해에게 '네 애새끼부터 병신 만들어주마, 평생 절뚝거리는 거 보고 살아라', '징역가면 니 아들 병신 만들어줄게', '보면 죽여 버릴지 모르니까 알아서 피해라'고 이야기했다는 것을 들었습니다.[273]

문 증인이 강피해를 만난 경위는 어떠한가요.

답 강피해가 2021. 1. 21. 저에게 아침에 전화를 하여 상의할 게 있으니 저녁이나 먹자고 이야기해서 만났는데 저녁 자리에서 약간 불안한 모습을 보였습니다.

이때 검사는 사법경찰관이 작성한 증인에 대한 진술조서를 보여주고 열람하게 한 후,

문 위 서류는 증인이 경찰에서 조사받으면서 진술한 내용을 기재한 것인데, 증인은 그 당시 사실대로 진술한 후 읽어보고 서명, 날인한 사실이 있고, 그때 사법경찰관에게 진술한 내용과 동일하게 기재되어 있나요.

답 예. 그렇습니다.[274]

---

273 이는 피고인 아닌 타인(강피해)의 진술을 내용으로 하는 피고인 아닌 자(윤전문)의 진술로서 법 제316조 제2항의 전문진술에 해당한다. 앞서 제2회 공판조서 본문에서 본 것처럼 변호인이 증인 윤전문의 전문진술 부분에 관하여 증거부동의하고 있고, 검사가 원진술자인 강피해가 법 제316조 제2항에서 정한 '사망, 질병, 외국거주, 소재불명 그 밖에 이에 준하는 사유로 인하여 진술할 수 없는 상태'에 있음을 증명하지 않은 이상, 위 전문진술은 증거능력이 없다.
또한 우리 사안과 다르게 원진술자인 강피해자가 법원에 나와 피해 사실을 증언한 경우에도, 윤전문의 위 전문진술은 원진술자인 강피해가 법 제316조 제2항에서 정한 진술불능 상태에 있지 않으므로 역시 증거능력이 없다.

274 윤전문은 전문진술을 하는 자이므로, 윤전문에 대한 위 경찰 진술조서는 '전문진술이 기재된 조서'이다. 위 전문진술이 기재된 조서는 조서 자체가 법 제312조 제4항에 의하여 증거능력이 부여되어야 할 뿐만 아니라 전문진술 자체도 법 제316조 제2항에 의하여 증거능력이 부여되어야, 위 조서를 증거로 사용할 수 있다. 따라서 윤전문이 자신이 진술한 대로 조서에 기재되었는지 확인하고 조서에 서명 및 날인을 하였다고 증언(실질적 진정성립의 인정)하였어도 원진술자인 강피해가 법 제316조 제2항에 따라 진술할 수 없음이 입증되지 않으면 위 진술조서는 결국 피고인에 대하여 증거능력이 없다.

피고인의 변호인

증인에게

문 증인은 피고인으로부터 강피해를 협박했다는 이야기를 직접 들은 적이 없지요.

답 예. 그렇습니다. 저는 피고인은 모릅니다.

문 증인은 어떻게 강피해가 협박당했다는 것을 신뢰할 수 있나요.

답 뭐...저는 강피해와 이을남 사이의 오래된 금전 관계, 강피해와 피고인 사이의 관계는 잘 모르지만, 강피해가 저에게 이례적으로 상담을 요청하고 저녁 자리에서 불안한 모습을 보이며 협박당한 내용을 어느 정도 말하니 강피해가 피고인으로부터 협박당했구나 판단할 수밖에 없죠.

판사

증인에게

문 증인은 강피해로부터 피고인이 강피해에게 공소사실 기재와 같이 말했다는 것을 들은 것은 확실한가요.

답 네. 그렇습니다. 끝.

녹취서【B1275-1】

확인인
㉿

녹 취 서 (요지)

사건번호	2022고단227
기 일	2022. 3. 27. 14:00
비 고	

형사소송규칙 제38조 제1항의 규정에 따라 작성한 녹취서(요지)를 붙임과 같이 제출합니다.

1. 붙임 : 피고인 신문 녹취서 1부

2022. 3. 30.

속기사 최선아 ㉿

※ 이 녹취서는 진술의 주요한 부분만을 정리하여 기재하는 방식으로 작성되었습니다.
※ 당사자나 피고인 등은 이 녹취서에 적힌 사항에 대해 이의를 제기할 수 있습니다. 이의가 제기되면 법원사무관등이 그 이의의 취지를 이 녹취서 또는 별도의 서면에 기재하거나 이 녹취서 중 해당 부분을 정정하여야 합니다.

판사

피고인에 대한 피고인신문절차는 녹음이 필요하다고 인정하여 형사소송법 제56조의2 제1항에 따라 그 전부에 대한 녹음을 명합니다. 신문 내용이 모두 녹음되니, 반드시 마이크를 사용하여 발언하시기 바랍니다. 피고인은 모두 신문 과정에서 불리한 진술을 거부할 수 있고 유리한 진술을 할 수 있습니다.

검사

피고인에게

문 피고인은 2021. 1. 20. 17:00경 최병북과 함께 서울 종로구 북촌동에 있는 라라 커피숍에서 강피해에게 공소사실과 같이 협박하지 않았나요.

답 저는 협박한 적이 없습니다.

문 강피해가 법정에 나오지 않고, 최병북이 사망한 사실을 알고 공소사실을 부인하는 것 아닌가요.

답 절대 아닙니다. 억울해서 그들과 대질하고 싶을 지경입니다.

문 윤전문이 강피해로부터 협박 사실을 들었다고도 하는데 잡아떼는 것인가요.

답 글쎄... 윤전문이 강피해로부터 들은 적도 없으면서 거짓말 하는 것인지, 강피해가 윤전문에게 거짓말을 하는 것인지 전들 어찌 알겠습니까.

문 피고인은 경찰에서 조사받으면서 공소사실을 자백한 적이 있지요.

답 예.[275] 그때는 기억도 제대로 안 났고 아무도 제 말을 믿어줄 사람이 없는 것 같아 자포자기의 심정으로 인정하였으나 다시 진실을 밝히기 위해 사실대로 말씀드리는 것입니다.

피고인의 변호인

피고인에게

문 피고인은 강피해를 전혀 협박하지 않았지요.

답 예.

문 강피해나 최병북과 같이 조사를 받았으면 피고인의 입장을 더 명확히 밝힐 수 있었던 것이지요.

답 예. 그렇습니다. 끝.

275 피고인에 대한 경찰 피의자신문조서 중에 자백진술이 들어 있음을 알 수 있다. 그러나 앞서 증거목록(증거서류 등)에서 이미 검토하였듯이, 위 경찰 피의자신문조서는 피고인이 내용부인함으로써 증거능력이 없다.

제 1 책
제 1 권

서울중앙지방법원

증거서류등(검사)

사 건 번 호	2022고단227	담임	형사제5단독	주심	
	20 노		부		
	20 도		부		
사 건 명	폭력행위등처벌에관한법률위반(공동협박)				
검 사	서동연		2022년 형제 39370호		
피 고 인	김갑동				
공소제기일	2022. 3. 2.				
1심 선고	20 . . .	항소	20 . . .		
2심 선고	20 . . .	상고	20 . . .		
확정	20 . . .	보존			

서 울 서 초 경 찰 서

2022. 2. 3.

수신 : 경찰서장

참조 : 형사과장

제목 : 수사보고(관련사건 조서 보고)

◉ 김갑동 수사 개시 경위

본서에서 폭력행위등처벌에관한법률위반(공동협박)죄로 입건되었던 피의자 김갑동이 지명수배 중 발견되었음. 피의자 김갑동이 자진출석하기로 함에 따라, 담당자로부터 관련사건(피의자 이을남에 대한 공갈 사건) 기록 중 강피해, 최병북에 대한 각 조서의 사본을 받아둘 필요가 있음

◉ 피의사실

피의자 김갑동은 최병북과 공동하여 2021. 1. 20. 17:00경 서울 종로구 북촌동 소재 '라라'커피숍에서, 피해자 강피해가 이을남으로부터 빌려간 돈 1,000만 원을 주지 않자 화가 난다는 이유로 최병북은 옆에서 인상을 쓰고, 피의자 김갑동은 피해자에게 "네 애새끼부터 병신 만들어주마, 평생 절뚝거리는 거 보고 살아라", "(내가) 징역가면 니 아들 병신 만들어줄께", "보면 죽여버릴지 모르니까 알아서 피해라"라는 등 피해자와 피해자 가족의 생명 또는 신체에 어떠한 위해를 가할 것처럼 말하여 겁을 주어 피해자를 협박하였다.

◉ 첨부문서

강피해에 대한 경찰 진술조서 사본, 최병북에 대한 경찰 피의자신문조서 사본

2022. 2. 3.

형사과 근무

경위 정진호 ㊞

진 술 조 서

성　　　명 : 강피해

주민등록번호 : 730307 - 1****** 47세

직　　　업 : 자영업

주　　　거 : 서울특별시 송파구 송파대로 719(오금동)

등록기준지 : (생략)

직 장 주 소 : (생략)

연　락　처 : 자택전화 (생략)　　휴대전화 (생략)

직장전화 (생략)　　전자우편(e-mail) (생략)

위의 사람은 피의자 이을남에 대한 **공갈** 피의사건에 관하여 2021. 3. 5. 서울서초경찰서 형사과 사무실에 임의 출석하여 다음과 같이 진술하다.

---

1. 피의자와의 관계

피의자와는 사업상 알게 된 사이입니다.

사본함
서울서초경찰서
사법경찰관 경위 정진호 ㊞

2. 피의사실과의 관계

저는 피의사실에 관하여 피해자 자격으로 출석하였습니다.

이때 진술의 취지를 더욱 명백히 하기 위하여 다음과 같이 임의로 문답하다.

문　진술인은 이을남을 아는가요.

답　예. 10년 전 사업으로 알게 된 사이입니다.

문　진술인은 이을남으로부터 1,000만 원을 갈취당한 적이 있는가요.

답　예. 있습니다.

문 그 시간과 장소는 어떤가요.

답 2021. 1. 25. 21:00 서울시 서초구 효령로에 있는 '방배호텔' 커피숍에서 갈취를 당했습니다.

문 경위를 설명해 보세요.

답 이을남이 2018. 2.경 저에게 1,000만 원을 빌려준 적이 있었는데 저는 그것을 이자와 함께 1년 전에 갚았습니다. 그런데 이을남과 저 사이에 금전 거래가 많았었는데 이을남은 저로부터 위 1,000만 원을 빌려주고 받은 기억이 없다고 주장해 왔고, 저로부터 1년 전에 받은 1,000만 원은 다른 투자금을 반환받은 것이라 우겼습니다. 그리고 이을남은 알고보니 폭력배들과도 친해서 저에게 1,000만 원을 갚지 않으면 재미 없을 것이라고 말해 와서 무서웠습니다.

문 갈취 당시 상황을 진술해 보세요.

답 이을남이 2021. 1. 25. 저에게 전화를 하여 당일 21:00경 방배호텔 커피숍에서 보자고 했습니다. 제가 긴장을 하고 커피숍에 나가 이을남을 보았습니다. 그런데 이을남이 자신의 팔에 있는 문신을 보여주면서 "내가 옛날에 종합시장파 폭력배 활동을 했고 지금도 행동대장들과 친하다", "자꾸 1,000만 원을 갚지 않으면 나도 성질 부릴 수 있다"고 협박을 하였습니다. 저는 겁이 나서 어쩔 수 없이 이을남이 불러준 신한은행 계좌로 1,000만 원을 그 자리에서 송금하였습니다.

문 경찰서에 신고를 할 생각은 하지 못했나요.

답 그 즈음 계속 이을남측 사람들로부터도 협박을 받아 정신이 없었습니다. 지금 조사도 간신히 받는 것 같습니다.

문 진술인은 또 다른 협박을 경험했다는 것인가요.

답 네. 이을남을 통해 알게 된 김갑동과 최병북에게 협박을 당했습니다.

문 그 상황을 설명해 보세요.

답 김갑동이 2021. 1. 20. 아침에 저에게 전화를 하여 서울 종로구 북촌동 소재 '라라' 커피숍에서 보자고 했습니다. 제가 2021. 1. 20. 17:00경 라라 커피숍에 나가 보니 김갑동과 최병북이 앉아 있었습니다. 김갑동과 최병북은 저를 앉히고는 이을남이 저로부터 돈을 받지 못해 상심이 크다는 얘기를 듣고 화가 나서 자신들이 저와 만나게 되었다고 설명했습니다. 그러고는 김갑동이 저에게 "네 애새끼(피해자의 아들)

부터 병신 만들어주마, 평생 절뚝거리는 거 보고 살아라", "(내가) 징역가면 니 아들 병신 만들어줄께", "보면 죽여버릴지 모르니까 알아서 피해라"고 협박하였고, 최병북은 인상을 쓰면서 거들었습니다.

문 진술인은 겁이 났지요.

답 네. 가뜩이나 김갑동과 최병북은 말투가 거칠고 폭력배처럼 생겼다고 평소 생각했는데, 그 자리에서 그런 이야기를 들으니 겁이 났습니다. 저는 돈을 빨리 갚을 방법을 생각해 보겠다고 둘러대고 그 자리를 간신히 벗어났습니다. 그러더니 5일 후 이을남이 저에게 직접 1,000만 원을 갈취해 간 것입니다.

문 더 할 말이 있나요.

답 강력한 처벌을 바랍니다.

문 이상 진술한 내용이 사실인가요.

답 예. ㉐

위의 조서를 진술자에게 열람하게 하였던바 진술한 대로 오기나 증감·변경할 것이 없다고 말하므로 간인한 후 서명 날인하게 하다.

진 술 자 강피해 ㉐

2021. 3. 5.

서울서초경찰서

사법경찰관 경위 정진호 ㉐

피 의 자 신 문 조 서

피 의 자 : 최병북 위의 사람에 대한 **폭력행위등처벌에관한법률위반(공동협박)** 피의사건에 관하여 2021. 3. 7. 서울서초경찰서 형사과 사무실에서 사법경찰관 경위 정진호는 사법경찰리 경장 김유엽을 참여하게 하고, 아래와 같이 피의자임에 틀림없음을 확인하다.

문 피의자의 성명, 주민등록번호, 직업, 주거, 등록기준지 등을 말하십시오.

사본함 **서울서초경찰서** **사법경찰관 경위 정진호 ㉞**

답 성명은 최병북(崔丙北)

주민등록번호는 731203-1693224

직업은 자영업

주거는 서울특별시 강동구 성내로 100

등록기준지는 경남 창원시 의창구 북면 천주로 412

직장주소는 (생략)

연락처는 자택전화 : (생략) 휴대전화 : (생략)

직장전화 : (생략) 전자우편(E-mail) : (생략)

입니다.

사법경찰관은 피의사건의 요지를 설명하고 사법경찰관의 신문에 대하여 형사소송법 제244조의3의 규정에 의하여 진술을 거부할 수 있는 권리 및 변호인의 참여 등 조력을 받을 권리가 있음을 피의자에게 알려주고 이를 행사할 것인지 그 의사를 확인하다.

이에 사법경찰관은 피의사실에 관하여 다음과 같이 피의자를 신문하다.

문 형사처벌을 받은 사실이 있나요.

답 처벌받은 전과가 있습니다.

문 군대는 갔다 왔나요.

답 병장 제대 했습니다.

문 학력과 사회경력은 어떤가요.

답 고등학교 졸업했어요.

문 가족관계는 어떤가요.

답 미혼이고 부모, 형 있습니다.

문 피의자는 강피해를 협박한 사실이 있나요.[276]

답 네. 김갑동과 같이 했습니다.

문 피의자가 김갑동과 강피해를 협박한 경위를 자세히 진술하세요.

답 저는 김갑동으로부터 이을남이 돈을 받아야 하니까 같이 가서 강피해를 협박하자고 제안을 받았습니다. 저는 2021. 1. 20. 김갑동과 같이 서울 종로구 북촌동 소재 라라 커피숍에 가서 있었는데 17:00경 강피해가 커피숍에 도착했습니다. 저와 김갑동은 강피해를 앞에 두고, 저는 인상을 쓰면서 옆에 서 있었고, 김갑동은 "네 애새끼부터 병신 만들어주마, 평생 절뚝거리는 거 보고 살아라", "(내가) 징역가면 니 아들 병신 만들어줄께", "보면 죽여버릴지 모르니까 알아서 피해라"고 욕설을 하면서 겁을 주었습니다. 실제 강피해가 많이 겁을 먹은 것 같았습니다.

문 강피해가 뭐라 하던가요.

답 돈을 빨리 마련해 보겠다고 말하길래 알아 들은 거 같아 보내주었습니다.

276 김갑동과 최병북이 강피해를 협박하여 이을남에게 1,000만 원을 주도록 하려다 그러하지 못하였다는 사실은 공갈미수죄[엄밀히 보자면, 폭력행위등처벌에관한법률위반(공동공갈)죄의 미수범]에 해당될 수 있으므로(폭력행위 등 처벌에 관한 법률 제6조, 제2조 제2항 제3호, 제350조 제2항) 경찰이 그러한 점을 수사할 수도 있다. 그러나 이 기록은 검사와 경찰이 모두 공갈미수의 점에 관하여는 수사를 하지 않고 폭력행위등처벌에관한법률위반(공동협박)에 관해서만 수사를 하고 기소한 것을 전제로 하였다.

참고로 부연하자면, 경찰이 협박죄로 보고 검찰에 송치하여도 검사는 의율을 변경하여 공갈미수죄로 기소할 수 있다. 그러나 법원은 검사가 협박죄로 기소한 것을 공소장 변경 절차 없이 공갈미수죄로 유죄 인정을 하여서는 아니 된다. 불고불리의 원칙이 적용되기 때문이다. 수사단계에서는 불고불리의 원칙이 적용되지 않으나, 법원 단계에서는 불고불리의 원칙이 적용된다는 점에 주의하자.

문 피의자는 이을남으로부터 협박해 줄 것을 부탁받았거나, 협박의 대가로 받은 것이 있나요.

답 그런 것은 없었습니다. 김갑동이 제안을 하여 따라갔을 뿐이고 혹시 김갑동이 이을남으로부터 대가를 받으면 나도 받지 않을까 기대감은 있었습니다.

문 이상 진술한 내용이 모두 사실인가요.

답 네. 죄송합니다.

문 더 할 말이 있는가요.

답 없습니다. (무인)

위의 조서를 진술자에게 열람하게 하였던바 진술한 대로 오기나 증감·변경할 것이 없다고 말하므로 간인한 후 서명 무인하게 하다.

진 술 자 허병북 (무인)

2021. 3. 7.

서울서초경찰서

사법경찰관 경위 정진호 ㊞

사법경찰리 경장 김유엽 ㊞

진 술 조 서 (참고인)

성 명 :	윤전문
주민등록번호 :	690824 - 1275011 52세
직 업 :	사업
주 거 :	서울특별시 강남구 선릉로 202-1
등록기준지 :	충청북도 영동군 영동읍 부용로 2
직 장 주 소 :	(생략)
연 락 처 :	**자택전화** (생략) **휴대전화** (생략)
	직장전화 (생략) **전자우편**(e-mail) (생략)

위의 사람은 피의자 김갑동에 대한 **폭력행위등처벌에관한법률위반(공동협박)** 피의사건에 관하여 2022. 2. 10. 서울서초경찰서 형사과 사무실에 임의 출석하여 다음과 같이 진술하다.

1. **피의자와의 관계**

저는 피의자와는 아무런 친인척 관계가 없습니다.

2. **피의사실과의 관계**

저는 피의사실에 관하여 참고인 자격으로 출석하였습니다.

이때 진술의 취지를 더욱 명백히 하기 위하여 다음과 같이 임의로 문답하다.

문 진술인이 오늘 출석한 경위는 어떤가요.

답 강피해가 김갑동에 대한 수사가 다시 시작된 거 같으니 경찰서에 조사를 받아주면 어떤가 부탁해서 제가 수사관님과 조율해 나왔습니다.

문 진술인이 김갑동의 협박에 대하여 아는 것을 말해 보세요.

답 저는 강피해를 2021. 1. 21. 서울 강남구 삼성동 일식집에서 만나 식사를 했습니다. 그런데 강피해가 그 전날(2021. 1. 20.) 서울 종로구 라라 커피숍에서 김갑동과 최병북을 만나 협박을 받았다고 저에게 털어놓았습니다. 강피해 말로는 이을남이 자신에게 없는 채무 변제를 요구하는데, 이을남 주위 사람인 김갑동과 최병북이 자신을 만나 가족에 대한 해코지까지 언급하면서 변제를 압박한다고 이야기했습니다.

문 구체적인 협박 발언을 강피해로부터 들은 것이 있는가요.

답 (곰곰히 생각하다) 글쎄 잘 기억은 안 나는데요. 뭐 '네 애새끼부터 병신 만들어주마, 평생 절뚝거리는 거 보고 살아라', '징역가면 니 아들 병신 만들어줄게', '보면 죽여버릴지 모르니까 알아서 피해라' 이런 것을 이야기했다고 말한 것 같습니다.[277] 어쨌든 강피해가 협박 다음 날 저에게 저녁 식사에서 말한 것이라 진실할 것입니다.

문 이 사건에 대해 더 할 말이 있나요.

답 없습니다.

문 이상의 진술은 모두 사실인가요.

답 예. 모두 사실입니다. ㉑

위의 조서를 진술자에게 열람하게 하였던바, 진술한 대로 오기나 증감·변경할 것이 전혀 없다고 말하므로 간인한 후 서명 날인하게 하다.

진술자 **윤 전 문** ㉑

2022. 2. 10.

서 울 서 초 경 찰 서

사법경찰관 경위 정진호 ㉑

277 공판기록에서 이미 드러났듯이 윤전문의 법정진술뿐만 아니라 수사기관에서의 진술 속에도 전문진술이 있었고 이에 대하여 변호인이 증거능력을 다투고 있어 이를 쟁점으로 정리하였다. 바로 이 부분에서 윤전문의 수사기관에서의 전문진술이 확인된다. 이를 적절히 메모하고 〈검토보고서〉와 〈검토의견서〉에서 판단해 주어야 한다.

피 의 자 신 문 조 서

피 의 자 : 김갑동

위의 사람에 대한 폭력행위등처벌에관한법률위반(공동협박) 피의사건에 관하여 2022. 2. 17. 서울서초경찰서 형사과 사무실에서 사법경찰관 경위 정진호는 사법경찰리 경장 김유엽을 참여하게 하고, 아래와 같이 피의자임에 틀림없음을 확인하다.

문 **피의자의 성명, 주민등록번호, 직업, 주거, 등록기준지 등을 말하십시오.**

답 **성명**은 김갑동 (金甲東)

주민등록번호는 740505-1324518

직업은 일용직

주거는 서울특별시 서초구 반포대로13길 48, 302호(서초3동, 서중빌라)

등록기준지는 경기도 남양주시 별내3로 64-2

직장주소는 없음

연락처는 **자택전화 (생략)** **휴대전화 (생략)**

직장전화 **전자우편**(e-mail) **(생략)**

입니다.

사법경찰관은 피의사건의 요지를 설명하고 사법경찰관의 신문에 대하여 형사소송법 제244조의3의 규정에 의하여 진술을 거부할 수 있는 권리 및 변호인의 참여 등 조력을 받을 권리가 있음을 피의자에게 알려주고 이를 행사할 것인지 그 의사를 확인하다.

이에 사법경찰관은 피의사실에 관하여 다음과 같이 피의자를 신문하다.

문 피의자는 형사처분이나 기소유예처분을 받은 사실이 있나요.

답 없습니다.

(병역관계, 학력, 사회경력, 가족관계, 재산이나 월소득, 건강상태 등에 관한 문답은 **기재 생략**)

문 피의자는 최병북과 공동하여 2021. 1. 20. 17:00경 서울 종로구 북촌동 소재 '라라' 커피숍에서, 피해자 강피해가 이을남으로부터 빌려간 돈 1,000만 원을 주지 않자 화가 난다는 이유로 강피해를 앞에 두고, 최병북은 인상을 쓰면서 옆에 서 있고, 피의자는 "네 애새끼(피해자의 아들)부터 병신 만들어주마, 평생 절뚝거리는 거 보고 살아라", "(내가) 징역가면 니 아들 병신 만들어줄께", "보면 죽여버릴지 모르니까 알아서 피해라"라는 등 피해자와 피해자 가족의 생명 또는 신체에 어떠한 위해를 가할 것처럼 말하여 겁을 주어 피해자를 협박하였지요.

답 네. 그렇습니다.[278]

문 피의자는 이을남의 사주를 받은 것인가요.

답 아닙니다. 이을남이 강피해로부터 1,000만 원을 받지 못하고 있다고 하소연을 해서 제가 강피해 연락처도 알고 해서 이을남을 도와 주기 위해 최병북과 같이 강피해를 만나본 것입니다.

문 아무리 이을남이 강피해로부터 돈을 못 받았다고 하더라도 피해자의 가족까지 들먹이면서 협박을 하면 되는가요.

답 제가 잘못했습니다.

문 피해자와 합의하였는가요.[279]

답 아닙니다.

278 피의자는 최병북과 공동하여 강피해에게 협박하여 이을남에게 1,000만 원을 주도록 시도한 사실을 시인하고 있다. 이는 법리상 폭력행위등처벌에관한법률위반(공동공갈)죄의 미수범을 구성할 수도 있다. 그러나 앞서 설명한 것처럼, 이 기록은 경찰과 검사가 이를 전혀 고려하지 않고 폭력행위등처벌에관한법률위반(공동협박)으로만 수사를 한 것으로 전제하였다.

279 형법상 협박죄는 반의사불벌죄이다(형법 제283조 제3항). 이에 피해자가 처벌불원의 의사표시를 할 경우 해당 공소사실은 공소기각 판결의 대상이 되므로, 기록상 피해자가 합의하면서 처벌불원의 의사표시를 하였는지에 관하여 주의를 기울여 살펴야 한다. 그러나 폭력행위등처벌에관한법률위반(공동협박)죄는 형법상 협박죄의 가중적 구성요건임에도 불구하고 폭력행위 등 처벌에 관한 법률 제2조 제4항에 따라서 반의사불벌죄에 해당하지 않음에 유의하자.

문　이상의 진술에 대하여 이의나 의견이 있는가요.

답　없습니다. (무인)

위의 조서를 진술자에게 열람하게 하였던바, 진술한 대로 오기나 증감·변경할 것이 전혀 없다고 말하므로 간인한 후 서명 무인하게 하다.

진술자　김갑동　(무인)

2022. 2. 17.

서 울 서 초 경 찰 서

사법경찰관 경위 정진호 ㊞

사법경찰리 경장 김유엽 ㊞

조 회 회 보 서

제 2022-01571 호 2022. 2. 20.

☐ 조회대상자

성 명	김갑동	주민등록번호	740505-1324518	성별	남
지문번호	24312-18145	주민지문번호	(생략)	일련번호	01382537
주 소	서울특별시 서초구 반포대로13길 48, 302호(서초3동, 서중빌라)				
등록기준지	경기도 남양주시 별내3로 64-2				

☐ 주민정보(생략)

☐ 범죄경력자료

연번	입건일	입건관서	작성번호	송치번호	형제번호
	처분일	죄 명		처분관서	처분결과

☐ 수사경력자료(생략)

☐ 지명수배내역(생략)

위와 같이 조회 결과를 통보합니다.

조 회 용 도 : 범죄수사

조회의뢰자 : 형사팀 경위 정진호

작 성 자 :

서 울 서 초 경 찰 서 장 (직인)

피의자신문조서

성 명 : 김갑동

주민등록번호 : 740505-1324518

위의 사람에 대한 **폭력행위등처벌에관한법률위반(공동협박)** 피의사건에 관하여 2022. 2. 24. 서울중앙지방검찰청 제305호 검사실에서 검사 서동연은 검찰주사 엄연숙을 참여하게 한 후, 아래와 같이 피의자임에 틀림없음을 확인하다.

문 피의자의 성명, 주민등록번호, 직업, 주거, 등록기준지 등을 말하시오.

답 성명은 김갑동

주민등록번호는 740505-1324518 (47세)

직업은 일용직

주거는 서울특별시 서초구 반포대로13길 48, 302호(서초3동, 서중빌라)

등록기준지는 경기도 남양주시 별내3로 64-2

직장 주소는 없음

연락처는 자택 전화 : (생략) 휴대 전화 : (생략)

직장 전화 : (생략) 전자우편(E-mail) : (생략)

입니다.

검사는 피의사실의 요지를 설명하고 검사의 신문에 대하여 「형사소송법」 제244조의3에 따라 진술을 거부할 수 있는 권리 및 변호인의 참여 등 조력을 받을 권리가 있음을 피의자에게 알려주고 이를 행사할 것인지 그 의사를 확인하다.

이에 검사는 피의사실에 관하여 다음과 같이 피의자를 신문하다.

문 피의자는 형벌을 받은 사실이 있는가요.

답 없습니다.

문 피의자의 학력, 경력, 가족관계, 재산정도, 건강상태 등은 경찰에서 사실대로 진술하였나요.

이때 검사는 사법경찰관이 작성한 피의자신문조서 중 해당 부분을 읽어주다.

답 예, 그렇습니다.

문 피의자는 2021. 1. 20. 17:00경 최병북과 함께 서울 종로구 북촌동에 있는 라라 커피숍에서 피해자 강피해를 협박한 사실이 있는가요.

답 아닙니다.

문 피의자는 경찰에서는 범행을 자백하지 않았나요.

답 경찰에서는 최병북이 자백했으니 너도 자백하여야지 다그쳐서 저는 강피해를 만났기는 했는데 당시 했던 말도 기억이 잘 안 나서 분위기에 휩쓸려 협박을 했다고 말했으나 실제 그런 범행을 저지르지 않았습니다.

문 피의자는 최병북이 인상을 쓰고 서 있는 가운데 강피해가 이을남의 돈을 갚지 않은 것에 화가 나 강피해에게 "네 애새끼(피해자의 아들)부터 병신 만들어주마, 평생 절뚝거리는 거 보고 살아라", "(내가) 징역가면 니 아들 병신 만들어줄께", "보면 죽여버릴지 모르니까 알아서 피해라"라는 말을 하지 않았나요.

답 아닙니다. 저는 강피해를 만나 이을남이 돈을 못 받아 사정이 안 좋은데 빨리 갚는 게 좋지 않겠냐고 타일렀을 뿐입니다. 저는 거친 욕설, 피해자 가족에 대한 협박을 하지 않았습니다. 억울합니다.

문 피해자가 무슨 억하심정이 있어 피의자를 범인으로 몰겠습니까.

답 모르겠습니다. 제가 강피해의 차용 요청을 거절한 적이 있는데 그때 안 좋은 감정이 생겼는지 모르겠습니다.

문 최병북은 피의자와 함께 강피해를 협박했다고 시인했는데 최병북이 거짓말을 한다는 것인가요.

답 최병북과는 현장에 같이 있지도 않았습니다. 최병북이 저를 라라 커피숍에 차로 데려다 내려주고 가기는 했지만 저 혼자 강피해와 이야기를 했습니다. 최병북이 무슨 이유로 거짓말을 하는지 모르겠습니다.

문 이상의 진술내용에 대하여 이의나 의견이 있는가요.

답 없습니다. (무인)

위의 조서를 진술자에게 열람하게 하였던바, 진술한 대로 오기나 증감·변경할 것이 전혀 없다고 말하므로 간인한 후 서명 무인하게 하다.

진술자 김갑동 (무인)

2022. 2. 24.

서울중앙지방검찰청

검 사 서 동 연 ㊞

검찰주사 언 연 숙 ㊞

서울중앙지방검찰청

수 신 : 검사 서동연

제 목 : 수사보고(사망사실 확인)

피의자에 대한 폭력행위등처벌에관한법률위반(공동협박) 사건과 관련하여, 상피의자 최병북이 2021. 4. 13. 교통사고로 사망한 사실[280]을 증명할 자료를 첨부하였기에 수사보고합니다.

붙임 : 가족관계증명서, 기본증명서 각 1부(첨부 생략)
교통사고사실확인원 1부(첨부 생략)

2022. 2. 25.

서울중앙지방검찰청 검찰주사 엄 연 숙 ㉯

280 공판기록 앞에 있던 증거목록에 의하면, 피고인 김갑동이 공범인 최병북의 경찰 피의자신문조서 사본을 내용부인 취지로 부동의하고 있다. 그렇다면 법 제312조 제3항이 적용되어 위 피의자신문조서 사본은 피고인 김갑동에 대하여 증거능력이 없다. 위 수사보고는 최병북이 사망한 사실을 기재하고 있는데, 원진술자인 최병북이 사망하였으므로 위 피의자신문조서 사본에 대하여 법 제314조가 적용되는 것이 아닌가 현혹되지 말자. 공범에 대한 경찰 피의자신문조서는 법 제314조가 적용되지 않기 때문에(대법원 2009. 11. 26. 선고 2009도6602 판결 등), 원진술자에 해당하는 공범 최병북이 사망하였다고 하여도 위 피의자신문조서 사본은 피고인 김갑동에 대하여 증거능력이 없다.

서울중앙지방검찰청

수 신 : 검사 서동연

제 목 : 수사보고(진술청취)[281]

본직이 강피해에게 전화를 걸어 피의자 김갑동이 최병북과의 협박 사실을 부인하였다고 전하면서 2021. 1. 20. 협박당한 사실을 재차 묻자 강피해는 "2021. 1. 20. 17:00경 라라 커피숍에서 김갑동과 최병북이 저에게 이을남에게 아들을 병신으로 만들겠다, 돈을 주지 않으면 죽여버리겠다"고 이야기하였다고 했고, 최병북도 현장에서 같이 있었다고 확인해 주었기에 보고합니다.

2022. 2. 26.

서울중앙지방검찰청 검찰주사 엄 연 숙 ㊞

281 참고인 진술청취형 수사보고서는 일반적으로 수사기관이 참고인 등의 진술을 청취하였으나 진술조서를 작성하지 아니하고 그에 대신하여 그 내용을 수사보고서라는 이름으로 기재하는 경우를 말한다[신이철, 형사절차상 수사보고서의 증거능력 규제, 형사정책연구 제27권 제1호(통권 제105호, 2016 봄), 49쪽]. 이러한 참고인 진술청취형 수사보고서와 관련하여 대법원 1999. 2. 26. 선고 98도2742 판결은, "외국에 거주하는 참고인과의 전화 대화내용을 문답형식으로 기재한 검찰주사보 작성의 수사보고서는 전문증거로서 형사소송법 제310조의2에 의하여 제311조 내지 제316조에 규정된 것 이외에는 이를 증거로 삼을 수 없는 것인데, 위 수사보고서는 제311조, 제312조, 제315조, 제316조의 적용대상이 되지 아니함이 분명하므로, 결국 제313조의 진술을 기재한 서류에 해당하여야만 제314조의 적용 여부가 문제될 것인바, 제313조가 적용되기 위하여는 그 진술을 기재한 서류에 그 진술자의 서명 또는 날인이 있어야 한다."고 판시하였다.
실무에서는 피고인이 참고인 진술청취형 수사보고서에 관하여 증거부동의하면, 재판부는 증거불채택결정을 하고 검사는 수사보고서에 나오는 참고인을 증인으로 신청하여 그의 법정진술을 증거로 얻고자 한다.

서울중앙지방검찰청

수신 : 검사 서동연

제목 : 수사보고(판결문 첨부)

1. 명에 의하여 피의자 이을남에 대한 공갈 기록 등에서 다음과 같이 판결문을 복사, 첨부하였음을 보고합니다.

2. 첨부자료
판결 사본 1통

2022. 2. 27.

서울중앙지방검찰청 검찰주사 엄 연 숙 ㊞

서 울 중 앙 지 방 법 원

2021. 10. 4. 항소기간도과
2021. 10. 4. 확 정
서울중앙지방검찰청

판 결

사 건 2021고단6125 공갈

피 고 인 이을남 (701224-1144219), 무직

주거 서울 서초구 우면산로29번길 24-1(우면동)

등록기준지 울산 울주군 상북로 121

검 사 유태준(기소), 이호준(공판)

변 호 인 변호사 이해권

판 결 선 고 2021. 9. 26.

주 문

피고인을 징역 10월에 처한다.

다만, 이 판결 확정일부터 2년간 위 형의 집행을 유예한다.

이 유

범죄사실

피고인은 2021. 1. 25. 21:00 서울시 서초구 효령로에 있는 '방배호텔' 커피숍에서 피해자 강피해에게 자신의 팔에 있는 문신을 보여주면서 "내가 옛날에 종합시장파 폭력배 활동을 했고 지금도 행동대장들과 친하다", "자꾸 1,000만 원을 갚지 않으면 나도 성질부릴 수 있다"고 협박을 하여 이에 겁을 먹은 강피해로부터 피고인 명의 신한은행 계좌로 1,000만 원을 그 자리에서 송금받아 갈취하였다.

증거의 요지(생략)

법령의 적용(생략)

위 사본임

검찰주사 엄연숙 ㉙

판사 이 학 영 ____________________

문제 1 검토보고서

1. 결론

무죄

2. 논거

가. 공소사실의 요지(생략가능)

피고인은 최병북(2021. 4. 13. 사망)과 공동하여 2021. 1. 20. 17:00경 서울 종로구 북촌동 소재 '라라'커피숍에서, 피해자 강피해(남, 48세)가 이을남으로부터 빌려간 돈 1,000만 원을 주지 않자 화가 난다는 이유로 최병북은 인상을 쓰면서 옆에 서 있고, 피고인은 피해자에게 "네 애새끼(피해자의 아들)부터 병신 만들어주마, 평생 절뚝거리는 거 보고 살아라", "(내가) 징역가면 니 아들 병신 만들어 줄께", "보면 죽여버릴지 모르니까 알아서 피해라"라는 등 피해자와 피해자 가족의 생명 또는 신체에 어떠한 위해를 가할 것처럼 말하여 겁을 주어 피해자를 협박하였다.[282]

나. 주장 및 쟁점

○ 피고인과 변호인은 사실관계를 부인한다.

○ 변호인은 증인 윤전문의 수사기관과 법정에서의 진술 중 전해 들었다는 부분은 전문증거로서 증거능력이 없다고 주장한다.

다. 검토의견

1) 검사가 제출한 증거들

증인 윤전문의 법정진술, 피고인에 대한 검찰 및 경찰 각 피의자신문조서, 윤전문에 대한

282 검찰에서 폭력행위등처벌에관한법률위반(공동협박)으로 기소한 이상 법원은 검사의 공소장변경절차 없이 폭력행위등처벌에관한법률위반(공동공갈)로 유죄 인정할 수 없다. 불고불리의 원칙이 적용되기 때문이다.

경찰 진술조서, 최병북에 대한 경찰 피의자신문조서 사본, 강피해에 대한 경찰 진술조서 사본, 수사보고(관련사건 조서 보고), 수사보고(진술청취)

2) 증거능력 없는 증거들

가) 피고인에 대한 경찰 피의자신문조서

피고인이 이 법정에서 내용을 부인하므로 증거능력이 없다.

나) 최병북에 대한 경찰 피의자신문조서 사본

(1) 최병북과 공범 관계에 있는 피고인이 내용을 부인하는 취지로 부동의하므로 증거능력이 없다.[283]

(2) 또한 수사보고(사망사실 확인)의 기재에 의하면, 최병북이 2021. 4. 13. 사망한 사실을 인정할 수 있으나, 피고인이 이 법정에서 위 증거에 대하여 내용을 부인하는 취지로 부동의하고 있으므로, 원진술자인 최병북의 사망에도 불구하고 형사소송법 제314조에 의하여 증거능력을 인정할 수도 없다.

다) 강피해에 대한 경찰 진술조서 사본

피고인이 증거로 하는 데 동의하지 않았고, 원진술자인 강피해에 의해 진정성립이 인정되지 않았으며, 형사소송법 제314조의 '원진술자가 사망 등의 사유로 진술할 수 없는 때'에 해당한다는 점을 인정할 아무런 증거가 없으므로 증거능력이 없다.

라) 증인 윤전문의 법정진술과 윤전문에 대한 경찰 진술조서 중 강피해로부터 들었다는 「피고인이 강피해에게 "네 애새끼부터 병신 만들어주마, 평생 절뚝거리는 거 보고 살아라", "(내가) 징역가면 니 아들 병신 만들어 줄께", "보면 죽여버릴지 모르니까 알아서 피해라"고 말하였다」는 취지의 진술

피고인 아닌 타인의 진술을 내용으로 하는 피고인 아닌 자의 진술 또는 그 진술이 기재된 조서이다. 그런데 피고인이 이를 증거로 하는 데 동의하지 않았고, 원진술자인 강피해에 대하여 형사소송법 제316조 제2항의 '원진술자가 사망 등의 사유로 진술할 수 없는 때'에 해당한다는 점을 인정할 아무런 증거가 없으므로 증거능력이 없다.

마) 피해자 강피해의 진술을 청취하여 기재한 수사보고(진술청취)

전문증거로서 피고인이 이를 증거로 하는 데 동의하지 않아 형사소송법 제310조의2에 의해 제311조 내지 제316조에 규정된 것 이외에는 이를 증거로 삼을 수 없는 것인데, 위 수사보고서는 제311조, 제312조, 제315조의 적용대상이 아님이 분명하고, 제313조가 적용되기 위

283 대법원 2009. 7. 9. 선고 2009도2865 판결 참조

한 원진술자의 서명 또는 날인이 없으므로, 증거능력이 없다.[284]

3) 소결론

그밖에 검사가 제출한 나머지 증거들만으로는 위 공소사실을 인정하기에 부족하고 달리 이를 인정할 증거가 없다.[285]

따라서 위 공소사실은 범죄사실의 증명이 없는 때에 해당하여 형사소송법 제325조 후단에 의하여 무죄로 판단된다.

284 대법원 1999. 2. 26. 선고 98도2742 판결. 대법원 2010. 10. 14. 선고 2010도5610,2010전도31 판결의 취지에 따라 「형사소송법 제313조 제1항 본문에 정한 '피고인 아닌 자의 진술을 기재한 서류'인 전문증거에 해당하나, 피고인이 이를 증거로 하는데 동의하지 않았고, 강피해의 서명 또는 날인이 없을 뿐만 아니라 공판준비기일이나 공판기일에서의 강피해의 진술에 의해 성립의 진정함이 증명되지도 않았으므로 증거능력이 없다.」라고 설시해도 무방하다.

285 이 문장을 위에 '3) 부족증거 등'의 제목 아래 적어 주어도 좋다.

문제 2 검토의견서

1. 공소사실의 요지(기재 생략)

2. 쟁점

피고인과 변호인은 공소사실을 부인하고 있다. ① 피고인에 대한 경찰 피의자신문조서, ② 최병북에 대한 경찰 피의자신문조서 사본, ③ 강피해에 대한 경찰 진술조서 사본, ④ 증인 윤전문의 법정진술과 윤전문에 대한 경찰 진술조서 중 강피해로부터 들었다는 "피고인이 강피해에게 "네 애새끼부터 병신 만들어주마, 평생 절뚝거리는 거 보고 살아라", "(내가) 징역가면 니 아들 병신 만들어 줄께", "보면 죽여버릴지 모르니까 알아서 피해라"고 말하였다는 취지의 진술, ⑤ 피해자 강피해의 진술을 청취하여 기재한 수사보고(진술청취)의 증거능력이 있는지 전문법칙과 관련하여 문제된다.[286]

3. 검토의견[287]

가. 공소사실에 부합하는 듯한 증거들

증인 윤전문의 법정진술, 피고인에 대한 검찰 및 경찰 피의자신문조서, 윤전문에 대한 경찰 진술조서, 최병북에 대한 경찰 피의자신문조서 사본, 강피해에 대한 경찰 진술조서 사본, 수사보고(진술 청취), 수사보고(관련 사건 조서 보고)

나. 전문법칙에 따른 증거능력 판단

1) 피고인에 대한 경찰 피의자신문조서

피고인이 이 법정에서 내용을 부인하므로 증거능력이 없다.

2) 최병북에 대한 경찰 피의자신문조서 사본

최병북과 공범 관계에 있는 피고인이 내용을 부인하는 취지로 부동의하므로 증거능력이 없다. 또한, 수사보고(사망사실 확인)에 의하면, 최병북이 2021. 4. 13. 사망하였다. 그러나 피고인이 이 법정에서 위 증거에 대하여 내용을 부인하는 취지로 부동의하고 있으므로, 원진술자인

286 마치 사례형 문제에서 쟁점들을 나열하듯이, 이 기록 사안에서 전문법칙의 예외규정 요건이 흠결된 것으로 검토된 증거들을 열거하는 방식으로 쟁점을 보여주면 충분하다.

287 앞서 본 〈검토보고서〉와 내용적으로는 동일하다. 혼동된다면, 〈검토보고서〉와 동일한 형식으로 기재하여도 문제될 것이 없다. 제목을 어떻게 붙일 것인지 너무 고민할 필요는 없다. 제목보다는 논리적 내용이 훨씬 중요하다.

최병북의 사망에도 불구하고 형사소송법 제314조에 의하여 증거능력을 인정할 수도 없다.

3) 강피해에 대한 경찰 진술조서 사본

피고인이 증거로 하는데 동의하지 않았고, 원진술자인 강피해에 의해 진정성립이 인정되지 않았으며, 형사소송법 제314조의 '원진술자가 사망 등의 사유로 진술할 수 없는 때'에 해당한다는 점을 인정할 아무런 증거가 없으므로 증거능력이 없다.

4) 증인 윤전문의 법정진술과 윤전문에 대한 경찰 진술조서 중 강피해로부터 들었다는 「피고인이 강피해에게 "네 애새끼부터 병신 만들어주마, 평생 절뚝거리는 거 보고 살아라", "(내가) 징역가면 니 아들 병신 만들어 줄께", "보면 죽여버릴지 모르니까 알아서 피해라"고 말하였다」는 취지의 진술

피고인 아닌 타인의 진술을 내용으로 하는 피고인 아닌 자의 진술 또는 그 진술이 기재된 조서이다. 그런데 피고인이 이를 증거로 하는 데 동의하지 않았고, 원진술자인 강피해에 대하여 형사소송법 제316조 제2항의 '원진술자가 사망 등의 사유로 진술할 수 없는 때'에 해당한다는 점을 인정할 아무런 증거가 없으므로 증거능력이 없다.

5) 피해자 강피해의 진술을 청취하여 기재한 수사보고(진술청취)

전문증거로서 피고인이 이를 증거로 하는 데 동의하지 않아 형사소송법 제310조의2에 의해 제311조 내지 제316조에 규정된 것 이외에는 이를 증거로 삼을 수 없는 것인데, 위 수사보고서는 제311조, 제312조, 제315조의 적용대상이 아님이 분명하고, 제313조가 적용되기 위한 원진술자의 서명 또는 날인이 없으므로, 증거능력이 없다.

4. 결론

앞서 본 증거들 중 나머지 증거들만으로는 이 부분 공소사실을 인정하기에 부족하고 달리 이를 인정할 증거가 없다.

따라서 이 부분 공소사실은 범죄사실의 증명이 없는 때에 해당하여 형사소송법 제325조 후단에 의하여 무죄로 판단된다.

【기록5 보충문제】

[기록5]에서 사안을 달리하여 ① 검사는 아래 공소장 기재와 같이 피고인 김갑동을 정보통신망 이용촉진및정보보호등에관한법률위반죄의 단독범으로 기소하였으며, ② 검사는 수사과정에서 수집한 고소장, 피고인에 대한 경찰 피의자신문조서, 압수조서, 각종 수사보고서 등 증거들 중에서 일부를 제외하고 아래 증거목록(증거서류 등)과 증거목록(증인 등)과 같이 증거신청을 하고, 증거조사가 이루어졌으며, ③ 피고인과 변호인은 아래 제1회 및 제2회 공판조서의 기재와 같이 변론을 하였고, ④ 사법경찰관 정진호는 아래 제2회 공판조서와 같이 증언을 하였으며, ⑤ [기록5]에서 위와 같이 수정된 스토리와 관련된 부분들도 모두 모순되지 않게 적정하게 수정되었고, ⑥ 그 이외에 나머지 내용은 아무런 변경이 없다고 가정해 보자.

이러한 가정하에 **검토보고서**를 작성하여 보라. 다만, '문자메시지 촬영사진들(증제1호)'은 그 촬영과정 및 인화과정에서 아무런 인위적 개작이 없었고, 그 압수절차가 모두 적법하다고 전제할 것.

[참고법령] 정보통신망 이용촉진 및 정보보호 등에 관한 법률

제74조(벌칙) ① 다음 각 호의 어느 하나에 해당하는 자는 1년 이하의 징역 또는 1천만원 이하의 벌금에 처한다.

3. 제44조의7 제1항 제3호를 위반하여 공포심이나 불안감을 유발하는 부호·문언·음향·화상 또는 영상을 반복적으로 상대방에게 도달하게 한 자

제44조의7(불법정보의 유통금지 등) ① 누구든지 정보통신망을 통하여 다음 각 호의 어느 하나에 해당하는 정보를 유통하여서는 아니 된다.

3. 공포심이나 불안감을 유발하는 부호·문언·음향·화상 또는 영상을 반복적으로 상대방에게 도달하도록 하는 내용의 정보

서울중앙지방검찰청

사건번호 2022년 형제39370호 2022. 3. 2.
수 신 자 서울중앙지방법원 발 신 자
검 사 **서동연** 서동연 (인)

제 목 **공소장**
아래와 같이 공소를 제기합니다.

Ⅰ. 피고인 관련사항

피 고 인 김갑동 (740505-1324518), 47세
직업 일용직, 010-6523-3123
주거 서울특별시 서초구 반포대로13길 48, 302호(서초3동, 서중빌라)
등록기준지 경기도 남양주시 별내3로 64-2
죄 명 정보통신망이용촉진및정보보호등에관한법률위반
적용법조 정보통신망 이용촉진 및 정보보호 등에 관한 법률 제74조 제1항 제3호, 제44조의7 제1항 제3호, 형법 제35조
구속여부 불구속
변 호 인 없음

Ⅱ. 공소사실

피고인은 2017. 10. 28. 수원지방법원에서 특수상해죄로 징역 2년을 선고받고 2017. 11. 5. 그 판결이 확정되어 안양교도소에서 복역하던 중 2018. 7. 7. 가석방되어 2018. 11. 12. 가석방기간이 경과하였다.

피고인은 2021. 1. 20. 00:00경 불상지에서, 피해자 강피해(남, 48세)가 자신을 상대로 민사소송을 제기하였다는 이유로 화가 나 휴대전화를 이용하여 피해자에게 “네 애새끼부터 병신 만들어주마, 평생 절뚝거리는 거 보고 살아라”,“징역가면 니 아들 병신 만들어줄께”, “보면 죽여 버릴지 모르니까 알아서 피해라” 라는 내용의 불안감을 유발하는 문자메시지를 보낸 것을 비롯하여 그 때부터 2021. 2. 19. 12:00경까지 사이에 매일 자정(00:00)과 정오(12:00)에 한 번씩(하루에 2번씩) 동일한 위 문자메시지를 보내어 총 62회에 걸쳐 피해자에게 불안감을 유발하는 문언을 반복적으로 도달하게 하였다.

증 거 목 록 (증거서류 등)

2022고단227

2022형제39370호 신청인 : 검사

순번	증거방법					참조사항 등	신청기일	증거의견		증거결정		증거조사기일	비고
	작성	쪽수(수)	쪽수(증)	증 거 명 칭	성 명			기일	내용	기일	내용		
1	사경	기재생략		압수조서			1	1	X	기재생략			
2				문자메시지 촬영사진들(62장)[288] (증 제1호)			1	1	X				
3				수사보고 (통신사실확인 자료제공)			1	1	O				입증취지 부인[289]
4				통신사실확인 자료제공			1	1	O				입증취지 부인
5				사건진행내역			1	1	O				

증 거 목 록 (증인 등)

2022고단227

2022형제39370호 신청인 : 검사

증거방법	쪽수(공)	입증취지 등	신청기일	증거결정		증거조사기일	비고
				기일	내용		
증인 정진호		공소사실	1	1	○	2022. 4. 4. 15:00 (실시)	

288 불안감을 유발하는 문언을 담고 있는 문자메시지를 촬영한 사진으로서 이른바 '증거물인 서면'에 해당한다. '증거물인 서면'의 경우 증거목록(증인서류 등)에 기재한다(증거조사 목록화 예규 제3조 제2항 제1호 참조).

289 실무상 피고인 측이 증거동의하는 등 증거능력은 다투지 않고 신빙성만 다투는 경우 증거목록 비고란에 '입증취지 부인'이라고 기재한다.

서울중앙지방법원

공 판 조 서

제 1 회

사 건 2022고단227 정보통신망이용촉진및정보보호등에관한법률위반

판 사 김한일 기 일 : 2022. 3. 20. 14:00

(중략)

피 고 인 김갑동 출석

검 사 최희열 출석

변 호 인 법무법인 만세 담당변호사 장혜성 출석

(기재 생략)

검사

공소장에 의하여 공소사실, 죄명, 적용법조 낭독

피고인

제가 강피해에게 대여금청구의 소를 제기당하여 화가 좀 난 것은 사실이나 불안감을 유발하는 문자메시지를 반복적으로 보내지는 않았습니다.

피고인의 변호인

검사가 제출한 문자메시지 촬영사진들(62장)은, 휴대전화기를 통하여 보내진 문자메시지에 담긴 글 내용 자체가 원물로서 증거로 사용되는 경우이므로 전문증거에 해당되는데, 형사소송법 제313조 제1항의 요건에도 부합하지 않아 증거능력이 없습니다.

판사

증거조사를 하겠다고 고지

증거관계 별지와 같음(검사)

(중략)

판사

변론속행(증인을 신문하기 위하여)

서울중앙지방법원

공 판 조 서

제 2 회

사 건 2022고단227 정보통신망이용촉진및정보보호등에관한법률위반

판 사 김한일 기 일 : 2022. 4. 4. 15:00

(중략)

피 고 인 김갑동 출석

검 사 최희열 출석

변 호 인 법무법인 만세 담당변호사 장혜성 출석

증 인 정진호 출석

(기재 생략)

판사

증거조사를 하겠다고 고지

출석한 증인을 신문하되, 형사소송법 제56조의2에 따라 증인에 대한 신문을 녹음할 것을 명하고 소송관계인에게 고지

증거관계 별지와 같음(검사)

(중략)

판사

변론종결

서울중앙지방법원

증인신문조서(제2회 공판조서의 일부)

사 건	2022고단227	정보통신망이용촉진및정보보호등에관한법률위반
증 인	이 름	정진호
법원 주사	생 년 월 일	1979. 3. 25.
	주 거	서울 서초구 청계산로 100

판사

증인에게 형사소송법 제148조 또는 같은 법 제149조에 해당하는가의 여부를 물어 이에 해당하지 아니함을 인정하고 위증의 벌을 경고한 후 별지 선서서(**첨부 생략함**)와 같이 선서하게 하였다.

증인에 대한 신문내용은 법정녹음시스템의 녹음파일 (고유번호 000260-20200750000-160226140612)과 같다(녹음파일 첨부 **생략**).

2022. 4. 4.

법원주사 마 원 경 ㊞

판 사 김 한 일 ㊞

(녹취서 표지 기재 생략)

검사

증인에게

문 증인은 피고인 김갑동에 대한 정보통신망이용촉진및정보보호등에관한법률위반 사건을 조사한 사법경찰관인가요.

답 예. 그렇습니다.

이때 검사는 증인에게 '문자메시지 촬영사진들(62장)'(증제1호)을 보여주고,

문 이 사진들의 압수경위를 설명해 주세요.

답 2021. 10. 15. 피해자 강피해가 고소하면서 제출한 사진들입니다. 피해자가 임의제출하여 이를 제출받아 압수하였습니다.

문 당시 이 문자메시지가 저장되어 있던 피해자 강피해의 휴대전화기를 직접 확인해 보았나요.

답 예. 확인해 보았습니다. 피해자가 자신의 휴대전화기를 열어 문자메시지 원본 62개를 날짜별로 하나씩 보여주었고, 이 사진들 62장과 하나씩 대조하여 본 결과 휴대전화기에 저장된 원본 메시지와 정확히 일치하였습니다.

문 그 휴대전화기는 왜 임의제출받지 않았나요.

답 피해자가 계속 사용해야 하니까 별도로 압수하지는 않았습니다.

문 문자메시지 촬영사진들(증제1호)의 원본이 저장되어 있는 피해자 강피해의 휴대전화기는 현재 어디에 있는가요.

답 피해자 강피해는 고소 직후에 교통사고를 당하여 의식불명 상태에 있다가 2022년 2월에 끝내 사망하였습니다. 확인한 결과 교통사고를 당하면서 문자메시지원본이 저장되어 있던 휴대전화기가 분실되었습니다.

이때 검사는 압수조서를 열람하게 한 후,

문 위 서류는 증인이 작성한 것인데, 증인의 서명, 날인이 제대로 되어 있고 증인이 작성한 대로 기재되어 있나요.

답 예. 그렇습니다.[290]

---

290 피고인이 증거로 함에 동의하지 않은 압수조서에 대하여 법 제312조 제6항에 따라 작성자인 정진호의 진술로 그 성립의 진정함을 증명하기 위해 행하여진 문답이다. 참고로 현행 형사소송법에는 압수·수색조서의 증거능력에 관한 규정이 없으나, 대법원 1995. 1. 24. 선고 94도1476 판결은 사법경찰리가 작성한 '피고인이 임의로 제출하는 별지 기재의 물건을 압수하였다'는 내용의 압수조서는 피고인이 공판정에서 증거로 함에 동의하지 아니하였고 원진술자의 공판기일에서의 증언에 의하여 그 성립의 진정함이 인정된 바도 없다면 증거로 쓸 수 없다고 하여 원진술자(압수조서의 작성자)의 진술에 의하

피고인의 변호인
문　문자메시지 촬영사진들에 인위적 개작의 흔적이 보이지는 않았나요.
답　전혀 그런 흔적이 없었습니다. 끝.

여 성립의 진정함이 인정되면 증거능력을 가지는 것으로 봄으로써 법 제312조 제6항이 적용된다는 취지로 해석하고 있다(증거법 73-74쪽).

[검사가 신청한 증거들]

압 수 조 서 (임의제출)

피의자 김갑동에 대한 정보통신망이용촉진및정보보호등에관한법률위반 사건에 관여 2021. 10. 15. 서울특별시 서초구 서울서초경찰서 형사과 사무실에서 사법경찰관 경위 정진호는 사법경찰리 경장 김유엽을 참여하게 하고, 별지 목록의 물건을 다음과 같이 압수하다.

압 수 경 위

2021. 10. 15. 고소인 강피해가 소지하고 있던 문자메시지 촬영사진들 62장을 임의로 제출하므로, 증거물로 사용하기 위하여 이를 영장 없이 압수하다. 위 사진들 62장은 고소인 강피해가 자신의 휴대전화기(010－2345－2580)에 저장된 문자메시지 62개를 화면에 띄워 하나씩 촬영한 것으로서, 위 휴대전화기에 저장된 문자메시지 원본 62개와 대조 확인한 결과 위 사진들 62장은 해당 문자메시지 원본과 정확히 일치하였다.

	성 명	주민등록번호	주 소	서명 또는 날인
참여인				

2021. 10. 15.

서울서초경찰서

사법경찰관 경위 정진호 ㊞

사법경찰리 경장 김유엽 ㊞

압 수 목 록

<table>
<tr><th>번호</th><th>품 명</th><th>수량</th><th colspan="2">소지자 또는 제출자</th><th colspan="2">소 유 자</th><th>경찰 의견</th><th>비고</th></tr>
<tr><td rowspan="4">1</td><td rowspan="4">문자메시지 촬영사진들</td><td rowspan="4">62장</td><td>성 명</td><td>강피해</td><td>성 명</td><td></td><td rowspan="4">압수</td><td rowspan="4">강피해 (무인)</td></tr>
<tr><td>주 소</td><td>서울특별시 송파구 송파대로 719(오금동)</td><td>주 소</td><td></td></tr>
<tr><td>주민등록번호</td><td>730307-1780711</td><td>주민등록번호</td><td></td></tr>
<tr><td>전화번호</td><td>(생략)</td><td>전화번호</td><td></td></tr>
</table>

문자메시지 촬영사진들(62장)

〈2021. 1. 20. 00:00 문자메시지〉

〈 김갑동
010-6523-3123

2021년 1월 20일 수요일

네 애새끼부터 병신 만들어주마
평생 절뚝거리는 거 보고 살아라
징역가면 니 아들 병신 만들어줄께 보면
죽여 버릴지 모르니까 알아서 피해라

오전 00:00

이하 〈2021. 1. 20. 12:00 문자메시지〉부터 〈2021. 2. 19. 12:00 문자메시지〉까지 매일 자정(00:00)과 정오(12:00)에 하루 2번씩 강피해의 휴대전화기로 도달된 문자메시지가 촬영된 나머지 61장의 사진들(문자메시지의 내용은 위와 동일함)이 편철되어 있음(나머지 첨부 생략)

서 울 서 초 경 찰 서

2021. 10. 25.

수신 : 경 찰 서 장

참조 : 형사과장

제목 : 수사보고(통신사실확인자료제공)

피의자 김갑동에 대한 정보통신망이용촉진및정보보호등에관한법률위반 사건에 관하여 서울중앙지방법원 2021-11000 통신사실확인자료 제공요청 허가서를 받아 아래와 같이 수사하였기에 보고합니다.

1. 010－6523－3123에서 2021. 1. 20. 00:00부터 2021. 2. 19. 12:00까지 매일 자정(00:00)과 정오(12:00)에 하루에 2번씩 010－2345－2580으로 문자메시지 전송되어 총 62차례 전송되었음
2. 위 제1항 기재 휴대전화번호들의 가입자의 인적 사항은 아래와 같음
   가. 010－6523－3123 : 김갑동(740505－1324518), 서울특별시 서초구 반포대로13길 48, 302호 (본건 피의자와 일치함)
   나. 010－2345－2580 : 강피해(730307－1780711), 서울특별시 송파구 송파대로 719 (본건 피해자와 일치함)

별첨 : 통신사실확인자료제공

2021. 10. 25.

사법경찰관 경위 정진호 ㊞

통신사실확인자료제공

1. 휴대전화번호 010-6523-3123에서 2021. 1. 20. 00:00부터 2021. 2. 19. 12:00까지 매일 자정(00:00)과 정오(12:00)에 하루에 2번씩 010-2345-2580으로 문자메시지 전송되어 총 62차례 전송되었음

2. 가입자 정보 등

	가입 통신사	성명	주민등록번호	주소
010-6523-3123	SK텔레콤	김갑동	740505-1324518	서울특별시 서초구 반포대로13길 48, 302호
010-2345-2580	SK텔레콤	강피해	730307-1780711	서울특별시 송파구 송파대로 719

(나머지 내용 기재 생략)

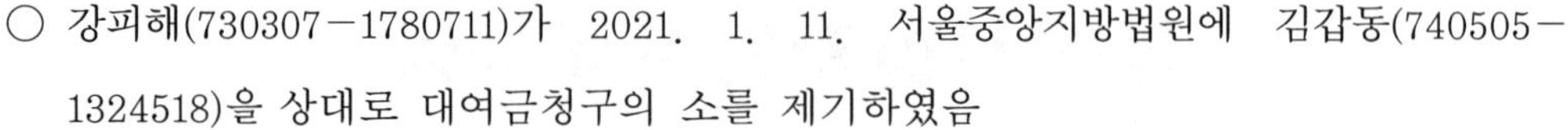

사건진행내역

○ 강피해(730307－1780711)가 2021. 1. 11. 서울중앙지방법원에 김갑동(740505－1324518)을 상대로 대여금청구의 소를 제기하였음

○ 강피해의 동생 강정해가 2022. 2. 27. 소송수계신청서를 접수한 이래 2022. 3. 현재 소송계속 중임

(나머지 내용 기재 생략)

보충문제 검토보고서

1. 결론

유죄

2. 논거

가. 공소사실의 요지(생략가능)

피고인은 2017. 10. 28. 수원지방법원에서 특수상해죄로 징역 2년을 선고받고 2017. 11. 5. 그 판결이 확정되어 안양교도소에서 복역하던 중 2018. 7. 7. 가석방되어 2018. 11. 12. 가석방기간이 경과하였다.

피고인은 2021. 1. 20. 00:00경 불상지에서, 피해자 강피해(남, 48세)가 자신을 상대로 민사소송을 제기하였다는 이유로 화가 나 휴대전화를 이용하여 피해자에게 "네 애새끼부터 병신 만들어주마, 평생 절뚝거리는 거 보고 살아라", "징역가면 니 아들 병신 만들어줄께", "보면 죽여 버릴지 모르니까 알아서 피해라"라는 내용의 불안감을 유발하는 문자메시지를 보낸 것을 비롯하여 그 때부터 2021. 2. 19. 12:00경까지 사이에 매일 자정(00:00)과 정오(12:00)에 한 번씩(하루에 2번씩) 동일한 위 문자메시지를 보내어 총 62회에 걸쳐 피해자에게 불안감을 유발하는 문언을 반복적으로 도달하게 하였다.

나. 주장 및 쟁점

○ 피고인은 강피해로부터 민사소송을 제기당하여 화가 난 사실은 인정하나 나머지 사실관계는 부인한다.

○ 변호인은, 문자메시지 촬영사진들(증제1호)은 휴대전화기를 통하여 보내진 문자메시지에 담긴 글 내용 자체가 원물로서 증거로 사용되는 경우이므로 전문증거에 해당되는데, 형사소송법 제313조 제1항의 요건에도 부합하지 않아 증거능력이 없다고 주장한다.

다. 검토의견

1) 문자메시지 촬영사진들(증제1호)의 증거능력 유무

가) 관련법리[291]

구 정보통신망 이용촉진 및 정보보호 등에 관한 법률(2005. 12. 30. 법률 제7812호로 개정되기 전의 것) 제65조 제1항 제3호는 정보통신망을 통하여 공포심이나 불안감을 유발하는 글을 반복적으로 상대방에게 도달하게 하는 행위를 처벌하고 있다. 검사가 위 죄에 대한 유죄의 증거로 문자정보가 저장되어 있는 휴대전화기를 법정에 제출하는 경우, 휴대전화기에 저장된 문자정보 그 자체가 범행의 직접적인 수단으로서 증거로 사용될 수 있다. 또한, 검사는 휴대전화기 이용자가 그 문자정보를 읽을 수 있도록 한 휴대전화기의 화면을 촬영한 사진을 증거로 제출할 수도 있는데, 이를 증거로 사용하려면 문자정보가 저장된 휴대전화기를 법정에 제출할 수 없거나 그 제출이 곤란한 사정이 있고, 그 사진의 영상이 휴대전화기의 화면에 표시된 문자정보와 정확하게 같다는 사실이 증명되어야 한다.

형사소송법 제310조의2는 사실을 직접 경험한 사람의 진술이 법정에 직접 제출되어야 하고 이에 갈음하는 대체물인 진술 또는 서류가 제출되어서는 안 된다는 이른바 전문법칙을 선언한 것이다. 그런데 정보통신망을 통하여 공포심이나 불안감을 유발하는 글을 반복적으로 상대방에게 도달하게 하는 행위를 하였다는 공소사실에 대하여 휴대전화기에 저장된 문자정보가 그 증거가 되는 경우, 그 문자정보는 범행의 직접적인 수단이고 경험자의 진술에 갈음하는 대체물에 해당하지 않으므로, 형사소송법 제310조의2에서 정한 전문법칙이 적용되지 않는다.

나) 판단

○ 증인 정진호의 법정진술, 압수조서의 기재, 문자메시지 촬영사진들의 기재 및 그 현존에 의하면, 문자메시지 촬영사진들은 피해자 강피해가 자신의 휴대전화기에 저장된 문자정보를 촬영한 사진으로서 그 문자의 영상이 피해자의 휴대전화기의 화면에 표시된 문자정보와 정확히 일치하는 사실, 그 휴대전화기는 현재 피해자의 교통사고로 인해 분실된 사실을 인정할 수 있다. 따라서 위 문자메시지 촬영사진들은 문자정보가 저장된 휴대전화기를 법정에 제출할 수 없는 사정이 있고, 그 사진의 영상이 휴대전화기의 화면에 표시된 문자정보와 정확하게 같다는 사실이 증명된 이상, 위 문자메시지 촬영사진들은 이 사건 범행의 직접적인 수단이고 경험자의 진술에 갈음하는 대체물에 해당하지 않으므로 전문법칙의 적용을 받지 않는다.[292] 위

291 대법원 2008. 11. 13. 선고 2006도2556 판결[구 정보통신망 이용촉진 및 정보보호 등에 관한 법률(2005. 12. 30. 법률 제7812호로 개정되기 전의 것) 제65조 제1항 제3호 위반죄와 관련하여 문자메시지로 전송된 문자정보를 휴대전화기 화면에 띄워 촬영한 사진에 대하여, 피고인이 성립 및 내용의 진정을 부인한다는 이유로 증거능력을 부정한 것은 위법하다고 한 사례]

292 원진술의 존재 자체가 요증사실의 구성요소를 이루는 경우는 전문법칙이 적용되지 않는다(증거법 46쪽). 달리 말해 전문증

문자메시지 촬영사진들은 증거능력이 있다.

○ 변호인의 위 주장은 받아들이지 않는다.[293]

2) 증거의 요지

1. 피고인의 일부[294] 법정진술

1. 증인 정진호의 법정진술

1. 압수조서, 수사보고(통신사실확인자료제공), 통신사실확인자료제공, 사건진행내역의 각 기재

1. 문자메시지 촬영사진들(증 제1호)의 기재 및 그 현존

3) 소결론

유죄로 인정된다.[295]

거는 진술의 내용이 사실인지, 아닌지 여부(진술 내용의 진실성 여부)를 입증취지로 하는 것이므로, 어떠한 진술의 존재 여부가 입증취지인 증거는 전문증거에 해당하지 않는다. 위 사안에서 생각해보면, 문자메시지에 담겨진 글귀, 즉 "네 애새끼부터 병신 만들어주마" 등의 입증취지는 그러한 진술이 있었는지 그렇지 아니한지(진술의 존재 여부 자체)일 뿐이다. 그 진술의 내용, 곧 '애새끼를 실제로 병신으로 만들었는지 만들지 않았는지(진술의 내용의 진실성 여부)'가 입증취지가 아니다.

293 〈검토보고서〉를 작성할 때에, 변호인 등이 주장한 내용을 배척할 경우에는 배척 이유를 논증한 직후에 이러한 표현을 사용하여 마무리를 지어주어야 한다.

294 판결서에서 증거를 나열할 때는, 피고인이 공소사실 중 일부만 자백하는 경우 자백 부분을 간략히 요약하여 쓰는 것이 좋다(판결서작성실무 167쪽 참조). 다만 실무에서는 간단하게 "피고인의 일부 법정진술"로 표현하기도 한다. 여기 사안에서는 피고인이 공소사실의 일부인 피해자 강피해로부터 민사소송을 제기당하여 화가 난 사실은 인정하고 있다. 위 인정 부분을 "피고인의 일부 법정진술"로 표현하였다.

295 유죄 결론이므로 증거로 제출된 압수물에 관하여 부수처분 가능성을 따져 보아야 한다. 임의제출물로서 압수된 문자메시지 촬영사진들(증 제1호)에 관하여 보건대, 장물이 아님은 자명하므로 피해자환부나 피해자교부의 대상은 아니다. 몰수, 폐기, 추징의 요건에 해당하는지 보자면, 피해자 강피해가 촬영한 사진으로서 피해자 소유의 물건이므로 몰수, 폐기, 추징의 이른바 대인적 요건에 해당하지 않아 몰수, 폐기, 추징의 대상도 아니다. 결국 불처분대상이다. 아무런 처분을 하지 않으면 법 제332조에 따라 압수해제 간주되므로 향후에 피압수자에게 반환된다.

Attention Please

(7) 기록5 관련 변호사시험 형사기록형 기출문제

○ **공범에 대한 경찰 피의자신문조서**에 관하여 당해 피고인이 내용부인의 취지로 증거부동의하여 증거능력이 없다는 판단을 묻는 사안이 제1회부터 제11회까지 매회 출제되었다.

○ **법 제316조 제2항의 전문진술과 그 전문진술이 기재된 조서**의 증거능력을 묻는 사안이 제1회부터 제11회까지 매회 출제되었다. 제11회 변시에는 살인교사죄 등에 관한 전문진술과 그 전문진술이 기재된 경찰진술조서가 원진술자인 공동피고인 甲이 법정에서 진술한 상황에서 형사소송법 제316조 제2항의 진술불능 요건의 흠결을 이유로 증거능력이 있는지 여부를 묻는 사안이 출제되었다.

○ **당해 피고인에 대한 경찰 피의자신문조서**에 관하여 당해 피고인이 내용부인하여 증거능력이 없다는 판단을 묻는 사안이 제2회, 제4회, 제5회, 제8~11회에 출제되었다.

○ **법 제313조 제1항에 해당하는 전문서류**의 증거능력을 묻는 사안

가. 제3회 : '참고인 전총무가 작성한 증명서'(전총무의 서명 또는 날인이 없고, 전총무가 사망하였는바, 법 제313조 제1항의 요건을 갖추었는지 문제된 사안)

나. 제4회 : '참고인 조은숙이 작성한 진술서'(법 제312조 제4항 또는 법 제313조 제1항의 요건을 충족하였는지 여부와 '외국으로 일시 출국한 사정'이 법 제314조의 요건 중 '진술불능' 요건에 해당하는지 여부가 문제된 사안)

다. 제6회 : 고소인의 직원 乙이 피고인 甲과의 대화내용을 녹음한 내용이 들어 있는 '보이스펜'의 증거능력을 묻는 사안(녹음자 乙에 대한 증인신문이 송달불능으로 인해 실시되지 못하였는바, 법 제313조 제1항 본문 및 단서, 제314조의 요건에 해당하는지 여부가 문제된 사안)

라. 제8회 : 검찰주사보가 참고인 丁과의 전화통화 내용을 기재한 수사보고서의 증거능력이 문제된 사안

○ 제7회 변시에는 앞서 기재한 것 이외에도 甲과 乙이 폭력행위등처벌에관한법률위반(공동폭행)죄 등의 공범으로 병합기소되고 甲은 乙에 대한 모욕죄로도 함께 기소된 사안에서, (1) 모욕의 점에 부합하는 乙의 법정진술은 공범 아닌 공동피고인의 법정진술로서 증거능력이 없다는 판단을 묻는 문제, (2) 고소인 乙이 작성한 고소장, 乙에 대한 경찰 진술조서에 대하여 피고인 甲이 증거로 함에 동의하지 않았는데, 乙이 법정에서 증인의 지위에서 진정성립을 인정하지 않아 위 고소장과 진술조서는 증거능력이 없다는 판단을 묻는 문제, (3) 모욕죄의 목격자이면서 甲의 사촌형제인 丙이 법정에서 증언거부권을 행사한 경우 丙에 대한 경찰 진술조서가 법 제314조에 따라 증거능력이 있는지 여부를 묻는 문제가 출제되었다[제10회 변시에서도 위 (3)과 같은 취지의 쟁점이 출제됨].

○ 제8회 변시에는 앞서 기재한 것 이외에도 '재전문진술'의 증거능력 판단을 묻는 문제도 출제되었다.

○ 제9회 변시에는 앞서 언급한 것 이외에도, 절도범 甲과 장물범 乙이 병합기소되었는데 甲이 乙에게 장물임을 말하면서 이를 교부하였다는 내용의 진술이 기재된 甲에 대한 경찰 피의자신문조서가 장물취득 공소사실을 부인하는 乙에게 증거능력이 있는지에 관하여 출제되었다.[296]

---

296 참고로 본범과 장물범은 공범관계가 아니므로, 甲이 증인의 지위에서 실질적 진정성립을 인정하지 않는 한 위 경찰 피의자신문조서는 乙에 대하여 증거능력이 없다(대법원 2006. 1. 12. 선고 2005도7601 판결 참조).

○ 제11회 변시에는 피고인을 피의자로 조사한 경찰의 법정진술(조사자 증언)에 대하여 해당 피의자신문이 밤샘조사로 진행된 상황에서 형사소송법 제316조 제1항에서 정한 이른바 특신상황이 증명되었는지 여부를 판단하는 사안이 출제되었다.

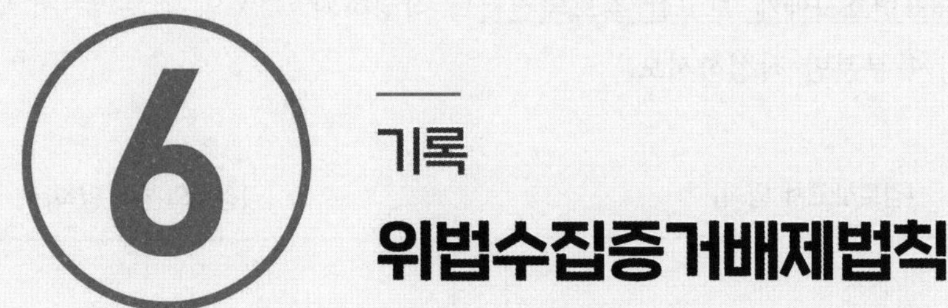
6
기록
위법수집증거배제법칙

기록 6

<문제1> 다음 기록을 읽고 서울중앙지방법원 재판연구원으로서 **검토보고서**를 작성하되, 다음의 검토보고서 양식 중 **본문 I의 1, 2 부분만 작성하시오.**

<문제2> 다음 기록을 읽고 피고인 김갑동에 대하여 변호인 변호사 장혜성이 객관적인 입장에서 대표변호사에게 보고할 **검토의견서**를 작성하되, 다음의 검토의견서 양식 중 **본문 2, 3, 4 부분만 작성하시오.**

[검토보고서 양식]

검토보고서

사 건 2022고단227 특수상해
피고인 김갑동

I. 쟁점 및 검토
1. 결론
2. 논거
가. 공소사실의 요지(생략가능)
나. 주장 및 쟁점
다. 검토의견

II. 처단형의 범위

[검토의견서 양식]

검토의견서

사 건 2022고단227 특수상해
피고인 김갑동

1. 공소사실의 요지
2. 쟁점
3. 검토의견
4. 결론

2022. 2. 12.
담당변호사 장혜성 ㊞

구속만료		미결구금
최종만료		
대행 갱신 만 료		

서 울 중 앙 지 방 법 원

구공판 **형사제1심소송기록**

기 일 1회기일	사건번호	2022고단227	담임	형사제5단독	주심	
2022. 2. 10. 10:00	사 건 명	특수상해				
	검 사	서동연	2022형제39370호			
	공소제기일	2022. 1. 29.				
	피 고 인	김 갑 동				
	변 호 인	사선 법무법인 만세 담당변호사 장혜성				

확 정	
보존종기	
종결구분	
보 존	

완결공람	담 임	과 장	재판장

증 거 목 록 (증거서류 등)

2022고단227

2022형 제39370호 신청인 : 검사

순번	증거방법					참조사항 등	신청기일	증거의견		증거결정		증거조사기일	비고
	작성	쪽수(수)	쪽수(증)	증 거 명 칭	성 명			기일	내용	기일	내용		
1	사경	2		수사보고 (피해자 제보)		기재생략	1	1	X	기재생략			
2		3		압수조서			1	1	○				
3		5		피의자신문조서	김갑동		1	1	○○○X				
4		8		조회회보서	김갑동		1	1	○				
5	검사	9		피의자신문조서	김갑동		1	1	○				
6		12		수사보고 (피해자 이메일 수사)			1	1	○				

※ 증거의견 표시 - 피의자신문조서 : 인정 ○, 부인 ×
(여러 개의 부호가 있는 경우, 적법성/실질성립/임의성/내용의 순서임)
- 기타 증거서류 : 동의 ○, 부동의 ×
- 진술이 특히 신빙할 수 있는 상태하에서 행하여졌다는 점 부인 : "특신성 부인"(비고란 기재)

※ 증거결정 표시 : 채 ○, 부 ×

※ 증거조사 내용은 제시, 낭독(내용고지, 열람)

증 거 목 록 (증인 등)

2022고단227

2022형 제39370호 신청인 : 검사

증거방법	쪽수(공)	입증취지 등	신청기일	증거결정 기일	증거결정 내용	증거조사기일	비고
낚시용 칼 1자루 (증 제1호)		기재 생략	1	1	기재 생략	기재 생략	위법수집 증거로서 증거능력 부인[297]

※ 증거결정 표시 : 채 ○, 부 ×

297 증거물에 대하여 적법한 절차에 따르지 아니하고 수집한 것이라는 등 특정사유로 증거능력을 다투는 취지의 진술이 있으면 그 취지는 공판조서나 증거목록의 비고란에 기재된다(증거법 112쪽 각주369). 이 사안에서는 피고인 측에서 낚시용 칼에 대하여 위법수집증거로서 증거능력이 없다는 주장을 하였다. 그러므로 위 낚시용 칼이 위법수집증거인지, 관련된 다른 증거들도 2차적 증거로서 증거능력이 없는지 여부가 쟁점이 된다.

서울중앙지방검찰청

2022. 1. 29.

사건번호 2022년 형제39370호

수 신 자 서울중앙지방법원 발 신 자

검 사 서동연 서동연 (인)

제 목 **공소장**

아래와 같이 공소를 제기합니다.

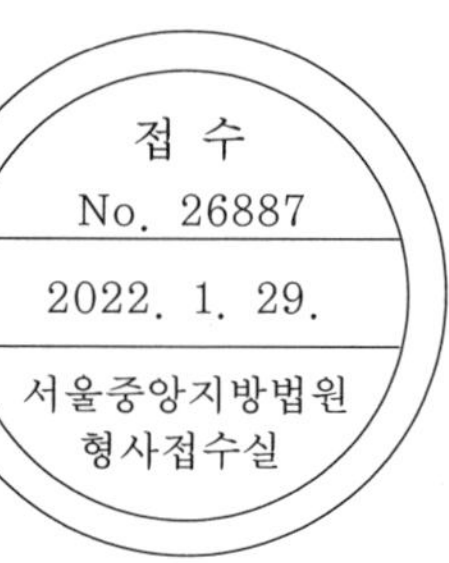

Ⅰ. 피고인 관련사항

227

피 고 인 김갑동 (740505-1324518), 47세

직업 사업, 010-1234-4321

주거 서울특별시 서초구 반포대로13길 48, 302호 (서초3동, 서중빌라)

등록기준지 경기도 남양주시 별내3로 64-2

죄 명 특수상해

적용법조 형법 제258조의 2 제1항, 제257조 제1항, 제48조 제1항

구속여부 불구속

변 호 인 없음

Ⅱ. 공소사실

피고인은 2021. 11. 1. 23:00경 서울 서초구 서초로 100 소재 황금주점 앞에서 피해자 최반포(42세)가 자신에게 반말로 이야기한다는 이유로 화가 나 위험한 물건인 낚시용 칼(칼날 길이 15cm)을 가방에서 꺼내어 피해자 최반포의 오른쪽 팔을 찔러 피해자 최반포에게 2주간의 치료를 요하는 우전박부 자창을 가하였다.

Ⅲ. 첨부서류

1. 체포영장 1통
2. 피의자석방보고서 1통 **(첨부생략)**

체 포 영 장

[통상] 서울중앙지방법원

<table>
<tr><td>영 장 번 호</td><td>2022-80</td><td>죄 명</td><td colspan="3">특수상해</td></tr>
<tr><td rowspan="3">피 의 자</td><td>성 명</td><td>김 갑 동</td><td>직 업</td><td colspan="2">사업</td></tr>
<tr><td>주민등록번호</td><td colspan="4">740505-1324518 (47세)</td></tr>
<tr><td>주 거</td><td colspan="4">서울 서초구 반포대로13길 48, 302호</td></tr>
<tr><td>청구한 검사</td><td colspan="2">이혁수</td><td>청 구 일 자</td><td colspan="2">2022. 1. 3. 14:00</td></tr>
<tr><td>변 호 인</td><td colspan="2"></td><td>유 효 기 간</td><td colspan="2">2022. 7. 3.까지</td></tr>
<tr><td>범죄사실의 요지</td><td colspan="2">별지 기재와 같다.</td><td>인치할 장소</td><td colspan="2">서울서초경찰서 형사과</td></tr>
<tr><td>구금할 장소</td><td colspan="5">서울서초경찰서 유치장</td></tr>
<tr><td colspan="3">☑ 피의자는 정당한 이유 없이 수사기관의 출석요구에 응하지 아니하였다.

☐ 피의자는 정당한 이유 없이 수사기관의 출석요구에 응하지 아니할 우려가 있다.

☐ 피의자는 일정한 주거가 없다(다액 50만 원 이하의 벌금, 구류 또는 과료에 해당하는 사건).</td><td colspan="3">피의자가 별지 기재와 같은 죄를 범하였다고 의심할 만한 상당한 이유가 있고, 체포의 사유 및 체포의 필요가 있으므로 피의자를 체포한다.
유효기간이 경과하면 체포에 착수할 수 없고, 유효기간이 경과한 경우 또는 유효기간 내라도 체포의 필요가 없어진 경우에는 영장을 반환하여야 한다.

2022. 1. 3.

판사 송 윤 진 ㊞</td></tr>
<tr><td>체 포 일 시</td><td colspan="2">2022. 1. 5. 14:30</td><td>체 포 장 소</td><td colspan="2">서울 서초구 반포대로13길 48, 302호</td></tr>
<tr><td>인 치 일 시</td><td colspan="2">2022. 1. 5. 15:00</td><td>인 치 장 소</td><td colspan="2">서울서초경찰서 형사과</td></tr>
<tr><td>구 금 일 시</td><td colspan="2">2022. 1. 5. 15:30</td><td>구 금 장 소</td><td colspan="2">서울서초경찰서 유치장</td></tr>
<tr><td>집행불능사유</td><td colspan="5"></td></tr>
<tr><td>처리자의 소속 관서, 관직</td><td colspan="2">서울서초경찰서 형사과 경위</td><td>처 리 자 기 명 날 인</td><td colspan="2">정진호 ㊞</td></tr>
</table>

범죄사실 및 체포의 사유

피의자는 2021. 11. 1. 23:00경 서울 서초구 서초로 100 소재 황금주점 앞에서 피해자 최반포(42세)가 자신에게 반말로 이야기한다는 이유로 화가 나 위험한 물건인 낚시용 칼(칼날 길이 15cm)을 가방에서 꺼내어 피해자 최반포의 오른쪽 팔을 찔러 피해자 최반포에게 2주간의 치료를 요하는 우전박부 자창을 가한 자로서,

정당한 이유 없이 수사기관의 출석요구에 2회에 걸쳐 응하지 아니하였다.

변호인선임신고서

피 고 인 김 갑 동
사 건 명 2022고단227 특수상해

위 사건에 관하여 **법무법인 만세(담당변호사 장 혜 성)**를 변호인으로 선임하고 이에 신고함.

2022. 1. 30.

선임인 피고인 김갑동 (무인)

위 변호인 **법무법인 만세** (직인)

주소 서울 서초구 서초대로206번길 법조빌딩 502호

전화번호 02 - 534 - 2233

11001-
No 040327
(위임장등부착용)
경유증표(본안)
2022. 01. 30.
서울지방변호사회

접 수
No. 30035
2022. 1. 30.
서울중앙지방법원
형사접수실

서울중앙지방법원 형사 제5단독 귀중

서울중앙지방법원

공 판 조 서

제 1 회

사 건 2022고단227 특수상해

판 사 김한일 기 일 : 2022. 2. 10. 10:00

장 소 : 제 308 호 법정

공개여부 : 공개

법원 주사 마원경 고지된

다음기일 : 2022. 2. 17. 14:00

피 고 인 김갑동 출석

검 사 최희열 출석

변 호 인 법무법인 만세 담당변호사 장혜성 출석

판사

피고인은 진술을 하지 아니하거나 각개의 물음에 대하여 진술을 거부할 수 있고 이익 되는 사실을 진술할 수 있음을 고지

판사의 인정신문

성 명 : 김갑동

주민등록번호 : 공소장 기재와 같음

직 업 : 〃

주 거 : 〃

등록 기준지 : 〃

판사

피고인에 대하여

주소의 변동이 있을 때에는 이를 법원에 보고할 것을 명하고, 소재가 확인되지 않을 때에는 그 진술 없이 재판할 경우가 있음을 경고

검사

공소장에 의하여 공소사실, 죄명, 적용법조 낭독

피고인

공소사실을 인정하지 않습니다.

피고인의 변호인

피고인의 주장과 같습니다. 그리고 낚시용 칼의 압수절차가 위법하여 압수물인 낚시용 칼과 이와 관련된 증거의 증거능력이 인정되지 않기 때문에 피고인에게 무죄를 선고해야 한다고 주장[298]

판사

검사에게

낚시용 칼에 대하여 별도로 압수수색영장을 발부받은 적이 있는지 물은 즉,

검사

낚시용 칼에 대하여 별도로 압수수색영장을 발부받지는 아니하였으나 체포현장에서의 압수수색으로서 영장 없이도 압수수색이 가능하다고 진술[299]

판사

증거조사를 하겠다고 고지

증거관계 별지와 같음(검사)

판사

증거조사결과에 대한 의견을 묻고 권리를 보호함에 필요한 증거조사를 신청할 수 있음을 고지

소송관계인

별 의견 없으며, 달리 신청할 증거도 없다고 진술

판사

증거조사를 마치고, 검사와 변호인에게 피고인 신문을 할지 물어본바

298 변호인의 주장을 통하여 쟁점이 현출되었다. 즉, 변호인은 무죄 주장을 하면서 위법수집증거배제법칙을 언급하고 있다. 메모대상이다.

299 변호인이 낚시용 칼의 압수절차가 위법하다고 주장하자, 검사가 체포현장에서의 압수수색(법 제216조 제1항 제2호)에 해당하여 영장주의의 예외에 해당한다는 취지로 진술하고 있다. 따라서 이하 기록검토시에 법 제216조 제1항 제2호에서 정한 영장주의의 예외요건이 충족되었는지 검토하여야 한다.

검사 및 변호인

피고인 신문을 하지 않겠다고 진술

검사

이 사건 공소사실은 모두 그 증거가 있으므로 공소장 기재 법조를 적용하여 피고인을 징역 2년에 처하고, 압수된 증 제1호를 피고인으로부터 몰수함이 상당하다는 의견 진술

판사

피고인 및 변호인에게 최종 의견 진술 기회 부여

변호인

피고인을 위하여 별지 변론요지서(생략) 기재와 같이 변론하다.

피고인

억울한 점이 없도록 잘 판단해 주시기를 부탁드립니다.

판사

변론종결

2022. 2. 10.

법원 주사 마원경 ㊞

판 사 김한일 ㊞

제 1 책
제 1 권

서울중앙지방법원

증거서류등(검사)

사 건 번 호	2022고단227	담임	형사제5단독	주심	
	20 노		부		
	20 도		부		
사 건 명	특수상해				
검 사	서동연		2022년 형제 39370호		
피 고 인	김갑동				
공소제기일	2022. 1. 29.				
1심 선고	20 . . .	항소	20 . . .		
2심 선고	20 . . .	상고	20 . . .		
확정	20 . . .	보존			

압 수 물 총 목 록

서울중앙지방검찰청	
압 수	2022. 1. 18.
㊞	2022 압 제 3509호

번호	품 종	수 량	기록장수	비 고
1	낚시용 칼	1자루		송치[300]

300 검토보고서를 작성하는 경우, 결론이 유죄인 때에는 여기로 와서 해당 압수물이 경찰에서 검찰로 송치되었는지, 경찰 단계에서 가환부되었는지 확인하여야 한다. 해당 압수물이 몰수 등 부수처분의 대상이 되기도 하고 증거물로서 증거조사된 경우라면 증거로 사용될 수도 있기 때문이다.

서 울 서 초 경 찰 서

2021. 12. 12.

수신 : 경찰서장

참조 : 형사과장

제목 : 수사보고(피해자 제보)

⊙ 본직은 2021. 12. 12. 14:30경 최반포(1979. 10. 1.생이라 함)로부터 형사과 사무실 전화를 통하여 아래와 같은 제보를 받음

⊙ 제보내용

김갑동(주거 서울 서초구 반포대로13길 48, 서중빌라 302호, 휴대전화번호 010-1234-4321)은 축구동호회를 같이 하면서 알게 된 사회 선배임. 김갑동과 최반포는 2021. 11. 1. 22:00경 서울 서초구 서초로 100 소재 황금주점에서 술을 마셨고, 2021. 11. 1. 23:00경 위 주점 밖으로 나왔음. 최반포가 김갑동에게 친근함에서 반말로 이야기하자 김갑동이 나이 어린 사람에게 반말로 이야기듣는 것이 기분나쁘다는 이유로 가방에서 낚시용 칼을 꺼내 최반포의 오른쪽 팔을 찔렀다고 함. 최반포는 다음 날 병원에 가서 2주 치료를 요하는 우전박부 자창 진단을 받았다고 함.

⊙ 본직이 최반포에게 경찰서에 나와 줄 수 있냐고 묻자, 최반포는 2021. 12. 1. 미국 뉴저지로 이민을 와 한국에 나갈 수 없고, 상해진단서라도 추후 우편으로 보내보겠다고 말하고 이메일(banpo@gma.com)을 알려준 후 전화를 끊었음.

이상의 이유로 김갑동에 관하여 수사할 필요가 있기에 위와 같이 보고합니다.

2021. 12. 12.
형사과 근무
경위 정진호 ㉠

압 수 조 서 (체포현장에서의 압수수색)[301]

피의자 김갑동에 대한 특수상해 피의사건에 관하여 2022. 1. 5. 14:30경 서울 서초구 반포대로13길 48, 302호(서초3동, 서중빌라) 피의자 집에서 사법경찰관 경위 정진호는 사법경찰리 경장 한경희를 참여하게 하고 별지 목록의 물건을 다음과 같이 압수하다.

압 수 경 위

법원으로부터 피의자에 대한 체포영장을 발부받아 2022. 1. 5. 14:30경 피의자의 주거지 내에서 체포영장의 집행으로 피의자를 체포하던 중, 피의자의 집 거실에 있는 책상 서랍 안에서 낚시용 칼을 발견하여 형사소송법 제216조 제1항 제2호에 의하여 압수수색영장 없이 압수함.

	성 명	주민등록번호	주 소	서명 또는 날인
참여인	(생략)			

2022. 1. 5.

서울서초경찰서

사법경찰관 경위 **정진호** ㊞

사법경찰리 경장 **한경희** ㊞

301 공판기록에서 압수수색절차의 위법성을 쟁점으로 파악한 상태이므로, 압수조서를 면밀히 검토하여야 한다. 경찰 압수조서의 경우 주로 압수조서라는 제목 옆 괄호 안에 압수수색의 법적 근거를 표시하는데, 여기에는 체포현장에서의 압수수색이라고 기재되어 있다. 아래 "압수경위"에서 체포현장에서의 압수수색에 관한 요건충족 여부를 판단할 만한 정보가 주어지므로 압수경위도 꼼꼼히 읽어야 한다. 여기서는 체포한 현장인 피의자의 집에서 압수한 것이어서 법 제216조 제1항 제2호의 요건에 부합하는 것으로 보인다. 다만 나머지 절차적 요건으로서 법 제217조 제2항(법 제216조 제1항 제2호에 따라 압수한 물건을 계속 압수할 필요가 있는 경우에는 지체 없이 압수수색영장을 청구하여야 한다. 이 경우 압수수색영장의 청구는 체포한 때부터 48시간 이내에 하여야 한다)에 의하여 사후 압수수색영장을 발부받아야 한다. 실무상 영장발부 여부는 증거기록에 잘 현출되지 않는 경우도 많으므로 변호인은 재판장을 통해서 검사에게 영장발부 여부에 관한 석명을 요청할 필요가 있을 수도 있다.

압 수 목 록

<table>
<tr><th>번호</th><th>품 종</th><th>수량</th><th colspan="2">소지자 또는 제출자</th><th colspan="2">소 유 자</th><th>경찰 의견</th><th>비고</th></tr>
<tr><td rowspan="4">1</td><td rowspan="4">낚시용 칼(칼날 길이 15cm)</td><td rowspan="4">1자루</td><td>성 명</td><td>김갑동</td><td>성 명</td><td>좌동</td><td rowspan="4">압수</td><td rowspan="4">김갑동 (무인)</td></tr>
<tr><td>주소</td><td>서울 서초구 반포대로13길 48, 302호(서초3동, 서중빌라)</td><td>주 소</td><td>〃</td></tr>
<tr><td>주민등록번호</td><td>740505-1324518</td><td>주민등록번호</td><td>〃</td></tr>
<tr><td>전화번호</td><td>(생략)</td><td>전화번호</td><td>〃</td></tr>
</table>

피 의 자 신 문 조 서

피 의 자 : 김갑동

위의 사람에 대한 특수상해 피의사건에 관하여 2022. 1. 9.[302] 서울서초경찰서 형사과 사무실에서 사법경찰관 경위 정진호는 사법경찰리 경장 김유엽을 참여하게 하고, 아래와 같이 피의자임에 틀림없음을 확인하다.

문 **피의자의 성명, 주민등록번호, 직업, 주거, 등록기준지 등을 말하십시오.**

답 **성명**은 김갑동 (金甲東)

주민등록번호는 740505-1324518

직업은 사업

주거는 서울특별시 서초구 반포대로13길 48, 302호(서초3동, 서중빌라)

등록기준지는 경기도 남양주시 별내3로 64-2

직장주소는 (생략)

연락처는 **자택전화 (생략)** **휴대전화 (생략)**

직장전화 **전자우편**(e-mail) **(생략)**

입니다.

사법경찰관은 피의사건의 요지를 설명하고 사법경찰관의 신문에 대하여 형사소송법 제244조의3의 규정에 의하여 진술을 거부할 수 있는 권리 및 변호인의 참여 등 조력을 받을 권리가 있음을 피의자에게 알려주고 이를 행사할 것인지 그 의사를 확인하다.

302 본 경찰 피의자신문은 2022. 1. 9.에 진행되었다. 앞서 보았듯이 법 제217조 제2항 후문에 의하면, 체포한 때(피의자 김갑동은 2022. 1. 5. 14:30경에 체포되었다)부터 48시간 이내에 사후 압수수색영장을 청구하여야 앞서 압수한 낚시용 칼에 관한 압수수색절차가 영장주의 예외로서 적법한 상황이다. 수사기록이 시간순서대로 편제되는 것이 원칙임을 감안하면, 일단 피의자 김갑동이 체포되고 위 낚시용 칼이 체포영장에 의한 체포현장에서 압수된 이후 2022. 1. 9.까지 사이에 사후 압수수색영장이 청구되지 않은 것으로 보인다. 이후에 혹시 피의자 김갑동이 체포된 2022. 1. 5. 14:30경부터 48시간 내에 사후 압수수색영장이 청구되었다는 점에 관한 정보가 있는지 한 번 더 확인해 볼 일이다.

이에 사법경찰관은 피의사실에 관하여 다음과 같이 피의자를 신문하다.

문 피의자는 형사처분이나 기소유예처분을 받은 사실이 있나요.

답 없습니다.

(병역관계, 최종학력, 사회경력, 가족관계, 재산이나 월수입, 종교, 건강상태 등에 관한 문답은 **기재 생략**)

문 피의자는 2022. 1. 5. 체포되었다가 오늘 출석을 약속하고 석방된 후 나온 것이지요.

답 네.

문 피의자는 최반포를 아는가요.

답 저와 축구동호회에서 같이 축구를 하여 아는 사회 후배입니다.

문 피의자는 낚시용 칼로 최반포를 찌른 사실이 있나요.

답 (묵묵부답하다)

문 (압수된 낚시용 칼을 제시하며) 이것이 피의자가 소지하고 있다가 압수된 낚시용 칼이 맞는가요.[303]

답 네. 맞습니다.

문 다시 묻겠습니다. 피의자가 2021. 11. 1. 23:00경 서울 서초구 서초로 100 소재 황금주점 앞에서 최반포를 위 칼로 찌르지 않았나요.

답 (한숨쉬며) 제가 2021. 11. 1. 22:00경 황금주점에서 최반포와 술을 먹었는데 최반포가 술에 취해 저에게 반말투로 이야기하는 것이 거슬렸습니다. 저와 최반포는 23:00경 술을 그만 마시고 주점 밖으로 나와 주점 앞에서 이야기를 하였습니다. 그런데 최반포가 저에게 자꾸 반말투로 이야기하자 제가 화가 나 보여주신 낚시용 칼을 가방에서 꺼내 최반포의 오른쪽 팔을 1회 찔렀습니다. 저는 직후 겁이 나 택시를 타고 집으로 도망을 왔습니다.

문 최반포는 피의자 때문에 2주간의 치료를 요하는 우전박부 자창을 입었다는데 인정하는가요.

답 최반포가 피를 약간 흘리는 것 같아 그 정도 상해를 인정합니다.

303 담당경찰이 앞서 보았듯이 위법하게 수집된 낚시용 칼을 피의자에게 제시하면서 공소사실에 관하여 문답을 하였다. 인과관계가 단절되거나 희석되었다고 보기 어려운 정황이다. 따라서 피고인에 대한 경찰 피의자신문조서 역시 위법수집증거에 기초한 2차적 증거로서 증거능력이 없다는 판단이 가능하다. 물론 본 경찰 피의자신문조서는 공판기록 중 증거목록(증거서류 등)에서 살핀 것처럼, 당해 피고인 김갑동이 내용부인하고 있으므로 전문법칙에 따라서도 증거능력이 없다고 판단된다.

문 피의자는 왜 수사기관의 소환에 불응하였나요.

답 감옥에 가면 어떻게 하나 걱정이 되어 경찰로부터 오는 전화나 우편소환장을 수차례 받고 응하지 않았습니다. 이렇게 체포되어 민망하기 그지 없습니다.

문 피의자는 최반포와 합의하였나요.

답 최반포가 그 후 이민을 갔다고 해서 용서를 빌지 못했습니다.

문 이상의 진술에 대하여 이의나 의견이 있는가요.

답 없습니다. (무인)

위의 조서를 진술자에게 열람하게 하였던바, 진술한 대로 오기나 증감·변경할 것이 전혀 없다고 말하므로 간인한 후 서명 무인하게 하다.

진술자 김갑동 (무인)

2022. 1. 9.

서 울 서 초 경 찰 서

사법경찰관 경위 정진호 ㊞

사법경찰리 경장 김유엽 ㊞

조 회 회 보 서

제 2022-01573 호　　　　　　　　　　　　　　　　　　　　2022. 1. 13.

☐ 조회대상자

성　　명	김갑동	주민등록번호	740505-1324518		성별	남
지문번호	48475-29349	주민지문번호	(생략)	일련번호		02495477
주　　소	서울 서초구 반포대로13길 48, 302호(서초3동, 서중빌라)					
등록기준지	경기도 남양주시 별내3로 64-2					

☐ 주민정보(생략)

☐ 범죄경력자료

연번	입건일	입건관서	작성번호	송치번호	형제번호
	처분일	죄　명		처분관서	처분결과

☐ 수사경력자료

연번	입건일	입건관서	작성번호	송치번호	형제번호
	처분일	죄명		처분관서	처분결과
1					

☐ 지명수배내역(생략)

위와 같이 조회 결과를 통보합니다.

조 회 용 도 : 범죄수사

조회의뢰자 : 형사팀 경위 정진호

작 성 자 :

서 울 서 초 경 찰 서 장 (직인)

피의자신문조서

성　　　명 : 김갑동

주민등록번호 : 740505-1324518

위의 사람에 대한 특수상해 피의사건에 관하여 2022. 1. 20. 서울중앙지방검찰청 제305호 검사실에서 검사 서동연은 검찰주사 엄연숙을 참여하게 한 후, 아래와 같이 피의자임에 틀림없음을 확인하다.

문　피의자의 성명, 주민등록번호, 직업, 주거, 등록기준지 등을 말하시오.

답　성명은　김갑동

주민등록번호는　740505-1324518 (47세)

직업은　사업

주거는　서울특별시 서초구 반포대로13길 48, 302호(서초3동, 서중빌라)

등록기준지는　경기도 남양주시 별내3로 64-2

직장 주소는　(생략)

연락처는　자택 전화 : (생략)　휴대 전화 : (생략)

직장 전화 : (생략)　전자우편(E-mail) : (생략)

입니다.

검사는 피의사실의 요지를 설명하고 검사의 신문에 대하여 「형사소송법」 제244조의3에 따라 진술을 거부할 수 있는 권리 및 변호인의 참여 등 조력을 받을 권리가 있음을 피의자에게 알려주고 이를 행사할 것인지 그 의사를 확인하다.

이에 검사는 피의사실에 관하여 다음과 같이 피의자를 신문하다.

문 피의자는 형벌을 받은 사실이 있는가요.

답 없습니다.

문 피의자의 학력, 경력, 가족관계, 재산정도, 건강상태 등은 경찰에서 사실대로 진술하였나요.

이때 검사는 사법경찰관이 작성한 피의자신문조서 중 해당 부분을 읽어주다.

답 예. 그렇습니다.

문 피의자는 축구동호회 활동으로 알게 된 최반포를 칼로 찌른 적 있지요.

답 (머뭇머뭇거리다)

문 (압수된 낚시용 칼을 제시하며) 피의자는 2021. 11. 1. 23:00경 서울 서초구 서초로 100 소재 황금주점 앞에서 피해자 최반포가 자신에게 반말로 이야기한다는 이유로 화가 나 위험한 물건인 낚시용 칼(길이 15cm)을 가방에서 꺼내어 피해자 최반포의 오른쪽 팔을 찔러 피해자 최반포에게 2주간의 치료를 요하는 우전박부 자창을 가한 사실이 있나요.[304]

답 (한참 생각하다) 맞습니다.

문 피의자는 당시 술에 많이 취했었나요.

답 제가 술에 많이 취하지는 않았었는데 최반포의 말투에 참지 못하고 상해를 가한 것 같습니다. 죄송합니다.

문 이상의 진술내용에 대하여 이의나 의견이 있는가요.

답 없습니다. (무인)

304 검사가 앞서 보았듯이 위법하게 수집된 낚시용 칼을 피의자에게 제시하면서 공소사실에 관하여 문답을 하였다. 인과관계가 단절되거나 희석되었다고 보기 어려운 정황이다. 따라서 피고인에 대한 검찰 피의자신문조서 역시 위법수집증거에 기초한 2차적 증거로서 증거능력이 없다는 판단이 가능하다.

위의 조서를 진술자에게 열람하게 하였던바, 진술한 대로 오기나 증감·변경할 것이 전혀 없다고 말하므로 간인한 후 서명 무인하게 하다.

진술자 김갑동 (무인)

2022. 1. 20.

서울중앙지방검찰청

검 사 서 동 연 ㊞

검찰주사 엄 연 숙 ㊞

서울중앙지방검찰청

수 신 : 검사 서동연

제 목 : 수사보고(피해자 이메일 수사)

수사관이 2022. 1. 20. 피해자 최반포의 이메일(banpo@gma.com)로 검찰청에 출석할 수 있는지와 출석이 어려우면 상해진단서라도 보내줄 수 있는지 문의하였으나, 현재까지 최반포가 연락을 하지 않기에 보고합니다.

2022. 1. 24.

서울중앙지방검찰청 검찰주사 엄 연 숙 ㊞

기록 6
모범답안

문제 1 검토보고서

1. 결론

무죄

2. 논거

가. 공소사실의 요지(생략가능)

피고인은 2021. 11. 1. 23:00경 서울 서초구 서초로 100 소재 황금주점 앞에서 피해자 최반포(42세)가 자신에게 반말로 이야기한다는 이유로 화가 나 위험한 물건인 낚시용 칼(칼날 길이 15cm)을 가방에서 꺼내어 피해자 최반포의 오른쪽 팔을 찔러 피해자 최반포에게 2주간의 치료를 요하는 우전박부 자창을 가하였다.

나. 주장 및 쟁점

○ 피고인은 사실관계를 부인한다.

○ 변호인은 낚시용 칼의 압수절차가 위법하여 압수물인 낚시용 칼과 관련 증거의 증거능력이 인정되지 않는다고 주장한다.

○ 검사는 낚시용 칼에 대하여 체포현장에서의 압수수색으로서 영장 없이도 압수수색이 가능하다고 주장한다.

다. 검토의견

1) 검사가 제출한 증거[305]

수사보고(피해자 제보), 경찰 압수조서, 피고인에 대한 경찰 피의자신문조서, 조회회보서, 피고인에 대한 검찰 피의자신문조서, 수사보고(피해자 이메일 수사), 압수된 낚시용 칼(증 제1호)

305 기록에서 파악된 공소사실에 부합하는 듯한 증거 일체를 나열한다.

2) 증거능력이 없는 증거

가) 전문법칙

(1) 피고인에 대한 경찰 피의자신문조서

피고인이 이 법정에서 내용을 부인하므로 증거능력이 없다.[306]

(2) 수사보고(피해자 제보)

전문증거로서 피고인이 이를 증거로 하는 데 동의하지 않아 형사소송법 제310조의2에 의해 제311조 내지 제316조에 규정된 것 이외에는 이를 증거로 삼을 수 없는 것인데, 위 수사보고서는 제311조, 제312조, 제315조의 적용대상이 아님이 분명하고, 제313조가 적용되기 위한 원진술자의 서명 또는 날인이 없으므로, 증거능력이 없다.

나) 위법수집증거배제법칙[307]

(1) 관련법리

기본적 인권 보장을 위하여 압수·수색에 관한 적법절차와 영장주의의 근간을 선언한 헌법과 이를 이어받아 실체적 진실 규명과 개인의 권리보호 이념을 조화롭게 실현할 수 있도록 압수·수색절차에 관한 구체적 기준을 마련하고 있는 형사소송법의 규범력은 확고히 유지되어야 하므로 헌법과 형사소송법이 정한 절차에 따르지 아니하고 수집한 증거는 물론 이를 기초로 하여 획득한 2차적 증거 역시 기본적 인권 보장을 위해 마련된 적법한 절차에 따르지 않은 것으로서 원칙적으로 유죄 인정의 증거로 삼을 수 없다.[308]

다만 위법하게 수집한 압수물의 증거능력 인정 여부를 최종적으로 판단함에 있어서는, 수사기관의 증거 수집 과정에서 이루어진 절차 위반행위와 관련된 모든 사정, 즉 절차 조항의 취지와 그 위반의 내용 및 정도, 구체적인 위반 경위와 회피가능성, 절차 조항이 보호하고자 하는 권리 또는 법익의 성질과 침해 정도 및 피고인과의 관련성, 절차 위반행위와 증거수집 사이의 인과관계 등 관련성의 정도, 수사기관의 인식과 의도 등을 전체적·종합적으로 살펴볼 때,

---

306 이 증거 역시 아래 위법수집증거배제법칙에 따른 2차 증거에 해당하여 증거능력이 인정되지 아니한다고 볼 수도 있다. 다만 피고인에 대한 경찰 피의자신문조서는 피고인이 내용을 부인하면 증거능력이 간단하게 부정되므로, 여기서 적어 주었다.

307 위법수집증거에 관한 판단은, ① 위법수집증거배제법칙에 관한 법리(일반법리와 해당 사안에 특유한 법리 모두)를 제시하고, ② 어떠한 증거들이 어떠한 절차를 거쳐서 수집되었는지 사실관계를 인정하며, ③ ①, ②에 따라 포섭판단하여 보니 어떠한 증거가 위법하게 수집된 증거에 해당하고 또 어떠한 증거들이 그에 기초한 2차적 증거에 해당하는지를 언급한다는 생각으로 기재하면 된다.

308 여기서 소개하는 관련법리는 대법원 2009. 12. 24. 선고 2009도11401 판결의 판시사항을 소개한 것이다. 법 제308조의2에서 위법수집증거배제법칙을 명시적으로 선언하고 있으므로, 이상의 부분은 "형사소송법 제308조의2에 의하면, 적법한 절차에 따르지 아니하고 수집한 증거와 이를 기초로 하여 획득한 2차적 증거는 원칙적으로 증거로 할 수 없다." 정도로 축약하여 적을 수도 있겠다.

수사기관의 절차 위반행위가 적법절차의 실질적인 내용을 침해하는 경우에 해당하지 아니하고, 오히려 그 증거의 증거능력을 배제하는 것이 헌법과 형사소송법이 형사소송에 관한 절차 조항을 마련하여 적법절차의 원칙과 실체적 진실 규명의 조화를 도모하고 이를 통하여 형사 사법 정의를 실현하려고 한 취지에 반하는 결과를 초래하는 것으로 평가되는 예외적인 경우에 한해 그 증거를 유죄 인정의 증거로 사용할 수 있을 뿐이다.

법원이 2차적 증거의 증거능력 인정 여부를 최종적으로 판단할 때에는 먼저 절차에 따르지 아니한 1차적 증거 수집과 관련된 모든 사정들은 물론, 나아가 1차적 증거를 기초로 하여 다시 2차적 증거를 수집하는 과정에서 추가로 발생한 모든 사정들까지 구체적인 사안에 따라 주로 인과관계 희석 또는 단절 여부를 중심으로 전체적·종합적으로 고려하여야 한다.

형사소송법 제216조 제1항 제2호, 제217조 제2항, 제3항은 사법경찰관은 형사소송법 제200조의2(영장에 의한 체포)의 규정에 의하여 피의자를 체포하는 경우에 필요한 때에는 영장 없이 체포현장에서 압수·수색을 할 수 있고, 압수한 물건을 계속 압수할 필요가 있는 경우에는 지체 없이 압수수색영장을 청구하여야 하며, 청구한 압수수색영장을 발부받지 못한 때에는 압수한 물건을 즉시 반환하여야 한다고 규정하고 있는바, 형사소송법 제217조 제2항, 제3항에 위반하여 압수수색영장을 청구하여 이를 발부받지 아니하고도 즉시 반환하지 아니한 압수물은 이를 유죄 인정의 증거로 사용할 수 없다. 위법하게 수집한 증거는 피고인이나 변호인의 증거 동의가 있다고 하더라도 유죄의 증거로 사용할 수 없다.[309]

(2) 인정사실

피고인에 대한 경찰 피의자신문조서의 진술기재, 경찰 압수조서, 체포영장의 각 기재[310]에 의하면, 아래와 같은 사실이 인정된다.

① 담당경찰은 2022. 1. 5. 14:30경 체포영장에 기하여 피고인의 주거지에서 피고인을 체포하는 과정에서 낚시용 칼이 발견되자 이를 압수하였다.

② 검사는 체포된 때로부터 48시간 이내 낚시용 칼에 대하여 사후 압수·수색영장을 청구하여 발부받지 아니하였다.

---

309 대법원 2009. 12. 24. 선고 2009도11401 판결

310 피고인에 대한 경찰 피의자신문조서, 경찰 압수조서는 증거능력이 없다고 판단되는 증거서류들이다. 그런데 증거능력이 없는 증거에 의하여 사실인정을 할 수 있는지 의문이 들 수 있다. 결론부터 말하자면, 위법한 절차를 거쳐 증거를 수집하였다는 사실관계를 인정하는 데 있어서, 증거능력 없는 증거도 증거로 사용할 수 있다. 왜냐하면 증거의 증거능력 인정을 위한 기초사실 등의 '소송법적 사실'을 인정하는 데에는 자유로운 증명으로 족할 뿐만 아니라(증거법 11쪽), 어떠한 증거가 위법수집증거에 해당하여 증거능력이 배척되는 사정은 피고인에게 유리한 경우이기 때문에 그러하다.

(3) 판단

(가) 압수된 낚시용 칼(증 제1호), 경찰 압수조서

피고인이 2022. 1. 5. 14:30경 체포되었고 낚시용 칼을 압수당하였는바 그로부터 48시간 이내 검사가 법원에 압수수색영장을 청구하여 발부받지 못하였다. 형사소송법의 규정과 앞서 본 법리에 비추어 보면, 위 압수물과 압수조서는 형사소송법의 규정을 위반하여 수집된 증거로서 그 절차위반행위가 적법절차의 실질적인 내용을 침해하므로 피고인 및 변호인의 증거동의에도 불구하고 증거능력이 없다.

(나) 피고인에 대한 검찰 피의자신문조서

위 증거는 위법하게 수집된 낚시용 칼이 제시되면서 작성된 2차적 증거로서 그 절차위반행위가 적법절차의 실질적인 내용을 침해할 정도로 중대한 경우에 해당하는 점을 고려해 보면 그 수집절차와 낚시용 칼의 수집절차의 위법사유 사이에 인과관계가 단절 내지 희석되었다고 할 수 없으므로, 위 증거는 피고인에 대하여 증거능력이 없다. 비록 피고인 및 변호인이 위 증거에 증거동의를 하였다고 하더라도 달리 볼 것은 아니다.

3) 부족증거

나머지 증거들[311]만으로는 이 사건 공소사실이 합리적 의심을 넘을 정도로 증명되었다고 보기 부족하고, 달리 이를 인정할 증거가 없다.

4) 소결론

따라서 위 공소사실은 범죄사실의 증명이 없는 경우에 해당하여 형사소송법 제325조 후단에 의하여 무죄로 판단된다.

311 〈검사가 제출한 증거〉에 열거된 증거들 중에서 증거능력이 배척된 증거들을 제외한 나머지 증거들, 즉 조회회보서, 수사보고(피해자 이메일 수사)를 가리킨다.

문제 2 검토의견서

1. 공소사실의 요지(기재 생략)

2. 쟁점

피고인은 공소사실을 부인하고, 변호인은 낚시용 칼의 압수절차가 위법하여 압수물인 낚시용 칼과 이와 관련된 증거의 증거능력이 인정되지 않아 피고인에게 무죄를 선고해야 한다고 주장한다. 따라서 낚시용 칼 등이 위법수집증거배제법칙에 따라 증거능력이 없는지 여부가 문제된다.[312]

3. 검토의견

가. 검사가 제출한 증거

수사보고(피해자 제보), 경찰 압수조서, 피고인에 대한 경찰 피의자신문조서, 조회회보서, 피고인에 대한 검찰 피의자신문조서, 수사보고(피해자 이메일 수사), 압수된 낚시용 칼(증 제1호)

나. 증거능력이 없는 증거

1) 전문법칙

가) 피고인에 대한 경찰 피의자신문조서

피고인이 이 법정에서 내용을 부인하므로 증거능력이 없다.

나) 수사보고(피해자 제보)

전문증거로서 피고인이 이를 증거로 하는 데 동의하지 않아 형사소송법 제310조의2에 의해 제311조 내지 제316조에 규정된 것 이외에는 이를 증거로 삼을 수 없는 것인데, 위 수사보고서는 제311조, 제312조, 제315조의 적용대상이 아님이 분명하고, 제313조가 적용되기 위한 원진술자의 서명 또는 날인이 없으므로, 증거능력이 없다.

2) 위법수집증거배제법칙

가) 관련법리

기본적 인권 보장을 위하여 압수·수색에 관한 적법절차와 영장주의의 근간을 선언한 헌

312 변호인 등이 해당 공소사실에 관하여 특별히 주장한 내용이 있다면, 그것이 곧바로 쟁점이므로 이를 적절히 요약하여 제시하면 되겠다.

법과 이를 이어받아 실체적 진실 규명과 개인의 권리보호 이념을 조화롭게 실현할 수 있도록 압수·수색절차에 관한 구체적 기준을 마련하고 있는 형사소송법의 규범력은 확고히 유지되어야 하므로 헌법과 형사소송법이 정한 절차에 따르지 아니하고 수집한 증거는 물론 이를 기초로 하여 획득한 2차적 증거 역시 기본적 인권 보장을 위해 마련된 적법한 절차에 따르지 않은 것으로서 원칙적으로 유죄 인정의 증거로 삼을 수 없다.

다만 위법하게 수집한 압수물의 증거능력 인정 여부를 최종적으로 판단함에 있어서는, 수사기관의 증거 수집 과정에서 이루어진 절차 위반행위와 관련된 모든 사정, 즉 절차 조항의 취지와 그 위반의 내용 및 정도, 구체적인 위반 경위와 회피가능성, 절차 조항이 보호하고자 하는 권리 또는 법익의 성질과 침해 정도 및 피고인과의 관련성, 절차 위반행위와 증거수집 사이의 인과관계 등 관련성의 정도, 수사기관의 인식과 의도 등을 전체적·종합적으로 살펴볼 때, 수사기관의 절차 위반행위가 적법절차의 실질적인 내용을 침해하는 경우에 해당하지 아니하고, 오히려 그 증거의 증거능력을 배제하는 것이 헌법과 형사소송법이 형사소송에 관한 절차 조항을 마련하여 적법절차의 원칙과 실체적 진실 규명의 조화를 도모하고 이를 통하여 형사사법 정의를 실현하려고 한 취지에 반하는 결과를 초래하는 것으로 평가되는 예외적인 경우에 한해 그 증거를 유죄 인정의 증거로 사용할 수 있을 뿐이다.

법원이 2차적 증거의 증거능력 인정 여부를 최종적으로 판단할 때에는 먼저 절차에 따르지 아니한 1차적 증거 수집과 관련된 모든 사정들은 물론, 나아가 1차적 증거를 기초로 하여 다시 2차적 증거를 수집하는 과정에서 추가로 발생한 모든 사정들까지 구체적인 사안에 따라 주로 인과관계 희석 또는 단절 여부를 중심으로 전체적·종합적으로 고려하여야 한다.

형사소송법 제216조 제1항 제2호, 제217조 제2항, 제3항은 사법경찰관은 형사소송법 제200조의2(영장에 의한 체포)의 규정에 의하여 피의자를 체포하는 경우에 필요한 때에는 영장 없이 체포현장에서 압수·수색을 할 수 있고, 압수한 물건을 계속 압수할 필요가 있는 경우에는 지체 없이 압수수색영장을 청구하여야 하며, 청구한 압수수색영장을 발부받지 못한 때에는 압수한 물건을 즉시 반환하여야 한다고 규정하고 있는바, 형사소송법 제217조 제2항, 제3항에 위반하여 압수수색영장을 청구하여 이를 발부받지 아니하고도 즉시 반환하지 아니한 압수물은 이를 유죄 인정의 증거로 사용할 수 없다. 위법하게 수집한 증거는 피고인이나 변호인의 증거 동의가 있다고 하더라도 유죄의 증거로 사용할 수 없다.

나) 인정사실

피고인에 대한 경찰 피의자신문조서, 경찰 압수조서, 체포영장에 의하면, 아래와 같은 사실이 인정된다.

① 담당경찰은 2022. 1. 5. 14:30경 체포영장에 기하여 피고인의 주거지에서 피고인을 체포하는 과정에서 낚시용 칼이 발견되자 이를 압수하였다.

② 검사는 체포된 때로부터 48시간 이내 낚시용 칼에 대하여 사후 압수·수색영장을 청구하여 발부받지 아니하였다.

다) 판단

(1) 압수된 낚시용 칼(증 제1호), 경찰 압수조서

피고인이 2022. 1. 5. 14:30경 체포되었고 낚시용 칼을 압수당하였는바 그로부터 48시간 이내 검사가 법원에 압수수색영장을 청구하여 발부받지 못하였다. 형사소송법의 규정과 앞서 본 법리에 비추어 보면, 위 압수물과 압수조서는 형사소송법의 규정을 위반하여 수집된 증거로서 그 절차위반행위가 적법절차의 실질적인 내용을 침해하므로 피고인 및 변호인의 증거동의에도 불구하고 증거능력이 없다.

(2) 피고인에 대한 검찰 피의자신문조서

위 증거는 위법하게 수집된 낚시용 칼이 제시되면서 작성된 2차적 증거로서 그 절차위반행위가 적법절차의 실질적인 내용을 침해할 정도로 중대한 경우에 해당하는 점을 고려해 보면 그 수집절차와 낚시용 칼의 수집절차의 위법사유 사이에 인과관계가 단절 내지 희석되었다고 할 수 없으므로, 위 증거는 피고인에 대하여 증거능력이 없다. 비록 피고인 및 변호인이 위 증거에 증거동의를 하였다고 하더라도 달리 볼 것은 아니다.

다. 부족증거

나머지 증거들만으로는 이 사건 공소사실이 합리적 의심을 넘을 정도로 증명되었다고 보기 부족하고, 달리 이를 인정할 증거가 없다.

4. 결론

따라서 위 공소사실은 범죄사실의 증명이 없는 경우에 해당하여 형사소송법 제325조 후단에 의하여 무죄로 판단된다.

【기록6 보충문제】

[기록6]에서 사안을 달리하여 ① 공소사실이 『피고인은 **2021. 12. 12. 23:00경** 서울 서초구 서초로 100 소재 황금주점 앞에서 위험한 물건인 낚시용 칼(칼날 길이 15cm)을 가방에서 꺼내어 피해자 최반포(42세)의 오른쪽 팔을 찔러 피해자에게 치료일수 불상의 우전박부 자창을 가하였다.』인 것으로 전제하고, ② 피고인 김갑동은 아래 수사보고(방범용CCTV영상등)에서 기재된 바와 같이 입건되었다가 특수상해 혐의로 지명수배되어 있던 중, 잠복근무를 하던 경찰에 의해 **긴급체포**되었으며, ③ 담당경찰은 그 긴급체포 과정에서 아래 압수조서의 기재와 같이 영장 없이 낚시용 칼 1자루(증 제1호)를 압수하였고, ④ 그 이후에 아래와 같이 **사후 압수수색영장을 받고서** 경찰 피의자신문조서, 검찰 피의자신문조서가 작성되었으며(다만 피해자는 소재불명으로 조사하지 못하였다), ⑤ 피고인과 그 변호인은 아래 증거목록의 기재와 같이 증거의견을 내었고, ⑥ 피고인과 변호인은 법정에서 공소사실을 부인하면서 아래 공판조서의 기재와 같이 위법수집증거배제법칙과 관련된 주장을 하였으며, ⑦ [기록6]에서 위와 같이 수정된 스토리와 관련된 부분들도 모두 모순되지 않게 적정하게 수정되었고, ⑧ 그 이외에 나머지 내용은 아무런 변경이 없다고 가정해 보자.
이러한 가정하에 **검토보고서**를 작성하여 보라.

증 거 목 록 (증거서류 등)

2022고단227

2022형 제39370호 신청인 : 검사

순번	증거방법					참조사항 등	신청기일	증거의견		증거결정		증거조사기일	비고
	작성	쪽수(수)	쪽수(증)	증 거 명 칭	성 명			기일	내용	기일	내용		
1	사경	기재생략		수사보고(방범용CCTV 영상등)		기재생략	1	1	X	기재생략			황금보 진술 부분
									○				나머지 위법수집 증거로서 증거능력 부인
2				진술조서	황금보		1	1	X				
3				압수조서			1	1	○				
4				피의자신문조서	김갑동		1	1	○○○X				
5				조회회보서	김갑동		1	1	○				
6	검사			피의자신문조서	김갑동		1	1	○				

증 거 목 록 (증인 등)

2022고단227

2022형 제39370호 신청인 : 검사

증거방법	쪽수(공)	입증취지 등	신청기일	증거결정		증거조사기일	비고
				기일	내용		
낚시용 칼 1자루 (증 제1호)		기재생략	1	1	기재생략	기재 생략	위법수집 증거로서 증거능력 부인
증인 황금보			1	1		2022. 2. 17. 14:00 2회 기일 철회·취소	

서울중앙지방법원

공 판 조 서

제 1 회

사 건 2022고단227 특수상해

판 사 김한일 기 일 : 2022. 2. 10. 10:00

(중략)

피 고 인 김갑동 출석

검 사 최희열 출석

변 호 인 법무법인 만세 담당변호사 장혜성 출석

(기재 생략)

검사

공소장에 의하여 공소사실, 죄명, 적용법조 낭독

피고인

공소사실 기재 일시, 장소에서 최반포를 맨손으로 때린 것은 인정합니다만, 낚시용 칼로 찔러서 다치게 한 사실은 인정할 수 없습니다.

피고인의 변호인

피고인의 주장과 같습니다. 다만, 수사보고(방범용CCTV영상등)는 피고인의 동의 없이 촬영된 CCTV 영상을 기초로 작성되어 증거능력이 없고, 낚시용 칼의 압수는 체포현장이 아니라 체포현장에서 2km 떨어진 피고인의 집에서 이루어져 위법한바, 낚시용 칼과 관련 증거들은 모두 증거능력이 없으므로, 피고인에게 무죄를 선고해야 한다고 주장

(중략)

판사

변론속행(증인신문을 위하여)

서울중앙지방법원

공 판 조 서

제 2 회

사 건	2022고단227 특수상해	
판 사	김한일	기 일 : 2022. 2. 17. 14:00
(중략)		
피 고 인	김갑동	출석
검 사	최희열	출석
변 호 인	법무법인 만세 담당변호사 장혜성	출석
증 인	황금보(송달불능)	불출석

(기재 생략)

검사

증인 신청을 철회함

(중략)

검사

구형 의견 진술

변호인

피고인을 위하여 별지 변론요지서(생략) 기재와 같이 변론하다.

피고인

억울한 점이 없도록 잘 판단해 주시기를 부탁드립니다.

판사

변론 종결

서 울 서 초 경 찰 서

2021. 12. 12.

수신 : 경찰서장

참조 : 형사과장

제목 : 수사보고(방범용CCTV영상등)

⊙ 본직은 2021. 12. 12. 23:03경 서울 서초구 서초로 100 소재 황금주점의 사장 '황금보'로부터 특수상해 사건에 관하여 신고를 받았음

⊙ 본직이 신고를 받고 2021. 12. 12. 23:15경 현장에 출동하였으나, 피의자와 피해자 모두 현장을 떠난 상황이었음

⊙ 신고자 황금보는 현장에서 같은 날 23:00경 위 주점 앞길에서 '김갑동'이 낚시용 칼로 같이 온 손님인 '최반포'의 오른쪽 팔을 찔러 상처를 입혔는데, 김갑동이나 최반포 모두 황금주점의 단골손님이라 그들의 얼굴과 성명을 알고 있으며 연락처나 주소는 알지 못하고, 당일 김갑동이 결제한 신용카드는 국민카드 1122-3344-5566-7788이라고 진술하였음

⊙ 본직은 황금보에게 2021. 12. 13. 오후에 본서로 출석하여 진술하여 줄 것을 요청하고, 위 황금주점 앞길에 설치된 CCTV영상을 확보하였음

- 위 CCTV에는 "방범용"이라는 표시가 기재되어 있고 CCTV가 설치된 황금주점 앞길은 불특정다수의 사람들이 왕래하는 공개된 장소임
- CCTV영상을 분석한 결과, 2021. 12. 12. 23:00:05경 피의자가 가방에서 낚시용 칼을 꺼내어 피해자의 오른팔을 찌르는 장면과 그 직후 피해자의 오른팔에서 피가 흐르는 장면이 들어 있음
- 위 장면들에 대한 캡쳐사진들은 아래와 같음

캡쳐사진1		캡쳐사진2		캡쳐사진3		캡쳐사진4

이상의 이유로 피의자 김갑동에 관하여 수사할 필요가 있기에 위와 같이 보고합니다.

2021. 12. 12.

형사과 근무

경위 정진호 ㉐

압 수 조 서 (긴급체포시의 압수수색)

피의자 김갑동에 대한 특수상해 피의사건에 관하여 2022. 1. 5. 14:30경 서울 서초구 반포대로13길 48, 302호(서초3동, 서중빌라) 피의자 집에서 사법경찰관 경위 정진호는 사법경찰리 경장 한경희를 참여하게 하고 별지 목록의 물건을 다음과 같이 압수하다.

압 수 경 위

특수상해 혐의로 지명수배 중이던 피의자 김갑동을 2022. 1. 5. 14:20경 서울 서초구 반포대로13길 800 동아백화점 앞길에서 긴급체포하였음. 피의자 김갑동이 현장에서 낚시용 칼을 자신의 집에 보관하고 있다고 진술하여, 그곳에서 약 2km 떨어져 있는 서울 서초구 반포대로13길 48, 302호(서초3동, 서중빌라) 피의자 김갑동의 집에 임하여 2022. 1. 5. 14:30경 거실에 있는 책상 서랍 안에서 낚시용 칼(칼날 길이 15cm) 1자루를 발견하여 피의자의 확인을 받은 후 낚시용 칼(칼날 길이 15cm) 1자루를 압수하였음

	성 명	주민등록번호	주 소	서명 또는 날인
참여인	(생략)			

2022. 1. 5.

서울서초경찰서

사법경찰관 경위 **정진호** ㊞

사법경찰리 경장 **한경희** ㊞

(이하 압수목록 기재 생략)

압 수 수 색 검 증 영 장

【사후영장】 서울중앙지방법원

<table>
<tr><td>영 장 번 호</td><td>2022-12312</td><td>죄 명</td><td colspan="2">특수상해</td></tr>
<tr><td rowspan="3">피 의 자</td><td>성 명</td><td>김갑동</td><td>직 업</td><td></td></tr>
<tr><td>주민등록번호</td><td colspan="3">740505-1324518</td></tr>
<tr><td>주 거</td><td colspan="3">서울 서초구 반포대로13길 48, 302호(서초3동, 서중빌라)</td></tr>
<tr><td>청구한 검사</td><td colspan="2">하정기</td><td>변 호 인</td><td></td></tr>
<tr><td>압수, 수색, 검증을 요하는 사유</td><td colspan="4">별지 기재(첨부 생략)와 같다</td></tr>
<tr><td>긴급 압수, 수색, 검증을 한 일시</td><td colspan="4">2022. 1. 5. 14:30경</td></tr>
<tr><td>긴급 압수, 수색, 검증을 한 장소</td><td colspan="4">서울특별시 서초구 반포대로13길 48, 302호 (서초3동, 서중빌라)</td></tr>
<tr><td>긴급 압수, 수색, 검증을 한 신체, 물건</td><td colspan="2">낚시용 칼 1자루</td><td>작성기간(압수수색할 물건이 전기통신인 경우)</td><td></td></tr>
<tr><td>긴급 압수, 수색, 검증을 한 자의 관직, 성명</td><td colspan="4">서울서초경찰서 사법경찰관 경위 정진호</td></tr>
</table>

형사소송법 제217조 제2항, 제1항에 의하여 이 영장을 발부한다.

2022. 1. 6.

판 사 박 형 재 ㊞

보충문제 검토보고서

1. 결론

유죄

2. 논거

가. 공소사실의 요지(생략가능)

피고인은 2021. 12. 12. 23:00경 서울 서초구 서초로 100 소재 황금주점 앞에서 피해자 최반포(42세)가 자신에게 반말로 이야기한다는 이유로 화가 나 위험한 물건인 낚시용 칼(칼날 길이 15cm)을 가방에서 꺼내어 피해자 최반포의 오른쪽 팔을 찔러 피해자 최반포에게 치료일수 불상의 우전박부 자창을 가하였다.

나. 주장 및 쟁점

○ 피고인은 피해자를 맨손으로 때렸을 뿐 낚시용 칼로 피해자를 다치게 하지는 않았다고 주장한다.

○ 변호인은 수사보고(방범용CCTV영상등)는 피고인의 동의 없이 촬영된 CCTV 영상을 기초로 작성되어 증거능력이 없고, 낚시용 칼의 압수절차가 위법하여 압수물인 낚시용 칼과 관련 증거들은 모두 증거능력이 없으므로 피고인에게 무죄를 선고해야 한다고 주장한다.

다. 검토의견

1) 증거능력 없는 증거[313]

가) 피고인에 대한 경찰 피의자신문조서

피고인이 이 법정에서 내용을 부인하므로 증거능력이 없다.

나) 황금보에 대한 경찰 진술조서 및 수사보고(방범용CCTV영상등) 중 황금보 진술 부분

위 진술조서는, 피고인이 증거로 함에 동의하지 않았고, 원진술자인 황금보에 의해 진정성립이 인정되지 않았으며, 형사소송법 제314조의 '원진술자가 사망 등의 사유로 진술할 수 없

313 피고인이나 변호인이 아래 증거능력 없는 증거들에 관하여 전문법칙에 따라 증거능력이 없다는 주장을 따로 하지 않았다. 그러나 검토보고서의 성격상 피고인이나 변호인이 주장하지 않았더라도 검토하여 본 결과 증거능력이 없는 증거들은 모두 검토보고서에 기재하여야 한다.

는 때'에 해당한다는 점을 인정할 아무런 증거가 없으므로 증거능력이 없다.

위 수사보고 중 황금보의 진술 부분은, 전문증거로서 피고인이 이를 증거로 하는 데 동의하지 않아 형사소송법 제310조의2에 의해 제311조 내지 제316조에 규정된 것 이외에는 이를 증거로 삼을 수 없는 것인데, 위 수사보고서는 제311조, 제312조, 제315조의 적용대상이 아님이 분명하고, 제313조가 적용되기 위한 원진술자의 서명 또는 날인이 없으므로, 증거능력이 없다.

2) 수사보고(방범용CCTV영상등) 중 나머지 부분과 압수된 낚시용 칼 1자루(증 제1호), 경찰 압수조서 및 검찰 피의자신문조서의 증거능력 여부

가) 관련법리

○ 누구든지 자기의 얼굴이나 모습을 함부로 촬영당하지 않을 자유를 가지나, 이러한 자유도 무제한으로 보장되는 것은 아니고 국가의 안전보장·질서유지·공공복리를 위하여 필요한 경우에는 그 범위 내에서 상당한 제한이 있을 수 있으며, 수사기관이 범죄를 수사함에 있어 현재 범행이 행하여지고 있거나 행하여진 직후이고, 증거보전의 필요성 및 긴급성이 있으며, 일반적으로 허용되는 상당한 방법으로 촬영한 경우라면 위 촬영이 영장 없이 이루어졌다 하여 이를 위법하다고 단정할 수 없다.[314]

○ 사법경찰관이 범죄수사에 필요한 때에는 피의자가 죄를 범하였다고 의심할 만한 정황이 있고 해당 사건과 관계가 있다고 인정할 수 있는 것에 한정하여 검사에게 신청하여 검사의 청구로 지방법원판사가 발부한 영장에 의하여 압수, 수색 또는 검증을 할 수 있다(형사소송법 제215조 제2항).

이처럼 범죄수사를 위하여 압수, 수색 또는 검증을 하려면 미리 영장을 발부받아야 한다는 이른바 사전영장주의가 원칙이지만, 형사소송법 제217조는 그 예외를 인정한다. 즉, 검사 또는 사법경찰관은 긴급체포된 자가 소유·소지 또는 보관하는 물건에 대하여는 긴급히 압수할 필요가 있는 경우에는 체포한 때부터 24시간 이내에 한하여 영장 없이 압수·수색 또는 검증을 할 수 있고(형사소송법 제217조 제1항), 압수한 물건을 계속 압수할 필요가 있는 경우에는 지체 없이 압수수색영장을 청구하여야 한다. 이 경우 압수수색영장의 청구는 체포한 때부터 48시간 이내에 하여야 한다(같은 조 제2항).

형사소송법 제217조 제1항은 수사기관이 피의자를 긴급체포한 상황에서 피의자가 체포되었다는 사실이 공범이나 관련자들에게 알려짐으로써 관련자들이 증거를 파괴하거나 은닉하는 것을 방지하고, 범죄사실과 관련된 증거물을 신속히 확보할 수 있도록 하기 위한 것이다. 이

314 대법원 2013. 7. 26. 선고 2013도2511 판결

규정에 따른 압수·수색 또는 검증은 체포현장에서의 압수·수색 또는 검증을 규정하고 있는 형사소송법 제216조 제1항 제2호와 달리, 체포현장이 아닌 장소에서도 긴급체포된 자가 소유·소지 또는 보관하는 물건을 대상으로 할 수 있다.[315]

나) 인정사실

수사보고(방범용CCTV영상등), 경찰 압수조서, 압수수색검증영장의 각 기재에 의하면, 황금주점 앞길은 불특정다수의 사람들이 왕래하는 공개된 장소인 사실, 그곳에 설치된 CCTV에는 '방범용'이라는 표시가 기재되어 있는 사실, 피고인이 공소사실 기재 일시, 장소에서 낚시용 칼로 어떤 사람의 오른팔을 찌르는 장면과 그 사람의 팔에서 피가 흐르는 장면이 위 CCTV에 촬영된 사실, 피고인은 특수상해 혐의로 지명수배 중이다가 2022. 1. 5. 14:20경 서울 서초구 반포대로13길 800 동아백화점 앞길에서 경찰에 의해 긴급체포된 사실, 피고인은 현장에서 낚시용 칼을 자신의 집에 보관하고 있다고 진술한 사실, 담당경찰은 그곳에서 약 2km 떨어져 있는 서울 서초구 반포대로13길 48, 302호(서초3동, 서중빌라) 피고인의 집에 임하여 2022. 1. 5. 14:30경 거실에 있는 책상 서랍 안에서 낚시용 칼을 발견하여 피고인의 확인을 받은 후 낚시용 칼을 압수한 사실, 담당경찰은 그로부터 48시간 내에 압수한 위 낚시용 칼에 대하여 압수수색검증영장을 청구하여 2022. 1. 6. 사후 압수수색검증영장을 발부받은 사실이 인정된다.

다) 판단

위 인정사실을 위 관련법리에 비추어 보면, 위 CCTV는 방범용이라는 표시가 되어 있고 현재 범행이 행하여지고 있거나 행하여진 직후의 상황을 촬영하는 장비이며, 위 CCTV가 설치된 장소는 불특정다수의 사람들이 왕래하는 공개된 장소에 해당하므로, 위 CCTV영상은 일반적으로 허용되는 상당한 방법으로 촬영되었고 증거보전의 필요성 및 긴급성도 인정된다.

따라서 수사보고(방범용CCTV영상등) 중 나머지 부분은 증거능력이 있다.

한편, 담당경찰이 긴급 압수한 낚시용 칼은 2022. 1. 5. 14:20경 긴급체포된 피고인에게서 24시간 이내인 2022. 1. 5. 14:30경 피고인이 자신의 집에 보관하고 있던 것을 압수한 것이고, 담당경찰은 피고인을 체포한 때부터 48시간 이내에 압수수색검증영장을 청구하여 이를 발부받았으므로 위 압수물은 형사소송법 제217조 제1항, 제2항에 따라 적법하게 압수되었다.[316]

따라서 압수된 낚시용 칼 1자루(증 제1호)와 관련 증거인 경찰 압수조서 및 검찰 피의자신문조서는 모두 증거능력이 있다.

315 대법원 2017. 9. 12. 선고 2017도10309 판결

316 긴급체포의 경우는 법 제216조 제1항 제2호에서 정한 체포현장에서의 압수수색 규정에 따라 영장 없이 압수수색할 수도 있고, 법 제217조 제1항에서 정한 긴급체포시의 압수수색 규정에 따라 영장 없이 압수수색할 수도 있음에 유의하자.

변호인의 위 주장은 받아들이지 아니한다.[317]

○ 증거의 요지[318]

1. 피고인에 대한 검찰 피의자신문조서의 진술기재
1. 수사보고(방범용CCTV영상등) (황금보 진술 부분 제외)[319]의 기재
1. 압수된 낚시용 칼 1자루(증 제1호)의 현존

○ 소결론

유죄로 인정된다.

○ 부수처분[320]

압수된 낚시용 칼 1자루(증 제1호)를 피고인으로부터 몰수한다(형법 제48조 제1항 제1호).

---

317 피고인이나 변호인의 주장을 배척할 경우 이렇게 그 주장을 받아들이지 않는다는 취지를 기재하여 준다.

318 결론이 유죄이므로 증거의 요지를 반드시 기재하여야 한다. 기록에서 찾아 놓은, 공소사실에 부합하고 증거능력이 있는 증거들을 나열한다. 증거의 요지를 누락하면, 증거 유무에 대한 검토 없이 유죄를 인정하는 꼴이 된다.

319 하나의 증거서류 중 일부 내용만 증거능력이 없을 경우 이를 특정하여 주는 표현이다. 앞서 본 것처럼 수사보고(방범용 CCTV영상등) 중 "황금보 진술 부분"만 증거능력이 없다.

320 〈검토보고서〉에서는 결론이 유죄일 경우 압수물총목록이나 공판기록 중 증거목록(증인 등)에서 관련된 압수물이 있는지 확인하여 몰수·추징·(폐기)·피해자환부·피해자교부 요건을 검토한 후 요건이 충족될 경우 이를 기재하여야 한다.

Attention Please

(8) 기록6 관련 변호사시험 형사기록형 기출문제

○ 제1회 : 피고인을 특수강도죄로 긴급체포하고 법 제217조 제1항에 따라 24시간 내에 영장 없이 성폭력범죄의처벌등에관한특례법위반(주거침입강간등)의 점에 관한 증거인 신발 1켤레를 압수하고 법 제217조 제2항에 따라 사후 압수수색영장을 발부받지 않은 사실관계에서, 위 신발과 압수조서, 감정서가 위법수집증거배제법칙에 따라 증거능력이 있는지 문제된 사안

○ 제2회 : 위법한 임의동행에 연이어 받은 경찰 피의자신문조서와 피의자신문을 하였던 경찰관의 법정진술이 위법수집증거로서 증거능력이 있는지 여부가 문제된 사안

○ 제3회 : 체포영장(영장 기재 피의사실은 강도, 점유이탈물횡령)에 의한 체포현장에서 위 강도 및 점유이탈물횡령과 관련 없는 금목걸이 1개를 영장 없이 압수하고 사후영장을 받지 않은 사실관계에서 위 금목걸이가 위법수집증거로서 증거능력이 있는지 여부가 문제된 사안

○ 제4회 : 긴급체포 후 24시간이 경과하여 수첩 1개를 압수한 사실관계에서 법 제217조 제1항과 관련하여 위 수첩의 증거능력이 문제된 사안

○ 제6회 : '범죄장소'(법 제216조 제3항)에서 영장 없이 압수한 블랙박스 1개에 대하여 사후영장을 발부받지 않은 사안

○ 제7회 : 경찰이 2017. 6. 8. 23:50경 피해자로부터 강도피해 신고를 받고 슈퍼마켓에 출동하였으나 피의자를 찾지 못하고 경찰서로 복귀하였다가 그로부터 약 40분이 지나 2017. 6. 9. 00:30경 피의자를 발견하였다는 피해자의 재신고를 받고서 택시승강장에서 피의자를 현행범으로 체포하였는데, 체포하면서 영장 없이 커터칼 1개를 압수하고 사후 압수수색영장을 받지 않은 사실관계에서, 현행범 체포절차와 압수절차의 적법성과 관련하여 압수한 커터칼의 증거능력이 문제된 사안

○ 제9회

가. 전기통신금융사기(일명 보이스피싱)에 관한 전자금융거래법위반 및 사기방조 피의사실로 2019. 11. 12. 13:00 길거리에서 피의자를 긴급체포한 후 2019. 11. 13. 15:00경 피의자의 주거지에서 추가수색 중 압수한 이메일출력물[정보통신망이용촉진및정보보호등에관한법률위반(명예훼손)에 관한 인터넷 홈페이지 게시글]의 증거능력이 문제된 사안

나. 검사가 피의자신문을 하면서 변호인에게 피의자의 뒤쪽에 앉게 한 경우(이른바 '후방착석요구') 변호인의 피의자신문참여권 침해와 관련하여 해당 검찰 피의자신문조서의 증거능력이 문제된 사안(헌법재판소 2017. 11. 30. 선고 2016헌마503 결정 참조).

○ 제10회 : 현행범 체포 후 휴대전화를 임의제출 방식으로 압수하고 사후영장을 받지 않은 사실관계에서 휴대전화와 압수조서 등의 증거능력과 압수조서에 기재된 현행범을 체포한 수사관의 목격진술에 전문법칙 적용 여부

○ 제11회 : 긴급체포 후 24시간이 경과하여 압수하였고 48시간 내에 사후 압수수색영장을 발부받지 아니한 메모리카드의 증거능력이 문제된 사안

기록

법 제325조 전단 무죄

기록 7

<문제1> 다음 기록을 읽고 서울중앙지방법원 재판연구원으로서 **검토보고서**를 작성하되, 다음의 검토보고서 양식 중 **본문 I의 1, 2 부분만 작성하시오.**

<문제2> 다음 기록을 읽고 피고인 김갑동에 대하여 변호인 변호사 장혜성이 객관적인 입장에서 대표변호사에게 보고할 **검토의견서**를 작성하되, 다음의 검토의견서 양식 중 **본문 2, 3, 4 부분만 작성하시오.**

[검토보고서 양식]

검토보고서

사 건 2022고단227 횡령
피고인 김갑동

I. 쟁점 및 검토
1. 결론
2. 논거
가. 공소사실의 요지
나. 주장 및 쟁점
다. 검토의견

II. 처단형의 범위

[검토의견서 양식]

검토의견서

사 건 2022고단227 횡령
피고인 김갑동

1. 공소사실의 요지
2. 쟁점
3. 검토의견
4. 결론

2022. 4. 1.
담당변호사 장혜성 ㊞

구속만료			미결구금
최종만료			
대행 갱신 만 료			

서 울 중 앙 지 방 법 원

구공판 **형사제1심소송기록**

기 일	사건번호	2022고단227	담임	형사제5단독	주심	
1회기일						
2022. 3. 20. 10:00	사 건 명	횡령				
	검 사	서동연	2022형제39370호			
	공소제기일	2022. 3. 2.				
	피 고 인	김 갑 동				
	변 호 인	사선 법무법인 만세 담당변호사 장혜성				

확 정	
보존종기	
종결구분	
보 존	

완결 공람	담 임	과 장	재판장

증 거 목 록 (증거서류 등)

2022고단227

2022형 제39370호 신청인 : 검사

순번	증거방법					참조사항 등	신청기일	증거의견		증거결정		증거조사기일	비고
	작성	쪽수(수)	쪽수(증)	증 거 명 칭	성 명			기일	내용	기일	내용		
1	사경	1		고소장	강피혜		1	1	O	기재생략			
2		3		진술조서	강피혜		1	1	O				
3		6		등기사항전부증명서 등본			1	1	O				
4		8		부동산매매계약서 사본			1	1	O				
5		9		위임약정서 사본			1	1	O				
6		10		피의자신문조서	김갑동		1	1	O				
7		13		조회회보서	김갑동		1	1	O				

※ 증거의견 표시 – 피의자신문조서 : 인정 ○, 부인 ×
(여러 개의 부호가 있는 경우, 적법성/실질성립/임의성/내용의 순서임)
– 기타 증거서류 : 동의 ○, 부동의 ×
– 진술이 특히 신빙할 수 있는 상태하에서 행하여졌다는 점 부인 : "특신성 부인"(비고란 기재)

※ 증거결정 표시 : 채 ○, 부 ×

※ 증거조사 내용은 제시, 낭독(내용고지, 열람)

서울중앙지방검찰청

2022. 3. 2.

사건번호 2022년 형제39370호
수 신 자 서울중앙지방법원 발 신 자
검 사 서동연 서동연 (인)

제 목 **공소장**
아래와 같이 공소를 제기합니다.

Ⅰ. 피고인 관련사항

227

피 고 인 김갑동 (740505-1324518), 47세
직업 일용직, 010-6523-3123
주거 서울특별시 서초구 반포대로13길 48, 302호(서초3동, 서중빌라)
등록기준지 경기도 남양주시 별내3로 64-2

죄 명 횡령
적용법조 형법 제355조 제1항
구속여부 불구속
변 호 인 없음

Ⅱ. 공소사실

피고인은 2020. 7. 10. 서울 서초구 서초로 200에 있는 진인공 운영의 시니어공인중개사 사무실에서, 매도인 최민식으로부터 김포시 운양동 347 잡종지 9,292㎡(이하 '이 사건 부동산'이라고 한다)를 매매대금 4억 원에 피고인과 피해자 강피혜가 각 1/2 지분씩 공동으로 매수하기로 하였다.

피고인은 같은 일시, 장소에서, 위와 같이 이 사건 부동산을 피해자와 공동으로 매수하면서 매매대금을 피해자가 2억 원, 피고인이 2억 원을 부담하되, 추후 매도 시 편의를 위해 피해자 지분을 피고인 앞으로 명의신탁하기로 피해자와 합의하였고, 2020. 8. 24. 피해자 지분을 포함한 이 사건 부동산 전부에 대하여 피고인 앞으로 소유권이전등기를 마쳤다.

따라서 피고인은 이 사건 부동산 중 피해자의 1/2 지분에 대하여는 이를 임의로 처분하여서는 아니됨에도 불구하고 피해자의 승낙을 받지 아니하고 2021. 5. 3. 도을지로부터 6,000만 원을 차용하면서 이 사건 부동산에 관하여 2021. 5. 4. 근저당권자 도을지, 채권최고액 6,000만 원으로 하는 근저당권설정등기를 마쳐 이 사건 부동산 중 피해자의 1/2 지분을 횡령하였다.

변호인선임신고서

피 고 인 김 갑 동

사 건 명 2022고단227 횡령

위 사건에 관하여 변호사 **법무법인 만세(담당변호사 장 혜 성)**를 변호인으로 선임하고 이에 신고함.

2022. 3. 10.

선임인 피고인 김갑동 (무인)

위 변호인 변호사 **법무법인 만세** (직인)

주소 서울 서초구 서초대로206번길 법조빌딩 502호

전화번호 02 - 534 - 2233

11001- No 040327 (위임장등부착용)
경유증표(본안) 2022. 03. 10.
서울지방변호사회

서울중앙지방법원 형사 제5단독 귀중

서울중앙지방법원

공 판 조 서

제 1 회

사 건	2022고단227 횡령		
판 사	김한일	기 일 :	2022. 3. 20. 10:00
		장 소 :	제 308 호 법정
		공개여부 :	공개
법원 주사	마원경	고지된	
		다음기일 :	2022. 4. 3. 14:00
피 고 인	김갑동		출석
검 사	최희열		출석
변 호 인	법무법인 만세 담당변호사 장혜성		출석

판사

피고인은 진술을 하지 아니하거나 각개의 물음에 대하여 진술을 거부할 수 있고 이익되는 사실을 진술할 수 있음을 고지

판사의 인정신문

성 명 : 김갃동

주민등록번호 : 공소장 기재와 같음

직 업 : 〃

주 거 : 〃

등록 기준지 : 〃

판사

피고인에 대하여

주소의 변동이 있을 때에는 이를 법원에 보고할 것을 명하고, 소재가 확인되지 않을 때에는 그 진술 없이 재판할 경우가 있음을 경고

검사

공소장에 의하여 공소사실, 죄명, 적용법조 낭독

피고인

공소사실의 사실관계는 인정하나 변호인과 상의한 결과 횡령죄가 성립하는지 의문입니다.

피고인의 변호인

부동산 실권리자명의 등기에 관한 법률에 따라 명의수탁자 명의의 소유권이전등기는 무효이므로, 명의수탁자인 피고인이 도을지를 위하여 이 사건 부동산에 근저당권을 설정해 주더라도 횡령죄가 성립하지 않습니다.[321·322]

판사

증거조사를 하겠다고 고지

증거관계 별지와 같음(검사)

판사

증거조사결과에 대한 의견을 묻고 권리를 보호함에 필요한 증거조사를 신청할 수 있음을 고지

소송관계인

별 의견 없다고 진술

판사

증거조사를 마치고, 피고인신문을 실시할 것인지 물어보았으나, 검사와 변호인 모두 하지 않겠다고 함

---

321 여기서 쟁점이 현출되었다. 부동산 명의신탁과 관련하여 명의수탁자인 피고인이 이 사건 부동산을 처분한 행위가 횡령죄를 구성하지 않는다고 주장하고 있다. 판례 법리에 의하면, 중간생략등기형 명의신탁이든(대법원 2016. 5. 19. 선고 2014도6992 전원합의체 판결), 계약명의신탁이든(대법원 2012. 12. 13. 선고 2010도10515 판결〈매도인이 악의인 경우〉, 대법원 2016. 8. 24. 선고 2014도6740 판결〈매도인이 선의인 경우〉) 명의신탁자에 대한 관계에서 횡령죄가 성립하지 않는다. 공소장 기재 공소사실에 비추어 일응 중간생략등기형 명의신탁 사안으로 읽힌다. 따라서 중간생략등기형 명의신탁에 있어 수탁자인 피고인이 이 사건 부동산을 임의로 처분한 행위는 명의신탁자 강피혜에 대한 관계에서 법리상 횡령죄를 구성하지 않는다. 이렇듯 관련법리를 숙지하고 있을 경우 결론을 쉽게 도출할 수 있다.

322 피고인이나 변호인이 법리상 무죄 주장을 한 기록 사안은 관련법리를 숙지하고 있는 것이 가장 중요하다. 관련법리에 대한 기억의 해상도가 높아야 한다. 판례의 쟁점과 결론은 물론 그에 대한 핵심논거들까지도 선명하게 기억하고 있어야 한다. 그래야 기록파악이 수월하다. 관련법리를 적용하여 결론을 도출하였다면, 이후 기록을 보면서는 〈검토보고서〉나 〈검토의견서〉상 관련법리 이후에 포섭판단 단계에서 '증거에 의한 사실인정'이 필요한지를 생각해 보고, 사실인정이 필요하다면 해당 증거들을 찾는 작업에 집중하면 된다. 물론 직권판단사항 중 형식적 재판사유(면소 사유나 공소기각 사유)가 혹시 있는 것은 아닌지에 대해서는 가능성을 열어 두고 있어야 한다. 만일 '증거에 의한 사실인정'이 필요하지 않은 경우라면, 직권판단사항 중 형식적 재판사유(면소 사유나 공소기각 사유)의 존재가능성에 대해서만 주의를 기울이면 충분하다.

검사

이 사건 공소사실은 모두 그 증거가 있으므로 공소장 기재 법조를 적용하여 피고인을 징역 2년에 처함이 상당하다는 의견 진술

판사

피고인 및 변호인에게 최종 의견 진술 기회 부여

변호인

앞서 말한 변론 내용을 잘 검토해 주시고 무죄를 선고해 주시기 바랍니다.

피고인

제가 한 행위가 횡령에 해당하는지 검토바랍니다.

판사

변론종결

2022. 3. 20.

법원 주사 마원경 ㊞

판 사 김한일 ㊞

제	1	책
제	1	권

서울중앙지방법원

증거서류등(검사)

사 건 번 호	2022고단227	담임	형사제5단독	주심	
	20 노		부		
	20 도		부		
사 건 명	횡령				
검 사	서동연		2022년 형제 39370호		
피 고 인	김갑동				
공소제기일	2022. 3. 2.				
1심 선고	20 . . .	항소	20 . . .		
2심 선고	20 . . .	상고	20 . . .		
확정	20 . . .	보존			

<table>
<tr><td rowspan="2">서울서초경찰서</td><td>담 당</td><td>수사지원팀장</td><td>수사과장</td><td>서 장</td></tr>
<tr><td>박동석</td><td>서윤송</td><td>전결</td><td>김종규</td></tr>
</table>

접수일자	2022. 1. 2.
접수번호	제 4455 호
사건번호	제 9350 호
압수번호	

고 소 장

고 소 인 : 강 피 혜 (761112 - 2007322)
서울 강남구 선릉로 202-1

피고소인 : 김 갑 동 (740505 - 1324518)
서울 서초구 반포대로13길 48, 302호(서초3동, 서중빌라)

죄 명 : 횡령

고 소 사 실

1. 피고소인과 고소인은 2020. 7. 10. 서울 서초구 서초로 200에 있는 진인공 운영의 시니어공인중개사 사무실에서, 매도인 최민식으로부터 김포시 운양동 347 잡종지 9,292㎡를 매매대금 4억 원에 각 1/2 지분씩 공동으로 매수하기로 하였습니다.
피고소인과 고소인은 같은 일시, 장소에서, 위와 같이 본건 토지를 공동으로 매수하면서 고소인이 2억 원, 피고소인이 2억 원을 부담하기로 합의하였습니다. 고소인은 추후 매도 시 편의를 위해 고소인 지분을 피고소인 앞으로 명의신탁하였고, 피고소인은 2020. 8. 24. 고소인의 1/2 지분을 포함해 본건 토지에 대하여 피고소인 앞으로 소유권이전등기를 마쳤습니다.
따라서 피고소인은 본건 토지 중 고소인 지분 1/2 지분에 대하여는 이를 임의로 처분하여서는 아니됩니다. 그런데 피고소인은 고소인의 승낙을 받지 아니하고 2021. 5. 3. 도을지로부터 6,000만 원을 차용하면서 본건 토지에 2021. 5. 4. 근저당권자 도을지, 채권최고액 6,000만 원으로 하는 근저당권설정등기를 마쳤고,

이는 피고소인이 본건 토지의 1/2 지분을 횡령한 것으로 볼 수 있습니다.

2. 고소인은 이러한 사실을 뒤늦게 알고 피고소인에게 항의하였는바, 피고소인이 조속히 차용금을 변제하고 근저당권설정등기를 말소해주겠다고 약속하였습니다. 그러나 현재도 피고소인이 위 등기를 말소하지 못하고 있으므로 저는 피고소인을 횡령으로 고소하는 바입니다.

2022. 1. 2.

고소인 강 피 혜 (인)

진 술 조 서

성 명	강피혜
주민등록번호	761112 - 2****** 45세
직 업	자영업
주 거	서울특별시 강남구 선릉로 202-1
등록기준지	(생략)
직 장 주 소	(생략)
연 락 처	자택전화 (생략) 휴대전화 (생략)
	직장전화 (생략) 전자우편(e-mail) (생략)

위의 사람은 피의자 김갑동에 대한 **횡령** 피의사건에 관하여 2022. 1. 5. 서울서초경찰서 형사과 사무실에 임의 출석하여 다음과 같이 진술하다.

---

1. **피의자와의 관계**

피의자와는 사업상 알게 된 사이입니다.

2. **피의사실과의 관계**

저는 피의사실에 관하여 피해자 자격으로 출석하였습니다.

이때 진술의 취지를 더욱 명백히 하기 위하여 다음과 같이 임의로 문답하다.

문 진술인은 피고소인 김갑동을 아는가요.

답 예. 10년 전 사업으로 알게 된 사이입니다.

문 피고소인이 고소인의 부동산을 횡령한 사실이 있는가요.

답 예. 있습니다.

문 부동산을 취득한 경위부터 설명해 보세요.

답 피고소인은 저에게 투자 수익이 좋은 부동산이 있다고 소개하여 저는 피고소인과 함께 부동산에 투자하여 구매하기로 했습니다. 저와 피고소인은 2020. 7. 10. 서울 서초구 서초로 200에 있는 진인공 운영의 시니어공인중개사 사무실에서, 매도인 최민식으로부터 김포시 운양동 347 잡종지 9,292㎡를 매매대금 4억 원에 공동으로 매수하기로 하되 피고소인과 제가 각 1/2 지분씩 매수하기로 하였습니다.

피고소인과 저는 같은 일시, 장소에서, 위와 같이 김포시 토지를 공동으로 매수하면서 제가 2억 원, 피고소인이 2억 원을 부담하기로 합의하였습니다. 다만 추후 매도시 편의를 위해 제가 저의 지분을 피고소인 앞으로 명의신탁하기로 하고 2020. 8. 24. 위 1/2 지분에 대하여 매도인 최민식에서 피고소인 앞으로 소유권이전등기를 마치도록 했습니다.

문 피고소인이 횡령을 한 경위는 어떤가요.

답 피고소인은 김포시 토지 중 저의 1/2 지분에 대하여는 이를 임의로 처분하여서는 아니됨에도 불구하고 제 승낙을 받지 아니하고 2021. 5. 3. 도을지로부터 6,000만 원을 차용하면서 위 토지에 2021. 5. 4. 근저당권자 도을지, 채권최고액 6,000만 원으로 하는 근저당권설정등기를 마쳐 김포시 토지의 1/2 지분을 횡령하였습니다. 저는 오늘 필요한 증거를 가져왔는데 이를 제출하겠습니다.

사법경찰관은 등기사항전부증명서 등본, 부동산매매계약서 사본, 위임약정서 사본을 제출받아 조서 뒤에 편철하다.

문 피고소인의 횡령을 알고 진술인은 어떻게 대처하였는가요.

답 제가 뒤늦게 부동산에 근저당권이 설정되었음을 알고 항의하자 피고소인이 미안하다고 하면서 근저당권을 말소해 주겠다고 약속했는데 약속을 지키지 않아 이렇게 고소하였습니다.

문 더 할 말이 있나요.

답 강력한 처벌을 바랍니다.

문 이상 진술한 내용이 사실인가요.

답 예. ㉤

위의 조서를 진술자에게 열람하게 하였던바 진술한 대로 오기나 증감·변경할 것이 없다고 말하므로 간인한 후 서명 날인하게 하다.

진 술 자 강피혜 ㊞

2022. 1. 5.

서울서초경찰서

사법경찰관 경위 정진호 ㊞

등기사항전부증명서(말소사항 포함) - 토지

[토지] 경기도 김포시 운양동 347 　　　　고유번호 3103-2007-341247

【 표 제 부 】 (토지의 표시)

표시번호	접 수	소재지번	지 목	면 적	등기원인 및 기타사항
1 (전 2)	2007년 6월 15일	경기도 김포시 운양동 347	잡종지	9,292㎡	
					부동산등기법시행규칙부칙 제3조 제1항의 규정에 의하여 2007년 7월 14일 전산이기

【 갑 구 】 (소유권에 관한 사항)

순위번호	등기목적	접 수	등기원인	권리자 및 기타사항
1 (전 2)	소유권이전	2007년 7월 6일 제21453호	2007년 7월 3일 매매	소유자 박상현 560325-**이하생략** 광명시 소하1동 884 동양2차아파트 304동 409호
				부동산등기법시행규칙부칙 제3조 제1항의 규정에 의하여 2007년 7월 14일 전산이기
2	소유권이전	2014년 11월 15일 제33451호	2014년 11월 15일 매매	소유자 최민식 520125-**이하생략** 서울 영등포구 여의로 77 장미아파트 2동 206호
3	소유권이전	2020년 8월 24일 제39757호	2020년 7월 10일 매매	소유자 김갑동 740505-1324518 서울 서초구 반포대로13길 48, 302호(서초3동, 서중빌라)

문서 하단의 바코드를 스캐너로 확인하거나 인터넷등기소(http://iros.go.kr)의 발급확인 메뉴에서 발급확인번호를 입력하여 위·변조 여부를 확인할 수 있습니다. 발급확인번호를 통한 확인은 발행일부터 3개월까지 5회에 한하여 가능합니다.

발행번호113600110049360720119612 50SLBO114951WOG295021311122 　1/2 　발행일 2022/01/02

대 법 원

[토지] 경기도 김포시 운양동 347 고유번호 3103-2007-341247

【 을 구 】 (소유권 이외의 권리에 관한 사항)				
순위번호	등기목적	접 수	등기원인	권리자 및 기타사항
~~1~~	~~근저당권설정~~	~~2016년 6월 15일 제23543호~~	~~2016년 6월 12일 설정계약~~	~~채권최고액 금 300,000,000원~~ ~~채무자 김수경 500315-2047235~~ ~~서울 영등포구 대방로 100~~ ~~근저당권자 주식회사 우리은행 110139-0025894~~ ~~서울 중구 소공로 800~~
2	1번근저당권설정등기말소	2019년 9월 21일 제29700호	2019년 9월 16일 해지	
3	근저당권설정	2021년 5월 4일 제33456호	2021년 5월 3일 설정계약	채권최고액 금 60,000,000원 채무자 김갑동 (주소생략) 근저당권자 도을지 701227-생략 (주소생략)

— 이 하 여 백 —

수수료 금 1,000원 영수함 관할등기소 인천지방법원 부천지원 김포등기소 / 발행등기소 법원행정처 등기정보중앙관리소

이 증명서는 등기기록의 내용과 틀림없음을 증명합니다.

서기 2022년 01월 02일

법원행정처 등기정보중앙관리소 전산운영책임관 [인]

등기정보중앙관리소전산운영책임관

* 실선으로 그어진 부분은 말소사항을 표시함. *등기기록에 기록된 사항이 없는 갑구 또는 을구는 생략함.

문서 하단의 바코드를 스캐너로 확인하거나 인터넷등기소(http://iros.go.kr)의 발급확인 메뉴에서 발급확인번호를 입력하여 위·변조 여부를 확인할 수 있습니다. 발급확인번호를 통한 확인은 발행일부터 3개월까지 5회에 한하여 가능합니다.

발행번호11360011004936072011961250SLBO114951WOG295021311122 2/2 발행일 2022/01/02

대 법 원

不 動 産 賣 買 契 約 書

매도인과 매수인 쌍방은 아래 표시 부동산에 관하여 다음 계약내용과 같이 매매 계약을 체결한다.

1. 부동산의 표시 경기 김포시 운양동 347 잡종지 9,292㎡
2. 계약내용 소유권이전

제1조 위 부동산의 매매에 있어 매수인은 매매대금을 아래와 같이 지불하기로 한다.

賣買代金	金 400,000,000원 整	單價	
契約金	金 90,000,000원 整은 계약시 지불하고		
中渡金	없음		
殘　金	金 310,000,000원 整은 2020년 8월 24일 지불한다.		

제2조 매도인은 매수인으로부터 매매대금의 잔금을 수령함과 동시에 매수인에게 소유권이전등기에 필요한 모든 서류를 교부하고 이전등기에 협력하여야 하며, 또한 위 부동산을 인도하여야 한다.
제3조 매도인은 위 부동산에 설정된 저당권, 지상권, 임차권 등 소유권의 행사를 제한하는 사유가 있거나, 조세공과 기타 부담금의 미납금 등이 있을 때에는 잔금 수수일까지 그 권리의 하자 및 부담 등을 제거하여 완전한 소유권을 매수인에게 이전하여야 한다. 다만 승계하기로 합의하는 권리 및 금액은 그러하지 아니한다.
제4조 위 부동산에 관하여 발생한 수익과 조세공과 등의 부담금은 위 부동산의 인도일을 기준으로 하여 그 전일까지의 것은 매도인에게, 그 이후의 것은 매수인에게 각각 귀속한다.
제5조 위 부동산의 전부 또는 일부가 그 인도전에 천재지변 등 불가항력의 사유로 멸실, 훼손된 경우와 공용수용 등 당사자 쌍방의 책임 없는 사유로 부담이 과하여졌을 경우 그 손실은 매도인의 부담으로 한다. 다만 매수인의 수령지체 중에 위와 같은 사유가 발생한 경우 그 손실은 매수인의 부담으로 한다.
제6조 매수인이 매도인에게 중도금(중도금이 없을 때에는 잔금)을 지불할 때까지는 매도인은 계약금의 배액을 상환하고, 매수인은 계약금을 포기하고 이 계약을 해제할 수 있다.
제7조 중개수수료는 본 계약체결과 동시에 거래당사자 쌍방이 각각 지불한다.

이 계약을 증명하기 위하여 계약서 2부를 작성하여 계약당사자가 이의 없음을 확인하고 각자 서명, 날인한다.

2020년 7월 10일

매도인	주　소	생략			성명	최민식 (최민식인)
	주민등록번호	생략	전화			
매수인	주　소	생략			성명	김갑동 (김갑동인)
	주민등록번호	생략	전화			강피혜 (강피혜인)

원본과 상위없는 사본임 경위 정진호 (인)

위임약정서

강피혜는 김포시 운양동 347 잡종지 9,292㎡를 김갑동과 공동으로 매수하되, 강피혜의 지분 1/2에 관하여 김갑동이 최민식으로부터 바로 이전등기를 마치게 하는 방식으로 김갑동에게 명의신탁을 하기로 한다.[323]

2020. 7. 10.

명의수탁자 김 갑 동 (인)

명의신탁자 강 피 혜 (인)

원본과 상위없는 사본임 경위 정진호 (인)

323 이 약정내용에 비추어 중간생략등기형 명의신탁에 해당하는 것으로 판단된다.

피 의 자 신 문 조 서

피 의 자 : 김갑동

위의 사람에 대한 횡령 피의사건에 관하여 2022. 2. 1. 서울서초경찰서 형사과 사무실에서 사법경찰관 경위 정진호는 사법경찰리 경장 김유엽을 참여하게 하고, 아래와 같이 피의자임에 틀림없음을 확인하다.

문 **피의자의 성명, 주민등록번호, 직업, 주거, 등록기준지 등을 말하십시오.**

답 **성명**은 김갑동 (金甲東)

주민등록번호는 740505-1324518

직업은 생략

주거는 서울특별시 서초구 반포대로13길 48, 302호(서초3동, 서중빌라)

등록기준지는 경기도 남양주시 별내3로 64-2

직장주소는 없음

연락처는 **자택전화 (생략)** **휴대전화 (생략)**

직장전화 **전자우편**(e-mail) **(생략)**

입니다.

사법경찰관은 피의사건의 요지를 설명하고 사법경찰관의 신문에 대하여 형사소송법 제244조의3의 규정에 의하여 진술을 거부할 수 있는 권리 및 변호인의 참여 등 조력을 받을 권리가 있음을 피의자에게 알려주고 이를 행사할 것인지 그 의사를 확인하다.

이에 사법경찰관은 피의사실에 관하여 다음과 같이 피의자를 신문하다.

문 피의자는 형사처분이나 기소유예처분을 받은 사실이 있나요.

답 없습니다.

(병역관계, 최종학력, 사회경력, 가족관계, 재산이나 월평균 수입, 건강상태 등에 관한 문답은 **기재 생략**)

문 피의자는 강피혜가 명의신탁한 부동산을 횡령하였는가요.

답 네. 그렇습니다.

문 경위를 진술하세요.

답 저는 2020. 7. 10. 서울 서초구 서초로 200에 있는 진인공 운영의 시니어공인중개사 사무실에서, 매도인 최민식으로부터 김포시 운양동 347 잡종지 9,292㎡를 매매대금 4억 원에 강피혜와 공동으로 각 1/2 지분씩 매수하기로 하였습니다.

저는 같은 일시, 장소에서, 위와 같이 위 부동산을 강피혜와 공동으로 매수하면서 강피혜가 2억 원, 제가 2억 원을 부담하기로 합의하였고, 추후 매도시 편의를 위해 강피혜 지분을 제 앞으로 명의신탁하기로 하고 2020. 8. 24. 제 앞으로 소유권 이전등기를 마쳤습니다.

저는 위 부동산 중 강피혜 지분 1/2 지분에 대하여는 명의신탁을 받은 셈인데, 이를 임의로 처분하여서는 아니됨에도 불구하고 강피혜의 승낙을 받지 아니하고 2021. 5. 3. 도을지로부터 6,000만 원을 차용하면서 위 부동산에 2021. 5. 4. 근저당권자 도을지, 채권최고액 6,000만 원으로 하는 근저당권설정등기를 마쳐 위 부동산의 1/2 지분을 횡령하였습니다. 죄송합니다.

문 피해자와 합의하였는가요.

답 아닙니다.

문 이상의 진술에 대하여 이의나 의견이 있는가요.

답 없습니다. (무인)

위의 조서를 진술자에게 열람하게 하였던바, 진술한 대로 오기나 증감·변경할 것이 전혀 없다고 말하므로 간인한 후 서명 무인하게 하다.

진술자 김갑동 (무인)

2022. 2. 1.

서 울 서 초 경 찰 서

사법경찰관 경위 정진호 ㊞

사법경찰리 경장 김유열 ㊞

조 회 회 보 서[324]

제 2022-01571 호 2022. 2. 20.

☐ 조회대상자

성 명	김갑동	주민등록번호	740505-1324518	성별	남
지문번호	24312-18145	주민지문번호	(생략)	일련번호	01382537
주 소	서울특별시 서초구 반포대로13길 48, 302호(서초3동, 서중빌라)				
등록기준지	경기도 남양주시 별내3로 64-2				

☐ 주민정보(생략)

☐ 범죄경력자료

연번	입건일	입건관서	작성번호	송치번호	형제번호
	처분일	죄 명		처분관서	처분결과

☐ 수사경력자료(생략)

☐ 지명수배내역(생략)

위와 같이 조회 결과를 통보합니다.

조 회 용 도 : 범죄수사

조회의뢰자 : 형사팀 경위 정진호

작 성 자

서 울 서 초 경 찰 서 장 (직인)

324 실무상 피의자가 자백하고 있고 증거서류가 충분히 수집되었다고 판단될 경우 검찰에서 다시 피의자를 소환하여 신문하지 않고서 경찰이 수집한 증거들만으로 곧바로 기소하는 경우도 적지 않다. 이 사안 기록도 그런 실무처리례에 따라 검찰 단계의 피의자신문을 실시하지 않았다.

기록 7

모범답안

문제 1 검토보고서

1. 결론

무죄

2. 논거

가. 공소사실의 요지(생략가능)

피고인은 2020. 7. 10. 서울 서초구 서초로 200에 있는 진인공 운영의 시니어공인중개사 사무실에서, 매도인 최민식으로부터 김포시 운양동 347 잡종지 9,292㎡(이하 '이 사건 부동산'이라고 한다)를 매매대금 4억 원에 피고인과 피해자 강피혜가 각 1/2 지분씩 공동으로 매수하기로 하였다.

피고인은 같은 일시, 장소에서, 위와 같이 이 사건 부동산을 피해자와 공동으로 매수하면서 매매대금을 피해자가 2억 원, 피고인이 2억 원을 부담하되, 추후 매도 시 편의를 위해 피해자 지분을 피고인 앞으로 명의신탁하기로 피해자와 합의하였고, 2020. 8. 24. 피해자 지분을 포함한 이 사건 부동산 전부에 대하여 피고인 앞으로 소유권이전등기를 마쳤다.

따라서 피고인은 이 사건 부동산 중 피해자의 1/2 지분에 대하여는 이를 임의로 처분하여서는 아니 됨에도 불구하고 피해자의 승낙을 받지 아니하고 2021. 5. 3. 도을지로부터 6,000만 원을 차용하면서 이 사건 부동산에 관하여 2021. 5. 4. 근저당권자 도을지, 채권최고액 6,000만 원으로 하는 근저당권설정등기를 마쳐 이 사건 부동산 중 피해자의 1/2 지분을 횡령하였다.

나. 주장 및 쟁점

○ 피고인과 변호인은 사실관계를 인정한다.

○ 피고인과 변호인은 명의신탁 약정이 무효이므로 횡령죄가 성립하지 않는다고 주장한다.

다. 검토의견

1) 관련법리[325]

부동산을 매수한 명의신탁자가 자신의 명의로 소유권이전등기를 하지 아니하고 명의수탁자와 맺은 명의신탁약정에 따라 매도인으로부터 바로 명의수탁자에게 중간생략의 소유권이전등기를 마친 경우, 부동산 실권리자명의 등기에 관한 법률 제4조 제2항 본문에 의하여 명의수탁자 명의의 소유권이전등기는 무효이고, 신탁부동산의 소유권은 매도인이 그대로 보유하게 된다. 따라서 명의신탁자로서는 매도인에 대한 소유권이전등기청구권을 가질 뿐 신탁부동산의 소유권을 가지지 아니하고, 명의수탁자 역시 명의신탁자에 대하여 직접 신탁부동산의 소유권을 이전할 의무를 부담하지는 아니하므로, 신탁부동산의 소유자도 아닌 명의신탁자에 대한 관계에서 명의수탁자가 횡령죄에서 말하는 '타인의 재물을 보관하는 자'의 지위에 있다고 볼 수는 없다.

이러한 경우 명의신탁자와 명의수탁자 사이에 위탁신임관계를 인정할 수도 없으므로, 명의수탁자가 신탁받은 부동산을 임의로 처분하여도 명의신탁자에 대한 관계에서 횡령죄가 성립하지 아니한다.

2) 판단

위 관련법리에 비추어 볼 때,[326·327] 피고인이 공소사실 기재와 같이 이 사건 부동산 전부에 관하여 명의신탁약정을 원인으로 매도인 최민식으로부터 이전등기를 받았더라도, 명의신탁자 강피혜로서는 매도인 최민식에 대한 소유권이전등기청구권을 가질 뿐 신탁부동산의 소유권을 가지지 아니하고, 명의수탁자인 피고인 역시 명의신탁자에 대하여 직접 신탁부동산의 소유

325 대법원 2016. 5. 19. 선고 2014도6992 판결 참조

326 법리상 무죄를 주장한 사건 기록을 검토하고 〈검토보고서〉나 〈검토의견서〉를 작성할 때에 "검토의견"란을 작성함에 있어 관련법리를 제시한 다음, 포섭판단 단계에서 '증거에 의한 사실인정'을 어떠한 경우에 하는지에 관하여 의문이 있을 수 있다. 원칙적으로 공소장에 기재된 공소사실만을 기준으로 기존에 알고 있는 법리를 적용하였을 때 유·무죄 판단이 가능한 경우라면 '증거에 의한 사실인정'이 필요하지 않다.

327 이 기록 사안에서는 공소사실에 모든 정보가 나와 있어서 전단 무죄 판단이 가능하므로 사안의 포섭 단계에서 증거에 의한 사실인정을 할 필요는 없다. 만일 경우를 달리하여 이 사건 공소장에서 가령, 피해자 강피혜가 피고인과 함께 이 사건 부동산을 공동으로 매수하기로 하고 이 사건 부동산 전체에 관하여 피고인 앞으로 소유권이전등기를 마쳐 주었다는 취지의 기재만 있고, 강피혜의 1/2 지분에 관하여 피고인에게 등기를 마쳐 준 경위, 즉 명의신탁약정에 관하여 아무런 기재가 없었다고 가정해 보자. 그런 경우에는 공소사실에 기재된 정보만으로는 피고인이 명의신탁을 원인으로 강피혜의 1/2 지분에 관하여 등기를 마쳤다는 사실관계를 알 수 없고, 증거에 의해 추가로 사실관계를 확인해 보아야 비로소 중간생략등기형 명의신탁에 해당하는지 여부를 판단할 수 있다. 따라서 그러한 경우에는 기록에서 관련 증거를 찾아서 피고인이 강피혜로부터 중간생략등기형 명의신탁을 받았다는 사실을 인정하여야 하고 그러한 '증거에 의한 사실인정'을 〈검토보고서〉나 〈검토의견서〉에 기재하여 주어야 한다.

권을 이전할 의무를 부담하지는 않으므로 피고인이 '타인의 재물을 보관하는 자'의 지위에 있다고 볼 수 없다.[328]

3) 소결론

이 부분 공소사실은 범죄로 되지 아니하는 때에 해당하므로 형사소송법 제325조 전단에 의하여 무죄로 판단된다.

---

328 또는 다음과 같이 기재할 수도 있다. "강피혜와 피고인 사이에 이루어진 중간생략등기형 명의신탁에서 이 사건 부동산 중 강피혜 지분에 관하여 명의수탁자인 피고인 앞으로 마친 소유권이전등기는 무효이고 매도인인 최민식이 그 소유권을 그대로 보유하고 있으므로, 이 사건 부동산 중 강피혜 지분에 관한 소유권이 명의신탁자인 강피혜에게 있지 아니할 뿐만 아니라, 명의신탁자인 강피혜와 명의수탁자인 피고인 사이에 위탁신임관계를 인정할 수도 없다. 따라서 명의수탁자인 피고인은 명의신탁자인 강피혜에 대한 관계에서 횡령죄에서 말하는 '타인의 재물을 보관하는 자'의 지위에 있다고 볼 수 없다."

문제 2 검토의견서[329]

1. 공소사실의 요지(기재 생략)

2. 쟁점[330]

피고인은 공소사실의 사실관계를 인정한다. 다만 피고인과 변호인은, 명의신탁 약정이 무효이므로 횡령죄가 성립하지 않는다고 주장한다.

3. 검토의견[331]

가. 관련법리

부동산을 매수한 명의신탁자가 자신의 명의로 소유권이전등기를 하지 아니하고 명의수탁자와 맺은 명의신탁약정에 따라 매도인으로부터 바로 명의수탁자에게 중간생략의 소유권이전등기를 마친 경우, 부동산 실권리자명의 등기에 관한 법률 제4조 제2항 본문에 의하여 명의수탁자 명의의 소유권이전등기는 무효이고, 신탁부동산의 소유권은 매도인이 그대로 보유하게 된다. 따라서 명의신탁자로서는 매도인에 대한 소유권이전등기청구권을 가질 뿐 신탁부동산의 소유권을 가지지 아니하고, 명의수탁자 역시 명의신탁자에 대하여 직접 신탁부동산의 소유권을 이전할 의무를 부담하지는 아니하므로, 신탁부동산의 소유자도 아닌 명의신탁자에 대한 관계에서 명의수탁자가 횡령죄에서 말하는 '타인의 재물을 보관하는 자'의 지위에 있다고 볼 수는 없다.

이러한 경우 명의신탁자와 명의수탁자 사이에 위탁신임관계를 인정할 수도 없으므로, 명의수탁자가 신탁받은 부동산을 임의로 처분하여도 명의신탁자에 대한 관계에서 횡령죄가 성립하지 아니한다.

나. 판단

위 관련법리에 비추어 볼 때, 피고인이 공소사실 기재와 같이 이 사건 부동산 전부에 관하여 명의신탁약정을 원인으로 매도인 최민식으로부터 이전등기를 받았더라도, 명의신탁자로서는 매도인 최민식에 대한 소유권이전등기청구권을 가질 뿐 신탁부동산의 소유권을 가지지 아

329 형식만 조금 자유로울 뿐 기본적으로 〈검토보고서〉와 그 내용이 동일하다.

330 쟁점은 피고인 또는 변호인의 주장의 요지를 중심으로 핵심내용을 언급해 주면 좋다.

331 〈검토보고서〉의 '검토의견'란의 기재와 같이 삼단논법에 따라 기재하면 된다.

니하고, 명의수탁자인 피고인 역시 명의신탁자에 대하여 직접 신탁부동산의 소유권을 이전할 의무를 부담하지는 않으므로 피고인이 '타인의 재물을 보관하는 자'의 지위에 있다고 볼 수 없다.

4. 결론

위 공소사실은 범죄로 되지 아니하는 때에 해당하므로 형사소송법 제325조 전단에 의하여 무죄로 판단된다.

Attention Please

(9) 기록7 관련 변호사시험 형사기록형 기출문제

○ 제1회 : 불법원인급여물에 대한 횡령죄의 성립 여부

○ 제3회

가. 양자 간 명의신탁에 있어 명의수탁자의 처분행위가 횡령죄를 구성하는지 여부, 횡령죄에 있어 불법영득의사

나. 부동산 이중매매로 인한 배임행위에 관한 특정경제범죄가중처벌등에관한법률위반(배임)죄에 있어서 이득액의 산정(대법원 2011. 6. 30. 선고 2011도1651 판결 참조)

다. 신용카드를 갈취하고 이를 이용하여 현금지급기에서 현금을 인출한 경우 현금인출 부분에 관하여 별도의 절도죄가 성립하는지 여부(대법원 2007. 5. 10. 선고 2007도1375 판결 참조), 갈취한 신용카드에 겸용된 현금카드 기능을 활용하여 현금지급기에서 현금을 인출한 경우 여신전문금융업법 제70조 제1항 제4호에서 정한 '부정사용'에 해당하는지 여부(대법원 2003. 11. 14. 선고 2003도3977 판결 참조)

○ 제5회

가. 사망자 명의의 사문서인 매매계약서를 위조한 경우, 사문서위조죄의 성립 여부(대법원 2005. 2. 24. 선고 2002도18 전원합의체 판결 참조)

나. 사망한 자를 상대로 한 제소의 소송사기 성립 여부(대법원 2002. 1. 11. 선고 2000도1881 판결 참조)

다. 피고인이 별거 중인 처 A에게 재산분할 명목으로 피고인 명의의 자동차를 증여한 후 A가 전적으로 그 자동차를 운행·관리하던 중 피고인이 임의로 그 자동차를 운전하여 가 버린 사안에서, 절도죄의 성립 여부(대법원 2013. 2. 28. 선고 2012도15303 판결 참조)

라. 범인 자신이 타인에게 허위자수하게 하여 자신의 범인도피를 교사한 경우 범인도피교사죄의 성립 여부(대법원 2006. 12. 7. 선고 2005도3707 판결 참조)

○ 제6회

가. 객관적으로 공소시효가 완성된 사실에 대하여 공소시효가 완성되지 않은 것처럼 고소한 경우 무고죄의 성립 여부(대법원 1995. 12. 5. 선고 95도1908 판결 참조)

나. 피고인이 사기 고소사건(고소인 A)으로 조사를 받던 중 사법경찰관 B에게 "A 이 자식, 만일 내가 이 사건으로 처벌되면 아는 동생을 시켜 집에 불을 질러버리겠다."라고 소리쳐 경찰관 B의 조사업무를 방해하였다는 내용의 공소사실(B가 A와 밀접한 관계에 있다는 점에 관한 증거가 없다)에 관하여 공무집행방해죄가 성립하는지 여부

○ 제7회

가. 피고인 甲이 乙에게 절도를 교사한 후 절도 범행 전에 乙에게 범행을 만류하는 취지의 문자를 보냈는데 乙이 甲의 만류를 거부하는 답변을 문자로 보낸 후 실제 절도범행을 행한 경우 피고인 甲에게 이른바 '공범관계의 이탈'이 인정되는지 여부(대법원 2012. 11. 15. 선고 2012도7407 판결 참조)

나. 절도의 교사범이 정범으로부터 절취해 온 물건을 취득한 경우 장물취득죄가 성립하는지 여부(대법원 1986. 9. 9. 선고 86도1273 판결 참조)

○ 제8회

가. 채권자가 채권의 양도통지를 않고서 채무금을 수령한 경우 사기죄의 성립 여부(대법원 1984. 5. 9. 선고 83도2270 판결 참조)

나. 채권양도인이 양도 통지 전에 채무자로부터 채권을 추심하여 금전을 수령한 경우, 양도인이 위 금전을 양수인을 위하여 보관하는 지위에 있어 횡령죄가 성립하는지 여부(대법원 1999. 4. 15. 선고 97도666 전원합의체 판결 참조)

다. 컴퓨터를 이용하여 피해자의 명예를 훼손하는 취지의 글을 작성하고 이를 A4용지 1장으로 출력한 뒤 이를 아파트 단지 내에 있는 게시판 10곳에 부착한 행위와 관련하여 출판물에 의한 명예훼손죄가 성립하는지 여부(대법원 1997. 8. 26. 선고 97도133 판결 참조)

○ 제9회 : 전기통신금융사기(이른바 보이스피싱 범죄) 사건에서 통장과 체크카드를 돈을 받고 넘겨주는 방법으로 위 사기범행을 도운 사기방조범 甲이, 피해자가 기망당하여 위 통장 계좌로 돈을 송금·이체하자 위 계좌에서 현금을 인출한 행위가 사기의 피해자에 대하여 따로 횡령죄를 구성하는지 여부(대법원 2017. 5. 31. 선고 2017도3045 판결 참조)

* 기록7 관련 변호사시험 형사기록형 기출문제의 나머지는 Attention Please(6)에서 소개하였다.

○ 제10회 : 횡령행위 완료 후에 행하여진 횡령물의 처분행위는 그 횡령행위에 의하여 평가되어 버린 것으로 볼 수 있는 범위 내에서 불가벌적 사후행위라 볼 수 있는지 여부(대법원 2006. 10. 13. 선고 2006도4034 판결 참조)

○ 제11회 : 사립학교 교원에 대한 징계를 구하는 민원제기가 무고죄에 해당하는지 여부(대법원 2014. 7. 24. 선고 2014도6377 판결 참조)

Attention Please

(10) 형사기록형 법리 학습의 우선순위

1. 지금까지 살펴본 것처럼, 검토보고서 등의 법률문서를 작성함에 있어서는 삼단논법에 따른 논증과정이 중요하다. 그 논리전개 과정에서 관련법리의 중요성은 아무리 강조해도 지나치지 않다. 그런데 형사사건과 관련된 판례 등 법리가 얼마나 많은지 생각해 보면, 법리학습을 어디서부터 시작해야 하는지 의문이 들 수밖에 없다. 만사(萬事)가 그러하듯 형사 법리 학습에도 왕도(王道)가 있는 것은 아니다. 다만 형사사건 실무를 대비한 기록형 학습에 한정해서는, 우선순위를 고려할 필요가 있다고 생각된다.
2. 『2021년도 사법연감』[332] 제5장 통계 제2절 사건의 추이 제6항 형사소송(별지 참조)에 따르면, 2011년부터 2020년까지 최근 10년간 제1심 형사공판사건 접수건수의 평균치를 비교하여 볼 때, 평균 접수건수가 가장 많은 범죄는 사기와 공갈의 죄, 도로교통법위반의 죄, 상해와 폭행의 죄, 절도와 강도의 죄, 특정범죄가중처벌등에관한법률위반의 죄, 폭력행위등처벌에관한법률위반의 죄, 교통사고처리특례법위반의 죄 순이다. 이와 같은 범죄들이 최근 10년간 실무에서 가장 많이 사건화되었다는 말이므로, 당연히 실무를 대비한 기록형 학습을 한다고 하면 위와 같은 범죄에 대하여 더 많이, 더욱 먼저 공부를 해야 한다.
3. 법원에서는 대개 형사 재판부에 전담부를 두고 있다. 대표적인 전담부로는 ≪교통, 경제(재산범죄 등), 마약, 성폭력, 부패(뇌물범죄 등), 선거, 외국인, 지적재산권≫ 등을 들 수 있다. 해당 사건들이 상대적으로 숫자가 많고 전문적인 업무처리가 필요하기 때문이다. 따라서 위 전담재판부와 관련된 범죄들에 대하여 우선순위를 두고 학습하면 도움이 된다(다만, 선거범죄나 지적재산권 관련 범죄는 로스쿨 과정에서 잘 다루지 않는 구성요건이다).
4. 한편, 면소 사유와 공소기각 사유에 관하여는 필수적인 출제 분야라고 해도 과언이 아니므로 반드시 숙지하여야 한다. 관련 내용은 판결서작성실무 교재 해당 부분을 참고하자.

332 대법원 홈페이지(https://www.scourt.go.kr/supreme)에서 ≪대국민서비스 → 자료 → 사법연감≫ 이러한 경로로 들어가면 그동안 매년 발간되어 온 『사법연감』을 다운로드할 수 있다.

[별지]

제5장 통 계 제2절 사건의 추이 제6항 형사소송

32. 제1심 형사공판사건 중요죄명별 누년비교표 – 접수

죄명 \ 연도	2011	2012	2013	2014	2015	2016	2017	2018	2019	2020	평균
형법범											
공무원의직무에관한죄	793	736	480	700	642	525	689	493	338	278	567
공무방해에관한죄	4,994	4,987	5,242	10,396	10,065	11,006	9,756	8,808	8,760	8,333	8,235
위증과증거인멸의죄	1,276	1,181	1,250	1,312	1,250	1,365	1,155	923	669	520	1,090
무고의죄	1,722	1,351	1,465	1,411	1,455	1,511	1,384	1,166	958	872	1,330
방화와실화의죄	739	718	785	826	845	770	706	787	734	697	761
문서에관한죄	2,879	2,588	3,050	3,132	2,860	2,783	2,713	2,495	2,691	2,426	2,762
성풍속에관한죄	885	1,043	1,163	1,459	1,097	884	867	701	722	613	943
도박과복표에관한죄	2,387	1,914	1,851	1,507	1,660	1,820	1,399	929	1,045	956	1,547
살인의죄	794	752	744	725	736	727	631	645	605	601	696
상해와폭행의죄	20,989	20,406	20,477	20,797	18,508	28,077	26,004	24,094	23,281	23,213	22,585
과실치사상의죄	818	878	983	1,096	1,134	1,115	1,196	1,176	1,300	1,255	1,095
강간과추행의죄	2,337	2,789	4,317	5,511	5,507	5,618	6,030	6,488	6,342	6,438	5,138
절도와강도의죄	13,683	13,440	13,585	12,722	14,880	14,855	13,636	12,782	13,094	12,698	13,538
사기와공갈의죄	33,302	34,405	38,483	40,308	42,284	43,973	41,025	40,335	43,931	49,826	40,787
횡령과배임의죄	5,716	5,617	6,506	6,607	6,237	6,225	5,664	5,247	5,294	4,872	5,799
장물에관한죄	811	1,046	1,589	1,093	872	776	516	398	267	267	764
특별법범											
건축법	849	707	621	538	514	382	390	263	448	235	495
관세법	400	275	384	564	388	407	423	361	251	289	374
교통사고처리특례법	10,522	11,393	10,490	10,652	10,176	10,271	10,382	9,711	9,432	9,763	10,279
국가보안법	88	101	124	63	80	38	50	21	39	33	64
근로기준법	4,754	5,112	5,201	5,680	5,439	5,222	5,358	5,149	5,285	4,966	5,217
도로교통법	21,875	26,650	24,562	23,824	23,841	30,041	29,614	23,634	30,651	42,135	27,683
밀항단속법	42	26	16	11	6	3	5	4	6	5	12
변호사법	441	367	407	363	622	727	543	290	250	146	416
병역법	1,542	1,475	1,705	1,559	1,427	1,354	1,299	1,031	851	679	1,292
보건범죄단속에관한특별조치법	326	311	352	221	202	199	195	121	160	119	221
부정수표단속법	910	794	738	590	461	347	278	209	230	170	473
산림자원의조성및관리에관한법률	155	170	134	124	138	123	110	62	81	62	116
소방법	92	86	70	112	142	149	101	112	124	136	112
수산업법	208	218	182	196	176	209	182	221	214	157	196
식품위생법	1,338	1,144	1,730	1,601	1,600	1,406	1,251	705	585	591	1,195
약사법	333	324	413	464	417	285	285	164	178	429	329
의료법	859	805	860	875	795	1,074	1,008	788	1,078	826	897
조세범처벌법	1,414	1,375	1,419	1,559	1,439	1,537	1,560	1,333	1,299	1,256	1,419
집회및시위에관한법률	293	415	222	353	303	241	196	67	108	93	229
특정경제범죄가중처벌등에관한법률	2,253	1,963	2,066	2,210	2,186	2,196	2,174	1,853	1,917	1,847	2,067
특정범죄가중처벌등에관한법률	13,396	13,662	12,838	12,126	11,648	11,614	11,621	11,506	10,707	11,776	12,089
폭력행위등처벌에관한법률	15,345	17,231	17,362	17,118	16,065	6,830	5,484	4,594	4,782	4,712	10,952

8 기록 증명력 판단 I

기록 8

<문제> 다음 기록을 읽고 서울중앙지방법원 재판연구원으로서 **검토보고서**를 작성하되, 다음의 검토보고서 양식 중 **본문 I의 1, 2 부분만 작성하시오.**

[검토보고서 양식]

> **검토보고서**
>
> 사 건 2022고합1234 살인
>
> 피고인 김갑동
>
> **I. 쟁점 및 검토**
>
> **1. 결론**
>
> **2. 논거**
>
> 가. 공소사실의 요지
>
> 나. 주장 및 쟁점
>
> 다. 검토의견
>
> **II. 처단형의 범위**

구속만료	2022. 5. 1.	미결구금
최종만료	2022. 9. 1.	
대행 갱신 만 료		

서 울 중 앙 지 방 법 원

구공판 **형사제1심소송기록**

기 일 1회기일	사건번호	2022고합1234	담임	제5형사부	주심	나
2022. 3. 20. 10:00	사 건 명	살인				
	검 사	김한규	2021년 형제4321호			
	피 고 인	구 속 김 갑 동				
	공소제기일	2022. 3. 2.				
	변 호 인	사선 법무법인 명변 담당변호사 염정은				

확 정	
보존종기	
종결구분	
보 존	

완결 공람	담 임	과 장	주심판사	재판장

증 거 목 록 (증거서류 등)

2022고합1234

2021 형제4321호　　　　　　　　　　　　　　　　　　신청인 : 검사

순번	증거방법					참조사항 등	신청기일	증거의견		증거결정		증거조사기일	비고
	작성	쪽수(수)	쪽수(증)	증 거 명 칭	성 명			기일	내용	기일	내용		
1	사경	2		수사보고 (변사사건발생)		공소사실	1	1	○	기재 생략			
2		3		진술조서	박목일	〃	1	1	○[333]				
3		6		부검감정서	송명의	〃	1	1	○				
4		7		압수조서		〃	1	1	○				
5		9		수사보고 (범행도구 구입처 조사)		〃	1	1	○				
6		10		감정의견서	김분석	〃	1	1	○				
7		11		진술조서	박훈수	〃	1	1	×[334]				2회 기일 번의 동의 입증취지 부인[335]
8		14		피의자신문조서 (대질)	김갑동	〃	1	1	○○○×				
				〃 (박목일 진술 부분)		〃	1	1	×				
9		19		조회회보서	김갑동	전과관계	1	1	○				
10	검사	20		피의자신문조서	김갑동	공소사실	1	1	○				

※ 증거의견 표시 **(이하 생략)**

333 이 사건 피고인의 변호인이라면 검사가 제출한 증거들 중 피고인에게 불리한 내용은 없는지, 피고인의 주장이나 변호인이 파악한 사실관계와 다른 내용은 없는지, 증거부동의할 경우 진술자에 대한 증인신문과정에서 진술이 번복될 가능성이 있는지 등을 면밀하게 검토하여 증거동의 여부를 신중하게 결정해야 한다. 이 사건에서 피고인의 변호인 염정은은 박목일의 최초 경찰 진술의 경우 사실관계와 다르거나 피고인에게 불리하다고 볼 만한 내용이 없다고 판단하여 증거동의한 것으로 보인다.

334 이 사건 변호인은 피고인을 범인으로 의심하는 내용의 박훈수에 대한 경찰 진술조서, 범행을 자백한 취지의 피고인에 대한 경찰 피의자신문조서, 피고인을 범인으로 지목한 내용의 위 피의자신문조서 중 박목일의 진술 부분에 관하여, 변호인이 피고인에 대한 접견 등으로 파악한 사실관계와 다르고 피고인에게 불리한 내용이 있다고 판단하여 각각 증거로 함에 동의하지 않았다.

335 박훈수의 수사기관에서의 진술이 증인신문 과정에서 번복되었으므로 피고인의 변호인은 위 진술에 대한 증거의견을 바꿔(번의라고 표현) 증거동의하되 신빙성을 다툰다고 말하였다. 실무상 법원사무관 등은 증거의견을 동의로 바꾸어 신빙성만을 다투는 경우 증거목록 비고란에 '번의 동의, 입증취지 부인'이라고 기재한다.

증 거 목 록 (증인 등)

2022고합1234

2021 형제4321호　　　　　　　　　　　　　　신청인 : 검사

증거방법	쪽수(공)	입증취지 등	신청기일	증거결정		증거조사기일	비고
				기일	내용		
과일칼 1자루 (증 제1호)		**공소사실**	1	1	○	**기재 생략**	
주민등록증 1장 (증 제2호)		〃	1	1	○		
반지갑 1개 (증 제3호)		〃	1	1	○		
증인 박목일[336]	9	〃	1	1	○	2022. 3. 27. 14:00 (실시)	
증인 박훈수	18	〃	1	1	○	2022. 3. 27. 15:00 (실시)	

※ 증거결정 표시 : 채 ○, 부 ×

336 피고인이 박훈수에 대한 경찰 진술조서와 피고인에 대한 경찰 피의자신문조서 중 박목일 진술 부분에 관하여 증거부동의하였으므로, 검사는 법 제312조 제4항에 의하여 위 서류들의 증거능력을 부여받기 위해서 제1회 공판기일에 원진술자인 박목일과 박훈수를 증인으로 신청하였다.

서울중앙지방검찰청

2022. 3. 2.

사건번호 2021년 형제4321호

수 신 자 서울중앙지방법원 발 신 자

검 사 김한규 김한규 (인)

제 목 **공소장**

아래와 같이 공소를 제기합니다.

Ⅰ. 피고인 관련사항 **1234**

피 고 인 김갑동 (640103-1324518), 58세
직업 무직, 010-6523-3123
주거 서울특별시 서초구 서초로 100
(방배동, 거성빌라 201호)
등록기준지 경기도 용인시 수지구 대지로 321

죄 명 살인

적용법조 형법 제250조 제1항, 제48조

구속여부 2022. 2. 19. 구속(2022. 2. 17. 체포)

변 호 인 법무법인 명변 담당변호사 염정은

Ⅱ. 공소사실

피고인은 2021. 8. 7. 15:00경 서울 중구 남산길 432 남봉공원 내 분수대 옆에서 피해자 오피해(57세)가 피고인을 '멍청한 놈'이라고 놀리는 것에 화가 나 과일 칼로 피해자의 목을 5회 찔러 경동맥 자상으로 인한 과다출혈로 피해자를 살해하였다.

Ⅲ. 첨부서류 (각 첨부 생략)

1. 긴급체포서 1통
2. 구속영장(체포된 피의자용) 1통
3. 피의자 수용증명 1통
4. 변호인 선임 신고서 1통

서울중앙지방법원
공 판 조 서

제 1 회

사 건	2022고합1234 살인		
재판장 판사	강한구	기 일 :	2022. 3. 20. 10:00
판사	박두성	장 소 :	제 311 호 법정
판사	차삼원	공개여부 :	공 개
법원 주사	마연우	고지된 다음기일 :	2022. 3. 27. 14:00
피 고 인	김갑동		출석
검 사	김준기		출석
변 호 인	법무법인 명변 담당변호사 염정은		출석

재판장

피고인은 진술을 하지 아니하거나 각개의 물음에 대하여 진술을 거부할 수 있고 이익 되는 사실을 진술할 수 있음을 고지

재판장

피고인에게

국민참여재판으로 진행하기를 원하는지를 물은 즉[337]

피고인

국민참여재판을 원하지 않는다고 진술

재판장의 인정신문

성 명 : 김갑동

주민등록번호 : 공소장 기재와 같음

직 업 : 〃

주 거 : 〃

등록 기준지 : 〃

337 법원조직법 제32조 제1항에 따른 합의부 관할 사건은 국민의 형사재판 참여에 관한 법률 제5조에 따라 국민참여재판 대상이 된다. 같은 법 제8조 제2항에 의하면, 피고인은 공소장 부본을 송달받은 날부터 7일 이내에 국민참여재판을 원하는지 여부에 관한 의사가 기재된 서면을 제출하여야 한다. 그런데 공소장 부본을 송달받은 날부터 7일 이내에 의사확인서를 제출하지 아니한 피고인도 제1회 공판기일이 열리기 전까지는 국민참여재판 신청을 할 수 있고, 법원은 그 의사를 확인하여 국민참여재판으로 진행할 수 있다(대법원 2009. 10. 23.자 2009모1032 결정). 그래서 실무상 합의부 사건을 진행하는 법원은 제1회 공판기일에 피고인에게 국민참여재판을 원하는지 여부를 묻는 경우가 많다.

재판장

피고인에 대하여

주소의 변동이 있을 때에는 이를 법원에 보고할 것을 명하고, 소재가 확인되지 않을 때에는 그 진술 없이 재판할 경우가 있음을 경고

검사

공소장에 의하여 공소사실, 죄명, 적용법조 낭독

피고인 및 변호인

공소사실을 인정하지 않습니다.[338]

재판장

증거조사를 하겠다고 고지

증거관계 별지와 같음(검사)

재판장

각 증거조사결과에 대한 의견을 묻고 권리를 보호함에 필요한 증거조사를 신청할 수 있음을 고지

소송관계인

별 의견 없다고 진술

재판장

변론속행(증인들을 신문하기 위하여)

2022. 3. 20.

법원 주사 마연우 ㊞

재판장 판사 강한구 ㊞

338 유무죄를 다투는 사건으로서 증거에 의하여 공소사실을 인정할 수 있는지 여부가 쟁점이다. 이하 기록을 검토할 때는 증거의 증거능력 문제는 물론이고 유죄에 부합하는 사정들(+)과 반대로 무죄에 가까운 사정들(-)을 찾는 데 주안점을 두어야 한다. 따라서 이하 기록을 검토할 때에는 위와 같은 (+)요소와 (-)요소를 적절히 메모하면서 꼼꼼하게 찾아야 한다.

서울중앙지방법원

공 판 조 서

제 2 회

사　　건	2022고합1234　살인		
재판장 판사	강한구	기　　일 :	2022. 3. 27. 14:00
판사	박두성	장　　소 :	제 311 호 법정
판사	차삼원	공개여부 :	공　개
법원　주사	마연우	고지된	
		다음기일 :	2022. 4. 3. 10:00
피 고 인	김갑동		출석
검　　사	김준기		출석
변 호 인	법무법인 명변 담당변호사 염정은		출석
증　　인	박목일, 박훈수		각 출석

재판장

전회 공판심리에 관한 주요사항의 요지를 공판조서에 의하여 고지

소송관계인

변경할 점이나 이의할 점이 없다고 진술

재판장

증거조사를 하겠다고 고지

출석한 증인을 신문하되, 형사소송법 제56조의2에 따라 증인에 대한 신문을 녹음할 것을 명하고 소송관계인에게 고지

증거관계 별지와 같음(검사)

재판장

각 증거조사결과에 대한 의견을 묻고 권리를 보호함에 필요한 증거조사를 신청할 수 있음을 고지

피고인의 변호인

증인 박훈수의 수사기관 및 이 법정에서의 각 진술 중 피고인으로부터 들었다는

부분은 증거로 삼는 데 동의한다.[339] 다만 증인 박목일, 박훈수의 수사기관 및 이 법정에서의 각 진술 중 공소사실에 부합하는 듯한 부분은 신빙성이 없다고 진술[340]

피고인의 변호인을 제외한 소송관계인

별 의견 없다고 진술

재판장

증거조사를 마치고, 피고인신문을 실시하되, 형사소송법 제56조의2에 따라 피고인에 대한 신문을 녹음할 것을 명하고 소송관계인에게 고지

피고인에 대한 신문내용은 법정녹음시스템의 녹음파일(고유번호 294783075-93038454-733487308)과 같음

재판장

피고인 신문을 마쳤음을 고지

검사

이 사건 공소사실은 모두 그 증거가 있으므로 공소장 기재 법조를 적용하여 유죄를 선고해 주시기 바랍니다. 피고인은 사소한 구실로 흉기를 이용하여 5차례에 걸쳐 목에 치명상을 가하여 피해자를 살해하였습니다. 그래 놓고 피고인은 아무런 반성도 없이 범행을 부인하기에 급급합니다. 아무리 피고인이 전과가 없는 초범이라고 하더라도 결코 가벼이 여겨서는 아니 됩니다. 피고인이 확고한 법적대적 의사를 표현한 점, 어느 무엇과도 바꿀 수 없고 피해가 회복될 수도 없는 생명을 고의로 빼앗은 점 등 이 사건 기록에 나타난 모든 정황을 고려하여 피고인

---

339 변호인의 반대신문 결과 피고인에게 불리한 진술은 번복되었거나 그 신빙성을 의심할 만한 사정이 드러났다. 증인 박훈수의 진술 중 피고인으로부터 들었다는 부분은 법 316조 제1항에서 정한 피고인이 아닌 자의 진술이 피고인의 진술을 그 내용으로 하는 것에 해당하므로, 그 진술이 특히 신빙할 수 있는 상태하에서 행하여졌음이 증명되어야 한다. 그러나 변호인이 증거로 삼는 데 동의하였으므로 법 제318조에 따라 증거능력이 있게 된다. 따라서 이에 관한 증거능력을 별도로 검토할 필요는 없다.

340 실무상 무죄 변론을 하면서 어떠한 진술이 신빙성이 없다는 주장을 많이 한다. 이를 어떻게 논증할 것인가. 자주 있는 일임에도 쉽지 않은 작업이다. 이를 유형화하기도 쉽지 않다. 다만, 일반적으로 어떠한 사람의 진술은 ① 그 진술이 일관되면 일관될수록(증거법 231, 232쪽 참조), ② 객관적 정황에 일치하면 일치할수록(증거법 228-230쪽 참조), ③ 경험칙(상식)에 부합하면 할수록(증거법 233-237쪽 참조) 그 신빙성이 높다고 판단된다. 따라서 무죄 논증의 가장 기본적인 형태는, 검사의 유력한 증거들, 가령 목격자나 피해자의 진술이 ① 얼마나 일관되지 않는지, ② 객관적 정황과 얼마나 부합하지 않는지, ③ 경험칙(상식)에 얼마나 부합하지 않는지를 드러내 보여주는 것이다. 그러므로 이하 기록을 검토할 때에도 위와 같은 핵심변수를 염두에 두면서 ① 검찰 측 증인의 진술이 경찰 → 검찰 → 법원을 거치면서 어떻게 변화하고 있는지, 혹은 같은 법원 단계에서도 검사의 주신문과 변호인의 반대신문 과정에서 어떻게 그 진술의 모습이 변하고 있는지를 유심히 관찰하고, ② 그 진술이 기록상 확인되는 객관적인 증거나 정황에 얼마나 부합하지 않는지, ③ 그 진술이 경험칙(상식)에 얼마나 부합하지 않는지를 집중하여 살펴야 한다.

을 징역 25년에 처하고 압수된 과일칼 1자루(증 제1호)를 몰수함이 상당합니다.

재판장

피고인 및 변호인에게 최종 의견 진술 기회 부여

변호인

피고인을 위하여 별지 변론요지서(생략) 기재와 같이 변론하다.

피고인

우선 사망한 피해자의 명복을 빕니다. 피해자의 사망소식을 듣고 저도 깜짝 놀랐습니다. 비록 저와 사이가 과히 좋지는 않았으나 피해자가 사망한 것은 제게도 너무나 안타까운 일이었습니다. 그러나 재판장님, 저는 피해자를 살해한 적이 없습니다. 이렇게 누명을 쓰고 피고인이라는 이름을 달고 법정에 서 있자니 너무 떨리고 힘듭니다. 저는 너무 억울합니다. 물론 중간에 도망을 치려 한 잘못은 인정합니다만 제 심정이 오죽했으면 도망을 다 갔겠습니까. 부디 재판장님께서 제 억울한 마음을 헤아려 누명을 풀어 주시기를 간곡히 부탁드립니다.

재판장

변론종결

2022. 3. 27.

법원 주사 마연우 ㊞

재판장 판사 강한구 ㊞

서울중앙지방법원

증인신문조서(제2회 공판조서의 일부)

사 건	2022고합1234	살인
증 인	이 름	박 목 일
	생 년 월 일	1960. 4. 1.
	주 거	서울 중구 남산길 342-12

재판장

증인에게 형사소송법 제148조 또는 제149조에 해당하는가의 여부를 물어 이에 해당하지 아니함을 인정하고 위증의 벌을 경고한 후 별지 선서서(**첨부 생략함**)와 같이 선서하게 하였다. 다음에 신문할 증인은 재정하지 아니하였다.

증인에 대한 신문내용은 법정녹음시스템의 녹음파일(고유번호 294783075-93038454-733487309)과 같다(녹음파일 첨부 **생략**).

2022. 3. 27.

법원 주사 마연우 ㊞

재판장 판사 강한구 ㊞

녹취서【B1275-1】

확인인
㉨

녹 취 서 (요지)

사건번호	2022고합1234
기 일	2022. 3. 27. 14:00
비 고	

형사소송규칙 제38조 제1항의 규정에 따라 작성한 녹취서를 붙임과 같이 제출합니다.

1. 붙임 : 증인 신문 녹취서 1부

2022. 3. 30.

속기사 이수영 ㉨

※ 이 녹취서는 진술의 주요한 부분만을 정리하여 기재하는 방식으로 작성되었습니다.

※ 당사자나 피고인 등은 이 녹취서에 적힌 사항에 대해 이의를 제기할 수 있습니다. 이의가 제기되면 법원사무관등이 그 이의의 취지를 이 녹취서 또는 별도의 서면에 기재하거나 이 녹취서 중 해당 부분을 정정하여야 합니다.

검사

증인에게

문 증인은 피고인, 피해자와 어떤 사이인가요.

답 전혀 모르는 사람들입니다.

문 증인은 2021. 8. 7. 15:00경 남봉공원에 있었나요.

답 예. 그때 공원에 있었습니다.

문 언제 공원에 도착했나요.

답 점심을 먹고 조금 쉬다가 백구라고 제가 키우는 개를 데리고 산책을 나갔습니다. 사건이 일어나기 30분 전 정도에 공원에 도착했을 것입니다. 아마 14:30 정도 되었을 거예요.

문 당시에 공원에 사람이 많이 있었나요.

답 남봉공원은 유명한 남산공원에서 300미터 정도밖에 안 떨어져 있기는 합니다. 그러나 약간 외진 곳에 있고, 숲이 우거져서 입구가 잘 안 보이기 때문에 사람들의 발길이 드문 곳입니다. 그곳은 숲이 무성하고 남산의 북사면에 있어서 그런지 한여름 낮에도 약간 서늘합니다. 저는 사람들 많은 데를 싫어해서 그곳에 산책삼아 자주 다녔습니다.

문 당시 공원에는 증인 외에 누가 있었나요.

답 그 사람들과 저 외에는 아무도 없었습니다.

문 증인은 공원에서 무엇을 하고 있었나요.

답 저는 등나무 그늘이 있는 벤치에 앉아서 책을 읽고 있었습니다.

문 피고인이 피해자를 살해하는 장면을 보았나요.

답 예, 제가 봤습니다. 제가 벤치에서 책을 읽고 있는데 갑자기 분수대 너머에서 피해자의 비명 소리가 들려왔습니다. 비명소리와 함께 백구가 컹컹거리며 짖어 댔습니다. 급히 그쪽을 봤더니 피해자는 이미 쓰러져 있었고, 범인은 누워 있는 피해자의 주머니를 뒤지더니 바로 황급히 도망쳤습니다.

문 그 이후에 어떻게 했나요.

답 저는 너무 놀라 잠시 동안 아무것도 할 수가 없었어요. 범인이 도망간 후 저는 한참 혼자서 덜덜 떨고 있다가 조심스럽게 피해자에게 다가갔습니다. 그런데 피해자가 피를 흘리면서 전혀 움직이지 못하는 거예요. 그래서 112에 신고를 했고, 그 자리에 경찰이 출동해서 올 때까지 피해자 옆에 있었습니다.

문 함께 있던 개가 범인을 쫓아가지는 않았습니까.

답 백구는 이미 나이가 많이 들고 기력이 쇠해서 그럴 수 있는 놈이 아닙니다. 그리고 제가 벤치에 묶어 두었기 때문에 그럴 수도 없었습니다.

문 당시 피해자를 살해한 사람이 피고인이 분명한가요.

답 예, 맞습니다. 당시 범인은 모자를 쓰고 있었는데, 쓰러진 피해자의 주머니를 뒤지다가 모자가 벗겨졌고, 그래서 피고인을 분명히 볼 수 있었습니다. 대머리였거든요. 피고인처럼요. 피고인은 곧 모자를 집어 들어서 머리에 쓰고는 도망을 가 버렸습니다. 분명히 그 범인이 피고인이 맞습니다. 제가 장담을 할 수 있습니다.

이때 검사는 사법경찰관이 작성한 피고인에 대한 피의자신문조서 중 증인 진술 부분을 보여주고 열람하게 한 후,

문 위 서류는 증인이 경찰에서 조사받으면서 진술한 내용을 기재한 것인데, 증인은 그 당시 사실대로 진술한 후 읽어보고 서명, 날인한 사실이 있고, 그때 사법경찰관에게 진술한 내용과 동일하게 기재되어 있나요.

답 예. 그렇습니다.[341]

피고인의 변호인

증인에게

문 증인은 직업이 무엇인가요.

답 지금은 마땅한 직업이 없습니다. 제가 예전에는 명품 시계 수리공으로 이름 깨나 날렸었습니다. 그러다가 노안이 온 이후 눈이 침침해져서 직접 시계를 수리하지 못하게 되었어요. 그래서 견습생을 두고 가르쳐 가면서 영업을 했는데, 이놈이 나를 배신하고 돈을 들고튀어 버렸어요. 그래서 가게도 접었습니다. 지금은 조금이나마 모아둔 돈을 연금 삼아 쓰면서 공원에 산책이나 하면서 살고 있어요.

문 평소 얼마나 자주 공원에 산책하러 갔나요.

답 눈이나 비만 안 오면 거의 매일 가는 편입니다. 평소에 책 읽는 것을 좋아하는데 집안에만 있으면 건강이 나빠지는 것 같아서 책 한 권 들고 백구랑 공원에 가서 산책도

341 앞서 보았듯이 피고인에 대한 경찰 피의자신문조서 중 박목일 진술 부분에 대하여는 피고인이 증거로 함에 동의하지 않았고 이에 검사가 원진술자인 박목일을 증인으로 신청하였으며 이에 법정에 증인으로 출석한 박목일이 위 해당 조서 부분에 대하여 실질적 진정성립을 인정하고 있다. 법 제312조 제4항에 따라 위 조서 중 위 진술 부분은 증거능력이 부여된다. 따라서 피고인 측이 증거능력을 다투지 않는 한, 검토보고서에서 위 진술 부분은 증거능력에 관하여는 언급할 필요가 없고 다만 신빙성(증명력)에 관하여만 논증하면 된다.

하고 책도 읽고 그러는 편입니다.
문 증인이 앉아 있던 곳과 범행 장소는 얼마나 떨어져 있었나요.
답 아마 한 50미터 정도는 떨어져 있었습니다.
문 증인이 있던 벤치와 범행 장소 사이에는 분수대가 있었는데 당시 분수대에 물이 뿜어져 나오고 있었나요.
답 예, 분수대 물이 뿜어져 나오고 있었습니다. 여름에는 해지기 전까지 분수대 물이 나와서 더위를 식혀 주거든요.
문 그 당시에도 책을 보고 있었다고 했죠?
답 예 그렇습니다.
문 어떤 책을 보고 있었나요.
답 음. 워낙 다독하는 편이라.... 아. 생각났습니다. '오리엔트 특급살인'이라고 아가사 크리스티의 유명한 추리소설을 읽고 있었습니다. 살인사건을 다룬 책을 읽고 있는데 살인사건을 목격하다니 신기한 일이라고 생각했었거든요.
문 노안이 와서 시계를 수리하지 못할 정도인 데도 책은 잘 읽을 수 있나요.
답 돋보기안경을 쓰면 잘 보입니다. 사실 시계를 수리하지 못하게 된 것은 노안 때문만은 아닙니다. 그건 돋보기안경을 쓰면 되거든요. 당시 안구건조증이 심하게 왔었습니다.
문 노안이 오기 전에는 안경을 안 썼나요.
답 아닙니다. 근시가 심해서 꽤나 두꺼운 안경을 쓰고 다녔었습니다. 그것 때문에 군대도 면제받았었거든요. 그런데 이상한 것이 노안이 오니까 근시가 좀 나아지려나 했는데 근시가 약간 나아지기는 했지만 사실 예전과 별반 차이가 없었습니다.
문 그러면 증인은 평소 어떤 안경을 쓰나요.
답 책 읽을 때는 돋보기안경을 씁니다. 운전을 하거나 필요할 때는 근시용 안경을 쓰지요.
문 혹시 최근 어느 정도 눈이 나쁜지 측정해 본 적이 있나요.
답 원시는 잘 모르겠고, 근시는 현재 디옵터 6.5 정도 됩니다. 안경 두 개 들고 다니는 게 좀 불편해서 다초점안경을 맞추려고 안과 가서 진단받고 안경점에 가서 상담까지 받았었거든요. 그걸 맞추면 안경 한 개만 들고 다녀도 되서 편리하기는 한데 너무 비싸서 일단 보류해 두었습니다. 그게 아마 작년 초 쯤 되었을 겁니다.
문 그러면 안경을 안 쓰면 50미터 정도에 있는 사람을 식별할 수 있나요.
답 근시가 꽤 나쁘기 때문에 50미터는 무슨 10미터 앞에 있는 사람도 잘 알아보기 힘들어요. 괜히 군 면제를 받은 게 아니에요.

문 그러면 산책 갈 때 안경을 두 개 다 들고 가나요.

답 예, 그렇습니다. 근시용 안경을 쓴 채로, 돋보기안경을 넣은 안경집과 물과 간식을 작은 등산 배낭에 넣어 메고 백구와 산책을 나갑니다.

문 증인은 범행을 목격했을 때 책을 보고 있었다고 했지요.

답 예, 그렇습니다. 비명소리를 들었을 때 막 래체트가 시체로 발견된 그 장면을 읽고 있었습니다. 아, 래체트는 그 소설 속의 피해자 이름입니다.

문 그러면 당시 돋보기안경을 쓰고 책을 읽고 있었겠네요.

답 책을 읽고 있었으니 그랬을 것입니다.

문 증인은 책을 읽다가 비명소리를 듣고 범행을 보게 되었다고 했지요.

답 예, 맞습니다.

문 그러면 돋보기안경을 쓴 채로 범행을 목격했다는 것인가요.

답 음... 그럴 리는 없을 겁니다. 돋보기를 쓰고 있으면 가까운 곳은 잘 보지만 먼 곳은 잘 안보이거든요. 그럴 리가 없을 텐데...

문 그러면 돋보기안경을 벗고 디옵터 6.5의 고도근시인 상태로 50미터 너머에 있는 범인과 피해자를 봤다는 것이네요.

답 아.... 그렇게 되나요.[342]

문 증인은 분수대 너머에 있는 범인과 피해자를 봤다고 했지요.

답 예, 맞습니다. 분명히 봤어요.

문 증인은 증인과 범행현장 사이에 분수대가 있었고, 분수대에서 물이 뿜어 나오고 있었다고 했는데, 증인은 어떻게 범행 현장을 바로 볼 수 있었나요.

답 아... 지금 생각해 보니, 비명 소리를 듣고 바로 보지는 못하고 급히 오른쪽으로 10미터 정도를 이동해서 범행 현장을 본 것 같습니다.[343] 당시 범인이 피해자의 주머니를 뒤지다가 도망가는 것을 분명히 봤어요. 모자를 떨어뜨렸을 때 범인의 대머리도 분명히 봤고요.

문 결국 증인은 안경도 안 쓴 채로 10미터를 이동해서 비로소 범행현장을 본 것이네요.

답 아마 그런 건 아닌 것 같고 돋보기안경을 쓴 채로 10미터를 이동해서 안경을 살짝 내

342 박목일이 범인을 목격할 당시 시력이 나빴고 안경도 안 쓴 상태라는 사실은 경험칙(상식)에 비추어 볼 때 박목일이 피고인을 범인으로 지목한 진술의 신빙성을 의심하게 한다.

343 박목일은 검사의 주신문 과정에서는 책을 읽다가 범행 현장과 범인을 목격했다고 진술했다가 변호인의 반대신문 과정에서는 비명 소리를 듣고 급히 오른쪽으로 이동해서 보았다고 하여 진술의 일관성이 흔들리고 있다.

리고 안경 너머로 봤던 것 같습니다.
문 결국 안경의 도움 없이 디옵터 6.5의 나안 상태로 현장을 본 것이네요.
답 그런 것도 같습니다.
문 증인은 범인이 피고인이라고 했는데, 그런 상태에서 목격한 것이라면 범인을 흐릿하게밖에 못 본 것 아닌가요. 어떻게 범인이 피고인과 동일인이라고 확신하나요.
답 형사님께서 피고인이 피해자와 원한관계에 있다고 하면서 피해자를 죽일 만한 사람은 피고인밖에 없다고 했습니다. 또 다른 증인도 있다고 하던데요. 그러면 피고인 말고 다른 사람이 범인일 수가 없잖아요. 제가 목격한 범인도 대머리고, 피고인도 대머리니까요.
문 그러면 피고인과 대질신문하기 전에 경찰관으로부터 그런 설명을 들었나요.
답 예, 분명히 형사님께서 피고인이 범인임이 분명하다고 그러셨습니다. 엄청난 원한관계가 있다고 하셨다니까요.[344]
문 그러면 피고인이 범인이라고 한 이유는 대머리다, 그리고 경찰관이 피해자와 원한관계가 있다고 피고인을 범인으로 지목했다, 그건가요.
답 뻔한 것 아닌가요. 오리엔트 특급살인에서도 처음에는 강도나 그런 것인 줄 알았는데, 알고 보니 예전부터 원한관계에 있던 승객들이 살해한 것이었다고요.[345]
문 증인은 언제 경찰서에 가서 조사를 받았나요.
답 그 사건이 있고 난 직후 바로 경찰서에 가서 조사를 받았습니다.
문 2021. 8. 8. 작성된 증인에 대한 경찰 진술조서가 그때 작성된 것인가요.
답 맞습니다. 그때 내가 본 대로 말씀드렸습니다.
문 그리고 나서 증인이 피고인을 범인으로 지목한 것은 2022. 2. 17. 오전이지요.[346]
답 예, 형사님께서 갑자기 다시 경찰서로 오라는 거예요. 경찰서에서 피고인 사진을 보여주는데 딱 보니까 범인이더라고요. 그래서 피고인이 범인이 맞다고 진술했습니다.
문 당시 진술조서는 작성하지 아니하였나요.
답 그런 건 잘 모르겠습니다. 대질은 분명히 했습니다.
문 대질 신문은 피고인이 긴급체포된 이후인 2022. 2. 17. 오후 맞지요.
답 그런 것 같습니다. 그날 오후 늦게 피고인과 대질신문을 한 것이 맞습니다.

344 박목일이 피고인을 범인으로 지목하기 전에 경찰의 설명에 의해서 기억이 오염되었을 가능성을 시사하는 대목이다.
345 증인이 당시 읽던 소설의 내용에 암시를 받았을 수도 있음을 보여준다.
346 범행을 목격한 시점과 피고인을 범인으로 지목한 시점 사이에 6개월 이상의 시간적 간격이 있다. 이렇듯 시간적 간격이 길다는 점 역시 경험칙(상식)에 비추어 볼 때 위 증인의 신빙성을 의심하게 하는 사정이다.

검사

증인에게

문 당시에 비명소리를 들은 다음에 바로 돋보기안경을 벗어놓고 근시용 안경을 꺼내 쓴 것 아닌가요.

답 아마 그랬을 수도 있습니다. 정확하지는 않네요.

문 여하튼 증인의 기억으로는 당시 목격한 범인이 저기 서 있는 피고인이 맞다는 것이지요.

답 예. 그렇습니다.

문 증인은 피고인을 범인으로 지목하기 전에 경찰관으로부터 피고인의 사진을 포함한 여러 장의 용의자 사진을 제시받았지요.

답 예, 맞습니다. 단순히 추측한 것이 아닙니다. 형사님께서 10장 정도 용의자 사진을 보여줬습니다.

문 그 사진들 중 피고인 사진을 보고 범인이라고 지목하였지요.

답 예, 그렇습니다.

문 그 피고인 사진을 범인으로 지목한 다음에야 경찰관으로부터 피고인이 피해자와 원한 관계가 있다는 설명을 들은 것이지요.

답 이제 생각해 보니 그게 맞는 순서인 듯합니다.

재판장[347]

증인에게

문 증인은 사건 직전에 책을 읽을 때는 돋보기안경을 쓰고 있었다는 것이지요.

답 예, 맞습니다. 돋보기안경 없이는 책을 읽을 수 없습니다.

문 돋보기안경을 쓰고 50미터 떨어진 곳을 명확하게 볼 수 없고요.

답 그건 불가능합니다.

문 그러면 안경을 안 쓴 경우는 50미터 떨어진 곳을 명확하게 볼 수 있나요.

답 그것도 어렵습니다. 근시용 안경을 써야 명확하게 볼 수 있어요. 분명히 제 기억에는 범인을 목격한 것으로 생각되는데... 제가 당시 근시용 안경을 안 썼다면 명확하게 보지는 못했을 거예요. 지금은 어찌된 건지 명확하지가 않네요.

347 판사는 이 사건 결론을 어떻게 내릴 것인지, 어떻게 판결문을 쓸 것인지를 항상 염두에 두고 사건을 진행한다. 따라서 이 사건 결론에 영향을 주는 사실관계가 불분명한 경우 이를 명확히 하기 위해서 추가적인 질문을 하는 경우가 많다. 즉, 재판장의 질문과 그 답변은 이 사건의 결론에 영향을 미칠 수 있는 관건인 경우가 많기 때문에 이에 관해서는 항상 유의할 필요가 있다.

문 그러면 언제 다시 근시용 안경을 썼나요. 당시 기억을 잘 떠올려 보세요.

답 지금 생각해 보니 순서가 이렇게 된 것 같습니다. 범인이 도망을 가고 나서 제가 피해자에게 다가가 상태를 확인한 다음에 경찰에 신고를 하려고 다시 가방이 있던 벤치로 뛰어왔어요. 가방 안에 휴대폰을 두었거든요. 가방에서 휴대폰을 꺼내서 112신고를 했습니다. 그때까지는 돋보기안경을 계속 쓰고 있었어요. 분명합니다. 돋보기안경 없이 휴대폰을 보지는 못하거든요. 그러고 나서 돋보기안경을 벗어서 가방 안에서 근시용 안경을 꺼내 바꿔 썼습니다. 경찰차가 언제 오나 보려고 했거든요. 그 전에는 가방에 있던 근시용 안경을 꺼내지 않은 것이 맞습니다.[348]

문 피고인을 지목하기 전에 용의자 사진을 10장 정도 보았다고 했지요.

답 예. 맞습니다.

문 용의자 사진 중에 대머리 사진은 몇 장이나 있었나요?

답 음... 다들 이마가 넓기는 했는데 그중 대머리는 피고인 사진 1장밖에 없었습니다.[349]

끝.

---

348 박목일이 목격 당시 근시용 안경을 썼는지 안 썼는지 약간 불분명한 부분이 있었는데, 이 질문과 답을 통해서 박목일이 목격 당시 근시용 안경을 쓰지 않았다고 최종적으로 확인되었다.

349 박목일에게 사전에 다양한 용의자의 사진 10장이 제시되었는데 그중 피고인을 범인으로 지목했다면 박목일이 피고인을 범인으로 지목한 진술의 신빙성은 높다고 평가할 수 있을 것이다. 그러나 가장 중요한 특징인 대머리의 사진이 1장밖에 없었다면, 단순히 대머리였기 때문에 피고인을 범인으로 지목했을 가능성이 높아서 그 신빙성을 높게 볼 수 없다. 따라서 이 또한 진술의 신빙성에 관한 중요한 간접사실로 고려해야 한다. 이른바 범인식별절차 법리에 의하면, 이러한 내용은 신빙성을 떨어뜨리는 정황이다. 따라서 이를 적절히 메모하여야 한다. 범인식별절차에 관한 자세한 설명은 [모범답안 검토보고서] 참조하라.

서울중앙지방법원

증인신문조서(제2회 공판조서의 일부)

사 건	2022고합1234	살인	
증 인	이 름	박 훈 수	
	생 년 월 일	1962. 7. 15.	
	주 거	서울 서초구 서초로 108	

재판장

증인에게 형사소송법 제148조 또는 제149조에 해당하는가의 여부를 물어 이에 해당하지 아니함을 인정하고 위증의 벌을 경고한 후 별지 선서서(**첨부 생략함**)와 같이 선서하게 하였다.

증인에 대한 신문내용은 법정녹음시스템의 녹음파일(고유번호 294783075-93038454-733487310)과 같다(녹음파일 첨부 **생략**).

2022. 3. 27.

법원 주사 마원경 ㊞

재판장 판사 김한일 ㊞

녹취서【B1275-1】

확인인
㉤

녹 취 서 (요지)

사건번호	2022고합1234
기　　일	2022. 3. 27. 15:00
비　　고	

형사소송규칙 제38조 제1항의 규정에 따라 작성한 녹취서를 붙임과 같이 제출합니다.

1. 붙임 : 증인 신문 녹취서 1부

2022. 3. 30.

속기사 이수영 ㉤

※ 이 녹취서는 진술의 주요한 부분만을 정리하여 기재하는 방식으로 작성되었습니다.
※ 당사자나 피고인 등은 이 녹취서에 적힌 사항에 대해 이의를 제기할 수 있습니다. 이의가 제기되면 법원사무관등이 그 이의의 취지를 이 녹취서 또는 별도의 서면에 기재하거나 이 녹취서 중 해당 부분을 정정하여야 합니다.

검사

증인에게

문 증인은 피고인, 피해자와 어떤 사이인가요.

답 같은 동네 이웃으로 둘 다 잘 알고 있습니다.

문 평소에 피고인과 피해자, 그리고 증인이 어떻게 어울렸나요.

답 평소에도 저와 피고인, 저와 피해자는 자주 어울려서 놀던 사이입니다. 저와 피고인은 주로 바둑을 같이 두던 사이였고, 저와 피해자는 같이 낚시를 자주 다녔었습니다.

문 피고인과 피해자는 같이 어울리지 않았나요.

답 피고인과 저, 저와 피해자는 잘 어울렸지만, 피고인과 피해자는 사이가 좋지 않아서 잘 어울리지 못했습니다.

문 이 사건이 발생하기 전에도 둘이 싸운 적이 있지요.

답 예. 이 둘이 서로 험악한 말을 하면서 싸우기도 했습니다. 저는 우연히 그 부근을 지나다가 싸우고 있는 이들을 만나서 말리느라 혼났습니다.

문 싸운 건 언제 일인가요.

답 피해자가 사망하기 약 보름 전 정도 되었을 때입니다. 2021. 7. 20. 정도일 거예요. 동네 놀이터 앞에서 피고인과 피해자가 서로 삿대질을 하면서 말싸움하는 것을 제가 똑똑히 보았습니다.

문 피고인과 피해자가 무슨 말을 하면서 싸우던가요.

답 피고인과 피해자가 서로 멍청한 놈이니, 옹졸한 놈이니 하면서 티격태격하면서 삿대질을 했고, 저는 다투는 와중에 피고인이 피해자에게 죽인다는 소리까지 하는 것을 들었습니다.[350]

문 분명히 그때 피고인이 피해자에게 죽인다는 말을 했다는 것이지요.

답 맞습니다. 분명히 그렇게 말했습니다.

문 이 사건이 일어난 2021. 8. 7. 저녁에 피고인을 만났지요.

답 예, 만났습니다.

문 피고인과 어떤 대화를 했나요.

350 위 진술 부분 및 아래 피고인이 '남산에 다녀왔다.'고 말했다는 부분은 피고인이 아닌 자의 법정 진술이 피고인의 진술을 그 내용으로 하는 것에 해당하므로 법 제316조 제1항에 따라 그 진술이 특히 신빙할 수 있는 상태하에서 행하여졌음이 증명되어야 증거능력이 인정될 수 있고, 위 진술이 기재된 박훈수의 진술조서는 법 제316조 제1항의 요건은 물론이고 법 제312조 제4항의 요건을 갖추어야 증거능력이 인정될 수 있음이 원칙이다. 다만 변호인이 반대신문을 통해서 신빙성이 충분히 탄핵되었다고 판단하여 증거동의하였으므로 증거능력 문제는 발생하지 않는다.

답 피고인이 당시 약간 상기된 표정을 짓고 있어서 좀 이상한 느낌이 들었습니다. 제가 피고인에게 어디 다녀왔냐고 하니 피고인이 '남산에 다녀왔다'고 말했습니다. 나는 무슨 일로 다녀왔냐고 물었더니, 피고인이 무엇인가 숨기는 듯한 표정을 지으면서 '자꾸 묻지 마라. 아직 말 못한다. 때가 되면 알게 될 거다'라고 말해서, 사실 그게 좋은 일인지 나쁜 일인지조차 알기 힘들었습니다. 저는 조금 있으면 알게 되겠지라고만 생각했는데, 나중엔 피고인이 이런 끔찍한 일을 저질러 놓고 그걸 이렇게 표현하다니 정말 무서운 사람이구나 싶었습니다.

문 피고인이 그날 남산에 다녀왔다, 무슨 일인지 자꾸 묻지 마라, 때가 되면 알게 될 거라고 말했다는 것인가요.

답 예. 그렇습니다. 그 말을 들은 며칠 후 피해자가 죽었다는 소식을 듣고는 바로 피고인의 짓이구나 싶었습니다.

문 그래서 어떻게 했나요.

답 저는 그 이후 한 달간 무서워서 잠도 제대로 자지 못했습니다. 이걸 신고를 해야 하나 어쩌나 하다가 도저히 참을 수 없어서 피해자의 아들 오달성에게 찾아가 저간의 사정을 말해 주었습니다. 그런데 피해자의 아들이 조금 이상했습니다. 그렇게 말을 해 주었는데도 믿지 못하는 듯했습니다. 밤에 잠도 제대로 못자는 몇 달이 또 지나갔고, 도저히 그냥은 있을 수 없겠다 싶어서 올 2월 초에 경찰서로 찾아가 형사님께 사실대로 말씀을 드린 것입니다.

문 사실대로 말씀을 드렸다는 뜻은, 피해자를 피고인이 죽인 것 같다고 말씀드렸다는 뜻인가요.

답 예, 맞습니다.

문 그 다음엔 어떻게 되었나요.

답 제가 나중에 전해 듣기로는 당시 범행을 목격한 사람이 있는데 그 사람에게 피고인의 사진을 보여주었더니 바로 피고인이 범인이라고 했다는 겁니다. 저는 사실 피고인이 범인이 아닐 수도 있지 않을까 라고도 생각을 안 한 것은 아닙니다. 그런데 막상 목격자가 확인을 했다고 하니 왜 슬픈 예감은 틀린 적이 없을까 싶었습니다.

이때 검사는 사법경찰관이 작성한 증인에 대한 진술조서를 보여주고 열람하게 한 후,

문 위 서류는 증인이 경찰에서 조사받으면서 진술한 내용을 기재한 것인데, 증인은 그 당시 사실대로 진술한 후 읽어보고 서명, 날인한 사실이 있고, 그때 사법경찰관에게 진술한 내용과 동일하게 기재되어 있나요.

답 예. 그렇습니다.[351]

피고인의 변호인

증인에게

문 피고인과 피해자가 평소 얼마나 사이가 안 좋았나요.

답 저는 피고인, 피해자 우리 셋이서 같이 어울리려고 노력했는데, 그게 잘 안 되었습니다. 피고인은 물고기는 비려서 꼴도 보기 싫다면서 낚시는 절대 안 간다고 그러고, 피해자도 쬐끄만한 바둑판에 몇 시간씩 열 내면서 죽치고 앉아있는 것이 얼마나 옹졸해 보이냐면서 바둑은 쳐다보지도 않으려고 했습니다. 실제로 그렇게 생각했다기보다는 피고인과 피해자가 서로 앙숙이라 그런 말들을 하는 게 아닌가 싶었습니다.

문 서로 사이가 좋지 않게 된 데 어떤 계기가 있었나요.

답 글쎄 저도 그걸 잘 모르겠습니다. 제가 이곳에 오래전부터 살고 있었고, 피해자와 피고인은 비슷한 시기에 약 5년 전에 이사를 와서 서로 알게 되었는데, 이렇다 할 사건도 없이 점점 사이가 나빠지더니 이런 사건에까지 이르게 되었습니다. 저는 그냥 안 좋은 말은 빼고 좋은 말만 전하려고 노력했습니다. 피고인이 처음에 낚시를 가기 싫어하길래 그냥 피해자한테 피고인이 물고기가 비려서 낚시를 가기 싫어한다더라고 좋게 이야기해 주었고, 피해자가 그냥 바둑은 잘 모르겠더라면서 싫어하는 티를 내길래 바둑 두는 모양새가 옹졸해서 싫어한다고 점잖게 전해 주었을 뿐인데, 그 말을 듣더니 서로 너무나 싫어하는 통에, 제가 이 자들이 나잇살은 먹어가지고 성격만 예민해서 큰일이다 싶었습니다. 그 뒤로도 무진장 있는 말 없는 말 다해 가며 그 둘을 어떻게라도 중재해서 잘 지내게 하려고 노력했지만 씨알도 먹히지 않았습니다. 이제 피해자가 그 때문에 죽었다고 생각하니 둘 사이를 화해시키지 못한 제 책임도 있는 것만 같아서 미안한 마음도 들고 후회도 되고 막 그렇습니다.

문 증인은 피고인과 피해자에게 좋은 말만 전해 주었다고 하는데, 지금 말씀하시는 걸 듣고 보니, 증인이 오히려 별 것도 아닌 말을 나쁜 말로 꾸며서 전달하는 바람에 피고인과 피해자 사이가 나쁘게 된 것은 아닌가요.

답 절대 아닙니다. 저는 정말 우리 셋이 사이좋게 잘 지냈으면 하는 생각에서 그렇게 한 것입니다. 제 말이 어디가 나쁜 말인가요. 제가 왜 그런 일을 하겠습니까.

351 앞서 본 것처럼 원진술자인 박훈수가 자신에 대한 경찰 진술조서에 대하여 실질적 진정성립을 인정하고 있다. 법 제312조 제4항에 따라 위 조서는 증거능력이 부여된다. 따라서 위 조서는 검토보고서에서 증거능력은 문제되지 않고 신빙성(증명력)만이 문제된다.

문 이 사건 전 2021. 7. 20.경에 피고인과 피해자가 서로 싸웠다고 했는데 정확하게 피고인과 피해자가 어떤 말로 싸웠나요.

답 음... 그때 피해자와 피고인이 서로 옹졸한 놈이니 멍청한 놈이니 하고 싸웠는데, 피고인이 피해자에게 '바둑도 모르는 바보 같은 놈'이라고도 했고, '밤새 바위틈에 앉아 졸다가 떨어져서 고기밥이나 돼라'고도 말 한 것이 기억납니다.[352]

문 피고인이 피해자와 다투면서 고기밥이나 돼라고 말한 의미는 낚시하기 위해 바닷가 바위에 앉아 있는 모습이 위험해 보여서 하는 말 아닌가요.

답 전혀 위험하지 않습니다. 낚시를 모르는 사람이 보면 좀 위험해 보일 수는 있지만, 우리는 단단히 대비를 하고 가는 것이고 제 낚시경력이 이미 40년이 넘었는데 위험하기는 뭐가 위험합니까. 그건 아무것도 모르고 하는 소리입니다.

문 증인은 피고인이 당시 다투면서 피해자를 죽이겠다고 말했다고 했는데, 정확히는 바위틈에 앉아 있다가 떨어져 죽어라고 했다는 것인가요.

답 예, 정확하게는 그렇게 말한 것 같습니다.

문 증인, 피고인의 그 말이 피해자를 죽이겠다는 말은 아니지 않습니까.

답 저도 그 말을 들을 때는 변호사님 말씀처럼 생각했었습니다만, 피고인이 피해자를 죽였다는 사실을 알게 되고 보니 그 말이 예사롭지 않은 말임을 깨닫게 된 것입니다.

문 증인이 피고인으로부터 그 말을 들어서 피고인이 피해자를 살해했다고 생각했다는 것입니까. 아니면 피고인이 범인이라고 단정하니까 그 말이 그렇게 들렸다는 것입니까.

답 저는 변호사님이 무슨 말씀을 하시는지 잘 모르겠습니다. 그게 그거 아닌가요.

문 피고인은 사건 당일 저녁에 증인에게 남한산성에 다녀왔다고 말했을 뿐, 남산에 다녀왔다고 말한 적이 없다는데 어떤가요.

답 남한산성이요? 제가 좀 헷갈리네요.... 남한산성이라고 말한 것이 맞는 것 같습니다. 근데 남한산성이 남산에 있는 거 아닌가요.[353]

352 증인 박훈수는 검사의 주신문 과정에서나 수사기관에서나 피고인이 피해자와 다투면서 죽이겠다고 말했다는 취지로 진술하였으나, 변호인의 반대신문 과정에서 정확한 내용이 확인되었다. 여기에서 보는 것처럼, 피고인이 피해자에게 한 발언은 '바둑도 모르는 바보 같은 놈' 또는 '밤새 바위틈에 앉아 졸다가 떨어져서 고기밥이나 돼라'라는 것으로서 피해자를 죽이겠다는 범행의지의 표현으로 보기는 어렵다. 이 부분 역시 진술의 일관성 관점에서 볼 때 박훈수의 진술에 대한 신빙성을 약화시킨다.

353 피고인이 범행 당일 범행지인 남산에 다녀왔다고 진술한 것은 공소사실을 뒷받침하는 유력한 증거이다. 그러나 그 진술이 번복되어 '남한산성'에 다녀왔다고 한 것이라면, 위 진술의 신빙성은 인정할 수 없고, 오히려 피고인의 알리바이에 부합하게 된다. 증인이 피고인으로부터 잘못 들었거나 피해자의 사망 사건 때문에 기억이 오염되었을 가능성이 있다.

피고인

증인에게

문 어떻게 남한산성이 남산에 있니? 미치겠네.

답 그게 그거 아닌가. 남산에 있는 산성도 남한산성 아닌가?

문 무슨 말을 하는 거니? 남한산성이 어떻게 남산에 있어.

재판장

피고인에게

피고인, 변호인의 질문을 마치고 그때 묻고 싶은 사항이 있으면 질문할 기회를 따로 드리겠습니다. 이렇게 허락 없이 끼어들어서는 안 됩니다.

변호인에게

계속 질문하세요.

변호인

증인에게

문 피고인은 사건 당일 점심 때 혼자 남한산성에 가서 어떤 또래 여성을 만났다고 하던데 그런 이야기를 들은 적이 있나요.

답 그런 적 없습니다.

문 피고인이 그 여성으로부터 전화번호를 받았고, 며칠 뜸을 들이다가 전화를 해 보니 없는 전화번호라고 나와서 크게 실망했다고 하던데 그런 말을 들은 적이 있나요.

답 전혀 없습니다. 그러면 그렇다고 말할 것이지...

문 피고인은 피해자의 장례식 때 참석해서 조의금을 내고 문상을 한 사실을 알고 있습니까.

답 예, 알고 있습니다. 저도 발인하기 전날 문상을 갔는데 그 직전에 피고인이 문상을 다녀갔다는 말을 들었습니다. 저는 정말 뻔뻔스럽고 무서운 사람이라고 생각했습니다. 그런 일을 저질러 놓고 유족께 잘못을 빌고 자수하기는커녕 아무 일 없었다는 듯이 문상을 다녀가다니 세상에 이런 싸이코패스가 다 있나 싶었습니다.

문 증인 생각에도 피고인과 피해자가 서로 사이가 좋지는 않았지만 피고인이 피해자를 죽일 만큼 원한을 산 일은 없지요.

답 예, 그런 건 없습니다. 그런데 저는 그렇기 때문에 피고인이 더 무서운 사람으로 보입니다. 끝.

녹취서【B1275-1】

확인인
㉟

녹 취 서 (요지)

사건번호	2022고합1234
기　　일	2022. 3. 27. 14:00
비　　고	

형사소송규칙 제38조 제1항의 규정에 따라 작성한 녹취서(요지)를 붙임과 같이 제출합니다.
1. 붙임 : 피고인 신문 녹취서 1부

2022. 3. 30.

속기사 이수영 ㉟

※ 이 녹취서는 진술의 주요한 부분만을 정리하여 기재하는 방식으로 작성되었습니다.
※ 당사자나 피고인 등은 이 녹취서에 적힌 사항에 대해 이의를 제기할 수 있습니다. 이의가 제기되면 법원사무관등이 그 이의의 취지를 이 녹취서 또는 별도의 서면에 기재하거나 이 녹취서 중 해당 부분을 정정하여야 합니다.

재판장

피고인에 대한 피고인신문절차는 녹음이 필요하다고 인정하여 형사소송법 제56조의2 제1항에 따라 그 전부에 대한 녹음을 명합니다. 신문 내용이 모두 녹음되니, 반드시 마이크를 사용하여 발언하시기 바랍니다. 피고인은 모두 신문 과정에서 불리한 진술을 거부할 수 있고 유리한 진술을 할 수 있습니다.

검사

피고인에게

문 피고인은 2021. 8. 7. 15:00경 서울 중구 남산길 432 남봉공원을 피해자와 같이 갔지요.

답 아닙니다. 저는 그날 점심때 혼자 남한산성에 올라갔었습니다.

문 그걸 증명할 증거가 있나요.

답 정말 답답한 것이 현재로서는 그걸 증명할 수가 없다는 것입니다. 마음이 울적해서 휴대폰도 깜박하고 그냥 택시를 타고 떠났는데, 당시 택시요금도 현금으로 결제하고 택시 번호도 기억이 안 납니다. 6개월 전에 탔던 택시 번호를 기억하는 사람이 어디에 있습니까. 남한산성에 오르다가 어떤 여성분을 만나서 서로 전화번호를 교환하기까지 했어요. 제가 휴대폰을 안 가져오는 바람에 볼펜으로 제 손등에다가 전화번호를 적었는데 아무래도 제가 전화번호를 잘못 적었는지, 전화번호를 잘못 알려줬는지 며칠 후에 전화를 해 보니 없는 번호라는 거예요. 그러니 그걸 증명할 방법이 없네요.[354]

문 박훈수는 피고인이 당시 "남산에 다녀왔다."라고 했다던데 아닌가요.

답 저는 "남한산성에 다녀왔다."라고 말했을 뿐, '남산'이라고 말한 적이 없습니다. 조금 전에 박훈수도 남한산성이라고 말했다고 하지 않았습니까. 제가 제일 화나는 게 바로 그놈입니다. 이게 다 그 무식한 놈 때문에 제가 전부 뒤집어쓴 거예요. 무식해도 정도껏 해야지 남한산성이 남산에 있는 걸로 아는 바보가 어디 있습니까.

---

354 변호인은 이른바 알리바이를 주장하나, 이를 증명할 아무런 증거가 없다. 알리바이의 부존재에 대한 증명책임은 검사에게 있기 때문에 피고인이 주장하는 알리바이에 대한 증명이 없다는 이유로 피고인을 유죄라고 판단해서는 아니 된다. 다만, 피고인에 대한 공소사실을 증명할 다른 충분한 증거가 있는 경우라면 먼저 그 증거에 따라 공소사실을 인정한 다음, 피고인이 주장하는 알리바이는 그 증명이 없다는 논증을 부가할 수는 있다. 후자의 부가적인 논증 때문에 알리바이의 증명책임을 피고인에게 전가시킨 것으로 오해해서는 아니 된다. 이 사건에서는 알리바이 증명 여부 이전에 공소사실에 대한 신빙성 있는 증거가 부족한 상황이기 때문에 이 사건 검토시에 알리바이의 증명이 되지 아니하였다는 사정을 유죄의 근거로 제시해서는 아니 된다.

문 범행 당일 저녁에 박훈수가 피고인에게 무슨 일로 다녀왔냐고 물었더니 피고인이 "자꾸 묻지 마라, 아직 말 못한다. 때가 되면 알게 될 거다"라고 답했다던데 그것은 맞나요.

답 예, 그렇게 말한 것은 맞습니다. 그런데 그 말은 남한산성에서 만난 여자 분과 앞으로 어떻게 될지 당시로서는 알 수 없었기 때문에 그런 말을 한 것입니다.

문 피고인은 2021. 7. 20.경 피해자와 피고인이 서로 옹졸한 놈이니 멍청한 놈이니 하고 싸웠고, 피고인이 피해자에게 죽이겠다고 욕한 것은 맞지요.

답 아닙니다. 저는 결코 피해자에게 죽이겠다고 말한 적은 없습니다. 박훈수가 조금 전에 말한 것처럼 '밤새 바위틈에 앉아 졸다가 떨어져서 고기밥이나 돼라'라고 말한 것은 맞아요. 그런데 어떻게 그게 제가 피해자를 죽이겠다고 한 말이 될 수 있겠습니까. 박훈수가 그런 놈일 줄은 몰랐어요. 지금 보니 그놈이 뭔 말이든 들은 대로 기억하는 게 아니라 자기 마음대로 기억하는 놈이네요. 저는 그냥 야간 낚시하다가 파도에 휩쓸리면 위험하지 않냐 조심해라는 취지에서 그런 말을 한 것이고, 피해자도 제게 허리 아프게 바둑만 두다보면 건강을 상한다는 투로 말했을 뿐입니다. 그리 심하게 싸운 것도 아니에요. 바둑 때문은 아닙니다만, 사실 저는 허리가 좋지 않아서 힘을 잘 쓰지도 못합니다. 그런 제가 이 나이에 어디 힘이 나서 피해자의 목을 칼로 찔러서 죽입니까. 그게 제 기력으로 가당키나 한 일인지 묻고 싶습니다.

문 목격자 박목일 역시 피고인을 범인이라고 지목하지 않았나요.

답 말도 안 되는 일입니다. 제가 비록 탈모인이기는 하지만 탈모인이기만 하면 다 같은 사람인가요. 검사님은 연예인 홍○천하고 이○화도 구분 못하십니까. 그분 말씀을 들어보니 눈도 아주 나쁜 분이시더구만. 소설에 너무 빠져서 사람을 잘못 본 것이 분명합니다.

문 그러면 피고인은 긴급체포되기 직전에 왜 화장실 간다고 거짓말하고 도망을 가려고 하였나요.

답 그건 너무 무서워서 그랬습니다. 갑자기 경찰에서 부른다고 하기에 순순히 갔는데 형사님께서 무서운 얼굴로 진술을 거부하면 안 된다느니 변호인을 선임할 거냐느니 하시면서 겁을 주더니만 목격자가 다 불었다면서 자백을 하는 게 좋겠다고 하시는데, 너무 무서웠습니다. 저는 평생 경찰서 근처에 가 본 적도 없는 사람입니다. 그래서 화장실 가려고 나왔다가 이게 마지막인가 싶어서 바깥바람이라도 한 번 쐬고 들어가야지 하다가 그렇게 된 것입니다. 사실 지금도 그건 제가 잘못했다고 생각하고 있습니다. 혹시 그게 죄가 되면 벌을 달게 받겠습니다만 사람을 죽이다니 그건 절대로 사실이 아닙니다.

문 경찰관이 겁을 준 것이 아니라, 진술을 거부할 권리가 있고 변호인을 선임할 수 있다고 피의자의 권리를 고지한 것 아닌가요.

답 당시에 형사님께서 너무 무서운 얼굴로 말씀하시기에 제게는 그렇게 들렸습니다. 그런데 그게 그 말 아닌가요.

문 그 다음날 목격자와 대질신문 후 자백하지 않았나요. 특히, 당시 피해자가 피고인을 멍청한 놈이라고 놀리는 것에 화가 나 피고인이 바지 주머니에 지니고 있던 과일 칼을 꺼내서 피해자의 목을 5회 찔렀다면서 스스로 행동한 사람이 아니면 알기 힘든 구체적인 진술을 한 것 아닌가요.

답 체포되고 난 후 수사관님께서 목격자가 확실하며 흉기가 확보되어 있고 정황증거까지 있다면서 겁을 주었습니다. 당시 저는 완전히 자포자기 심정이었어요. 범행 수법이 잔인해서 부인하면 최소 30년부터라고 하시던데요. 그래서 자백하지 않을 수 없다고 생각했습니다. 그런데 나중에 변호사님 뵈니까 그러면 안 된다고 그러시더라고요. 사실대로 말해야 하고 허위로 자백하면 큰일 난다고요. 그래서 검사님한테 조사받을 때부터는 사실대로 제가 범행을 저지른 것이 아니라고 말씀드렸습니다.

피고인의 변호인

피고인에게

문 피고인은 피해자와 이웃지간으로 평소 데면데면하게 지내왔고 피해자 사망 보름 전에 약간 언쟁을 벌인 적이 있기는 하나, 피해자를 그렇게 미워할 이유는 없었지요.

답 예. 그렇습니다. 그렇게 미워하지도 않았어요. 제가 조금 미워했다고 해도 피해자를 죽일 이유는 전혀 없었습니다.

문 피해자와 싸웠을 때에도 '밤새 바위틈에 앉아 졸다가 떨어져서 고기밥이나 돼라'고 악담을 하기는 했지만, 피해자를 죽이겠다고 말한 적은 결코 없지요.

답 예, 맹세합니다.

문 피고인은 이 사건이 벌어진 2021. 8. 7. 마음이 울적해서 남산이 아니라 남한산성에 혼자 간 것이고, 박훈수에게도 '남산'이 아니라 '남한산성에 다녀왔다'고 말한 것이지요.

답 예, 그렇습니다.

문 그런데 왜 수사과정에서는 그런 진술을 안 한 건가요.

답 지금에야 밝히는 거지만 제 안사람이 좀 무섭습니다. 그 사건 며칠 전에 안사람과 대판 싸워서 냉전 상태였습니다. 그러다가 마음이 울적해서 남한산성에 간 것이고, 거기서 어떤 여성분을 만나서 점심도 같이 먹고 전화번호도 받은 것입니다. 분명히 정확하게 전화번호를 받아 적었다고 생각했는데 없는 번호라네요. 휴대폰을 들고 갔었어야 했는데... 물론 그랬다면 제가 남한산성에 간 것을 밝힐 수 있었을 테니까 하는 말씀입니다. 저도 저 자신이 너무 한심하게 생각되었습니다. 그리고 이런 말이 안사람 귀에 들어가면... 뭐, 청명에 죽으나 한식에 죽으나 마찬가지 아닙니까. 그냥 조용히 죽자 싶었어요. 지금 법정에 안사람이 와 있기는 한데... 그래서 지금 드리는 말씀은 제가 목숨을 걸고 하는 겁니다. 일단은 누명은 벗고 나서 그 다음 문제는 따로 또 용서를 빌어야겠지요.

문 피고인, 그 여성분이 자꾸 전화번호를 알려달라고 졸라서 어쩔 수 없어서 전화번호를 알려준 것이고, 모르는 사람으로부터 전화가 오면 곤란하기 때문에 확인 차 여성분의 전화번호를 받은 것이며, 당시 배가 너무 고파서 점심만 같이 먹었을 뿐 그 외에 아무 일도 없었지요.

답 예, 대체로 그렇습니다. 맞습니다. 당시 아무 일도 없었습니다. 그 여자로부터 전화 한 통조차 온 적 없습니다.

문 경찰로부터 피의자신문을 받을 때, "피고인을 멍청한 놈이라고 놀리는 것에 화가 나 피고인이 바지 주머니에 지니고 있던 과일 칼을 꺼내서 피해자의 목을 5회 찔렀다"고 말한 이유는 경찰관이 알려준 대로 진술한 것이지, 자발적으로 그렇게 진술한 것은 아니지요.

답 예, 자포자기 심정으로 사건 보름 전에 싸운 게 떠올라 그때 피해자가 제게 했던 말을 과장해서 말씀드렸던 것이고, 형사님께서 근처 도랑에서 피해자의 상처와 일치하는 과일 칼이 발견되었는데 목에 상처가 5개 나 있다고 말씀해 주셨어요. 그래서 저는 그렇구나 하면서 그냥 맞다고만 했습니다.

문 피고인도 피해자가 비명횡사했다는 소식을 전해 듣고 깜짝 놀랐지요.

답 예, 저도 제 주변에서 그런 일이 일어날 줄을 꿈에도 생각하지 못했습니다.

문 그래서 정중하게 예를 갖추어서 문상을 갔고 조의금도 넉넉하게 드렸지요.

답 그럼요.

문 여하튼 피고인이 피해자를 살해한 적도 없고 살해할 아무런 이유도 없다는 것이지요.

답 맞습니다.

문 피고인 생각에는 피해자가 강도한테 잘못 걸려서 저항하다가 돈도 빼앗기고 목숨도 잃었다고 생각하는 것이지요.

답 그런 것이 분명합니다. 여기 구치소에 있는 동료들도 모두 한목소리로 그럴 거라고 했습니다.

문 피고인은 고등학교를 졸업하고 빵공장에서 생산직으로 입사하여 관리직으로 승진하였다가 2008년 경제위기 때 희망퇴직 처리되었지요.

답 예, 그렇습니다.

문 피고인은 2009년 쯤 퇴직금으로 프랜차이즈 빵집을 창업하였지요.

답 맞습니다. 초기에는 제법 운영이 잘 되는 듯했으나, 5년이 지나자 동네에 빵집이 너무 많이 생겨서 도저히 수지를 맞출 수 없게 되었어요. 그래서 다른 사람에게 가게를 넘기고 손을 털었습니다.

문 그리고는 2015년경 거주지 부근에서 짜배기 집을 창업했지요.

답 예. 이번에는 그런대로 장사가 잘 되는 듯했습니다. 그런데 허리가 계속 안 좋아져서 문을 닫는 날이 늘어나게 되었고 또 근처에 짜배기 집이 많이 생겨서 이번에는 가게 월세를 연체하다가 2017년 봄에 가게 주인에게 쫓겨났습니다. 사실상 빈털터리가 되어 버렸답니다. 그 이후로는 보험설계사로 일하는 제 처가 벌어오는 돈으로 간간이 용돈 받아가며 살아 왔습니다.

문 비록 사회적으로 성공을 하거나 돈을 많이 벌지는 못했지만 남에게 피해를 주거나 한 적도 없이 정직하고 성실하게 살아왔고, 더구나 형사처벌을 받은 적은 한 번도 없지요.

답 예, 그렇습니다.

문 이 사건으로 구속된 다음 배우자도 보험설계사 일을 나가지 못하고 매일 면회를 오면서 옥바라지를 하고 있지요.

답 예, 맞아요. 제 처에게 너무 미안합니다.

문 성인이 된 두 자녀는 아직 취직이나 결혼도 못하고 있는데, 피고인에 대한 오해가 풀려 빨리 피고인이 무죄 석방되기만을 오매불망 기다리고 있는 것으로 알고 있지요.

답 예, 아들, 딸도 자주 면회를 오면서 제게 힘내라고 하고 있습니다. 처와 자녀들만 생각하면 제 마음이 미어터질 것만 같습니다. 끝.

제	1	책
제	1	권

서울중앙지방법원

증거서류등(검사)

사 건 번 호	2022고합1234	담임	제5형사부	주심	
	20 노		부		
	20 도		부		

사 건 명	살인	
검 사	김한규	2021년 형제 4321호
피 고 인	김갑동	
공소제기일	2022. 3. 2.	

1심 선고	20 . . .	항소	20 . . .
2심 선고	20 . . .	상고	20 . . .
확정	20 . . .	보존	

압 수 물 총 목 록

서울중앙지방검찰청	
압 수	2022. 2. 21.
㊞	2022 압 제32호

번호	품 종	수 량	기록쪽수	비 고
1	과일칼	1자루		송치
2	주민등록증	1장		송치
3	반지갑	1개		송치

서 울 남 대 문 경 찰 서

2021. 8. 7.

수신 : 경찰서장

참조 : 형사과장

제목 : 수사보고(변사사건 발생)

우리 관내에서 변사사건이 발생하였기에 아래와 같이 보고합니다.

1. 발생일시 및 장소

일시 : 2021. 8. 7. 15:00경

장소 : 서울특별시 중구 남산길 432 남봉공원 내 분수대 옆

2. 피해자 인적사항

성명 : 오피해

주민등록번호 : 640804-1592821

주소 : 서울 서초구 서초로 112

3. 피의자 인적사항

불상

4. 사건경위

112신고센터로부터 무전지령을 받고 현장 출동하여 신고자 박목일로부터 다음와 같이 사건경위를 청취하였음. 신고자는 이름을 알 수 없는 자가 피해자를 칼로 찌른 뒤 피해자의 주머니를 뒤지다가 도망을 가는 것을 보았고, 피해자에게 다가가 확인해 보니 피해자는 이미 사망한 상태였다고 함.

2021. 8. 7.

형사과

경위 구강직 ㊞

진 술 조 서

성 명 :	박목일
주민등록번호 :	600401 - 1****** 61세
직 업 :	무직
주 거 :	서울 중구 남산길 342-12
등록기준지 :	(생략)
직 장 주 소 :	(생략)
연 락 처 :	자택전화 (생략) 휴대전화 (생략)
	직장전화 (생략) 전자우편(e-mail) (생략)

위의 사람은 피의자 성명불상자에 대한 **살인** 피의사건에 관하여 2021. 8. 8. 서울남대문경찰서 형사과 사무실에 임의 출석하여 다음과 같이 진술하다.

1. 피의자와의 관계

피의자가 누구인지 모릅니다.

2. 피의사실과의 관계

저는 피의사실에 관하여 목격자 자격으로 출석하였습니다.[355]

이때 진술의 취지를 더욱 명백히 하기 위하여 다음과 같이 임의로 문답하다.

문 진술인은 피해자 오피해와 어떤 관계인가요.

답 저는 사망사건을 목격한 사람일 뿐 피해자를 알지 못합니다.

문 오피해의 사망경위를 진술해 주시기 바랍니다.

355 법정에서 증인으로 출석했었던 목격자로서, 경찰의 초동수사 단계에서 어떻게 진술하였는지, 공판기록에서 살핀 진술의 내용과 어떻게 다른지, 혹은 동일한지 꼼꼼히 읽어야 한다.

답 저는 사건이 일어난 남봉공원에서 가까운 곳에 살고 있습니다. 저는 점심을 먹고 나서 제가 키우는 개 백구를 데리고 산책을 갔습니다. 공원에는 14:40경에 도착했습니다. 거기 벤치에 앉아서 책을 읽고 있는데, 갑자기 분수대 너머에서 비명이 들려왔습니다. 그때가 15:00 정도 되었을 것입니다. 급히 돌아보니 피해자는 이미 누워있고, 그 옆에 어떤 사람이 칼 같은 것을 들고 서 있었습니다. 그는 누워 있는 피해자의 주머니를 이리 저리 뒤지는 것 같았습니다. 그러더니 황급히 공원 입구 쪽으로 뛰어서 도망을 갔습니다.

문 그래서 어떻게 했나요.

답 저는 너무 놀라서 잠시 아무것도 할 수 없었어요. 조심스럽게 피해자 옆으로 다가갔는데 피해자의 목에서 피가 철철 흘러 나왔고, 피해자는 아무런 움직임이 없었습니다. 그래서 다시 제가 앉아 있던 벤치로 돌아가서 가방 안에 있던 휴대폰을 꺼내서 112에 신고를 했습니다. 그랬더니 조금 있다가 경찰차와 구급차가 출동을 했고, 경찰과 구조대원이 나와서 피해자를 살펴보았습니다.

문 범인의 인상착의는 어떠했나요.

답 범인은 중년 정도가 아닐까 생각됩니다. 범인은 모자를 쓰고 있었습니다. 범인이 피해자의 주머니를 뒤지러 머리를 숙이는데 머리에서 모자가 벗겨졌습니다. 검은색 모자였던 것 같아요. 모자가 벗겨지고 나서 보니 범인은 대머리였습니다. 범인은 다시 모자를 쓰더니 뛰어서 황급히 도망을 갔습니다.

문 당시 범인은 어떤 옷을 입고 있었는지 기억나나요.

답 검은색 모자 말고는 잘 모르겠습니다. 너무 순식간이었어요.

문 혹시 범인을 다시 보면 알아볼 수 있을까요.

답 글쎄요. 그건 그때 가 봐야 알 것 같습니다.

문 당시 공원에 어떤 사람들이 있었나요.

답 당시 공원에는 저와 범인, 피해자 3명밖에 없었습니다.

문 더 할 말이 있나요.

답 살인현장을 목격하다니 너무 무서웠습니다. 꼭 범인이 잡혀서 엄벌에 처해졌으면 좋겠습니다.

문 이상 진술한 내용이 사실인가요.

답 예. ㉤

위의 조서를 진술자에게 열람하게 하였던바 진술한 대로 오기나 증감·변경할 것이 없다고 말하므로 간인한 후 서명 날인하게 하다.

진 술 자 박목일 ㉑

2021. 8. 8.

서울남대문경찰서

사법경찰관 경위 구강직 ㉑

부 검 감 정 서

접　　수 : 중앙법의학센터　　2021년 234호　　(2021년 8월 8일)
의뢰관서 : 서울남대문경찰서　　형사과　　(2021년 8월 8일)
입 회 자 : 경위 구강직
부검장소 : 국립과학수사연구원 중앙법의학센터 부검실
부검일자 : 2021년 8월 9일

변사자 성명 : 오피해 (남 57세)
감정　사항 : 사　인(死　因)

사건 개요
변사자는 2021년 8월 7일 15:00경 남봉공원에서 불상의 남자로부터 흉기로 공격을 받아 왼쪽 목 부위에 상처를 입고 쓰러져 사망함.

주요 부검 소견
(기재 생략)

사 인(死 因) : 경동맥 자상으로 인한 과다출혈로 사망한 것으로 판단함.

2021년 8월 15일

국 립 과 학 수 사 연 구 원

중앙법의학센터

감정관 송명의 (인)

압 수 조 서 (유류물)

피해자 오피해에 대한 살인 사건에 관하여 2021. 8. 31. 서울남대문경찰서 형사과 사무실에서 사법경찰관 경위 구강직은 사법경찰리 순경 임선영을 참여하게 하고, 별지 목록의 물건을 다음과 같이 압수하다.

압 수 경 위

2021. 8. 31. 피해자 오피해에 대한 살인 사건의 현장 부근을 수색 중 사법경찰관 경위 구강직이 서울특별시 중구 남산길 432 남봉공원 입구 도로 북측 도랑에 버려진 과일 칼 1자루와 피해자의 주민등록증이 들어 있는 지갑 1개를 발견하여, 증거물로 사용하기 위하여 이를 영장 없이 압수하다.

	성 명	주민등록번호	주 소	서명 또는 날인
참여인				

2021. 8. 31.

서울남대문경찰서

사법경찰관 경위 구강직 ㊞

사법경찰리 경장 임선영 ㊞

압 수 목 록

번호	품 명	수량	소지자 또는 제출자		소 유 자		경찰 의견	비고
1	과일 칼	1자루	성 명	불상	성 명	불상	압수	
			주 소		주 소			
			주민등록번호		주민등록번호			
			전화번호		전화번호			
2	주민등록증	1장	성 명	불상	성 명	오피해	압수	
			주 소		주 소	서울 서초구 서초로 112		
			주민등록번호		주민등록번호	640804-1592821		
			전화번호		전화번호			
3	반지갑	1개	성 명	불상	성 명	위와 같음	압수	
			주 소		주 소	〃		
			주민등록번호		주민등록번호	〃		
			전화번호		전화번호			

서 울 남 대 문 경 찰 서

2021. 9. 5.

수신 : 경찰서장

참조 : 형사과장

제목 : 수사보고(범행도구 구입처 조사)

우리 관내에서 발생한 살인 사건에 관하여 아래와 같이 수사하였기에 보고합니다.

1. 본직이 범행장소 반경 2킬로미터 이내 슈퍼마켓이나 철물점 등 이 사건 범행 도구인 과일칼을 판매하였거나 판매할 수 있는 상점을 탐문함.

2. 범행 도구의 사진을 제시하였는바, 상점 점원이나 주인들은 전부 최근 이 같은 칼을 진열하거나 판매한 적은 없다고 진술함.

3. 이들은 대체로 '범행 도구로 압수된 칼은 별다른 특징이 없는 평범한 과일칼이기는 하나, 손잡이나 칼날 형태가 요즘은 잘 보기 어려운 구형이라 최근에 판매된 것은 아닌 것 같다'고 함.

4. 범행 도구인 과일칼은 최근에 판매된 것은 아닌 것으로 판단되어 이에 보고합니다.

2021. 9. 5.

형사과

경위 구강직 (인)

감 정 의 견 서

접　　수 : 중앙법의학센터　　2021년 451호　　(2021년 9월 3일)
의뢰관서 : 서울남대문경찰서　　형사과　　(2021년 9월 3일)

감정결과

1. 변사자 오피해(2021. 8. 7. 사망)의 사망 원인이 된 자상의 깊이나 크기가 의뢰관서가 제공한 과일 칼과 일치하여 피해자의 자상이 위 칼에 의해 발생된 것으로 판단됨.

1. 과일 칼에서 지문이나 혈흔, DNA는 채취되지 아니함. 칼이 도랑에 24일 가량 방치된 결과, 칼에 묻어 있던 지문이나 혈흔이 비나 도랑물에 씻겨 내려간 것으로 추정됨.[356]

(이하 생략)

2021년 9월 15일

국 립 과 학 수 사 연 구 원

중앙법의학센터
감정관 김분석 (인)

356 범행도구인 과일 칼이 발견되었으나 이에 대한 감정결과를 보니, 피의자의 혈흔이나 DNA 등이 전혀 검출되지 않았다는 것인바, 이러한 증거들은 모두 공소사실을 인정하기에는 부족한 증거들로 파악된다.

진 술 조 서

성 명 :	박훈수
주민등록번호 :	620715 - 1****** 59세
직 업 :	무직
주 거 :	서울 서초구 서초로 108
등록기준지 :	(생략)
직 장 주 소 :	(생략)
연 락 처 :	자택전화 (생략) 휴대전화 (생략)
	직장전화 (생략) 전자우편(e-mail) (생략)

위의 사람은 피의자 성명불상자에 대한 **살인** 피의사건에 관하여 2022. 2. 10. 서울남대문경찰서 형사과 사무실에 임의 출석하여 다음과 같이 진술하다.

1. 피의자와의 관계
   피의자는 제 이웃입니다.
2. 피의사실과의 관계
   저는 피의사실에 관하여 아는 사실을 진술하기 위해서 출석 했습니다.[357]

이때 진술의 취지를 더욱 명백히 하기 위하여 다음과 같이 임의로 문답하다.

문 진술인은 피해자 오피해와 어떤 관계인가요.

답 같은 동네 사는 이웃으로서 평소 친하게 지내오던 사이입니다. 저는 평소 피해자와 같이 자주 낚시를 다니면서 친하게 지내던 사이였습니다. 한 달에 두어 번은 꼭 바다 낚시를 같이 가고는 했습니다.

357 박훈수 역시 법정에서 증언한 참고인으로서, 최초 경찰에서는 어떻게 진술하였는지 면밀히 살펴야 한다.

문 오피해의 사망경위에 관하여 알고 있는 바를 진술해 주세요.

답 오피해가 갑자기 칼에 찔려서 죽었다는 소식을 듣고 의심가는 것이 있어서 잠을 자지 못할 정도로 괴로웠습니다. 사실 동네에 오피해와 앙숙인 사람이 한 명 있습니다. 이름은 김갑동, 1964년 1월 3일 생입니다. 주소는 서울 서초구 서초로 100(방배동, 거성빌라 201호) 입니다.

문 진술인 생각에는 그가 범인이라고 생각하나요.

답 예, 아무래도 그런 것 같습니다.

문 진술인이 그를 범인으로 지목하는 이유는 무엇인가요.

답 사실 그 사건이 있기 약 보름 전쯤 2021. 7. 20.경에 동네 놀이터 앞에서 김갑동이와 오피해가 서로 "멍청한 놈"이니 "옹졸한 놈"이니 삿대질을 하면서 말로 싸웠습니다. 당시 제가 우연히 그곳을 지나다가 그걸 보고 싸움을 말렸습니다. 그런데 그때 분명히 김갑동이 오피해에게 죽인다는 둥 어쩐다는 둥 하는 말을 들은 것 같습니다.

문 사건 이전에 싸웠다는 것 이외에 또 살인을 했다고 볼 만한 정황이 있나요.

답 예, 있습니다. 조금 싸웠다는 것만 가지고 사람을 죽였다고 보기는 좀 그렇죠. 그런데 결정적인 게 있습니다. 오피해가 사망한 날 저녁에 제가 김갑동이를 만났는데 좀 이상한 말을 했었습니다.

문 몇 시에 어디서 만나서 무슨 말을 들었나요.

답 오피해가 사망한 날 저녁 6시쯤에 동네 놀이터 앞에서 김갑동을 만났습니다. 제가 어디를 다녀오느냐고 물으니까 그는 약간 상기된 표정을 지으면서 '남산에 다녀왔다.'고 말했습니다. 내가 무슨 일로 다녀왔냐고 물었더니 김갑동이 약간 알 수 없는 표정을 지으면서 '자꾸 묻지 마라, 아직 말 못한다. 때가 되면 알게 될 거다'라고 말하는 게 아닙니까. 이상하다고만 생각했는데, 곧 오피해가 남산의 어떤 공원에서 칼을 맞아 사망했다는 소식을 듣고 보니, 아~ 바로 김갑동이가 남산에 간 게 그것 때문이구나, 말을 못한다는 게 바로 이거구나, 싶었습니다.

문 그런데 왜 이제야 신고를 하는 것인가요.

답 사실 사건 후 한 달 정도 끙끙 혼자 앓다가 오피해의 아들 오달성이한테 넌지시 이야기를 해 주었습니다. 그런데 그놈이 약간 모자라는 건지 잘 알아듣지를 못하는 겁니다. 나는 그래도 내 할 도리를 다했다 싶어서 좀 기다렸는데, 경찰서에 신고도 안 했다는 겁니다. 그렇게 또 혼자서 끙끙 앓다가 도저히 밤에 잠도 안 오고 더는 못 참겠다 싶어서 이렇게 경찰서에 와서 형사님께 말씀드리는 것입니다.

문 평소에도 김갑동과 오피해가 사이가 좋지 않았나요.

답 맞습니다. 평소부터 동네에서 앙숙이었어요. 저는 우리 동네 토박이고, 김갑동이와 오피해는 약 5년 전에 이사를 와서 비슷한 시기에 저와 알게 되었어요. 저는 주로 김갑동이와는 바둑을 두면서 놀았고, 오피해와는 바다낚시를 다니면서 친하게 지냈습니다. 그런데 김갑동이와 오피해는 서로 친해지려고 하지 않았습니다. 그러더니 어느 순간 서로 앙숙이 되어 있더군요. 심심하면 으르렁거리며 말싸움을 하고는 했습니다. 그러다 동네 놀이터 옆에서 대판 싸우고, 결국 김갑동이가 오피해를 죽이기까지 하다니 제 마음이 너무 아프네요.

문 더 하고 싶은 말이 있는가요.

답 아직도 오피해가 사망한 날 저녁에 김갑동이 이상한 표정을 지으면서 때가 되면 알게 된다고 말하던 모습이 눈에 선합니다. 어떻게 사람을 죽여 놓고도 천연덕스럽게 그런 말을 할 수 있는지 소름이 끼칩니다. 도저히 한 동네에 같이 살 수 없으니 어서 김갑동이를 구속시켜야 합니다.

문 이상 진술한 내용이 사실인가요.

답 예. ㉧

위의 조서를 진술자에게 열람하게 하였던바 진술한 대로 오기나 증감·변경할 것이 없다고 말하므로 간인한 후 서명 날인하게 하다.

진 술 자 박훈수 ㉧

2022. 2. 10.

서울남대문경찰서

사법경찰관 경위 구강직 ㉧

피의자신문조서(대질)[358]

피 의 자 : 김갑동

위의 사람에 대한 살인 피의사건에 관하여 2022. 2. 17. 서울남대문경찰서 형사과 사무실에서 사법경찰관 경위 구강직은 사법경찰리 경장 임선영을 참여하게 하고, 아래와 같이 피의자임에 틀림없음을 확인하다.

문 피의자의 성명, 주민등록번호, 직업, 주거, 등록기준지 등을 말하십시오.

답 성명은 김갑동(金甲東)

주민등록번호는 640103-1324518

직업은 무직

주거는 서울특별시 서초구 서초로 100

(방배동, 거성빌라 201호)

등록기준지는 경기도 용인시 수지구 대지로 321

직장주소는 (생략)

연락처는 자택전화 : (생략) 휴대전화 : (생략)

직장전화 : (생략) 전자우편(E-mail) : (생략)

입니다.

사법경찰관은 피의사건의 요지를 설명하고 사법경찰관의 신문에 대하여 형사소송법 제244조의3의 규정에 의하여 진술을 거부할 수 있는 권리 및 변호인의 참여 등 조력을 받을 권리가 있음을 피의자에게 알려주고 이를 행사할 것인지 그 의사를 확인하다.

---

358 2인 이상의 진술자를 상대로 조서를 작성할 경우 이렇게 '대질'이라는 용어를 사용한다.

이에 사법경찰관은 피의사실에 관하여 다음과 같이 피의자를 신문하다.

문　피의자는 형사처분이나 기소유예처분을 받은 사실이 있나요.

답　없습니다.

문　병역관계가 어떻게 되나요.

답　육군 병장으로 만기 제대하였습니다.

문　최종 학력은 어떻게 되나요.

답　고등학교를 졸업하였습니다.

문　국가로부터 훈장 등을 받은 사실이 있거나 현재 연금을 받는 것이 있나요.

답　없습니다.

문　특별한 사회경력이 있나요.

답　없습니다.

문　가족관계는 어떻게 되나요.

답　배우자와 두 자녀가 있습니다.

문　재산이나 월 평균 수입은 어떻게 되나요.

답　현재 수입은 없습니다. 배우자가 보험설계사로 일해서 번 돈으로 생활하고 있습니다. 재산은 제 명의로는 없고요. 배우자 명의로 현재 주거지의 월세보증금 3천만 원이 있습니다.

문　정당이나 사회단체에 가입된 사실이 있나요.

답　없습니다.

문　종교는요.

답　믿는 종교가 없습니다.

문　현재 건강상태는 어떤 편인가요.

답　양호한 편입니다.

문　피의자는 2021. 8. 7. 15:00경 서울 중구 남산길 432 남봉공원에 오피해와 같이 간 사실이 있지요.

답　아닙니다. 그런 적이 없습니다.

문　그러면 그때 어디에 있었나요.

답　글쎄요. 오래전 일이라 기억이 잘 안 납니다. 그런데 남봉공원이 어디에 있는 건가요. 중구 남산길이라면 강북일텐데, 저는 그런 곳을 알지도 못하고 최근에 1년 동안은 한강을 건너간 적이 없습니다.

문 피의자가 그곳에서 오피해를 칼로 찔러 살해하였지요.

답 아닙니다. 그건 말도 안 됩니다.

문 그런데 왜 조금 전 조사받다가 도망을 가려고 했나요.

답 저를 의심하는 것이 너무 무서워서 일단 조금 알아보고 다시 경찰서에 출석하려고 그랬던 것이지 도망을 치려고 한 건 아닙니다. 정말 죄송합니다.

문 피의자가 오피해를 찔러 살해한 것을 보았다는 목격자가 있는데도 부인하는 건가요.

답 그럴 리 없습니다. 제가 간 적이 없는데 어떻게 목격을 하나요.

문 그러면 목격자와 대질해도 좋나요.

답 예, 좋습니다.

이때 대기실에 있던 박목일을 입실하게 하고, 박목일에게,

문 진술인은 2021. 8. 7. 15:00 남봉공원에서 범인이 칼로 오피해의 목을 찔러 살해하는 장면을 목격한 적이 있지요.

답 예, 그렇습니다.

문 그때 오피해를 칼로 찔러 살해한 사람이 피의자가 맞나요.

답 (피의자를 찬찬히 살펴본 후) 맞습니다. 피의자가 범인이 맞습니다.

문 조금 오래된 일인데 어떻게 그 범인이 피의자라고 확신하나요.

답 제가 두 눈으로 똑바로 보았습니다. 분명합니다. 당시 범인이 칼에 찔려 쓰러진 피해자의 주머니를 뒤진다고 고개를 숙일 때 쓰고 있던 모자가 떨어졌고, 그때 범인이 대머리였습니다. 피의자처럼요. 조금 전에 수사관님께서 용의자 사진이라면서 사진 10장을 보여주셨잖습니까. 그런데 제가 그 중에서 피의자 사진을 보고 범인이라고 바로 알 수 있었습니다.[359] 키도 비슷하고 나이도 비슷한 것이 틀림없습니다.

다시 피의자에게

문 피의자도 똑똑히 들으셨죠.

---

359 공판기록에서 박목일에 대한 증인신문과정에서 경찰이 박목일에게 10장의 사진을 제시할 때 대머리 사진은 1장 밖에 없었다는 것을 확인하였었다. 따라서 박목일의 진술은 범인식별절차의 법리에 비추어 볼 때도 신빙성이 높지 않다.

답 (묵묵부답하다)

문 그래도 범행을 부인하는 건가요.

답 자백할게요.

문 그럼 피의자는 2021. 8. 7. 15:00경 서울 중구 남산길 432 남봉공원에 피해자 오피해와 같이 간 일이 있습니까.

답 예.

문 왜, 남봉공원에 갔나요.

답 그냥 좀 답답하고 해서 동네 이웃인 오피해와 같이 갔습니다.

문 공원에서 서로 싸웠나요.

답 예, 그렇습니다.

문 어떻게 싸웠나요.

답 평소 저는 바둑을 좋아하는데 피해자가 나보고 바둑 두며 몇 시간씩 앉아 있는 것이 옹졸해 보인다면서 호연지기가 없는 멍청한 놈이라고 놀렸습니다. 바둑애호가로서 저는 너무 화가 났습니다. 그래서 제가 칼로 피해자의 목을 찔렀습니다.

문 칼은 어디서 구한 것인가요.

답 기억 나지 않습니다.

문 칼을 몇 번이나 찔렀나요.

답 5번 정도 찔렀습니다.

문 칼을 찌르고는 어떻게 했나요.

답 경황이 없어 잘 기억이 나지 않습니다.

문 칼과 지갑은 어떻게 처리 했나요.

답 도망가다가 버렸습니다.

문 목격자가 있다는 것을 몰랐나요.

답 전혀 몰랐습니다.

문 지금 심경은 어떤가요.

답 제발 한 번만 살려주세요.

문 이상 진술한 내용이 모두 사실인가요.

답 네. 죄송합니다.

진술자들에게

문　더 할 말이 있는가요.

답　진술자 김갑동 : 없습니다. (무인)

　　진술자 박목일 : 없습니다. (무인)

위의 조서를 진술자들에게 열람하게 하였던바 진술한 대로 오기나 증감·변경할 것이 없다고 말하므로 간인한 후 서명 무인하게 하다.

진 술 자　김갑동 (무인)

진 술 자　박목일 (무인)

2022. 2. 17.

서울남대문경찰서

사법경찰관　경위　구강직 ㊞

사법경찰리　경장　임선영 ㊞

조 회 회 보 서

제 2022-01571 호 2022. 2. 20.

☐ 조회대상자

성 명	김갑동	주민등록번호	640103-1324518		성별	남
지문번호	(생략)	주민지문번호	(생략)	일련번호		(생략)
주 소	서울특별시 서초구 서초로 100 (방배동, 거성빌라 201호)					
등록기준지	경기도 용인시 수지구 대지로 321					

☐ 주민정보(생략)

☐ 범죄경력자료

연번	입건일	입건관서	작성번호	송치번호	형제번호
	처분일	죄 명		처분관서	처분결과

☐ 수사경력자료(생략)

☐ 지명수배내역(생략)

위와 같이 조회 결과를 통보합니다.

조 회 용 도 : 범죄수사

조회 의뢰자 : 형사팀 경위 구강직

작 성 자

서 울 남 대 문 경 찰 서 장 (직인)

피의자신문조서

성　　　명 : 김갑동

주민등록번호 : 640103-1324518

위의 사람에 대한 **살인** 피의사건에 관하여 2022. 2. 26. 서울중앙지방검찰청 제305호 검사실에서 검사 김한규는 검찰주사 정구현을 참여하게 한 후, 아래와 같이 피의자임에 틀림없음을 확인하다.

문　피의자의 성명, 주민등록번호, 직업, 주거, 등록기준지 등을 말하시오.

답　성명은　　　　김갑동

　　주민등록번호는　640103-1324518　(58세)

　　직업은　　　　일용직

　　주거는　　　　서울특별시 서초구 서초로 100

　　　　　　　　　(방배동, 거성빌라 201호)

　　등록기준지는　　경기도 용인시 수지구 대지로 321

　　직장 주소는　　없음

　　연락처는　　자택 전화 : (생략)　　　휴대 전화 : (생략)

　　　　　　　　직장 전화 : (생략)　　전자우편(E-mail) : (생략)

　　입니다.

검사는 피의사실의 요지를 설명하고 검사의 신문에 대하여 「형사소송법」 제244조의3에 따라 진술을 거부할 수 있는 권리 및 변호인의 참여 등 조력을 받을 권리가 있음을 피의자에게 알려주고 이를 행사할 것인지 그 의사를 확인하다.

이에 검사는 피의사실에 관하여 다음과 같이 피의자를 신문하다.

문 피의자는 형벌을 받은 사실이 있는가요.

답 없습니다.

문 피의자의 학력, 경력, 가족관계, 재산정도, 건강상태 등은 경찰에서 사실대로 진술하였나요.

이때 검사는 사법경찰관이 작성한 피의자신문조서 중 해당 부분을 읽어주다.

답 예. 그렇습니다.

문 피의자는 2021. 8. 7. 15:00경 서울 중구 남산길 432 남봉공원 내 분수대 옆에서 피해자 오피해가 피의자를 '멍청한 놈'이라고 놀리는 것에 화가 나 과일 칼로 피해자의 목을 5회 찔러 피해자를 살해한 사실이 있는가요.

답 (묵묵부답하다)

문 피의자는 진술을 거부하는 것인가요.

답 아닙니다.

문 진술하겠다는 말인가요.

답 아니 그게 아니라, 아니라는 뜻입니다.

문 무슨 말인가요.

답 저는 오피해를 칼로 찌른 적이 없습니다. 저는 남봉공원에 간 적도 없습니다. 저는 남봉공원이 어디에 붙어 있는지도 모릅니다. 저는 범행을 저지른 적이 없습니다.

문 경찰에서 조사를 받으면서 자백하지 않았나요.

답 경찰 수사관님께 자백하기는 했습니다만, 사실이 그렇지 않기 때문에 지금 안 했다고 말씀드리는 것입니다.

문 그러면 그때 피의자는 어디에 있었나요.

답 그때 정확히 어디에 있었는지는 잘 모르겠으나, 확실한 건 서울 중구가 있는 강북에는 과거 1년 동안 간 적이 없습니다. 한강을 건너간 적이 없습니다.

문 평소 피의자가 피해자와 사이가 어떠했나요.

답 사이가 그리 나쁘지는 않았어요.

문 피의자는 피해자가 사망하기 약 보름 전인 2021. 7. 20.경 피해자와 동네 놀이터 앞에서 다툰 적이 있지요.

답 예. 아니 그걸 어떻게... 예, 그건 맞습니다.

문 피의자와 피해자는 옹졸한 놈이니 멍청한 놈이니 하면서 서로 다투었지요.

답 예... 맞습니다.

문 그러다가 피의자가 피해자한테 죽이겠다고 말한 사실이 있지요.

답 아닙니다. 그런 말을 한 적은 없습니다.

문 피의자는 피해자가 사망한 2021. 8. 7. 저녁에 피의자의 거주지 부근 놀이터 근처에서 박훈수를 만났지요.

답 예? 제가요? 뭐 그때쯤에 만났을 수도 있을 겁니다. 사실 박훈수는 바둑친구라서 심심하면 자주 만났었거든요.

문 그때 박훈수에게 '남산에 다녀왔다'고 말하지 않았나요.

답 (한참 고민하다가) 하. 그것 참. 저는 그런 말을 한 사실이 없습니다.

문 박훈수가 거기를 뭐하러 다녀왔냐고 묻자 '자꾸 묻지 마라. 아직 말 못한다. 때가 되면 알게 될 거다'라고 말한 사실이 있지요.

답 (또 한참 고민하다가) 아닙니다. 그런 말을 하지 않았습니다. 박훈수가 뭔가 오해한 것 같습니다.

문 피의자는 경찰에서 보았듯이 목격자가 피의자를 범인으로 지목했고, 남산에 간 것을 스스로 밝히기도 했으며, 평소에 서로 사이가 좋지 않았고 피해자가 사망하기 얼마 전에 서로 싸우기도 하는 등 범행 동기도 분명한 것 같은데 그럼에도 범행을 부인하는 건가요.

답 제가 한 적이 없기 때문에 안 했다고 말씀드리는 것뿐입니다.

문 이상 진술한 내용이 모두 사실인가요.

답 네. 지금 진술이 사실입니다.

문 더 할 말이 있는가요.

답 검사님, 저는 정말로 피해자를 죽이지 않았습니다. 많은 분들이 뭔가 단단히 오해한 것으로 생각됩니다. 제발 제 말씀을 들어주세요. 부탁드립니다. 제가 거짓말을 한 것이 드러나면 천벌을 받아도 좋습니다. 저는 너무 억울합니다. (무인)

위의 조서를 진술자에게 열람하게 하였던바, 진술한 대로 오기나 증감·변경할 것이 전혀 없다고 말하므로 간인한 후 서명 무인하게 하다.

진술자 김갑동 (무인)

2022. 2. 26.

서울중앙지방검찰청

검 사 김 한 규 ㊞

검찰주사 정 구 현 ㊞

검토보고서

1. 결론

무죄

2. 논거

가. 공소사실의 요지(생략가능)

피고인은 2021. 8. 7. 15:00경 서울 중구 남산길 432 남봉공원 내 분수대 옆에서 피해자 오피해(57세)가 피고인을 '멍청한 놈'이라고 놀리는 것에 화가 나 과일 칼로 피해자의 목을 5회 찔러 경동맥 자상으로 인한 과다출혈로 피해자를 살해하였다.

나. 주장 및 쟁점

피고인과 변호인은 공소사실을 부인한다.

다. 검토의견

1) 검사가 제출한 증거들

증인 박목일, 박훈수의 각 법정진술, 피고인에 대한 검찰 피의자신문조서, 피고인에 대한 경찰 피의자신문조서(박목일 진술 부분 포함), 박목일, 박훈수에 대한 각 경찰 진술조서, 수사보고(변사사건발생), 수사보고(범행도구 구입처 조사), 부검감정서, 감정의견서, 과일칼 1자루(증 제1호), 주민등록증 1장(증 제2호), 반지갑 1개(증 제3호)

2) 증거능력 없는 증거

피고인에 대한 경찰 피의자신문조서 중 피고인 진술 부분은 피고인이 이 법정에서 내용을 부인하므로 증거능력이 없다.

3) 증명력 없는 증거[360]

가) 증인 박목일의 법정진술 중 “범행 당시 목격했던 범인이 피고인”이라는 취지의 진술 부분, 박목일에 대한 경찰 진술조서 및 피고인에 대한 경찰 피의자신문조서 중 박목일 진술 부분 중 “범행 당시 목격했던 범인이 피고인”이라는 취지의 각 진술기재[361]

(1) 관련 법리

용의자의 인상착의 등에 의한 범인식별 절차에 있어 용의자 한 사람을 단독으로 목격자와 대질시키거나 용의자의 사진 한 장만을 목격자에게 제시하여 범인 여부를 확인하게 하는 것은 사람의 기억력의 한계 및 부정확성과 구체적인 상황하에서 용의자나 그 사진상의 인물이 범인으로 의심받고 있다는 무의식적 암시를 목격자에게 줄 수 있는 가능성으로 인하여, 그러한 방식에 의한 범인식별 절차에서의 목격자의 진술은, 그 용의자가 종전에 피해자와 안면이 있는 사람이라든가 피해자의 진술 외에도 그 용의자를 범인으로 의심할 만한 다른 정황이 존재한다든가 하는 등의 부가적인 사정이 없는 한 그 신빙성이 낮다고 보아야 하므로, 범인식별 절차에 있어 목격자의 진술의 신빙성을 높게 평가할 수 있게 하려면, 범인의 인상착의 등에 관한 목격자의 진술 내지 묘사를 사전에 상세히 기록화한 다음, 용의자를 포함하여 그와 인상착의가 비슷한 여러 사람을 동시에 목격자와 대면시켜 범인을 지목하도록 하여야 하고, 용의자와 목격자 및 비교대상자들이 상호 사전에 접촉하지 못하도록 하여야 하며, 사후에 증거가치를 평가할 수 있도록 대질 과정과 결과를 문자와 사진 등으로 서면화하는 등의 조치를 취하여야 할 것이고, 사진제시에 의한 범인식별 절차에 있어서도 기본적으로 이러한 원칙에 따라야 한다.[362]

---

360 무죄 논증의 가장 기본적인 형태는, 목격자나 피해자의 진술이 ① 얼마나 일관되지 않는지, ② 객관적 정황과 얼마나 부합하지 않는지, ③ 경험칙(상식)에 얼마나 부합하지 않는지를 표현하고 그러므로 그 진술은 믿기 어렵다는 결론에 이르는 것이다. 아래의 내용도 이러한 관점으로 서술되었다.

361 박목일의 법정진술과 수사단계에서의 진술은 그중 일부가 신빙성이 없는데, 신빙성 없다는 판단의 근거 중 하나가 바로 박목일의 나머지 진술 부분이다. 따라서 공소사실에 부합하는 듯한 증거 중 일부의 신빙성을, 같은 증거의 나머지 부분을 활용하여 배척하는 구조를 갖게 된다. 이러한 경우 신빙성이 배척되는 부분을 위와 같이 특정할 필요가 있다. 증거의 일부를 특정하는 방법에 관하여는 판결서작성실무 149쪽 및 각주67, 151쪽을 참조.

362 범인식별절차에 관련된 신빙성의 인정에 대한 법리를 설시하였다(대법원 2008. 1. 17. 선고 2007도5201 판결, 대법원 2001. 2. 9. 선고 2000도4946 판결, 대법원 2004. 2. 27. 선고 2003도7033 판결, 대법원 2007. 5. 10. 선고 2007도1950 판결 등 참조). **제1회 변호사시험 형사기록형 기출**. 한 가지 유의할 점은, 범인식별절차는 증거의 증명력과 관련된 절차이지, 증거능력과 관련된 절차가 아니라는 사실이다. 따라서 판례가 설시한 범인식별절차를 준수하지 아니하고 획득한 증거에 관하여, 신빙성이 낮다고 평가할 일이지, 증거능력이 배제된다고 판단하여서는 안 된다. 한편 범인식별절차의 준수 여부는 진술증거를 비롯한 증거의 신빙성을 판단하는 여러 요소들 중에 하나일 뿐이다. 그러므로 범인식별절차의 준수 여부는 사안에 따라서 고려될 수도 있고 반대로 고려될 필요가 전혀 없을 수도 있는 사항임을 유념하자.

(2) 인정사실[363]

증인 박목일의 나머지 법정진술[364]에 의하면 다음과 같은 사실이 인정된다.

① 박목일은 디옵터 6.5의 고도근시 상태로, 근시용 안경 착용 없이는 10미터 정도 떨어진 사람도 잘 판명하기 어려웠는데, 박목일과 범인 사이는 50미터 정도 떨어져 있었으며, 박목일과 범인 사이에 분수대에 물이 뿜어져 나와 시야를 가리고 있었다.

② 박목일이 피고인을 범인으로 지목하기 전에 용의자 사진 10장이 제시되기는 하였으나, 최초 박목일이 진술한 범인의 가장 특징적인 인상착의는 대머리라는 점이었는데, 대머리인 용의자는 피고인 사진 1장만 제시되었다.

③ 박목일은 피고인과 대질하기 전에 수사관으로부터 피고인이 피해자와 원한관계가 있다는 설명을 들었다.

④ 박목일이 범행을 목격한 일시와 피고인을 본 시기 사이에 약 6개월의 시간적 간격이 있다.

⑤ 박목일은 범행 목격 장시 원한관계에 의한 살인사건을 다룬 소설을 읽고 있었다.

⑥ 박목일은 책을 읽다가 범행 현장과 범인을 목격했다고 진술했다가 비명 소리를 듣고 급히 오른 쪽으로 이동해서 보았다고 진술을 변경하였다.

(3) 판단

위 인정사실에 의하면 다음과 같은 사정[365]을 알 수 있다.

① 박목일은 시력이 나쁘고 범행현장과 사이에 장애물이 있어서 정확히 범인을 인지하지 못했을 가능성이 크다.

② 박목일은 단순히 대머리라는 특징 때문에 피고인을 범인으로 지목했을 가능성이 높다.

---

363 아래에서는 신빙성 판단에 근거가 될 만한 간접사실들을 나열해 보았다. 사건을 분석하는 사람의 관점에 따라 다양한 간접사실이 추출될 수 있을 것이다.

364 앞에서 신빙성을 배척하는 박목일의 진술 부분을 특정했으므로, 신빙성이 배척된 진술 부분을 제외한 나머지 진술 부분은 단순히 '나머지 법정진술'과 같이 간단히 적어도 좋을 것이다.

365 앞서 인정한 사실관계를 고려할 때 신빙성을 인정하기 어려운 여러 가지 사정을 나열하였다. 엄밀히 보아 사실은 아니지만 최종적인 판단의 근거가 될 만한 평가적 요인들을 실무상 '사정'이라고 표현하는 경우가 많이 있다. 증거에 의하여 인정되는 것은 '사실'에 국한되는 것이 원칙이다. 그러한 사실관계를 음미하여 추론하거나 평가를 거친 결과 위와 같은 '사정'을 인정할 수 있고, 이를 고려하여 최종적인 판단에 이르게 되는 것이다. 사실과 사정을 구별하고 논리적 순서에 따라 논증하려고 노력해 보자.

③ 원한관계에 관한 경찰관의 설명을 듣고서 피고인이 범인이라고 암시되었을 가능성이 있다.

④ 범행 목격시기와 피고인 대면시기의 차이가 커서 정확한 기억을 되살리기 어려웠을 수 있다.

⑤ 박목일이 목격 당시 읽었던 소설의 내용에 암시되었을 가능성이 있다.

⑥ 박목일의 진술이 변경되어 진술의 일관성이 흔들리고 있다.

이에 비추어 보면, 공소사실에 부합하는 듯한 박목일의 위 일부 진술은 이를 그대로 믿기 어렵다.

나) 증인 박훈수의 법정진술과 박훈수에 대한 경찰 진술조서의 진술기재 중 "피고인이 이 사건이 발생하기 전에 피해자와 다투면서 피해자를 죽이겠다고 말하는 것을 들었고, 박훈수에게 이 사건 범행 당일 저녁에 범행 장소인 '남산에 다녀왔다'고 말하는 것을 들었다."[366]는 진술 부분

(1) 인정사실

증인 박훈수의 나머지 법정진술에 의하면 다음과 같은 사실이 인정된다.

① 박훈수는 경찰에서 조사받을 때와 증인신문 중 검사의 주신문 과정에서는 피고인이 이 사건 전에 피해자와 다투면서 피해자에게 죽이겠다고 말하였다고 진술하였으나, 변호인의 반대신문 과정에서는 피고인의 당시 정확한 발언내용이 '바둑도 모르는 바보 같은 놈', '밤새 바위틈에 앉아 졸다가 떨어져서 고기밥이나 돼라'이었다고 하여 그 진술취지를 번복하였다.

② 박훈수는 경찰에서 조사받을 때와 증인신문 중 검사의 주신문 과정에서는 사건 당일 저녁에 피고인으로부터 '남산에 다녀왔다.'는 말을 들었다고 진술하였으나, 변호인의 반대신문 과정에서는 '남한산성에 다녀왔다.'고 들었다고 그 진술을 번복하였다.[367]

(2) 소결론

위 인정사실에 비추어 보면, 공소사실에 부합하는 듯한 박훈수의 위 일부 진술 역시 이를 그대로 믿기 어렵다.

366 이 부분은 법 316조 제1항에서 정한 피고인이 아닌 자의 진술이 피고인의 진술을 그 내용으로 하는 것에 해당하므로, 그 진술이 특히 신빙할 수 있는 상태하에서 행하여졌음이 증명되어야 증거능력이 인정된다. 그러나 제2회 공판기일에서 변호인이 증거로 삼는 데 동의하여 법 제318조에 따라 증거능력이 인정되므로 이에 관한 증거능력을 별도로 검토할 필요는 없다.

367 피고인이 이 사건 범행 당시 알리바이로 남한산성에 갔다고 주장하나 이를 증명할 아무런 증거가 없다. 그러나 공소사실의 증명책임은 검사에게 있는 것이므로, 피고인이 주장하는 알리바이에 대한 증명이 없다는 점이 유죄를 증명하는 근거가 될 수 없다.

4) 부족증거

증인 박훈수의 일부 법정진술에 의하면, 피고인과 피해자가 평소 사이가 좋지 아니하였고 피고인이 이 사건 범행 전에 피해자와 다투면서 피해자에게 위와 같이 다소 과격한 말을 한 사실이 인정되나, 그러한 사실만으로는 피고인이 피해자를 살해할 정도의 동기가 있었다고 보기 어렵다.

검사가 제출한 나머지 증거들만으로는 이 사건 공소사실이 합리적 의심을 넘을 정도로 증명되었다고 보기 부족하고 달리 이를 인정할 증거가 없다.

라. 결론

따라서 이 사건 공소사실은 범죄사실의 증명이 없는 때에 해당하여 형사소송법 제325조 후단에 의하여 무죄를 선고하여야 한다.

9
기록
증명력 판단 II

기록 9

<문제> 다음 기록을 읽고 서울중앙지방법원 재판연구원으로서 **검토보고서**를 작성하되, 다음의 검토보고서 양식 중 **본문 I의 1, 2 부분만 작성하시오**.

[검토보고서 양식]

검토보고서

사 건　2022고단1234 사기
피고인　김갑동

I. 쟁점 및 검토
1. 결론
2. 논거
가. 공소사실의 요지(생략가능)
나. 주장 및 쟁점
다. 검토의견

II. 처단형의 범위

구속만료		미결구금
최종만료		
대행갱신 만 료		

서 울 중 앙 지 방 법 원

구공판 **형사제1심소송기록**

기 일	사건번호	2022고단1234	담임	형사제1단독	주심	
1회 기일	사 건 명	사기				
2022. 8. 4. 10:00						
	검 사	최정의	2022형제3333호			
	피 고 인	김갑동				
	공소제기일	2022. 7. 17.				
	변 호 인	사선 변호사 황필승				

확 정	
보존종기	
종결구분	
보 존	

완결 공람	담 임	과 장	재판장

증 거 목 록 (증거서류 등)

2022고단1234

2022형제3333호 신청인 : 검사

순번	증거방법					참조사항등	신청기일	증거의견		증거결정		증거조사기일	비고
	작성	쪽수(수)	쪽수(증)	증 거 명 칭	성 명			기일	내용	기일	내용		
1	사경	2		고소장	이형구		1	1	×				
2		3		차용증			1	1	○				
3		4		거래내역 (국민은행)			1	1	○				
4		5		진술조서	이형구		1	1	×				
5		8		피의자신문조서	김갑동		1	1	○				
6		12		압수조서			1	1	○				
7		14		신한은행 통장			1	1	○				입증취지 부인
8		15		영업장부			1	1	○		기재생략		입증취지 부인
9		16		피의자신문조서 (제2회)	김갑동		1	1	○				
10		20		수사보고(인테리어공사확인등)			1	1	○				
11		21		조회회보서	김갑동		1	1	○				
12	검사	22		수사보고(통장 거래내역 분석)			1	1	○				입증취지 부인
13		24		피의자신문조서	김갑동		1	1	○				
14		29		수사보고 (직원조사)			1	1	○				
15		30		수사보고 (확정일자등)			1	1	○				
16		31		판결등본 (2019고단5000)			1	1	○				

※ 증거의견 표시 - 피의자신문조서 : 인정 ○, 부인 ×
(여러 개의 부호가 있는 경우, 적법성/실질성립/임의성/내용의 순서임)
- 기타 증거서류 : 동의 ○, 부동의 ×
- 진술이 특히 신빙할 수 있는 상태하에서 행하여졌다는 점 부인 : "특신성 부인"(비고란 기재)

※ 증거결정 표시 : 채 ○, 부 ×

※ 증거조사 내용은 제시, 낭독(내용고지, 열람)

증 거 목 록 (증인 등)

2022고단1234

2022형제3333호　　　　　　　　　　　　　　　　　　신청인 : 검사

증거방법	쪽수 (공)	입증취지 등	신청 기일	증거결정		증거조사기일	비고
				기일	내용		
증인 이형구	9	공소사실	1	1		2022. 8. 11. 15:00 (실시)	
증인 박진원	13	공소사실	1	1		2022. 8. 11. 16:00 (실시)	

※ 증거결정 표시 : 채 ○, 부 ×

서울중앙지방검찰청

2022. 7. 17.

사건번호 2022년 형제3333호

수 신 자 서울중앙지방법원 **발 신 자**

검 사 **최정의** 최정의 (인)

제 목 **공소장**

아래와 같이 공소를 제기합니다.

Ⅰ. 피고인 관련사항

피 고 인 김갑동 (660311-1123456), 56세

직업 일용직, 010-6000-2100

주거 서울특별시 서초구 서초로 100

등록기준지 강원도 춘천시 효목로 10

죄 명 사기

적용법조 형법 제347조 제1항

구속여부 불구속

변 호 인 없음 1234

Ⅱ. 공소사실

피고인은 2021. 5. 1. 14:00경 자신이 운영하는 서울 관악구 행운1길 100 '카페25'에서, 사실은 피해자 이형구로부터 돈을 차용하더라도 이를 6개월 후에 변제할 의사나 능력이 없었음에도 불구하고, 피해자에게 '카페운영을 잘 하고 있는데 인테리어 공사를 하면 영업이 더 잘 될 것이니 공사대금 5,000만 원만 빌려 달라. 은행이자 보다 높게 월 20만 원씩 이자를 주고 6개월 후에 틀림없이 변제하겠다.'라고 거짓말하여 이에 속은 피해자로부터 즉석에서 5,000만 원을 송금 받아 이를 편취하였다.

변호인선임신고서

피 고 인　　김 갑 동
사 건 명　　2022고단1234 사기

위 사건에 관하여 변호사 **황 필 승** 씨를 변호인으로 선임하고 이에 신고함.

2022. 7. 22.
선임인 피고인 김갑동 ㊞

위 변호인 변호사 **황 필 승** ㊞
주소 서울 서초구 서초대로206번길 법조빌딩 502호
전화번호 02 - 534 - 2233

11001- No 040327 (위임장등부착용)
경유증표(본안) 2022. 07. 22.
서울지방변호사회

서울중앙지방법원 형사 제1단독 귀중

서울중앙지방법원

공 판 조 서

제 1 회

사 건 2022고단1234 사기

판 사 이 국 준

기 일 : 2022. 8. 4. 10:00

장 소 : 제210호 법정

공개여부 : 공 개

법원 주사 장 참 여

고지된 다음기일 : 2022. 8. 11. 15:00

피 고 인	김 갑 동	출석
검 사	강 지 혁	출석
변 호 인	변호사 황필승	출석

판사

피고인은 진술을 하지 아니하거나 각개의 물음에 대하여 진술을 거부할 수 있고 이익되는 사실을 진술할 수 있음을 고지

판사의 인정신문

성 명 : 김갑동

주민등록번호 : 공소장 기재와 같음

직 업 : 〃

주 거 : 〃

등록기준지 : 〃

판사

피고인에 대하여

주소의 변동이 있을 때에는 이를 법원에 보고할 것을 명하고 소재가 확인되지 않는 때에는 그 진술 없이 재판할 경우가 있음을 경고

검사

공소장에 의하여 공소사실, 죄명, 적용법조 낭독

피고인 및 변호인

2021. 5. 1. 고소인에게서 월 이자 20만 원, 변제기는 6개월 뒤로 정하여 5,000만

원을 빌리고 변제기에 이를 상환하지 못한 것은 인정합니다. 그러나 피고인은 2021. 5. 1. 당시 정상적으로 카페를 운영하고 있었고 매월 300-400만 원씩 순수익을 내고 있었으므로 변제할 의사도 있었고 변제할 능력도 있었습니다. 약정한 이자도 일정 부분 지급하였습니다. 인테리어 공사를 마쳤음에도 예상과 달리 매출이 오르지 않았고 2022년 1, 2, 3월에 경기가 안좋아서 변제하지 못했을 뿐입니다.[368]

판사

증거조사를 하겠다고 고지

증거관계 별지[369]와 같음(검사)

판사

각 증거조사결과에 대한 의견을 묻고 권리를 보호함에 필요한 증거조사를 신청할 수 있음을 고지

소송관계인

별 의견 없다고 진술

판사

변론속행(증인신문을 위하여)

2022. 8. 4.

법원주사 장 참 여 ㊞

판 사 이 국 준 ㊞

---

368 피고인이 공소사실 자체를 부인하고 있다. 피고인의 변론내용에 비추어 볼 때, 피고인이 차용 당시 변제할 의사와 능력이 있었는지 여부가 쟁점임을 확인할 수 있다. 매월 300-400만 원씩 순수익을 낸 점, 약정이자를 일부 지급한 점 등이 세부 쟁점이다. 이렇게 파악된 쟁점에 착안하여 이하 기록의 내용을 살펴보아야 한다. 공소사실에 부합하는 증거들과 공소사실에 반대되는 사실에 부합하는 증거들을 하나씩 메모해 가며 살펴보자.

369 공판기록 앞으로 가서 해당 증거목록을 살펴보라. 증거목록(증거서류 등) 순번 1, 4번에 『×』 표시가 되어 있고 순번 7, 8, 12번 비고란에 『입증취지 부인』이라고 적혀 있으며 나머지 증거서류들에 대해서는 모두 『○』 표시가 있고 비고란에도 아무런 기재가 없다. 순번 1번 고소인 이형구가 작성한 고소장과 순번 4번의 위 이형구에 대한 경찰 진술조서는 모두 증거부동의되어 일단은 증거능력이 없어 보이는 상태이다. 순번 7번 신한은행 통장, 8번 영업장부, 12번 수사보고(통장 거래내역 분석)는 모두 증거동의되어 증거능력은 문제될 것이 없으나, 다만 입증취지 부인의 참고의견이 기재되어 있어 피고인에게 불리한 내용이 적혀 있음이 추단되는 서류이다. 증거기록을 검토할 때에 이러한 사정을 고려하여야 한다. 일단 이 단계에서 보면, 순번 1번, 4번 증거서류들을 제외하고 나머지 모든 증거서류들은 증거능력이 구비되어 있음에 유의하자. 한편, 증거목록(증인 등)을 살펴보면, 검사가 증거부동의되었던 위 고소장과 진술조서와 관련하여 원진술자인 이형구에 관하여 증인신청을 하였고, 박진원이라는 사람에 대해서도 증인신청을 하였음을 알 수 있다. 증인 이형구는 고소인이고 피고인 측에 의해 그의 진술이 기재되어 있는 고소장과 경찰 진술조서가 증거부동의되었으니, 검사로서는 이형구의 법정증언을 통해 위 고소장과 진술조서의 실질적 진정성립을 인정받고자 할 것임이 예상된다.

서울중앙지방법원

공 판 조 서

제 2 회

사 건	2022고단1234 상습절도		
판 사	이 국 준	기 일 :	2022. 8. 11. 15:00
법원 주사	장 참 여	장 소 :	제210호 법정
		공개여부 :	공 개
		고지된 다음기일 :	2022. 8. 18. 10:00
피 고 인	김 갑 동		출석
검 사	강 지 혁		출석
변 호 인	변호사 황필승		출석
증 인	이형구, 박진원		각 출석[370]

판사

전회 공판심리에 관한 주요사항의 요지를 공판조서에 의하여 고지

소송관계인

변경할 점이나 이의할 점이 없다고 진술

판사

증거조사를 하겠다고 고지

출석한 증인들을 신문하되, 형사소송법 제56조의2에 따라 증인들에 대한 신문을 녹음할 것을 명하고 소송관계인에게 고지

증거관계 별지와 같음 (검사)

판사

증거조사결과에 대한 의견을 묻고 권리를 보호함에 필요한 증거조사를 신청할 수 있음을 고지

370 검사가 제1회 공판기일에 신청하였던 증인 이형구와 박진원이 모두 출석하였다. 증인들의 출석 여부를 잘 확인해야 한다. 앞서 여러 차례 설명한 것처럼, 검사가 증거신청한 참고인에 대한 진술조서에 대하여 피고인 측이 증거부동의하면, 검사는 해당 참고인을 증인신청하여 그 참고인의 증언을 통하여 실질적 진정성립을 인정받고자 하는데, 이때 해당 증인이 출석하지 않을 경우 해당 진술조서에 대한 증거능력이 어떠한 요건하에 인정될 수 있는지 판단할 줄 알아야 하기 때문이다.

소송관계인

별 의견 없다고 진술

판사

증거조사를 마쳤음을 고지

검사 및 변호인

피고인신문은 하지 않겠다고 진술

검사

이 사건 공소사실은 모두 그 증거가 있으므로 공소장 기재 법조를 적용하여 피고인을 징역 2년에 처함이 상당하다는 의견 진술

판사

피고인 및 변호인에게 최종 의견 진술 기회 부여

변호인

피고인에게 변제의사 및 변제능력이 있었는지 여부에 관하여 면밀히 살피시어 무죄를 선고하여 주시기 바란다고 진술

피고인

고소인 이형구에게 돈을 빌릴 당시에 분명히 변제할 의사와 능력이 있었습니다. 억울함이 없도록 공정한 판단을 하여 주시기 바란다고 진술

판사

변론종결

2022. 8. 11.

법원주사 장 참 여 ㊞

판 사 이 국 준 ㊞

서울중앙지방법원

증인신문조서(제2회 공판조서의 일부)

사 건	2022고단1234	사기
증 인	이 름	이형구
	생 년 월 일	1969. 1. 24.
	주 거	서울 강남구 선릉로 200－1

판사

증인에게 형사소송법 제148조 또는 같은 법 제149조에 해당하는가의 여부를 물어 이에 해당하지 아니함을 인정하고 위증의 벌을 경고한 후 별지 선서서(**첨부 생략함**)와 같이 선서하게 하였다. 다음에 신문할 증인은 재정하지 아니하였다.

증인에 대한 신문내용은 법정녹음시스템의 녹음파일
(고유번호 000260-20200750000-160226140611)과 같다(녹음파일 첨부 **생략**).

2022. 8. 11.

법원주사 장 참 여 ㊞

판 사 이 국 준 ㊞

녹취서【B1275-1】

확인인
㊞

녹 취 서 (요지)

사건번호	2022고단1234
기　　일	2022. 8. 11. 15:00
비　　고	

형사소송규칙 제38조 제1항의 규정에 따라 작성한 녹취서를 붙임과 같이 제출합니다.

1. 붙임 : 증인 신문 녹취서 1부

2022. 8. 12.

속기사 최선아 ㊞

※ 이 녹취서는 진술의 주요한 부분만을 정리하여 기재하는 방식으로 작성되었습니다.
※ 당사자나 피고인 등은 이 녹취서에 적힌 사항에 대해 이의를 제기할 수 있습니다. 이의가 제기되면 법원사무관등이 그 이의의 취지를 이 녹취서 또는 별도의 서면에 기재하거나 이 녹취서 중 해당 부분을 정정하여야 합니다.

검사

증인에게

문 증인은 피고인 김갑동과는 어떤 사이인가요.

답 2020. 5.경 사진동호회에서 처음으로 알게 되어 동호회에 정기모임 때마다 만나면서 친하게 된 사회친구입니다.

문 증인은 피고인 김갑동에게 2021. 5. 1. 14:00경 피고인이 운영하는 서울 관악구 행운1길 100 '카페25'에서, 5,000만 원을 이자 월 20만 원, 변제기 2021. 10. 31.로 정하여 빌려준 적이 있는가요.

답 예. 있습니다.

문 그때 피고인이 증인에게 무엇이라고 하면서 돈을 빌려 달라고 하였나요.

답 김갑동이 2021. 4.말경 카페25에서 인테리어 공사비가 부족하다면서 돈 좀 빌려줄 수 없겠냐고 했습니다. 그날은 제가 고민을 좀 해 보겠다고 했고 2021. 5. 1. 오후에 다시 카페에서 만났는데, 그때 김갑동이 저에게 '카페운영을 잘 하고 있는데 인테리어 공사를 하면 영업이 더 잘 될 것이니 공사대금 5,000만 원만 빌려 달라. 은행이자보다 높게 월 20만 원씩 이자를 주고 6개월 후에 틀림없이 변제하겠다.'[371]라고 하였습니다.

문 그때 당시 피고인은 사실 카페 임대료도 제때 지급하지 못하여 10개월치 임대료가 연체되어 있었는데, 그런 사정을 증인에게 정확히 말해 주었나요.

답 아니오. 그런 얘기는 전혀 없었고 카페를 잘 운영하고 있다고만 하였습니다. 그런 사실을 말했다면 저는 돈을 빌려주지 않았을 겁니다.

문 증인은 카페 인테리어 공사대금 명목으로 돈을 빌려준 것인가요.

답 예. 김갑동이 그렇게 말을 했고 그렇게 사용하는 줄로 알고 빌려준 것입니다.[372]

문 피고인이 차용원리금을 모두 변제하였나요.

답 아니오. 빌려가고 초기에 4개월 정도만 이자를 지급하였고 나머지 이자와 원금은 아예 변제하지 않았습니다. 게다가 김갑동은 2022. 4.중순경 카페를 폐업해 버렸습니다. 처음부터 사기를 친 게 틀림없습니다.

---

371 이 부분 진술은 사기의 기망행위에 해당하는 것으로서 그 말을 하였는지 여부가 요증사실이고, 그 진술의 진실성 여부는 요증사실이 아니다. 이 부분 진술이 전문증거가 아니므로, 법 제316조 제1항의 요건에 해당하는지 검토할 필요는 없다.

372 피해자 본인은 5,000만 원의 용도가 인테리어 공사대금이었다고 증언하고 있는바, 이하 기록에서 피고인이 인테리어 용도로 사용하기 위해 5,000만 원을 빌린 것인지에 관하여 이를 인정하는지, 인정한다면 5,000만 원 중 얼마를 실제로 인테리어 공사대금으로 사용하였는지 확인하여야 한다.

이때 검사는 증인이 작성한 고소장과 사법경찰관이 작성한 증인에 대한 진술조서를 열람하게 하고,

문 이 서류들은 증인이 작성하거나 경찰에서 진술한 내용을 기재한 것인데, 증인은 그 당시 사실대로 작성하거나 진술한 후 읽어 보고 서명, 날인 또는 서명, 무인한 사실이 있고, 그때 경찰관에게 진술한 내용과 동일하게 기재되어 있나요.[373]

답 예. 그렇습니다.

피고인의 변호인

증인에게

문 피고인이 2021. 4.말경이나 2021. 5. 1. 증인에게 돈을 빌려 달라고 할 때, 카페 인테리어를 바꾸면 매출이 증대될 것 같으니 돈을 빌려 달라고 한 것이 맞는가요.

답 예. 그런 취지로 말했습니다.

문 피고인이 실제로 2021. 5.중순경에 카페25의 인테리어 공사를 마친 것은 알고 있는가요.

답 예. 알고 있습니다. 2021. 5.말에 인테리어 공사 잘 마쳤다고 연락이 와서 카페를 방문하였습니다. 카페 분위기가 조금 밝아지기는 했었습니다.

문 증인은 2021. 5.부터 2021. 8.까지 매월 말일에 피고인에게서 20만 원씩 이자도 잘 지급받았지요.

답 예. 처음에 이자는 잘 받았습니다. 그러나 그 이후에는 전혀 이자를 지급하지 않았습니다.[374]

문 원금 5,000만 원에 대한 이자로 월 20만 원이면, 시중은행이자보다 다소 높은 이율은 맞지요.

답 그렇기는 합니다.

문 피고인의 경우, 인테리어 공사를 해서 매출을 올려 보려고 기대를 하고 증인에게서 돈을 빌리고 장사를 한 것인데 장사가 잘 안 되었을 뿐이고 2022년 연초부터 경기가 안좋아서 장사를 못 하게 되어 차용금을 변제하지 못한 것이라고 생각되지는 않으세요.

답 그 말씀도 일리가 있습니다만, 임대료도 제대로 못 내고 있었으면서 그런 사정을 말하지 않은 것은 쉽게 넘어갈 문제는 아니라 생각됩니다. 끝.

373 원진술자에게 증거부동의된 증거서류를 열람하게 하고 실질적 진정성립을 인정받는 부분이다.

374 피고인이 실제로 인테리어 공사를 시행하고 약정된 이자 중 일부를 지급한 점이 피해자의 법정진술로 확인되고 있다. 이러한 사정들은 무죄 쪽에 가까운 사실관계이다. 일단 적절한 메모를 하여 두고 계속해서 나머지 기록들을 검토해 보자.

서울중앙지방법원

증인신문조서(제2회 공판조서의 일부)

사 건	2022고단1234		사기
증 인	이 름		박진원
	생 년 월 일		1986. 5. 16.
	주 거		서울 관악구 봉천로 100, 봉천빌라 201호

판사

증인에게 형사소송법 제148조 또는 같은 법 제149조에 해당하는가의 여부를 물어 이에 해당하지 아니함을 인정하고 위증의 벌을 경고한 후 별지 선서서(**첨부 생략함**)와 같이 선서하게 하였다.

증인에 대한 신문내용은 법정녹음시스템의 녹음파일
(고유번호 000260-20200750000-160226140612)과 같다(녹음파일 첨부 **생략**).

2022. 8. 11.

법원주사 장 참 여 ㊞

판 사 이 국 준 ㊞

녹취서【B1275-1】

확인인
㉰

녹 취 서 (요지)

사건번호	2022고단1234
기　　일	2022. 8. 11. 16:00
비　　고	

형사소송규칙 제38조 제1항의 규정에 따라 작성한 녹취서를 붙임과 같이 제출합니다.

1. 붙임 : 증인 신문 녹취서 1부

2022. 8. 12.

속기사 최선아 ㉰

※ 이 녹취서는 진술의 주요한 부분만을 정리하여 기재하는 방식으로 작성되었습니다.

※ 당사자나 피고인 등은 이 녹취서에 적힌 사항에 대해 이의를 제기할 수 있습니다. 이의가 제기되면 법원사무관등이 그 이의의 취지를 이 녹취서 또는 별도의 서면에 기재하거나 이 녹취서 중 해당 부분을 정정하여야 합니다.

검사

증인에게

문 증인은 피고인 김갑동이 운영하던 서울 관악구 행운1길 100(봉천동) '카페25'에서 종업원으로 근무하였나요.

답 예. 김갑동 사장님이 카페를 시작할 때부터 줄곧 거기에서 일을 하였습니다. 지난 4월에 폐업하게 되면서 현재 저도 다른 일자리를 찾고 있는 중입니다.

문 증인은 카페25에서 어떤 일을 하였나요.

답 주로 홀서빙을 보았고 사장님이 거의 매일 수입·지출 내역을 정리하셨는데 그때마다 제가 장부정리하는 일을 도와드렸습니다.

이때 검사는 영업장부[375]를 제시하고,

문 이 영업장부가 혹시 증인이 정리를 도와주었다는 그 장부인가요.

답 예. 맞습니다. 김 사장님이 숫자에 약하다시면서 제게 장부정리하는 일을 도와 달라고 하셨거든요.

문 이 장부에 의하면, 피고인이 운영한 카페의 2019. 7. 1.부터 2020. 6. 30.까지 영업이익은 1,200만 원으로 매월 평균 영업이익액이 100만 원이었으나, 2020. 7. 1.부터 2021. 6. 30.까지는 영업손실 총액이 500만 원에 달하여 같은 기간 매월 평균 영업손실액이 약 40만 원인 것으로 기장되어 있습니다. 이 기재내용이 모두 사실인가요.

답 (답변을 하지 않고 법정의 천정을 올려다보다)

문 지금 보여드린 영업장부가 피고인의 당시 재무적 상황을 실질적으로 반영한 장부가 맞는가요.

답 예. 거기 적힌 내용이 사실입니다.[376]

문 피고인이 운영한 '카페25'의 2020. 7. 1.부터 2021. 6. 30.까지 영업손실 총액이 500만 원에 달한 점, 같은 기간 매월 평균 영업손실액이 약 40만 원인 점이 모두 사실이라는 말인가요.

답 예. 그렇습니다. 경기가 안 좋다 보니...

문 증인은 2021. 5. 1. 14:00경 서울 관악구 행운1길 100 '카페25'에서, 피고인이 피해자 이형구에게 5,000만 원을 빌려 달라고 할 때에 그 자리에 함께 있었나요.

375 앞서 증거목록 비고란에서 입증취지 부인의 참고의견이 제시되었던 증거서류이다.

376 피고인의 행위 당시 영업실적이 적자였는지 여부는 행위 당시 피고인에게 변제능력이 있었는지 여부를 판단하는 데 아주 중요한 요소이다.

답 예. 그렇습니다. 이형구 씨라고 저희 카페로 종종 놀러 오시는 김 사장님 친구 분이라 기억하고 있습니다. 그날도 다른 날처럼 출근해서 홀에서 일을 보던 때였습니다.

문 그 자리에서 피해자 이형구를 만났을 때, 피고인이 피해자 이형구에게 무엇이라고 하면서 돈을 빌려 달라고 하던가요.

답 홀에서 왔다갔다 하며 듣기로는, 카페 인테리어 공사를 하면 영업이 더 잘 될 것인데 공사대금이 부족하다고 했고 은행이자보다 높게 이자를 주겠다고 하셨던 것 같습니다.

문 당시 피고인이 피해자 이형구에게 카페 임대료를 연체하고 있다는 얘기를 하던가요.

답 그건 잘 기억이 나지 않습니다.

문 피고인이 평소에 고스톱 등 도박을 자주 하나요.

답 김 사장님이 고스톱을 좋아하시는 건 맞는 것 같습니다. 동네에서 장사하시는 분들끼리 모여서 고스톱을 하실 때가 있는데 그 자리에 늘 가셨던 것 같습니다.

문 피고인이 그렇게 고스톱을 자주 해서 도박빚이 많았던 것이 아닌가요.

답 글쎄요. 그런 내용까지는 저는 잘 모르겠습니다.

피고인의 변호인

증인에게

문 2021. 5. 1. 14:00경 카페25에서 피고인이 고소인 이형구에게서 돈을 빌릴 때 카페 영업이 잘 되고 있다는 얘기도 하였나요.

답 글쎄요. 그런 말은 안 하신 것 같은데요.

문 피고인이 2021. 5. 1. 고소인에게서 돈을 빌릴 때 인테리어 공사도 하고 해서 장사를 더 잘 해 보려고 한 것인지, 처음부터 고소인의 돈을 떼어먹을 의도를 가지고 그런 것은 아니지요.

답 예. 아마 그럴 겁니다. 김 사장님이 그렇게 남의 돈을 사기칠 분은 아닙니다. 경기가 워낙 좋지 않아서 미처 갚지 못했을 뿐이죠. 끝.

제 1 책
제 1 권

서울중앙지방법원

증거서류등(검사)

사 건 번 호	2022고단1234	담임	형사제1단독	주심	
사 건 명	사기				
검 사	최 정 의		2022년 형제3333호		
피 고 인	김 갑 동				
공소제기일	2022. 7. 17.				
1심 선고	20 . . .	항소	20 . . .		
2심 선고	20 . . .	상고	20 . . .		
확정	20 . . .	보존			

압 수 물 총 목 록

서울중앙지방검찰청	
압 수	2022. 7. 9.[377]
㉿	2022 압 제63호

번호	품 종	수 량	기록쪽수	비 고
1	신한은행 통장	1개		송치[378]
2	영업장부	1개		송치

377 통상 경찰에서 사건을 검찰로 송치한 날이다.

378 다시 말하지만, 〈검토보고서〉 작성시에 최종결론이 유죄일 경우, 여기 압수물총목록이나 공판기록 중 증거목록(증인 등)에서 압수물을 확인하여 몰수, 피해자환부, 피해자교부 등의 요건을 충족하는지 살피어 적정한 부수처분을 하여야 한다.

<table>
<tr><td rowspan="2">서울서초경찰서</td><td>담 당</td><td>수사지원팀장</td><td>수사과장</td><td>서 장</td></tr>
<tr><td>이성철</td><td>박종규</td><td>전결</td><td>양우진</td></tr>
</table>

고 소 장

접수일자	2022. 5. 22.
접수번호	제 4000 호
사건번호	제 9000 호
압수번호	

고 소 인 : 이 형 구 (690124 - 1275011)

서울특별시 강남구 선릉로 200-1

피고소인 : 김 갑 동 (660311 - 1123456)

서울특별시 서초구 서초로 100

죄 명 : 사기

고 소 사 실

1. 고소인은 2021. 5. 1. 피고소인에게 5,000만 원을 이자 월 20만 원, 변제기 2021. 10. 31.로 정하여 빌려 주었습니다. 그런데 피고소인은 변제기가 지나도록 위 대여금을 갚지 않았습니다. 알고 봤더니 피고소인은 2021. 5. 1. 고소인에게 돈을 빌릴 당시부터 이미 지급불능상태였음에도 그런 사정을 숨기고 돈을 빌린 것이었습니다.
2. 피고소인은 현재까지 이자만 일부 지급했을 뿐, 원금은 물론이고 고소인에게 아무런 배상을 하지 않고 있습니다. 피고소인에게 법의 엄정함을 보여주시기 바랍니다.

첨부서류 1. 차용증 1부

2. 거래내역(국민은행) 1부

2022. 5. 22.

고소인 이 형 구 (인)

서울서초경찰서장 귀중

차 용 증

김갑동은 2021. 5. 1. 이형구로부터 금 5,000만 원을 이자 월 20만 원(매달 말일 지급)으로 정하여 차용하고 이를 6개월 후(2021. 10. 31.)까지 갚기로 한다.

2021. 5. 1.

채권자 이형구(690124 - 1275011) (인)

서울특별시 강남구 선릉로 200-1

채무자 김갑동(660311 - 1123456) (인)

서울특별시 서초구 서초로 100

거래내역(국민은행)

이형구 고객

계좌명 : 국민 저축예금

고객명	이형구	계좌잔액	(생략)
계좌번호	123-45-67890-1	출금가능금액	(생략)
신규일자	2017. 12. 1.	대출승인액	(생략)

거래일자	시간	출금(원)	입금(원)	내용	잔액(원)	거래점
2021-05-01	14:00:04	50,000,000	김갑동	이체	35,050,000	
(중 략)						
2021-05-31	16:40:33	김갑동	200,000	이체	30,250,000	
(중 략)						
2021-06-30	12:11:30	김갑동	200,000	이체	22,200,000	
(중 략)						
2021-07-31	10:19:11	김갑동	200,000	이체	23,450,000	
(중 략)						
2021-08-31	13:30:22	김갑동	200,000[379]	이체	29,600,000	
(이하 생략)						

379 피고인의 변론대로 월 이자 20만 원을 총 4회에 걸쳐 지급하였다는 사실에 부합하는 증거이다. 이러한 사정은 무죄 쪽에 가까운 사실관계이다. 앞서 공판기록 증거목록에서 검토한 대로 본 거래내역(국민은행)은 증거동의되어 증거능력이 있다.

진 술 조 서[380] (피해자)

성 명 :	이형구
주민등록번호 :	690124 - 1275011 53세
직 업 :	사업
주 거 :	서울특별시 강남구 선릉로 200-1
등록기준지 :	전라북도 완주군 완주읍 사용로 2
직 장 주 소 :	(생략)
연 락 처 :	**자택전화** (생략) **휴대전화** (생략)
	직장전화 (생략) **전자우편**(e-mail) (생략)

위의 사람은 피의자 김갑동에 대한 **사기** 피의사건에 관하여 2022. 5. 25. 서울서초경찰서 형사과 사무실에 임의 출석하여 다음과 같이 진술하다.

---

1. **피의자와의 관계**

피의자 김갑동과는 아무런 친인척 관계가 없습니다.

2. **피의사실과의 관계**

저는 피의사실에 관하여 피해자 자격으로 출석하였습니다.

이때 진술의 취지를 더욱 명백히 하기 위하여 다음과 같이 임의로 문답하다.

문 진술인은 오늘 고소장을 제출한 사실이 있는가요.

답 예. 있습니다.

문 이것이 진술인이 제출한 고소장인가요.

380 공판기록 증거목록에서 본 것처럼 증거능력이 있는 서류이다.

이때 2022. 5. 22. 접수된 진술인 명의의 고소장을 보여주다.

답 예. 맞습니다.

문 위와 같은 고소장을 다른 수사기관에 제출한 사실이 있나요.

답 없습니다.

문 사기로 고소한 내용은 어떠한가요.

답 제가 2021. 5. 1. 피의자 김갑동에게 5,000만 원을 이자 월 20만 원, 변제기 2021. 10. 31.로 정하여 빌려주었는데 나중에 알고 봤더니 김갑동은 저에게 돈을 빌릴 당시부터 이미 지급불능 상태였음에도 그런 사정을 숨기고 돈을 빌린 것이었습니다.

문 진술인은 피의자에게 어떠한 경위로 돈을 빌려주게 된 것인가요.

답 김갑동은 2020. 5.경 사진동호회에서 처음으로 만나 알게 되었는데요, 카페를 운영하고 있다고 들었습니다. 사진동호회에서 한 달에 한 번 꼴로 만나게 되어 서로 친하게 지내게 되었습니다. 그런데 2021. 4.말경 김갑동이 운영하는 서울 관악구 봉천동에 있는 '카페25' 가게에 갔더니, 저에게 카페 인테리어를 새로 하고 싶은데 자금이 부족하다면서 5,000만 원만 빌려주면 6개월 뒤에 갚겠다고 하였습니다. 제가 고민을 좀 해 보겠다고 했는데 그 후 2021. 5. 1. 다시 위 카페에서 다시 만났을 때, 김갑동이 다시 저에게 '카페운영을 잘 하고 있는데 인테리어 공사를 하면 영업이 더 잘 될 것이니 공사대금 5,000만 원만 빌려달라. 6개월 후에 틀림없이 변제하겠다.'라고 하였습니다. 제가 그때 마침 적금만기가 되어서 오후 2시경 그 자리에서 폰뱅킹으로 김갑동에게 빌려주게 되었습니다.

문 5,000만 원이면 적은 돈이 아닌데, 피의자에게 아무런 담보도 없이 빌려주게 된 것인가요.

답 담보를 제공받지 못한 것은 맞습니다만, 김갑동이 카페를 잘 운영하고 있고 인테리어 공사를 마치면 영업이 더 잘 될 것이니까 6개월 뒤에 갚는 데는 아무 문제가 없고, 은행이자 보다 높게 월 20만 원을 이자로 주겠다고 해서, 빌려주게 된 것입니다. 그때 홀에서 일하는 카페 직원이 있었는데, 이름이 아마 박진원일 겁니다. 그 직원이 김갑동과 제가 나누는 이야기를 다 들었을 겁니다.

문 고소장에 첨부된 국민은행 거래내역에 의하면, 피의자가 2021. 5.부터 2021. 8.까지 매월 말일에 이자 20만 원씩을 진술인의 계좌로 입금해 준 것 같은데, 어떤가요.

답 4개월치 이자를 매월 지급한 것은 맞습니다만, 그 이후로 현재까지는 이자는 물론이고 원금을 전혀 상환하지 못하고 있습니다. 게다가 김갑동은 2022. 4.중순경 카페를 아예 폐업해 버렸습니다. 김갑동은 제게 돈을 빌린 2021. 5. 1. 이미 변제할 의

사도 능력도 없었음에 틀림없습니다.[381]

문 진술인은 피의자의 처벌을 원하는가요.

답 예. 법대로 처벌하여 주시기 바랍니다.

문 이 사건에 대해 더 할 말이 있나요.

답 김갑동의 2021. 5. 1. 차용 당시[382] 재무적 상황을 철저히 조사하시어 엄벌에 처해 주시기 바랍니다.

문 이상의 진술은 모두 사실인가요.

답 예. 모두 사실입니다. ㉿

위의 조서를 진술자에게 열람하게 하였던바, 진술한 대로 오기나 증감·변경할 것이 전혀 없다고 말하므로 간인한 후 서명 날인하게 하다.

진술자 **이 형 구** ㉿

2022. 5. 25.

서 울 서 초 경 찰 서

사법경찰관 경위 황준희 ㉿

381 여기까지 진술내용을 읽어보면, 이형구가 법정에서 진술한 내용과 대동소이하다.

382 참고로 사기죄의 성립 여부는 그 행위 당시를 기준으로 판단하여야 한다(대법원 2008. 9. 25. 선고 2008도5618 판결의 취지 참조).

피 의 자 신 문 조 서

피 의 자 : 김갑동 위의 사람에 대한 사기 피의사건에 관하여 2022. 6. 1. 서울서초경찰서 형사과 사무실에서 사법경찰관 경위 황준희는 사법경찰리 순경 박승준을 참여하게 하고, 아래와 같이 피의자임에 틀림없음을 확인하다.

문 **피의자의 성명, 주민등록번호, 직업, 주거, 등록기준지 등을 말하십시오.**

답 **성명**은 김갑동(金甲動)

주민등록번호는 660311-1123456 만 56세

직업은 일용직

주거는 서울특별시 서초구 서초로 100

등록기준지는 강원도 춘천시 효목로 10

직장 주소는 (생략)

연락처는

자택 전화 : (생략) **휴대 전화** : (생략)

직장 전화 : (생략) **전자우편(E-mail)** : (생략)

입니다.

사법경찰관은 피의사건의 요지를 설명하고 사법경찰관의 신문에 대하여 형사소송법 제244조의3의 규정에 의하여 진술을 거부할 수 있는 권리 및 변호인의 참여 등 조력을 받을 권리가 있음을 피의자에게 알려주고 이를 행사할 것인지 그 의사를 확인하다.

이에 사법경찰관은 피의사실에 관하여 다음과 같이 피의자를 신문하다.

문 피의자는 형벌을 받은 사실이 있는가요.

답 예. 2019. 10. 10. 수원지방법원에서 국민체육진흥법위반(도박등)죄로 벌금 300만 원을 선고받은 적이 있습니다.

문 군대는 갔다 왔나요.

답 육군 병장으로 제대하였습니다.

문 학력은 어떠한가요.

답 고졸입니다.

문 사회경력은 어떠한가요.

답 군대 제대 후 택배 관련 일을 하다가 3년 전부터 카페를 운영하고 있습니다.

문 가족관계는 어떠한가요.

답 모친 주경희(73세)께서 생존해 계시고, 아직 미혼입니다.

문 현재 직업은 무엇인가요.

답 무직입니다.

문 재산이나 월수입은 어떠한가요.

답 현재는 재산도 없고 달리 월수입도 없는 상태입니다.

문 정당이나 사회단체에 가입한 사실이 있나요.

답 없습니다.

문 건강상태는 어떠한가요.

답 혈액형은 O형, 키 175cm, 몸무게 70kg이고, 건강은 양호한 편입니다.

문 술과 담배는 어느 정도 하는가요.

답 평소 주량은 소주 1~2병 정도 되고, 담배는 피우지 않습니다.

문 피의자는 다른 사람의 돈을 편취한 적이 있는가요.

답 아니오. 그런 일 없습니다.

문 피의자는 2021. 5. 1. 고소인 이형구로부터 5,000만 원을 이자 월 20만 원, 변제기 2021. 10. 31.로 정하여 빌린 사실이 있는가요.

답 예. 있습니다.

문 2021. 5. 1. 당시 피의자의 재산과 채무는 어떠하였나요.[383]

383 피고인에게 이 사건 행위 당시 지불능력과 지불의사가 있었는지가 쟁점이므로, 피고인의 재산이나 채무에 대한 문답에 유의하여야 한다.

답 신협대출채무가 조금 있었을 뿐 채무는 별로 없었습니다. 재산으로는 2005년식 쏘나타 승용차 1대가 있었고, 당시 서울 관악구 봉천동에서 '카페25'라는 상호로 카페를 운영하고 있었는데, 임대차보증금반환채권 300만 원이 있었습니다.[384]

문 당시 피의자가 운영하고 있던 카페는 잘 운영되고 있었나요.

답 예. 잘 운영되고 있었습니다. 가게 임대료나 직원 1명 급여, 재료비, 공과금 등 비용을 공제하고도 순이익이 매월 300-400만 원은 되는 상태였습니다.

문 고소인에게 돈을 빌릴 때에 카페 운영이 잘 되고 있다는 말을 하였나요.

답 예. 그렇습니다. 그런데 그 이후 코로나19 바이러스로 인해 2022. 4.경 카페를 폐업신고하였습니다.

문 그러면 피의자는 무슨 이유로 고소인에게서 5,000만 원이나 빌린 것인가요.

답 아 그거는, 가게 인테리어를 바꾸어 보려고 그랬습니다. 그러면 수익이 증가할 것으로 보여서요.

문 5,000만 원을 실제로 인테리어 공사비로 모두 사용하였나요.

답 예. 대부분 공사비로 사용하였습니다. 2021. 5.중순경에 공사를 해서 2021. 5.하순경부터 가게를 다시 시작하였습니다.

문 그러면 피의자는 왜 고소인에게 차용금의 원금과 이자를 변제하지 못하였나요.

답 인테리어 공사를 하면 매출이 많이 늘어날 것으로 기대를 했는데, 그게 제 전망과 달리 매출이 늘지 않았고 사실 저희 가게의 위치가 아주 좋지는 않아서 인테리어 공사만으로 매출증대를 이루지는 못한 것 같습니다. 그러나 2021년 8월까지 이자는 꼬박꼬박 지급했습니다.

문 피의자는 2021. 5. 1. 당시 변제할 의사나 능력이 없는데도 이를 속이고 고소인에게 돈을 빌린 것이 아닌가요.

답 그건 아닙니다. 제가 카페를 정상적으로 운영하고 있는 상태였고 조금만 더 장사가 잘 되면 충분히 갚을 수 있는 돈인데, 제 예상과 달리 매출이 오르지 못했을 뿐이지, 처음부터 속이려고 그랬던 것은 절대 아닙니다.

문 피의자는 2022. 4.경 카페를 폐업하였는데, 그렇다면 피의자는 고소인에게 돈을 빌릴 때부터 지급능력이 상당히 부실했던 것이 아닌가요.

답 2022년 1월 말부터 경기가 나빠지는 바람에 거의 손님이 없어졌고, 도저히 영업적

384 일단 피고인 본인 진술로만 보면, 이 사건 행위 당시 피고인에게는 재산으로 2005년식 자동차 1대와 300만 원의 임대차보증금반환채권이 있었음을 알 수 있다.

자를 감당할 수 없어서 부득이 폐업을 하게 된 것입니다. 2021. 5. 1. 당시에는 충분히 상환능력이 되었습니다.

문 피의자는 피해자와 합의를 하였나요.

답 기회를 주시면 합의할 생각입니다.

문 이상의 진술 내용에 대하여 이의나 의견이 있는가요.

답 없습니다. (무인)

위의 조서를 진술자에게 열람하게 하였던바, 진술한 대로 오기나 증감·변경할 것이 전혀 없다고 말하므로 간인한 후 서명 무인하게 하다.

진술자 김갑동 (무인)

2022. 6. 1.

서 울 서 초 경 찰 서

사법경찰관 경위 황준희 ㊞

사법경찰리 순경 박승준 ㊞

압 수 조 서 (압수수색검증영장에 의한 압수수색)

피의자 김갑동에 대한 사기 피의사건에 관하여 2022. 6. 11. 14:30경 서울 서초구 서초로 100 피의자의 집에서 사법경찰관 경위 황준희는 사법경찰리 경장 박승준을 참여하게 하고 별지 목록의 물건을 다음과 같이 압수하다.

압 수 경 위

2022. 6. 11. 14:30경 피의자의 참여 하에 압수수색검증영장을 집행하여 위 피의자의 집을 수색함. 피의자의 집 거실에 있는 책상 서랍 안에서 위 영장의 집행대상인 피의자의 신한은행 통장 1개, 영업장부 1개를 찾아 증거물로 사용하기 위하여 압수함[385]

	성 명	주민등록번호	주 소	서명 또는 날인
참여인	(생략)			

2022. 6. 11.

서울서초경찰서

사법경찰관 경위 **황준희** ㊞

사법경찰리 경장 **박승준** ㊞

385 압수경위상 별다른 적법절차 위반 사정이 보이지 않는다.

압 수 목 록

<table>
<tr><th>번호</th><th>품 종</th><th>수량</th><th colspan="2">소지자 또는 제출자</th><th colspan="2">소 유 자</th><th>경찰 의견</th><th>비고</th></tr>
<tr><td rowspan="4">1</td><td rowspan="4">신한은행 통장</td><td rowspan="4">1개</td><td>성 명</td><td>김갑동</td><td>성 명</td><td>좌동</td><td rowspan="4">압수</td><td rowspan="4">김갑동 (무인)</td></tr>
<tr><td>주 소</td><td>서울 서초구 서초로 100</td><td>주 소</td><td>〃</td></tr>
<tr><td>주민등록번호</td><td>660311-1123456</td><td>주민등록번호</td><td>〃</td></tr>
<tr><td>전화번호</td><td>(생략)</td><td>전화번호</td><td>〃</td></tr>
<tr><td rowspan="4">2</td><td rowspan="4">영업장부</td><td rowspan="4">1개</td><td>성 명</td><td>김갑동</td><td>성 명</td><td>좌동</td><td rowspan="4">압수</td><td rowspan="4">김갑동 (무인)</td></tr>
<tr><td>주 소</td><td>서울 서초구 서초로 100</td><td>주 소</td><td>〃</td></tr>
<tr><td>주민등록번호</td><td>660311-1123456</td><td>주민등록번호</td><td>〃</td></tr>
<tr><td>전화번호</td><td>(생략)</td><td>전화번호</td><td>〃</td></tr>
</table>

신한은행 통장

신한은행 통장(예금계좌 110-123-456000, 예금주 김갑동)의 주요 거래내역은 아래와 같고, **나머지 기재 생략**

○ 2021. 4. 30. 현재 잔고 : 20,130원

○ 2021. 5. 1. 입금내역 : 5,000만 원 입금, 송금자 이형구

○ 2021. 5. 1. 지출내역

－1,000만 원 이체, 상대방 봉천동 신용협동조합

－100만 원 이체, 상대방 신한카드사

－100만 원 이체, 상대방 우리카드사

－1,000만 원 이체, 상대방 정고수

○ 2021. 5. 2. 지출내역 : 1,000만 원 이체, 상대방 이건주

○ 2021. 5. 7. 지출내역 : 100만 원 이체, 상대방 봉천세무서

○ 2021. 5. 20. 지출내역 : 500만 원 이체, 상대방 최시공

○ 2021. 5. 31.부터 2021. 8. 31.까지 매월 말일 : 20만 원씩 이체, 상대방 이형구

○ 2021. 6.부터 2021. 10.까지 매월 2~3일경 : 100만 원씩 이체, 상대방 카이저소제(주)[386]

386 피고인이 고소인에게서 빌린 5,000만 원의 사용처가 기재되어 있다. 면밀한 검토가 필요한 중요한 증거서류이다. 일단 공판기록 중 증거목록에서 살핀 것처럼 증거동의된 서류로서 일단 증거능력은 있다. 피고인의 행위 당시 예금잔고가 2만 원 정도밖에 없었고 받은 5,000만 원으로 여러 채무를 변제한 것으로 보인다. 유죄에 가까운 사실관계로 파악된다.

영업장부

피의자 김갑동이 운영한 '카페25'의 2019. 7. 1.부터 2020. 6. 30.까지 영업이익이 총 1,200만 원으로 매월 평균 영업이익액이 100만 원이었고, 2020. 7. 1.부터 2021. 6. 30.까지는 영업손실 총액이 500만 원에 달하여 같은 기간 매월 평균 영업손실액이 약 40만 원이라는 취지의 기재,[387] **나머지 기재 생략**

387 피고인의 행위 당시 영업실적이 적자였음을 드러내 주는 중요한 서류이다. 일단 공판기록 중 증거목록에서 살핀 것처럼 증거능력이 있고, 그 내용이 앞서 법정에서 증인 박진원이 확인해 준 대로 기재되어 있다. 공소사실에 부합하는 유력한 증거로 보인다.

피의자신문조서 (제2회)

피 의 자 : 김갑동

위의 사람에 대한 **사기** 피의사건에 관하여 2022. 6. 23. 서울서초경찰서 형사과 사무실에서 사법경찰관 경위 황준희는 사법경찰리 경장 박승준을 참여하게 하고, 피의자에 대하여 다시 아래의 권리들이 있음을 알려주고 이를 행사할 것인지 그 의사를 확인하다.

1. 귀하는 일체의 진술을 하지 아니하거나 개개의 질문에 대하여 진술을 하지 아니할 수 있습니다.
2. 귀하가 진술을 하지 아니하더라도 불이익을 받지 아니합니다.
3. 귀하가 진술을 거부할 권리를 포기하고 행한 진술은 법정에서 유죄의 증거로 사용될 수 있습니다.
4. 귀하가 신문을 받을 때에는 변호인을 참여하게 하는 등 변호인의 조력을 받을 수 있습니다.

문 피의자는 위와 같은 권리들이 있음을 고지받았는가요.

답 예. 고지받았습니다.

문 피의자는 진술거부권을 행사할 것인가요.

답 아닙니다.

문 피의자는 변호인의 조력을 받을 권리를 행사할 것인가요.

답 아닙니다. 혼자서 조사를 받겠습니다.

이에 사법경찰관은 피의사실에 관하여 다음과 같이 피의자를 신문하다.

문 피의자가 김갑동인가요.

답 예. 그렇습니다.

문 전회에 진술한 내용은 모두 사실대로인가요.

이때 제1회 피의자신문조서 내용을 열람하게 하다.

답 예. 대부분 사실대로 진술했는데 다만 채무내역에 대해서 착오가 있었습니다. 2021. 5. 1. 당시에 신협채무 말고도 신용카드 채무가 있었습니다.

이때 사법경찰관은 피의자에게 압수된 신한은행 통장을 보여주고,

문 여기 신한은행 통장(계좌번호 110-123-456000)의 거래내역을 보면, 2021. 4. 30. 현재 잔고는 20,130원에 불과하고, 피의자는 2021. 5. 1. 고소인에게서 5,000만 원을 빌리자마자 같은 날 1,000만 원을 봉천동 신용협동조합으로 이체하였고 역시 같은 날 신한카드사로 100만 원, 우리카드사로 100만 원이 각각 이체되었는데 이것이 그 내역이 맞는가요.

답 예. 그렇습니다.[388]

문 위 통장 거래내역상 역시 같은 날인 2021. 5. 1. 피의자가 정고수라는 사람에게 1,000만 원을 송금하였는데, 이 돈은 무슨 돈인가요.

답 정고수라고 고등학교 친구인데 어머니 병원비가 필요하다고 해서 급하게 보내준 돈입니다.

문 위 통장 거래내역상 2021. 5. 2. 피의자가 이건주라는 사람에게 1,000만 원을 송금하였는데, 이 돈은 무슨 돈인가요.

답 이건주는 제 카페 건물주인입니다. 제가 3년 전에 이건주에게서 카페건물을 임대차보증금 300만 원, 월 임대료 100만 원, 임대차기간 4년으로 정하여 임차했었습니다. 그동안 밀린 임대료가 1,000만 원 있었는데 그 돈입니다.[389]

문 2021. 5. 7. 봉천세무서 앞으로 이체된 100만 원은 무슨 돈인가요.

답 그동안 체납하고 있던 부가가치세입니다.

문 피의자는 인테리어 공사를 시행하였나요.

답 예. 여기 신한은행 통장 거래내역상 2021. 5. 20. 최시공 앞으로 이체된 500만 원이 인테리어 공사대금입니다.[390] 최시공에게 확인해 보셔도 좋습니다. 최시공의 핸

388 제1회 경찰 피의자신문조서에서와 달리 피고인이 이 사건 행위 당시에 신협채무 이외에 신용카드채무가 더 있었음을 시인하고 있다.

389 이 사건 행위 당시에 월 임대료 10개월 분을 연체하고 있었다는 사실이 피고인 본인 진술로 확인되었다. 이러한 사정은 피고인의 지불능력이 없었다는 사실을 인정하는 데 결정적인 요소로 이해된다.

390 피고인의 변론내용과 달리 빌린 5,000만 원 중 10분의 1에 불과한 500만 원만을 인테리어 공사대금으로 사용하였음이 확인되었다.

드폰번호는 010-3344-6677입니다.

이때 사법경찰관은 피의자에게 압수된 영업장부를 보여주고,

문 여기 장부를 보면, 2019. 7. 1.부터 2020. 6. 30.까지는 영업이익 합계 1,200만 원으로 매월 평균 영업이익액이 100만 원이었으나, 2020. 7. 1.부터 2021. 6. 30.까지는 영업손실 총액이 500만 원에 달하여 같은 기간 매월 평균 영업손실액이 약 40만 원인 것으로 기장되어 있습니다. 그러면 피의자는 2021. 5. 1. 고소인에게 돈을 빌릴 당시 계속 영업적자 상황이었던 것으로 판단되는데 아닌가요.

답 아니오. 그렇지 않습니다. 제 직원이던 박진원이 장부정리를 도와주었는데 무언가 착오가 있는 것 같습니다. 당시 영업이익이 매월 300만 원 이상씩 나고 있었습니다.[391] 박진원에게 연락해 보시면 금방 확인되실 겁니다.

문 2021. 5. 1. 돈을 빌릴 당시 피의자는 신협대출채무 1,000만 원, 신한카드채무 100만 원, 우리카드채무 100만 원, 연체 임대료채무 1,000만 원, 체납 부가가치세채무 100만 원 총 합계 2,300만 원의 채무가 있었고, 운영하고 있는 카페에서도 적자를 보는 중이어서 고소인에게 돈을 빌려도 갚을래야 갚을 수 없는 상태가 아니었나요.

답 아니오, 그렇지 않습니다. 영업적자도 아니었구요.

문 채무가 더 있었던 것은 아닌가요.

답 (한참 고개를 숙이고 있다가) 사실은... 고향선배를 위해서 보증을 서 준 게 있긴 한데, 그러나 고향선배가 주채무자이고 고향선배가 충분히 해결할 수 있기 때문에 큰 문제는 아니라 생각합니다.

문 그 보증채무의 내역을 자세히 진술하시오.

답 고향선배 조성배가 2019. 12. 1. 대왕상호저축은행에서 1억 원을 변제기 2020. 11. 30.로 정하여 빌렸는데 제가 연대보증을 섰습니다.

문 조성배가 위 1억 원 채무를 변제기에 변제하였나요.

답 아니오. 아직까지 원금상환은 하지 못했습니다만 그동안 이자와 지연이자는 계속 변제를 하고 있습니다. 선배가 곧 해결한다고 했습니다.[392]

391 피고인의 본인진술에 의하더라도, 피고인이 빌린 돈 5,000만 원 중에서 500만 원만 인테리어 공사대금으로 사용하였고 행위 당시에 월 임대료 10개월 분을 연체하고 있었다는 사실이 인정된다. 그런데 10개월 동안 임대료를 납부하지 못하였다면서 매월 영업이익이 300-400만 원이었다는 것은 경험칙(상식)에 부합하지 않아 보인다.

392 행위 당시에 피고인에게 1억 원의 연대보증채무도 있었음이 확인된다.

문　이상의 진술 내용에 대하여 이의나 의견이 있는가요.

답　없습니다. (무인)

위의 조서를 진술자에게 열람하게 하였던바, 진술한 대로 오기나 증감·변경할 것이 전혀 없다고 말하므로 간인한 후 서명 무인하게 하다.

진술자　김갑돈 (무인)

2022. 6. 23.

서 울 서 초 경 찰 서

사법경찰관　경위　황준희 ㊞

사법경찰리　순경　박승준 ㊞

서 울 서 초 경 찰 서

2022. 6. 26.

수신 : 경 찰 서 장

참조 : 형사과장

제목 : 수사보고(인테리어공사확인등)

1. 피의자 김갑동에 대한 사기 사건에 관하여, 피의자가 실제로 자신이 운영하는 카페에서 인테리어 공사를 실시하였는지 확인하기 위하여, 최시공(010-3344-6677)에게 전화하여 최시공이 공사업자이고, 최시공이 2021. 5.중순경 피의자의 서울 관악구 봉천동 소재 '카페25'의 인테리어 공사를 실시하고서 공사대금 500만 원을 수령한 것이 사실임을 확인하였습니다.[393]

2. 대왕상호저축은행에 문의한 결과, 대왕상호저축은행은 2019. 12. 1. 조성배에게 1억 원을 변제기 2020. 11. 30., 이자 연 6.5%로 정하여 대출하여 주었고 당시 피의자 김갑동과 연대보증계약을 체결한 사실, 조성배는 2021. 1.까지는 이자와 지연이자를 모두 지급하였으나 2021. 2.부터는 원금은 물론이고 이자와 지연이자 모두 지급하지 못하고 있다는 사실, 위 은행이 2021. 3.경 연대보증인인 피의자에게 보증금을 최고하여 위 연체사실을 알려준 사실을 확인하였습니다.[394]

이에 위와 같이 보고합니다.

2022. 6. 26.

형사과 근무

경위 황준희 ㊞

393 피고인이 빌린 돈 5,000만 원 중 500만 원을 인테리어 공사대금으로 사용하였다는 사실에 관한 객관적인 증거이다.
394 피고인이 행위 당시에 1억 원의 연대보증채무도 부담하고 있었다는 사실에 관한 객관적인 증거이다.

조 회 회 보 서

제 2022-21000 호 2022. 6. 30.

☐ 조회대상자

성　　명	김갑동	주민등록번호	660311-1123456	성별	남
지문번호	84644-54898	주민지문번호	24312-18145	일련번호	06578342
주　　소	서울특별시 서초구 서초로 100				
등록기준지	강원도 춘천시 효목로 10				

☐ 주민정보 : (생략)

☐ 범죄경력자료 :

연번	입건일	입건관서	작성번호	송치번호	형제번호
	처분일	죄　명		처분관서	처분결과
1	2019. 8. 31.	수원서부경찰서	002344	2019-002388	2019-356-11789
	2019. 10. 10.	국민체육진흥법위반(도박등)		수원지방법원	벌금 300만 원

☐ 수사경력자료

연번	입건일	입건관서	작성번호	송치번호	형제번호
	처분일	죄　명		처분관서	처분결과
1	2018. 11. 29.	서울관악경찰서	004566	2018-004523	2018-881-22432
	2019. 1. 6.	국민체육진흥법위반(도박등)		서울중앙지방 검찰청	기소유예

☐ 지명수배내역 : (생략)

위와 같이 조회 결과를 통보합니다.

조 회 용 도 : 범죄수사
조회의뢰자 : 경위 황준희
작 성 자 :

서 울 서 초 경 찰 서 장

서 울 중 앙 지 방 검 찰 청

수 신 검사 최정의

제 목 수사보고(통장 거래내역 분석)[395]

피의자 김갑동에 대한 사기 사건에 관하여, 압수된 신한은행 통장**[예금계좌 110-123-456000, 예금주 김갑동]**의 거래내역을 아래와 같이 분석하였습니다.

○ 2021. 4. 30. **현재 잔고 : 20,130원**

○ 2021. 5. 1.**부터 위 통장이 압수된** 2022. 6. 10.**까지 사이에 고소인 이형구가 입금한** 5,000**만 원을 제외하고 입금거래로는, 총** 10**회에 결쳐 각** 10**만 원 이하의 현금 입금이 부정기적으로 있을 뿐임**

○ 2021. 5. 1.~2022. 6. 10. **주요 입금내역**

- 5,000만 원 입금, 송금자 고소인 이형구
- 그 외 10만 원을 초과하는 금원이 입금된 내역은 없음

○ 2021. 5. 1.~2022. 6. 10. **주요 출금(이체) 내역**

- 2021. 5. 1. : 1,000만 원 이체, 상대방 봉천동 신용협동조합
  100만 원 이체, 상대방 신한카드사
  100만 원 이체, 상대방 우리카드사
  1,000만 원 이체, 상대방 정고수
- 2021. 5. 2. : 1,000만 원 이체, 상대방 이건주
- 2021. 5. 7. : 100만 원 이체, 상대방 봉천세무서
- 2021. 5. 20. : 500만 원 이체, 상대방 최시공

395 피고인의 행위 당시의 채무내역과 빌린 돈 5,000만 원의 사용처에 관한 객관적 증거이다.

- 2021. 5. 31.부터 2021. 8. 31.까지 매월 말일 : 20만 원씩 이체, 상대방 고소인 이형구
- 2021. 6.부터 2021. 10.까지 매월 2~3일경 : 100만 원씩 이체, 상대방 카이저소제(주)
- 매월 10일자 : 15만 원씩 이체, 상대방 SK텔레콤
- 매월 20일자 : 전기/수도세 4만 원씩 이체, 상대방 한국전력 등

○ **피의자가 고소인에게 지급한 4회에 걸친 이자 총 80만 원의 출처는, 별도의 소득원이 아니라 고소인에게서 빌린 돈 5,000만 원인 것으로 보임**[396]

2022. 7. 10.

검찰주사 한상희 ㊞

396 피고인이 지급하였다는 이자의 출처가 피해자에게서 빌린 원금 5,000만 원이라는 점을 지적하고 있다. 이것이 사실일 경우 공소사실이 인정될 개연성이 더욱 높아질 것으로 보인다.

피의자신문조서

성　　　명 : 김갑동
주민등록번호 : 660311-1123456

위의 사람에 대한 사기 피의사건에 관하여 2022. 7. 10. 서울중앙지방검찰청 제303호 검사실에서 검사 최정의는 검찰주사 한상희를 참여하게 한 후, 아래와 같이 피의자임에 틀림없음을 확인하다.

문　피의자의 성명, 주민등록번호, 직업, 주거, 등록기준지를 말하시오.

답　성명은　　　　　김갑동
　　주민등록번호는　　660311-1123456 (56세)
　　직업은　　　　　일용직
　　주거는　　　　　서울특별시 서초구 서초로 100
　　등록기준지는　　강원도 춘천시 효목로 10
　　직장 주소는　　　(생략)
　　연락처는
　　자택 전화 : (생략)　　　　휴대 전화 : (생략)
　　직장 전화 : (생략)　　　　전자우편(E-mail) : (생략)
　　입니다.

검사는 피의사실의 요지를 설명하고 검사의 신문에 대하여 「형사소송법」 제244조의3에 따라 진술을 거부할 수 있는 권리 및 변호인의 참여 등 조력을 받을 권리가 있음을 피의자에게 알려주고 이를 행사할 것인지 그 의사를 확인하다.

이에 검사는 피의사실에 대하여 다음과 같이 피의자를 신문하다.

문 피의자는 형벌을 받은 사실이 있는가요.

답 예. 2019. 10. 10. 수원지방법원에서 국민체육진흥법위반(도박등)죄로 벌금 300만 원을 선고받은 적이 있습니다.

문 피의자의 학력, 경력, 가족관계, 재산정도 등은 경찰에서 사실대로 진술하였나요.

이때 검사는 사법경찰관 작성의 피의자에 대한 피의자신문조서에 기재된 해당 부분을 읽어준바,

답 예, 그렇습니다.

문 피의자는 2021. 5. 1. 14:00경 서울 관악구 행운1길 100 '카페25'에서, 사실은 위 카페 영업이 적자상태이고 그 임대료도 연체되어 있어 돈을 차용하더라도 이를 6개월 후에 변제할 의사나 능력이 없었음에도 불구하고, 고소인 이형구에게 '카페운영을 잘 하고 있는데 인테리어 공사를 하면 영업이 더 잘 될 것이니 공사대금 5,000만 원만 빌려 달라. 은행이자보다 높게 월 20만 원씩 이자를 주고 6개월 후에 틀림없이 변제하겠다.'라고 거짓말하여 이에 속은 고소인으로부터 2021. 5. 1. 5,000만 원을 송금받은 적이 있는가요.

답 5,000만 원을 이자 월 20만 원, 변제기 2021. 10. 31.로 정해서 빌린 것은 맞지만 거짓말한 적은 없습니다.

문 피의자는 2021. 5. 1. 당시 신협대출채무 1,000만 원, 신한카드채무 100만 원, 우리카드채무 100만 원, 임대료채무 1,000만 원, 부가가치세채무 100만 원, 대왕상호저축은행에 대한 연대보증채무 1억 원 총 합계 1억 2,300만 원의 채무를 부담하고 있었나요.

답 맞긴 한데 보증채무는 다르게 보아야 한다고 생각합니다. 주채무자 조성배가 따로 있고 조성배 형님이 반드시 변제하겠다고 하였습니다.

문 2021. 5. 1. 당시 피의자의 재산으로는 2005년식 쏘나타 승용차 1대와 카페 건물에 관한 임대차보증금반환채권 300만 원이 전부였나요.

답 예. 그렇습니다. 그러나 저는 카페영업을 정상적으로 하고 있었고 차용 당시 매월 300-400만 원씩 순이익을 내고 있었기 때문에 이형구에 대한 채무를 변제하는 데는 큰 문제가 없다고 생각하였습니다.

문 피의자는 고소인에게 5,000만 원을 카페 인테리어 공사비용으로 사용하겠다고 하면서 빌려 달라고 한 것인가요.

답 예. 그때 인테리어 공사를 하면 매출이 오를 것으로 기대가 되어서 공사대금으로 좀 빌려 달라고 했습니다.

문 실제로 5,000만 원 전액을 인테리어 공사대금으로 사용하였나요.

답 전액은 아니지만 빌린 돈으로 실제로 인테리어 공사를 시행했고 공사대금도 제때 지급하였습니다.

문 피의자는 빌린 5,000만 원 중에서 500만 원만 공사대금으로 사용하였고 나머지 중 2,300만 원은 피의자의 대출채무와 신용카드채무, 부가가치세 및 연체된 임대료를 상환하는 데 사용한 것이지요.

답 결과적으로 그렇게 되었습니다. 그렇지만 이형구에게 2021. 5.부터 2021. 8.까지 매월 말일에 이자를 지급해 주었습니다.

문 압수된 신한은행 통장의 거래내역에 의하면, 2021. 5. 1. 이후 고소인이 송금하여 준 5,000만 원을 제외하고 입금된 돈이 거의 없는바, 피의자가 지급하였다고 하는 4개월치 이자도 결국 고소인이 빌려준 5,000만 원에서 지급된 것으로 판단되는데 아닌가요.

답 그렇지 않습니다. 통장에서 20만 원씩 이체되어서 그렇게 보일 뿐이지, 제가 카페 운영하면서 현금으로 받은 수입금도 있었으니까 단순히 그렇게 볼 것은 아니라고 생각합니다.

문 피의자는 고소인에게 받은 5,000만 원에서 매월 10일자에 15만 원씩 SK텔레콤에 통신비를 결제하고, 매월 20일자에 4만 원씩 전기/수도요금을 지불한 것이 아닌가요.

답 그렇지 않습니다. 카페영업하면서 현금으로 받은 돈들을 제 계좌에 입금하곤 하였습니다.

문 피의자는 위 신한은행 통장 말고 사용하는 예금계좌가 따로 있는가요.

답 아니오. 신한은행 통장 하나만 사용합니다.

문 위 신한은행 통장의 거래내역에 의하면, 2021. 6.부터 2021. 10.까지 매월 2, 3일경 ‘카이저소제 주식회사’라는 업체로 100만 원씩 이체되었는데 카이저소제 주식회사는 뭐 하는 회사인가요.

답 거래처입니다.

문 카이저소제 주식회사가 어떤 회사인지는 조사해 보면 금방 드러납니다. 어떤 회사이길래 매월 100만 원씩 이체하여 준 것인가요.

답 (이때 피의자는 고개를 숙이고 묵묵부답하다) 사실은 '미스터짱(www.mrzzang.com)'이라고 불법 사이버 도박을 할 수 있도록 개설된 사이트를 운영하는 회사입니다. 2021. 6.부터 2021. 10.까지 카이저소제 주식회사에 매월 100만 원씩 입금하여 사이버머니를 충전한 다음에, 위 사이트에서 국내·외의 농구, 야구 등 각종 스포츠경기의 경기 결과를 미리 예상하여 베팅을 하는 사이버 도박을 하였습니다. 현재 이 일로 수원지방검찰청에서 조사를 받고 있습니다.[397]

문 그렇다면, 2021. 5. 1. '정고수'에게 송금한 1,000만 원도 혹시 도박과 관련된 돈이 아닌가요. 정고수의 연락처를 말해 보세요.

답 (이때 피의자는 깊은 한숨을 내쉬며) 사실은 동네에서 자주 고스톱판이 벌어지곤 했는데 정고수도 고스톱 멤버 중에 한 사람입니다. 제가 도박판에서 빚진 돈이 2, 3년 사이에 누적되어서 1,000만 원 정도 되었습니다. 그 도박채무를 상환한 것입니다.[398] 죄송하게 되었습니다. 이 부분도 수원지방검찰청에서 함께 조사가 진행 중인 것으로 알고 있습니다.[399]

문 압수된 피의자의 영업장부에 의하면, 2020. 7. 1.부터 2021. 6. 30.까지 위 카페의 영업손실 총액이 500만 원이고, 같은 기간 월 평균 영업손실액이 약 40만 원으로 기재되어 있는데, 어떤가요.

답 이 장부는 제가 데리고 있던 카페직원 박진원이 정리를 도와준 것인데 뭔가 착오가 있나 봅니다. 매월 300-400만 원씩 순이익이 나고 있었던 것이 사실입니다.

문 피의자는 카페 건물주 이건주에게 현재 임대료를 제때 지급하고 있나요.

답 지급하지 못하고 있습니다. 하지만 제가 2021. 5. 1. 돈을 빌릴 때에는 변제할 의사와 능력이 분명히 있었습니다. 2022년 1월 말부터 경기가 나빠지는 바람에 결과

397 빌린 돈 중 500만 원을 사이버도박자금으로 이용했다는 것으로 인테리어공사대금으로 돈을 빌렸다는 피고인의 변론과 거리가 먼 진술이다. 유죄에 부합하는 사실관계이다.

398 빌린 돈 중 1,000만 원을 도박채무를 상환하는데 사용했다는 진술로서, 역시 유죄에 부합하는 사실관계이다.

399 동일한 피의자에 대하여 여러 수사기관에서 다른 사건들을 수사하고 있는 경우 하나의 수사기관에서 모두 병합하여 수사하는 경우가 일반적이다. 다만 우리 사안에서는 별도의 도박죄 또는 국민체육진흥법위반(도박등)죄에 관하여 다른 수사기관에서 수사를 하고 있음이 확인되었으나, 편의상 병합하지 않고 그대로 진행하는 것으로 전제하였다.

적으로 상환하지 못한 것일 뿐입니다.

문 피의자는 피해자와 합의하였나요.

답 아직 합의하지 못하였습니다.

문 더 할 말이 있나요.

답 이형구에게는 정말 미안하게 생각하고 있습니다. 그러나 이형구에게 빌린 돈만큼은 반드시 변제할 생각입니다.

문 이상의 진술에 대하여 이의나 의견이 있는가요.

답 없습니다. (무인)

위의 조서를 진술자에게 열람하게 하였던 바 진술한 대로 오기나 증감·변경할 것이 전혀 없다고 말하므로 간인한 후 서명 무인하게 하다.

진술자 김갑동 (무인)

2022. 7. 10.

서울중앙지방검찰청

검 사 허 정 의 ㊞

검찰주사 한 상 희 ㊞

서 울 중 앙 지 방 검 찰 청

수　　신　　검사 최정의

제　　목　　수사보고(직원조사)

피의자 김갑동에 대한 사기 사건에 관련하여, 2021. 5. 1. 차용 당시 카페운영 손익을 확인하기 위하여 피의자의 카페에서 근무하면서 장부정리를 도와주었다고 하는 직원 박진원(집 주소 서울 관악구 봉천로 100 봉천빌라 201호, 핸드폰번호 010-1199-4321)에게 5회에 걸쳐 전화통화를 한 결과, 신호는 가나 통화연결이 되지 않았고, 경찰을 통해 주소지를 탐문한 결과 건물주의 진술에 의하면 박진원이 봉천빌라 201호에 사는 임차인이 맞으나 지난 2022. 5.경부터 현재까지 집에 들어오지 않고 있다고 하는바, 박진원의 진술을 청취하지 못하였기에 이에 보고합니다.

2022. 7. 15.

검찰주사 한상희 ㊞

서 울 중 앙 지 방 검 찰 청

수 신 검사 최정의
제 목 수사보고(확정일자등)

피의자 김갑동은 2019. 10. 10. 수원지방법원에서 국민체육진흥법위반(도박등)죄로 벌금 300만 원을 선고받아 그 판결이 2019. 10. 18. 확정되었습니다.

붙임: 판결등본 1통

2022. 7. 15.

검찰주사 한상희 ㉿

수 원 지 방 법 원

판 결

사 건	2019고단5000 국민체육진흥법위반(도박등)
피 고 인	김갑동 (660311-1123456), 일용직
	주거 서울 서초구 서초로 100
	등록기준지 춘천시 효목로 10
검 사	이공진 (기소, 공판)
변 호 인	변호사 최민국(국선)
판 결 선 고	2019. 10. 10.

2019. 10. 18. 항소기간도과
2019. 10. 18. 확 정
수원지방검찰청

주 문

피고인을 벌금 3,000,000원에 처한다.

(이하 주문 기재 생략)

위 등본은 원본과 상위 없음.
2022. 7. 15.
서울중앙지방검찰청
검찰주사 한상희 ㊞

이 유

범 죄 사 실

누구든지 서울올림픽기념국민체육진흥공단과 수탁사업자가 아닌 자는 체육진흥투표권 또는 이와 비슷한 것을 발행(정보통신망에 의한 발행 포함한다)하여 결과를 적중시킨 자에게 재물이나 재산상 이익을 제공하는 행위를 이용하여 도박을 하여서는 아니 된다.

피고인은 불특정 다수에게 회원가입을 하도록 하여 인터넷에서 사설 스포츠 토토 등 불법 사이버 도박을 할 수 있도록 개설된 '미스터대박(www.mrdaebac.com)' 사이트에 가입한 회원으로서, 2019. 7. 2. 수원시 권선구 권선로 100 '신나라'PC방에서 자신의 휴대전화를 이용하여 피고인 명의의 신한은행 계좌(110-123-456000)에서 위 '미스터대박' 사이트 운영계좌인 주식회사 카이지 명의의 국민은행 계좌(167-789-234000)로 6,000,000원을 입금하여 현금으로 교환이 가능한 사이버머니를 충전한 후 위 휴대전화를 이용하여 위 사이트에 접속한 다음, 위와 같이 충전한 사이버머니를 이용하여 국내·외의 농구, 야구 등 각종 스포츠경기의 승, 무, 패 등 경기 결과를 미리 예상하여 베팅을 하고, 경기 결과에 따라 정해진 배당률에 따른 배당금을 지급받는 방식으로 도박을 하였다.

증거의 요지(생략)

법령의 적용

1. 범죄사실에 대한 해당법조

국민체육진흥법 제48조 제3호, 제26조 제1항[400]

(이하 생략)

판사 최진희 ________________

400 국민체육진흥법 제48조(벌칙) 다음 각 호의 어느 하나에 해당하는 자는 5년 이하의 징역이나 5천만원 이하의 벌금에 처한다.

3. 제26조 제1항의 금지행위를 이용하여 도박을 한 자

제26조(유사행위의 금지 등) ① 서울올림픽기념국민체육진흥공단과 수탁사업자가 아닌 자는 체육진흥투표권 또는 이와 비슷한 것을 발행(정보통신망에 의한 발행을 포함한다)하여 결과를 적중시킨 자에게 재물이나 재산상의 이익을 제공하는 행위(이하 "유사행위"라 한다)를 하여서는 아니 된다.

검토보고서

1. 결론

유죄

2. 논거

가. 공소사실의 요지(생략가능)

피고인은 2021. 5. 1. 14:00경 자신이 운영하는 서울 관악구 행운1길 100 '카페25'에서, 사실은 피해자 이형구로부터 돈을 차용하더라도 이를 6개월 후에 변제할 의사나 능력이 없었음에도 불구하고, 피해자에게 '카페운영을 잘 하고 있는데 인테리어 공사를 하면 영업이 더 잘 될 것이니 공사대금 5,000만 원만 빌려 달라. 은행이자보다 높게 월 20만 원씩 이자를 주고 6개월 후에 틀림없이 변제하겠다.'라고 거짓말하여 이에 속은 피해자로부터 즉석에서 5,000만 원을 송금받아 이를 편취하였다.

나. 주장 및 쟁점

피고인 및 변호인은, 당시 카페를 정상적으로 운영하면서 매월 300－400만 원의 순수익을 내고 있었고, 약정한 이자도 일정 부분 지급하였으며 예정한 대로 인테리어 공사를 마쳤으므로 당시 변제할 의사와 능력이 있었는바, 2020년 1, 2, 3월에 경기가 나빠지는 등 예상과 달리 매출이 오르지 못하여 변제하지 못하였을 뿐이라고 주장한다.[401]

401 제6회 변호사시험 형사기록형에서 사기죄에 있어 변제능력에 대한 기망행위 여부를 판단해야 하는 쟁점이 출제된 바 있다.

다. 검토의견[402]

○ 인정사실

증인 박진원의 법정진술, 피고인에 대한 검찰 피의자신문조서, 피고인에 대한 경찰 피의자신문조서(제2회)의 각 진술기재, 수사보고(인테리어공사확인 등), 수사보고(통장 거래내역 분석), 신한은행 통장, 영업장부의 각 기재에 의하면, 아래와 같은 사실을 인정할 수 있다.

– 피고인은 2021. 5. 1. 당시 '카페25'에 관한 10개월치 임대료 합계 1,000만 원을 연체하고 있었다.

– 피고인이 운영한 '카페25'의 2020. 7. 1.부터 2021. 6. 30.까지 영업손실 총액이 500만 원, 같은 기간 월 평균 영업손실액이 약 40만 원이다.

– 피고인은 2021. 5. 1. 당시 봉천동 신용협동조합에 대한 대출채무 1,000만 원, 신한카드채무 100만 원, 우리카드채무 100만 원, 임대료채무 1,000만 원, 정고수에 대한 도박채무 1,000만 원, 부가가치세채무 100만 원, 대왕상호저축은행에 대한 연대보증채무 1억 원 총 합계 1억 3,300만 원의 채무를 부담하고 있었다.

– 피고인은 2021. 5. 1. 당시 2005년식 쏘나타 승용차 1대와 카페 건물에 관한 임대차보증금반환채권 300만 원 이외에 달리 재산이 없었다.

– 피고인은 카페 인테리어 공사대금 명목으로 빌린 5,000만 원 중 500만 원만 인테리어 공사대금으로 사용하고, 나머지 중 대부분을 피고인의 위 대출채무와 신용카드채무, 연체 임대료채무, 정고수에 대한 도박채무 및 부가가치세채무 합계 3,300만 원을 변제하는 데 사용하였다.

---

402 유무죄를 치열하게 다투는 사건에 관하여 이를 논증하는 일은 쉽지 않다. 그러나 학습을 위해 유죄논증의 2가지 유형을 제시해 보고자 한다. 첫째, 직접증거가 있는 경우로서 검찰 측 진술증거(가령 목격자나 피해자의 진술 등)와 피고인의 진술이 정반대로 충돌하는 경우이다. 이러한 때에는 검찰 측의 진술증거(피해자나 목격자의 진술 등)가 어떠한 이유로 믿을 만한 것인지를 언급해 주는 것이 관건이다. 기록8의 검토보고서에서 언급한 대로 어떠한 사람의 진술은 ① 그 진술이 일관되면 일관될수록, ② 객관적 정황에 부합하면 할수록, ③ 경험칙(상식)에 부합하면 할수록 그 신빙성이 높다고 판단된다. 따라서 유죄 논증의 가장 기본적인 형태는, 목격자나 피해자의 진술이 ① 얼마나 일관되는지, ② 객관적 정황에 얼마나 부합하는지, ③ 경험칙(상식)에 얼마나 부합하는지를 표현한 다음, 그 진술은 신빙성이 있다는 결론에 이르는 것이다. 둘째, 직접증거가 없는 경우로서 간접사실들을 인정하고 이를 종합하여 볼 때 유죄라고 논증하는 방식이다.

이 기록 사안은 두 번째 유형에 더 가까운 형태이다. 피고인이 이 사건 행위 당시에 변제의사와 변제능력이 있었는지 여부가 핵심쟁점인데, 변제의사와 능력이 없음을 긍정할 만한 여러 간접사실들을 기록에서 찾아서 언급하여 주고 이를 종합하여 볼 때 결론이 유죄라는 것이다. 즉, 이 사건 행위 당시 피고인에게 총 채무가 1억 3,300만 원인 반면 재산은 연식이 오래된 자동차 1대와 임대차보증금반환채권 300만 원밖에 없다는 점, 피고인은 이 사건 행위 당시 월 임대료 10개월분을 연체하고 있었다는 점, 피고인이 지급하였다는 이자도 피해자로부터 빌린 원금으로 지급하였다는 점 등을 종합해 보면, 변제능력이 없었다고 판단된다. 또한 피고인은 빌린 돈 5,000만 원 중 500만 원만 인테리어 공사대금으로 사용하고 3,300만 원을 도박채무를 비롯한 자기채무를 변제하는 데 사용한 점, 심지어 나머지 부분 중 500만 원은 사이버도박자금으로 사용한 점 등에 비추어 볼 때, 변제의사 역시 없었다고 판단된다.

– 피고인은 2021. 5.부터 2021. 8.까지 매월 말일에 피해자에게 이자 20만 원씩 총 80만 원을 지급하였으나, 그 출처는 피고인의 별도의 소득원이 아니라 피해자로부터 빌린 원금 5,000만 원인 것으로 보인다.

– 피고인은 2021. 6.부터 2021. 10.까지 매월 2, 3일경 불법 사이버 도박 사이트를 운영하는 카이저소제 주식회사에 100만 원씩을 지급하고 이를 사이버머니로 환전하여 불법 사이버도박을 하였다.

– 피고인이 사용하는 유일한 예금계좌인 신한은행 계좌의 2021. 4. 30. 당시 잔고는 20,130원에 불과하였고, 2021. 5. 1.부터 2022. 6. 10.까지 사이에 피해자 이형구가 입금한 5,000만 원을 제외하고 입금거래로는, 총 10회에 걸쳐 각 10만 원 이하의 현금입금이 부정기적으로 있을 뿐이었다.

– 피고인은 2022. 4.경 카페를 폐업하였다.

○ 판단

위 인정사실에 의하면, 피고인은 2021. 5. 1. 당시 10개월치 임대료를 지급하지 못할 정도로 영업적자 상태가 지속되고 있었고 채무가 재산을 월등히 초과하고 있었으며, 빌린 돈 5,000만 원 중 상당 부분을 자신의 도박채무를 비롯한 기존 채무를 변제하는 데 사용하였고 차용명목인 인테리어 공사비로 지출된 금액은 500만 원에 불과하다. 나아가 피고인은 피해자로부터 빌린 돈 중 500만 원을 불법 사이버 도박자금으로 사용하였다. 또한 피고인은 빌린 원금 중 일부로 피해자에게 4개월치 이자를 지급한 것으로 보인다.

이러한 사정들을 종합하여 보면, 피고인은 피해자로부터 위 5,000만 원을 빌릴 당시에 변제할 의사와 변제할 능력이 없었다고 봄이 상당하다.

피고인과 변호인의 위 주장은 받아들이지 아니한다.

○ 증거의 요지[403]

1. 피고인의 일부 법정진술[404]

403 결론이 유죄이므로 기록검토시에 찾아 두었던 공소사실에 부합하는 증거능력 있는 증거들을 '증거의 요지'라는 제목하에 나열하여야 한다. 증거의 요지에 관한 기재를 생략하면 피고인의 주장이 배척되었다는 사실만으로 유죄를 인정한 셈이 되어 피고인에게 거증책임을 부과한 것이 되어 위법하다.

404 판결서에서 증거를 나열할 때는, 피고인이 공소사실 중 일부만 자백하는 경우 자백 부분을 간략히 요약하여 쓰는 것이 좋다(판결서작성실무 167쪽 참조). 다만 실무에서는 간단하게 "피고인의 일부 법정진술"로 표현하기도 한다. 기록사안에서 피고인은 사기죄의 성립은 부인하면서도 고소인에게서 5,000만 원을 빌렸다가 변제기에 상환하지 못한 사실은 인정하고 있다. 위 인정 부분을 "피고인의 일부 법정진술"로 표현하였다.

1. 증인 이형구, 박진원의 각 법정진술
1. 피고인에 대한 검찰 피의자신문조서의 진술기재
1. 피고인에 대한 경찰 피의자신문조서(제2회)의 진술기재
1. 수사보고(인테리어공사확인 등), 수사보고(통장 거래내역 분석), 신한은행 통장, 영업장부의 각 기재

○ 소결론

유죄로 인정된다.[405]

405 유죄 결론이므로 증거로 제출된 압수물에 관하여 부수처분 가능성을 따져 보아야 한다. 신한은행 통장 1개와 영업장부 1개에 관하여 보건대, 일단 장물이 아님은 자명하므로 피해자환부나 피해자교부의 대상은 아니다. 몰수 요건에 해당하는지 보건대, 범행도구(형법 제48조 제1항 제1호)도 아니고 범죄로 인하여 생긴 물건(같은 항 제2호)도 아니다. 따라서 몰수, 폐기, 추징도 할 일이 아니다. 결국 불처분대상이다. 아무런 처분을 하지 않으면 법 제332조에 따라 압수해제 간주되므로, 위 압수물들은 향후 피압수자에게 반환된다.

부 록

검토보고서 유형별 기재례

형사기록의 이해

1. 유죄의 경우(변호인의 주장 등 특별한 쟁점이 있는 경우)

기재례	기재방식
1. 피고인 甲의 절도의 점(공소사실 제1항)	☜ 죄명 등으로 제목 기재
가. 결론 유죄	
나. 논거	
1) 주장 및 쟁점	
○ 피고인은 사실관계를 인정한다.	☜ 해당 공소사실의 자백 여부 표시
○ 변호인은 친족상도례가 적용되므로 공소기각되어야 한다고 주장한다.	☜ 당사자의 주장인지, 직권 판단인지 밝히고 그 요지를 간단히 기재(아래 검토의견에서 자세히 검토할 예정이므로)
2) 검토의견	☜ 법리/ 사실/ 포섭판단의 3단 논법
○ 관련법리 －절도죄는 형법 제329조에 해당하는 죄로서, 형법 제344조, 제328조 제2항에 의하면 피고인과 피해자 사이에 위 조항에 정해진 친족관계가 있는 경우에는 피해자의 고소가 있어야 공소를 제기할 수 있다. －다만, 절도죄는 재물의 점유 침탈로 인하여 점유자와 소유자를 모두 해하게 되는 것이므로, 재물의 점유자와 소유자 전부를 피해자로 보아야 한다. 따라서 절도죄에서 친족상도례에 관한 규정은 범인이 피해물건의 소유자 및 점유자 모두와 친족관계가 있는 경우에만 적용되고, 절도 범인이 피해물건의 소유자나 점유자 중 어느 일방과 사이에서만 친족관계가 있는 경우에는 적용되지 아니한다.	☜ 쟁점에 관련된 법리의 정확한 결론과 그러한 결론에 이르게 된 핵심적 논거를 기재
○ 인정사실 피고인의 법정진술, 이을동, 안병철에 대한 각 경찰 진술조서의 진술기재에 의하면,	☜ 기록에서 찾은 관련 증거를 표시
피고인이 훔친 지갑은 이을동의 소유물이나 범행 무렵 안병철이 이을동으로부터 잠시 빌려서 점유하고 있었던 사실, 이을동은 피고인과 동거하지 않는 외삼촌이지만, 안병철은 이을동의 친구로서 피고인과 아무런 친족관계가 없는 사실을 인정할 수 있다.	☜ 법리적용에 관련된 사실을 빠짐없이 찾아서 기재(법리적용과 무관한 사실은 배제) ☜ 피해품의 소유자와 점유자가 누구인지, 피고인이 그 소유자와 점유자 사이에 각각 비동거 친족관계에 있는지에 관하여 사실인정함

○ **판단** –위 인정사실에 의하면, 피고인과 피해물건의 소유자인 이을동은 위 규정에서 정한 친족관계에 있으나, 피고인과 점유자인 안병철은 아무런 친족관계가 없으므로, 이 사건 공소사실에는 친족상도례 규정이 적용되지 아니한다.	☜ 인정사실에 관련법리를 적용하여 결론에 이르는 과정이 구체적으로 드러나도록 기재
–변호인의 위 주장은 받아들이지 않는다.	☜ 위 주장이 배척되었다는 취지를 간단히 기재
○ **증거의 요지** 1. 1.	☜ 증거 없이 유죄 인정을 할 수 없으므로 반드시 기록에서 찾은 증거능력 있는 증거들을 나열해야 함
○ **부수처분** 압수된 지갑 1개(증 제2호)를 피해자 이을동에게 환부한다(형사소송법 제333조 제1항).	☜ 유죄로 인정된 공소사실과 관련된 증거로 제출된 압수물에 대하여 몰수/ 폐기/ 추징/ 피해자환부/ 피해자교부의 요건이 충족될 경우 해당 부수처분의 내용과 근거규정을 반드시 기재
○ **소결론** 유죄로 인정된다.	

2. 확정판결의 기판력을 이유로 한 면소의 경우(포괄일죄 관계의 경우)

기재례	기재방식
1. 피고인 甲의 특수절도의 점(공소사실 제2항)	☜ 죄명 등으로 제목 기재
가. 결론 면소	
나. 논거	
1) 주장 및 쟁점	
○ 피고인은 사실관계를 인정한다.	☜ 해당 공소사실의 자백 여부 표시
○ 변호인은 상습절도죄에 관한 유죄확정판결의 기판력이 미치므로 이 사건 공소사실은 면소되어야 한다고 주장한다.	☜ 주장요지 또는 직권판단사항의 요지 기재
2) 검토의견	☜ 법리/ 사실/ 포섭판단의 3단 논법
○ **관련법리** 상습범으로서 포괄적 일죄의 관계에 있는 여러 개의 범죄사실 중 일부에 대하여 유죄판결이 확정된 경우에, 그 확정판결의 사실심판결 선고 전에 저질러진 나머지 범죄에 대하여 새로이 공소가 제기되었다면 그 새로운 공소는 확정판결이 있었던 사건과 동일한 사건에 대하여 다시 제기된 데 해당하므로 이에 대하여는 판결로써 면소의 선고를 하여야 한다.	☜ 쟁점에 관련된 법리의 정확한 결론과 그러한 결론에 이르게 된 핵심적 논거를 기재
○ **인정사실** 수사보고(확정일자), 판결등본(2022고단****)의 각 기재에 의하면,	☜ 기록에서 찾은 관련 증거를 표시
피고인은 (언제) (어느 법원 어떤 사건에서) ······ 형을 선고받은 사실, 그 판결이 (언제) 확정된 사실,	☜ 확정판결 전과의 선고일자, 확정일자 등 기재(기판력의 시적 범위의 기준일은 선고일이므로 특히 선고일자 누락 주의)
그 확정판결의 범죄사실은 "피고인은 상습으로 (언제) 절취하였다"인 사실	☜ 확정판결의 구체적인 범죄사실의 내용까지 사실인정으로 적어주어야 비로소 이 사건 공소사실과 포괄일죄 관계에 있는지 확인할 수 있음
을 인정할 수 있다.	
○ **판단** 위 인정사실에 의하면, 위 확정된 판결의 선고일인 xxxx. xx. xx. 이전에 범한 이 사건 공소사실은,	☜ 이 사건 공소사실이 기판력의 시적 범위 안에 들어간다는 점을 표시

위 확정된 판결의 범죄사실과 그 범행수단과 방법, 범행기간 및 피고인의 전과 등에 비추어 볼 때, 범행수단과 방법이 거의 비슷하고, 범행 간격이 짧아서 모두 피고인의 절도 습벽이 발현된 것이므로,	☜ 이 사건 공소사실이 기판력의 객관적 범위 안에 들어간다는 점을 표시
포괄일죄의 관계에 있다. 따라서 확정판결의 효력은 그와 포괄일죄의 관계에 있는 이 사건 공소사실에 미친다.	☜ 그러므로 양자가 포괄일죄의 관계에 있어 기판력이 이 사건 공소사실에 미침을 표시
○ **소결론** 결국 이 사건 공소사실은 확정판결이 있은 때에 해당하여, 형사소송법 제326조 제1호에 따라 면소로 판단된다.	☜ 해당 사유/ 적용법조/ 구체적 결론, 3가지를 기재

3. 확정판결의 기판력을 이유로 한 면소의 경우(상상적 경합 관계의 경우)

기재례	기재방식
3. 교통사고처리특례법위반(치상)의 점(공소사실 제3항)	
가. 결론	
면소	
나. 논거	
1) 주장 및 쟁점	
○ 피고인은 사실관계를 인정한다.	☜ 해당 공소사실의 자백 여부 표시
○ 변호인은 도로교통법위반죄에 관한 유죄확정판결의 기판력이 미치므로 이 사건 공소사실은 면소되어야 한다고 주장한다.	☜ 주장요지 또는 직권판단사항의 요지 기재
2) 검토의견	☜ 법리/ 사실/ 포섭판단의 3단 논법
○ **관련법리** 상상적 경합 관계의 경우에는 그중 1죄에 대한 확정판결의 기판력은 다른 죄에 대하여도 미친다.	
○ **인정사실** ○○경찰서장이 작성한 피고인에 대한 조회회보서, 서울중앙지방법원 2022고약123호 사건의 약식명령 등본의 각 기재에 의하면,	☜ 기록에서 찾은 관련 증거를 표시
피고인이 ……도로교통법위반죄로 약식명령을 발령받아 2022. 3. 20. 그 약식명령이 확정된 사실,	☜ 확정판결(약식명령) 전과의 선고(발령)일자, 확정일자 등 기재
그 범죄사실은 피고인이 ……를 손괴하였다는 내용의 것인 사실	☜ 확정판결(약식명령)의 구체적인 범죄사실의 내용까지 사실인정으로 적어주어야 비로소 이 사건 공소사실과 상상적 경합 관계에 있는지 확인할 수 있음
을 인정할 수 있다.	
○ **판단** 이 사건 공소는 동일한 교통사고로 그 택시에 타고 있던 승객에게 상해를 입힌 사실에 관하여 제기된 것임이 명백하다. 그러므로 약식명령이 확정된 위 도로교통법위반죄와 이 사건 공소사실인 교통사고처리특례법위반(치상)죄는 모두 피고인의 동일한 업무상 과실로 발생한 수개의 결과로서	☜ 이 사건 공소사실과 확정된 판결(약식명령)상 범죄사실이 1개의 행위라는 점을 표시

형법 제40조에 정해진 상상적 경합 관계에 있으므로, 이미 확정된 위 약식명령의 효력은 이 사건 공소사실에도 미친다.	☜ 양자가 상상적 경합의 관계에 있어 기판력이 이 사건 공소사실에 미침을 표시
○ **소결론** 결국 이 사건 공소사실은 확정판결이 있은 때에 해당하여, 형사소송법 제326조 제1호에 따라 면소로 판단된다.	☜ 해당 사유/ 적용법조/ 구체적 결론, 3가지를 기재

4. 공소시효 완성을 이유로 한 면소의 경우

기재례	기재방식
3. **폭력행위등처벌에관한법률위반(공동재물손괴등)의 점(공소사실 제3항)**	
가. 결론	
면소	
나. 논거	
1) 주장 및 쟁점	
○ 피고인은 사실관계를 인정한다.	☜ 해당 공소사실의 자백 여부 표시
○ 직권으로 공소시효 완성 여부를 검토한다.	☜ 주장요지 또는 직권판단사항의 요지 기재
2) 검토의견	☜ 법리/ 사실/ 포섭판단의 3단 논법
○ **관련법리** 폭력행위등처벌에관한법률위반(공동재물손괴등)죄는	☜ 주어를 죄명으로 함
폭력행위 등 처벌에 관한 법률 제2조 제2항 제1호, 형법 제366조에 의하여	☜ 해당 적용법조 원용 기재
그 법정형이 4년 6월 이하의 징역 또는 10,500,000원 이하의 벌금에 해당하는 범죄로서,	☜ 법정형 기재
형사소송법 제250조, 형법 제50조, 형사소송법 제249조 제1항 제5호에 의하여	☜ 법정형이 징역형 또는 벌금형으로 규정된 경우 그중 어떤 형을 기준으로 공소시효를 결정하는지를 규정한 것이 형사소송법 250조임. 이에 의하면 그중 중한 형에 의하여 공소시효를 적용하여야 하는데 징역형과 벌금형 중 어떤 형벌이 더 중한 형인지는 형법 제50조에서 정하고 있음. 이에 따르면 징역형이 더 중함. 그리하여 법 제249조 제1항 제5호에서 정한 바에 따라 공소시효기간이 얼마인지 확인됨
그 공소시효가 5년이다.	☜ 확인된 공소시효기간 기재
○ **인정사실 및 판단** 그런데 이 사건 공소는 범죄행위가 종료된 때부터 5년이 경과된 2021. 10. 20.에 제기되었음이	☜ 공소시효의 기산점은 '범죄행위가 종료된 때'이므로(법 제252조 제1항), 그때부터 위에서 확인된 공소시효기간이 경과되어 언제 기소되었음을 표시

기록상 명백하다.	☜ 공소장의 접수일자와 같이 기록상 곧바로 확인되는 일자의 경우는 별도의 증거 없이도 사실인정이 가능하고 이러한 때에 사용되는 관용구임
○ **소결론** 이 사건 공소사실은 공소시효가 완성되었을 때에 해당하여 형사소송법 제326조 제3호에 따라 면소로 판단된다.	☜ 해당 사유/ 적용법조/ 구체적 결론, 3가지를 기재

5. 공소시효가 정지되어 결국 유죄인 경우

기재례	기재방식
3. 피고인 甲의 배임증재죄의 점(공소사실 제1항)	
가. 결론	
유죄	
나. 논거	
1) 주장 및 쟁점	
○ 피고인은 사실관계를 인정한다.	☜ 해당 공소사실의 자백 여부 표시
○ 변호인은 공소시효가 경과되었으므로 면소되어야 한다고 주장한다. ○ 검사는 공범 乙이 같은 배임증재죄로 기소되어 그 판결이 확정되었는데, 그 기소일부터 그 판결 확정일까지 공소시효가 정지되었다고 주장한다.	☜ 주장요지 또는 직권판단사항의 요지 기재
2) 검토의견	☜ 법리/ 사실/ 포섭판단의 3단 논법
○ **관련법리** －배임증재죄는	
형법 제357조 제2항, 제1항에 의하여	
그 법정형이 2년 이하의 징역 또는 500만 원 이하의 벌금에 해당하는 범죄로서,	
형사소송법 제250조, 형법 제50조, 형사소송법 제249조 제1항 제5호에 의하여	
그 공소시효가 5년이다.	☜ 확인된 공소시효기간 기재
－형사소송법 제253조 제1항, 제2항에 의하면,	☜ 공범 중 1인에 대한 시효정지의 효력에 관한 근거조문 원용 기재
공소시효는 공소의 제기로 진행이 정지되는데, 공범 중 1인에 대한 위와 같은 시효정지는 다른 공범자에 대하여 효력이 미치고 공범에 대한 재판이 확정된 때로부터 다시 진행한다.	☜ 그 근거조문의 내용 기재
○ **인정사실** －이 사건 범행종료일은 2016. 3. 20.이고, 이 사건 공소는 그로부터 5년이 지난 2021. 8. 29. 제기되었음은 기록상 명백하다.	☜ 범행종료일/ 기소일 표시하여 위에서 확인된 공소시효기간 일응 경과하였다고 기재

–그런데 공소장 사본 및 판결 사본(2016고단 6125)의 각 기재에 의하면, 이 부분 공소사실의 공범인 乙에 대하여 2016. 9. 5. 공소가 제기되고 乙은 ……에서 유죄 판결을 선고받고, 그 판결이 2017. 3. 18. 확정된 사실을 인정할 수 있다.	☜ 기록상 확인된 증거에 의하여 공범에 대한 기소일과 공범에 대한 판결의 확정일을 사실인정함
○ **판단** –위 인정사실을 앞서 본 법리에 비추어 보면, 乙에 대한 공소제기일인 2016. 9. 5.부터 乙에 대한 판결확정일인 2017. 3. 18.까지는 공소시효가 정지되므로,	☜ 공범에 대한 기소일부터 판결확정일까지 공소시효 정지된다는 포섭판단
이 사건 범행종료일부터 공소제기일까지 공소시효가 진행된 기간에서 위 정지된 기간을 제외하면 아래와 같이 5년의 공소시효가 완성되지 않았음 (i) 이 사건 범행종료일인 2016. 3. 20.부터 공소제기일인 2021. 8. 29.까지 공소시효가 진행된 기간: 5년 163일[406] (ii) 공범의 기소일인 2016. 9. 5.부터 그 판결확정일인 2017. 3. 18.까지 공소시효가 정지된 기간: 194일[407] (iii) 공소시효 진행기간인 5년 163일에서 공소시효 정지기간인 194일을 공제하면 결국 공소시효 진행기간은 5년에 미달된다.	☜ 공소시효가 정지된 기간의 계산 & 이 사건 범행종료일부터 이 사건 기소일까지 기간 계산/ 결국 위에서 확인된 공소시효기간이 경과하지 않았음을 표시
–변호인의 위 주장을 받아들이지 않는다.	☜ 위 주장이 배척되었다는 취지를 간단히 기재
○ **증거의 요지** 1. 1.	☜ 유죄 결론이므로 증거를 나열해야 함
○ **소결론** 유죄로 인정된다.	

406 공소시효기간을 계산할 때에는 초일을 산입한다(법 제66조 제1항 단서).

407 시효를 계산할 때는 피고인에게 유리한 방향으로 해석하고자 하는 법 제66조 제1항 단서의 취지를 감안할 때, 공소시효 정지기간은 짧을수록 피고인에게 유리하므로 공소시효의 정지기간 계산시에 초일은 불산입함이 타당하다.

6. 법 제327조 제2호에 따른 공소기각 판결의 경우(고소취소)[408]

기재례	기재방식
3. **피고인 甲의 모욕의 점(공소사실 제4항)**	
가. 결론	
공소기각	
나. 논거	
1) **주장 및 쟁점**	
○ 피고인은 사실관계를 인정한다.	☜ 해당 공소사실의 자백 여부 표시
○ 변호인은 피해자 乙이 고소취소하였으므로 공소기각되어야 한다고 주장한다.	☜ 주장요지 또는 직권판단사항의 요지 기재
2) **검토의견**	
○ **관련법리** 모욕죄는	☜ 죄명을 주어로 함
형법 제311조에 해당하는 죄로서, 형법 제312조 제1항에 의하여 피해자의 고소가 있어야 공소를 제기할 수 있다.	☜ 해당법조와 친고죄 근거조항의 내용을 원용 기재
○ **인정사실** 합의서의 기재에 의하면,	☜ 기록에서 찾은 관련 증거를 표시
피해자 乙이 이 사건 공소제기 전인 2022. 2. 24.	☜ 고소취소된 날짜 & 그 날짜가 '공소제기 전'임을 표시[409]
이미 피고인에 대한 고소를 취소한 사실을 인정할 수 있다.	☜ 고소취소한 사실을 인정함
○ **소결론** 이 사건 공소사실은 공소제기의 절차가 법률의 규정을 위반하여 무효인 때에 해당하여 형사소송법 제327조 제2호에 따라 공소기각으로 판단된다.」	☜ 관련법리와 사실인정만으로도 간단히 결론에 이를 수 있는 경우에는 포섭판단 부분을 생략하고 바로 소결론으로 들어갈 수도 있음 ☜ 해당 사유/ 적용법조/ 구체적 결론, 3가지를 기재

408 반의사불벌죄에 있어서 피해자가 공소제기 전에 처벌불희망의 의사표시(합의)를 한 경우에도 이 항목에서 설명하는 원리에 따라 동일한 방식으로 기재하면 된다.

409 친고죄에 있어 공소제기 후에 고소취소된 경우라면, 법 제327조 제2호가 아니라 제5호가 적용되기 때문이다.

7. 법 제327조 제2호에 따른 공소기각 판결의 경우(고소 없음)

기재례	기재방식
3. 피고인 甲의 횡령의 점(공소사실 제3항)	
가. 결론	
공소기각	
나. 논거	
1) 주장 및 쟁점	
○ 피고인은 사실관계를 인정한다.	☜ 해당 공소사실의 자백 여부 표시
○ 직권으로 친족상도례가 적용되므로 공소기각되어야 하는지 검토한다.	☜ 주장요지 또는 직권판단사항의 요지 기재
2) 검토의견	
○ **관련법리** 횡령죄는	☜ 죄명을 주어로 함
형법 제355조 제1항에 해당하는 죄로서, 형법 제364조에 의하여 준용되는 형법 제328조 제2항에 의하면 피해자와 범인 간에 위 조항에 정해진 친족관계가 있는 경우에는 피해자의 고소가 있어야 공소를 제기할 수 있다.	☜ 해당법조와 친고죄 근거조항의 내용을 원용 기재
○ **인정사실** ……(증거)에 의하면,	☜ 기록에서 찾은 관련 증거를 표시
피고인과 피해자 ○○○는 동거하지 않는 4촌 형제간인 사실을 인정할 수 있으므로 위 조항에 정해진 친족관계가 있다.	☜ 친족상도례의 적용요건 중 하나인 피해자와의 비동거친족인 사실을 인정함
그런데 위 피해자가 고소한 사실이 있음을 인정할 아무런 증거가 없다.	☜ 그러나 피해자가 고소한 사실을 인정할 증거가 없음을 표시
○ **소결론** 이 사건 공소사실은 공소제기의 절차가 법률의 규정을 위반하여 무효인 때에 해당하여 형사소송법 제327조 제2호에 따라 공소기각으로 판단된다.」	☜ 관련법리와 사실인정만으로도 간단히 결론에 이를 수 있는 경우에는 포섭판단 부분을 생략하고 바로 소결론으로 들어갈 수도 있음 ☜ 해당 사유/ 적용법조/ 구체적 결론, 3가지를 기재

8. 법 제327조 제2호에 따른 공소기각 판결의 경우(고소의 추완)

기재례	기재방식
3. 피고인 甲의 모욕의 점(공소사실 제3항)	
가. 결론	
공소기각	
나. 논거	
1) 주장 및 쟁점	
○ 피고인은 사실관계를 인정한다.	☜ 해당 공소사실의 자백 여부 표시
○ 직권으로 공소제기 후에 고소되었으므로 공소기각되어야 하는지 검토한다.	☜ 주장요지 또는 직권판단사항의 요지 기재
2) 검토의견	
○ **관련법리** 모욕죄는	☜ 죄명을 주어로 함
형법 제311조에 해당하는 죄로서, 형법 제312조 제1항에 의하여 피해자의 고소가 있어야 공소를 제기할 수 있다.	☜ 해당법조와 친고죄 근거조항의 내용을 원용 기재
○ **인정사실** 위 사실에 관하여 당초에 명예훼손죄로 공소가 제기되었다가 2022. 3. 9. 모욕죄로 교환적으로 변경되었는데,	☜ 공소사실의 교환적 변경은 법원에 현저한 사실이므로 증거에 의하지 않고 곧바로 기재할 수 있는데, 비친고죄로 기소되었다가 친고죄로 공소사실이 교환적으로 변경된 취지 기재함
○○○가 작성한 고소장의 기재에 의하면, 공소제기 이후인 2022. 3. 16.에야 비로소 피해자로부터 고소가 제기된 사실을 알 수 있다.	☜ 기록에 찾은 관련 증거에 의하여, 피해자가 공소제기 후에 고소한 사실을 인정함
○ **소결론**	
위 변경된 공소사실에 대한 공소는	☜ 공소사실이 교환적으로 변경되었으므로 이렇게 주어를 설정
피해자의 고소 없이 제기된 것으로서,	☜ 이렇게 포섭판단하는 표현을 사용함
공소제기의 절차가 법률의 규정을 위반하여 무효인 때에 해당하므로 형사소송법 제327조 제2호에 의하여 이 부분에 대한 공소를 기각한다.」	☜ 해당 사유/ 적용법조/ 구체적 결론, 3가지를 기재

9. 법 제327조 제2호에 따른 공소기각 판결의 경우(고소기간 경과)

기재례	기재방식
3. 피고인 甲의 모욕의 점(공소사실 제3항)	
가. 결론	
공소기각	
나. 논거	
1) 주장 및 쟁점	
○ 피고인은 사실관계를 인정한다.	☜ 해당 공소사실의 자백 여부 표시
○ 직권으로 피해자 乙의 고소가 형사소송법 제230조 제1항에 의한 고소기간을 경과하여 공소기각 사유가 있는지를 검토한다.	☜ 주장요지 또는 직권판단사항의 요지 기재
2) 검토의견	
○ **관련법리** 모욕죄는	
형법 제311조에 해당하는 죄로서, 형법 제312조 제1항에 의하여 피해자의 고소가 있어야 공소를 제기할 수 있고,	☜ 해당법조와 친고죄 근거조항의 내용을 원용 기재
형사소송법 제230조 제1항은 범인을 알게 된 날로부터 6개월이 경과되면 고소하지 못한다고 규정하고 있다.	☜ 친고죄의 고소기간에 대한 법조항을 기재
○ **인정사실** ……(증거)에 의하면, 乙이 (언제) 다른 고교 동창이 알려 주어 이 사건 공소사실 기재와 같은 댓글이 공소장 기재 네이버카페 자유게시판에 작성되어 있는 사실을 확인한 사실, 乙이 (언제) 고소한 사실을 인정할 수 있다.	☜ 기록에 찾은 관련 증거에 의하여, 친고죄 고소기간의 기산일인 '피해자가 범인을 알게 된 날'과 관련된 간접사실과 피해자의 고소시기에 관하여 사실인정함
○ **판단** 따라서 피해자는 적어도 2021. 6. 9.경에는 범인을 알게 되었다고 보아야 하므로,	☜ 위 간접사실로부터 피해자가 범인을 알게 된 날이 언제라고 판단
그 때부터 6월이 경과하였음이 역수상 명백한 2022. 3. 11.에 제기된 위 고소는	☜ 고소기간 6월이 경과한 고소라는 취지의 기재
고소기간이 경과된 뒤에 제기된 것으로 부적법하다.	☜ 고소가 부적법하다는 기재
○ **소결론**	
이 사건 공소사실은 공소제기의 절차가 법률의 규정을 위반하여 무효인 때에 해당하여 형사소송법 제327조 제2호에 따라 공소기각으로 판단된다.」	☜ 해당 사유/ 적용법조/ 구체적 결론, 3가지를 기재

10. 법 제327조 제3호에 따른 공소기각 판결의 경우(이중기소)

기재례	기재방식
3. 피고인 甲의 상습사기의 점(공소사실 제3항)	
가. 결론	
공소기각	
나. 논거	
1) 주장 및 쟁점	
○ 피고인은 사실관계를 인정한다.	☜ 해당 공소사실의 자백 여부 표시
○ 변호인은 이중기소에 해당되어 공소기각되어야 한다고 주장한다.	☜ 주장요지 또는 직권판단사항의 요지 기재
2) 검토의견	
○ **관련법리** 상습범에 있어서 공소제기의 효력은 공소가 제기된 범죄사실과 동일성이 인정되는 범죄사실 전체에 미치고, 또한 공소제기의 효력이 미치는 시적 범위는 사실심리가 가능한 마지막 시점인 판결선고시를 기준으로 삼아야 하므로, 검사가 일단 상습사기죄로 공소를 제기한 후(단순 사기죄로 공소를 제기하였다가 상습사기죄로 공소장이 변경된 경우도 포함된다) 그 공소의 효력이 미치는 위 기준시까지의 사기행위 일부를 별개의 독립된 사기죄로 공소를 제기하는 것은 그 공소사실인 사기 범행이 이루어진 시기가 먼저 공소를 제기한 상습사기의 범행 이전이거나 이후인지 여부를 묻지 않고 공소가 제기된 동일사건에 대한 이중기소에 해당되어 허용될 수 없다.	☜ 쟁점에 관련된 법리의 정확한 결론과 그러한 결론에 이르게 된 핵심적 논거를 기재
○ **인정사실** 수사보고(확정일자등), 공소장사본, 사건진행내역의 각 기재에 의하면,	☜ 기록에 찾은 관련 증거의 표기
피고인은 상습으로 ……편취하였다는 공소사실로	☜ 선행사건의 공소사실 기재. 이를 확인해야 선행사건과 동일한 사건인지 아닌지 판단이 가능함
이 사건 공소가 제기된 2022. 7. 17. 이전인 2022. 6. 24. ○○법원 2022고단1100 상습사기 사건으로 기소되어 현재 공판계속 중에 있는 사실을 인정할 수 있다.	☜ 선행사건의 공소제기일과 이 사건 공소제기일, 선행사건이 현재 공판계속인 사실을 인정함

○ **판단** 위 인정사실에 의하면, 공소가 제기되어 계속 중인 OO법원 2020고단1100 사건의 공소사실과 이 사건 공소사실은	☜ 선행사건의 공소사실과 이 사건 공소사실을 주어로 설정
그 범행수단과 방법, 범행기간 및 피고인의 전과 등에 비추어 모두 피고인의 사기 습벽이 발현된 것이므로,	☜ 양자가 동일한 사건에 해당하는 이유 기재
위 2020고단1100 상습사기 사건에 관한 공소제기의 효력은 동일한 습벽의 발현에 의한 이 사건 공소사실에 대하여도 미친다.	☜ 선행사건의 공소제기의 효력이 이 사건 공소사실에 미친다고 기재
○ **소결론** 이 사건 공소사실은 공소가 제기된 사건에 대하여 다시 공소가 제기되었을 때에 해당하여 형사소송법 제327조 제3호에 따라 공소기각으로 판단된다.	☜ 해당 사유/ 적용법조/ 구체적 결론, 3가지를 기재

11. 법 제327조 제5호에 따른 공소기각 판결의 경우(공소제기 후 고소취소)

기재례	기재방식
6. 피고인 甲의 컴퓨터등사용사기의 점(공소사실 제5항) **가. 결론** 공소기각 **나. 논거**	
1) 주장 및 쟁점	
피고인은 사실관계를 인정한다.	☜ 해당 공소사실의 자백 여부 표시
○ 변호인은 피해자 乙이 고소취소하였으므로 공소기각되어야 한다고 주장한다.	☜ 주장요지 또는 직권판단사항의 요지 기재
2) 검토의견	
○ **관련법리** 컴퓨터등사용사기죄는 형법 제347조의2에 해당하는 죄로서, 형법 제354조에 의하여 준용되는 형법 제328조 제2항에 의하면 피해자와 범인 간에 위 조항에 정해진 친족관계가 있는 경우에는 피해자의 고소가 있어야 공소를 제기할 수 있다.	☜ 해당 죄명을 주어로 정하고, 해당 법조와 친고죄 근거조항의 내용을 원용 기재
○ **인정사실** ……에 의하면, 피해자 乙은 피고인과 동거하지 않는 사이로서 피고인의 5촌 당숙인 사실을 인정할 수 있으므로 피고인과 피해자는 위 조항에 정해진 친족관계가 있다.	☜ 기록에 찾은 관련 증거에 의하여 피해자가 피고인과 동거하지 않는 친족에 해당한다는 사실을 인정함
그런데 ……에 의하면 고소인 ○○○는 이 사건 공소제기 후인 2017. 3. 6. 피고인에 대한 고소를 취소한 사실을 인정할 수 있다.	☜ 고소취소된 날짜 & 그 날짜가 '공소제기 후'임을 표시[410]
○ **소결론** 이 사건 공소사실은 고소가 있어야 죄를 논할 사건에 대하여 고소의 취소가 있은 때에 해당하여 형사소송법 제327조 제5호에 따라 공소기각으로 판단된다.」	☜ 관련법리와 사실인정만으로도 간단히 결론에 이를 수 있는 경우에는 포섭판단 부분을 생략하고 바로 소결론으로 들어갈 수도 있음 ☜ 해당 사유/ 적용법조/ 구체적 결론, 3가지를 기재

410 친고죄에 있어 공소제기 전에 고소취소된 경우라면, 법 제327조 제5호가 아니라 제2호가 적용되기 때문이다.

12. 법 제327조 제5호에 따른 공소기각 판결의 경우(고소불가분의 원칙)

기재례	기재방식
3. 피고인 甲의 모욕의 점(공소사실 제3항)	
가. 결론	
공소기각	
나. 논거	
1) 주장 및 쟁점	
○ 피고인은 사실관계를 인정한다.	☜ 해당 공소사실의 자백 여부 표시
○ 변호인은 피해자 丙이 공범 乙에 대하여 고소취소하였으므로 공소기각되어야 한다고 주장한다.	☜ 주장요지 또는 직권판단사항의 요지 기재
2) 검토의견	
○ **관련법리** 모욕죄는 형법 제311조에 해당하는 죄로서, 형법 제312조 제1항에 의하여 피해자의 고소가 있어야 공소를 제기할 수 있다.	☜ 죄명을 주어로 삼고, 해당법조와 친고죄 근거조항의 내용을 원용 기재
형사소송법 제233조에 의하면 공범 중 1인에 대한 고소의 취소는 다른 공범자에 대하여도 효력이 있다.	☜ 고소불가분의 원칙에 관한 법조항 원용 기재
○ **인정사실** 합의서의 기재에 의하면, 고소인 丙이 이 사건 공소제기 후인 2022. 2. 18. 공범 乙에 대한 고소를 취소한 사실을 인정할 수 있다.	☜ 기록에 찾은 관련 증거에 의하여, 고소인이 언제 고소를 취소하였는지 사실인정함. 법 제327조 제5호가 적용되는 사안임을 표현하기 위하여 '이 사건 공소제기 후인'[411]이라는 수식어 사용함
○ **소결론** 이 사건 공소사실은 고소가 있어야 죄를 논할 사건에 대하여 고소의 취소가 있은 때에 해당하여 형사소송법 제327조 제5호에 따라 공소기각으로 판단된다.」	☜ 관련법리와 사실인정만으로도 간단히 결론에 이를 수 있는 경우에는 포섭판단 부분을 생략하고 바로 소결론으로 들어갈 수도 있음 ☜ 해당 사유/ 적용법조/ 구체적 결론, 3가지를 기재

411 만일 고소인이 공소제기 전에 공범에 대하여 고소취소한 경우라면, 법 제327조 제2호가 적용되므로 그때에는 인정사실란에서 '이 사건 공소제기 전인'이라는 수식어를 사용한다.

13. 법 제327조 제6호에 따른 공소기각 판결의 경우(공소제기 후 처벌희망의 의사표시의 철회)

기재례	기재방식
2. 피고인 甲의 폭행의 점(공소사실 제3항)	
가. 결론	
공소기각	
나. 논거	
1) 주장 및 쟁점	
○ 피고인은 사실관계를 인정한다.	☜ 해당 공소사실의 자백 여부 표시
○ 변호인은 피해자 乙이 처벌희망의 의사표시를 철회하였으므로 공소기각되어야 한다고 주장한다.	☜ 주장요지 또는 직권판단사항의 요지 기재
2) 검토의견	
○ **관련법리** 폭행죄는 형법 제260조 제1항에 해당하는 죄로서 같은 조 제3항에 의하여 피해자의 명시한 의사에 반하여 공소를 제기할 수 없다.	☜ 해당 죄명을 주어로 정하고, 해당 법조와 반의사불벌죄 근거조항의 내용을 원용 기재
○ **인정사실** ……에 의하면, 피해자 乙은 이 사건 공소가 제기된 후인 2022. 3. 6. 피고인에 대한 처벌을 희망하는 의사표시를 철회한 사실을 인정할 수 있다.	☜ 기록에 찾은 관련 증거에 의하여 처벌희망의 의사표시가 철회된 날짜 & 그 날짜가 '공소제기 후'임을 표시
○ **소결론** 이 사건 공소사실은 피해자의 명시한 의사에 반하여 죄를 논할 수 없는 사건에 대하여 처벌을 희망하는 의사표시가 철회되었을 때에 해당하여 형사소송법 제327조 제6호 후단에 따라 공소기각으로 판단된다.	☜ 관련법리와 사실인정만으로도 간단히 결론에 이를 수 있는 경우에는 포섭판단 부분을 생략하고 바로 소결론으로 들어갈 수도 있음 ☜ 해당 사유/ 적용법조/ 구체적 결론, 3가지를 기재

14. 법 제325조 전단에 따른 무죄의 경우

기재례	기재방식
2. 피고인 甲의 사기의 점(공소사실 제2항)	
가. 결론	
무죄	☜ '(주문) 무죄' 기재
나. 논거	
1) **주장 및 쟁점**	
○ 피고인은 사실관계를 인정한다.	☜ 해당 공소사실의 자백 여부 표시
○ 변호인은 불가벌적 사후행위이므로 사기죄를 구성하지 않는다고 주장한다.	☜ 주장요지 또는 직권판단사항의 요지 기재
2) 검토의견	
○ **관련법리** 금융기관이 발행한 자기앞수표는 그 액면금을 즉시 지급받을 수 있어 현금을 대신하는 기능을 가지므로 절취한 자기앞수표를 현금 대신에 교부하는 행위는 절도죄에 수반하는 당연한 경과로서 절도행위의 가벌적 평가에 포함되고 별도로 사기죄를 구성하지 아니한다.	☜ 논증에 필요충분한 내용을 기재
○ **판단** 따라서 이 사건 공소사실과 같이 피고인이 절취하여 가지고 있던 자기앞수표를 자신의 것인 것처럼 교부하여 재물을 취득하였더라도 사기죄를 구성한다고 할 수 없다.	☜ 법 제325조 전단 무죄는 별도의 증거조사 없이 공소장에 기재된 공소사실만을 관련법리에 포섭하여 보면 곧바로 무죄로 판단되는 경우이므로 증거에 의한 사실인정이 불필요함 ☜ 관련법리에 포섭판단할 때에 통상 '공소사실과 같이 ……하였더라도' 라는 표현을 사용함
○ **소결론** 이 사건 공소사실은 범죄로 되지 아니하는 때에 해당하여 형사소송법 제325조 전단에 따라 무죄로 판단된다.	☜ 해당 사유/ 적용법조/ 구체적 결론, 3가지를 기재

15. 법 제325조 후단에 따른 무죄의 경우

기재례	기재방식
2. 피고인 甲의 살인의 점(공소사실 제2항)	
가. 결론	
무죄	☜ '(주문) 무죄' 기재
나. 논거	
1) 주장 및 쟁점	
○ 피고인 및 변호인은 사실관계를 부인한다.	☜ 해당 공소사실의 자백 여부 표시
2) 검토의견	
가) 검사가 제출한 증거들 증인 A, B의 각 법정진술, 피고인에 대한 검찰 피의자신문조서, 피고인에 대한 경찰 피의자신문조서, A, B에 대한 각 경찰 진술조서, 수사보고(변사사건발생), 수사보고(범행도구), 부검감정서, 감정의견서	☜ 유죄에 부합하는 듯한 증거들 망라하여 기재
나) 증거능력 없는 증거 ○ 전문법칙 ○ 위법수집증거배제법칙	☜ 가)항에 기재한 증거들 중에서 증거법칙에 따라 증거능력이 없는 증거들을 사유와 함께 나열함 ☜ 전문법칙의 예외조항상 어떠한 요건을 흠결하였는지 지적함 ☜ 위법수집증거배제법칙의 판례법리를 먼저 기재하고/ 어떠한 절차위반 사유가 있는지 사실인정한 후/ 위법한 증거들을 특정하여 기재함
다) 증명력 없는 증거 ○ 증인 A의 법정진술의 신빙성 판단	☜ 가)항에 기재한 증거들 중에서 나)항에서 증거능력 배척되고 남은 증거들 중에서 유죄입증에 유력한 증거들(가령, 목격자/ 피해자의 진술 등)의 신빙성 배척
① 증거에 의하여, (i) 경찰, 검찰, 법원 각 단계별로 주요한 사실에 관하여 증인 A의 진술이 번복된 사실, (ii) 객관적인 정황에 일치하지 않는 사실, (iii) 경험칙(상식)에 부합하지 않는 사실들을 인정할 수 있다.	☜ (i) 해당 진술자의 진술이 경찰, 검찰, 법원(검사의 주신문/ 변호인의 반대신문)을 거치면서 본질적인 사항에 관하여 얼마나 많이 번복되었는지, (ii) 해당 진술자의 진술이 기록상 확인되는 객관적 정황에 얼마나 많이 부합하지 않는지, (iii) 해당 진술자의 진술이 얼마나 경험칙(상식)에 부합하지 않는지에 관하여, 기록에서 찾아낸 사실관계들을 증거에 의하여 사실인정함

② 위 인정사실에 의하면, ……점, ……점, ……점 등의 사정을 알 수 있다.	☜ ②는 ①에서 인정된 사실들로부터 추론되는 사실관계나 판단 내용을 열거하는 부분으로서, 사안에 따라서는 불필요할 수도 있음. 그러나 직접증거가 없는 사건일수록 ②와 같이 증거에 의하여 인정되는 사실관계로부터 추론되는 사실관계나 판단에 해당하는 이른바 '사정'들을 열거할 필요성이 커짐
따라서 증인 A의 법정진술은 믿기 어렵다.	☜ 결론으로 증인 A의 법정진술의 신빙성을 배척
다) 부족증거 등 검사가 제출한 나머지 증거들만으로는 이 사건 공소사실이 합리적 의심을 넘을 정도로 증명되었다고 보기 부족하고 달리 이를 인정할 증거가 없다.	☜ 가)항에서 열거한 증거들 중에서 나)항에서 증거능력이 배척된 증거들과 다)항에서 증명력이 배척된 증거들을 제외한 나머지 증거들만으로는 공소사실을 인정하기에 부족하다는 취지를 기재
라) 소결론 이 사건 공소사실은 범죄사실의 증명이 없는 때에 해당하여 형사소송법 제325조 후단에 따라 무죄로 판단된다.	☜ 해당 사유/ 적용법조/ 구체적 결론, 3가지를 기재

16. 결론이 이른바 이유 무죄/ 면소/ 공소기각인 경우

기재례	기재방식
2. 피고인 甲의 상습절도의 점(공소사실 제2항)	
가. 결론	
○ 2022. 4. 1. 상습절도의 점 : 무죄 ○ 2022. 5. 1. 상습절도의 점 : 이유 공소기각	☜ 검토대상이 되는 행위가 2개 이상이므로 구분하여 각각의 행위에 대하여 결론 기재
나. 논거	
1) 주장 및 쟁점	
○ 2022. 4. 1. 상습절도의 점 : 피고인은 사실관계를 부인한다. ○ 2022. 5. 1. 상습절도의 점 : 피고인은 사실관계를 인정하나, 변호인은 친족상도례가 적용되어 공소기각되어야 한다고 주장한다.	☜ 개별행위(범행) 별로 자백 여부와 주장 또는 직권판단사항의 요지 기재
2) 검토의견	☜ 위에서 정리한 쟁점별로 하나씩 적절히 제목을 붙여서 판단
가) 2022. 4. 1. **상습절도의 점** ○ 검사가 제출한 증거들 ○ 증거능력 없는 증거 ○ 증명력 없는 증거 ○ 부족증거 등 ○ 소결론 이 부분 공소사실은 범죄사실의 증명이 없는 때에 해당하여 형사소송법 제325조 후단에 따라 무죄로 판단된다.	☜ 첫 번째 개별행위(범행)에 관하여 법 제325조 후단 무죄 논증
나) 2022. 5. 1. **상습절도의 점** ○ 관련법리 ○ 인정사실 ○ 판단 ○ 소결론 이 부분 공소사실은 고소가 있어야 죄를 논할 사건에 대하여 고소의 취소가 있은 때에 해당하므로, 형사소송법 제327조 제5호에 따라 공소기각하여야 하나,	☜ 두 번째 개별행위(범행)에 관하여 법 제327조 제5호 공소기각 논증

<u>①이와 포괄일죄 관계에 있는</u> 2022. 4. 1. **상습절도의 점에 관하여 무죄를 선고**<u>②하는 이상, 주문에서 따로 공소기각을 선고하지 아니한다.</u>	☜ 두 번째 개별행위(범행)가 첫 번째 개별행위(범행)와 포괄일죄 관계에 있어/ 「……무죄를 선고하는 이상/ 주문에서 따로 공소기각을 선고하지 아니한다」는 문구를 활용하여 이른바 이유 공소기각하는 사유를 밝힘 ☜ ①의 위치에 "이와 포괄일죄 관계에 있는"(상습범 등 포괄일죄의 경우) 이외에도 "이와 상상적 경합 관계에 있는"(상상적 경합의 경우), "이 (부분 공소사실)에 포함된(또는 이와 일죄관계에 있는)"(축소사실의 경우)라는 표현을 사용하면 됨

17. 축소사실을 인정하는 경우(기본형)

기재례	기재방식
2. 피고인 甲의 강도치상의 점(공소사실 제2항)	
가. 결론	
○ 강도치상의 점 : 이유 무죄 ○ 이(부분 공소사실)에 포함된 강도의 점 : 유죄	☜ 검토대상이 되는 행위로서 본래의 공소사실과 이에 포함되어 있는 축소사실 2가지에 대하여 각각 결론 기재 ☜ 축소사실의 경우는 '이 (부분 공소사실)에 포함된'이라는 수식어를 사용함
나. 논거	
1) 주장 및 쟁점	
○ 피고인 및 변호인은 강도의 점은 인정하나 피해자가 상해에 이른 점은 부인한다. ○ 직권으로 이 부분 공소사실에 포함된 강도의 점을 축소사실로 인정할 수 있는지 여부를 검토한다.	☜ 검토대상이 되는 행위로서 본래의 공소사실과 이에 포함되어 있는 축소사실 2가지 별로 쟁점 정리 요망 ☜ 축소사실은 직권으로 인정하는 경우이므로 이에 대하여는 직권판단사항 요지 기재
2) 검토의견	☜ 위에서 정리한 쟁점별로 하나씩 적절히 제목을 붙여서 판단
가) 강도치상의 점에 관하여 ○ 검사가 제출한 증거들 ○ 증명력 없는 증거 ○ 부족증거 등 ○ 소결론 이 부분 공소사실은 범죄사실의 증명이 없는 때에 해당하여 형사소송법 제325조 후단에 따라 무죄로 판단되나,	☜ 본래의 공소사실에 관하여 법 제325조 후단 무죄 논증
아래에서 보는 바와 같이 이에 포함된 (또는 이 부분 공소사실에 포함된, 이와 일죄관계에 있는) 강도의 점에 관하여 주문에서 유죄를 인정**하는 이상, 주문에서 따로 무죄를 선고하지 아니한다.**	☜ 주문에서 무죄를 선고하지 않고 이른바 이유무죄하는 사유를 기재

나) 강도의 점 ○ **축소사실의 인정여부** 강도치상 공소사실 중에는 강도의 공소사실도 포함되어 있고, 피고인이 자백하는 이상 이 경우 법원이 강도의 공소사실을 인정하더라도 피고인의 방어에 실질적으로 불이익을 초래할 염려는 없으므로 공소장변경 절차 없이도 강도의 공소사실에 관하여 심리, 판단할 수 있다.	☜ 축소사실 인정에 관한 법리의 기재
○ **증거의 요지** 1. 피고인의 법정진술 1.	☜ 유죄로 인정되는 경우이므로 증거를 나열해야 함
○ **소결론** 유죄로 인정된다.	

18. 축소사실을 인정하는 경우(축소사실에 형식재판사유가 있는 경우)

기재례	기재방식
3. 피고인 甲의 폭행치상의 점(공소사실 제3항)	
가. 결론	
○ 폭행치상의 점 : 이유 무죄 ○ 이(부분 공소사실)에 포함된 폭행의 점 : 공소기각	☜ 검토대상이 되는 행위로서 본래의 공소사실과 이에 포함되어 있는 축소사실 2가지에 대하여 각각 결론 기재 ☜ 축소사실의 경우는 '이 (부분 공소사실)에 포함된'이라는 수식어를 사용함
나. 논거	
1) 주장 및 쟁점	
○ 피고인 및 변호인은 폭행의 점은 인정하나 피해자가 상해에 이른 점은 부인한다. ○ 직권으로 이 부분 공소사실에 포함된 폭행의 점을 축소사실로 인정할 수 있는지, 피해자가 처벌을 원하지 않아 공소기각하여야 하는지 여부를 검토한다.	☜ 검토대상이 되는 행위로서 본래의 공소사실과 이에 포함되어 있는 축소사실 2가지 별로 쟁점 정리 요망 ☜ 축소사실은 직권으로 인정하는 경우이므로 이에 대하여는 직권판단사항 요지 기재
2) 검토의견	☜ 위에서 정리한 쟁점별로 하나씩 적절히 제목을 붙여서 판단
가) 폭행치상의 점에 관하여 ○ 검사가 제출한 증거들 ○ 증명력 없는 증거 ○ 부족증거 등 ○ 소결론 이 부분 공소사실은 범죄사실의 증명이 없는 때에 해당하여 형사소송법 제325조 후단에 따라 무죄로 판단되나,	☜ 본래의 공소사실에 관하여 법 제325조 후단 무죄 논증
아래에서 보는 바와 같이 이에 포함된(또는 이 부분 공소사실에 포함된, 이와 일죄관계에 있는) 폭행의 점에 관하여 주문에서 공소를 기각**하는 이상, 주문에서 따로 무죄를 선고하지 아니한다.**	☜ 주문에서 무죄를 선고하지 않고 이른바 이유 무죄하는 사유를 기재

나) 폭행의 점 ○ 축소사실의 인정여부 폭행치상 공소사실 중에는 폭행의 공소사실도 포함되어 있고, 피고인이 자백하는 이상 이 경우 법원이 폭행의 공소사실을 인정하더라도 피고인의 방어에 실질적으로 불이익을 초래할 염려는 없으므로 공소장변경 절차 없이도 폭행의 공소사실에 관하여 심리, 판단할 수 있다.	☜ 축소사실 인정에 관한 법리의 기재
○ 공소기각 여부 －관련법리 －인정사실 －판단 －소결론 이 부분 공소사실은 공소제기의 절차가 법률의 규정에 위반하여 무효인 때에 해당하여 형사소송법 제327조 제2호에 따라 공소기각으로 판단된다.	☜ 축소사실에 관하여 법 제327조 제2호에 따른 공소기각 논증

19. 형식재판우선의 원칙이 적용되는 경우

기재례	기재방식
3. 피고인 甲의 점유이탈물횡령의 점(공소사실 제3항)	
가. 결론	
공소기각	☜ 형식재판우선의 원칙이 적용되므로 최종결론은 하나로 기재
나. 논거	
1) 주장 및 쟁점	
○ 피고인은 사실관계는 인정한다. ○ 변호인은 친족상도례가 적용되어 공소기각 되어야 한다고 주장한다. ○ 직권으로 공소시효 완성 여부를 검토한다.	☜ 하나의 공소사실에 관하여 무죄/ 면소/ 공소기각 사유가 2개 이상 중첩되는 경우, 각각의 사유별로 쟁점 정리 요망
2) 검토의견	☜ 위에서 정리한 쟁점별로 하나씩 적절히 제목을 붙여서 판단
가) 공소기각 여부 ○ 관련법리 ○ 인정사실 ○ 판단 ○ 소결론 이 부분 공소사실은 공소제기의 절차가 법률의 규정에 위반하여 무효인 때에 해당하여 형사소송법 제327조 제2호에 따라	☜ 법 제327조 제2호에 따른 공소기각 논증
공소기각 사유가 있다.	☜ 다만 이 단계에서는 아직 공소기각으로 판단된다고 종국적인 표현을 쓰지 않고 일단 그러한 사유가 있다고만 기재. 최종결론은 마지막에서 기술
나) 공소시효 완성 여부 ○ 관련법리 ○ 인정사실 ○ 판단 ○ 소결론 이 부분 공소사실은 공소의 시효가 완성되었을 때에 해당하여 형사소송법 제326조 제3호에 따라	☜ 법 제326조 제3항에 따라 면소 논증

면소 사유가 있다.	☜ 다만 이 단계에서는 아직 면소로 판단된다고 종국적인 표현을 쓰지 않고 일단 그러한 사유가 있다고만 기재. 최종 결론은 마지막에서 기술
다) 형식재판우선의 원칙 공소기각 사유와 면소사유가 경합하나, 형식재판우선의 원칙에 따라 공소를 기각하여야 한다.	☜ 형식재판우선의 원칙에 따라 최종결론 표시

저자약력

박광서

서울대학교 법과대학 사법학과 졸업
서울대학교 대학원 법학과 수료
제43회 사법시험 합격
사법연수원 33기
제7회, 제9회 변호사시험 출제위원
전 사법연수원 교수(2017～2020)
현 수원고등법원 판사

저서

『민사기록의 이해, 박영사(2021)』 공저

송백현

서울대학교 법과대학 법학과 졸업
서울대학교 대학원 법학과 졸업
제43회 사법시험 합격
사법연수원 33기
제8회 변호사시험 출제위원
전 사법연수원 교수(2017~2020)
현 수원지방법원 부장판사

저서

『민사기록의 이해, 박영사(2021)』 공저

최종원

서울대학교 법과대학 사법학과 졸업
서울대학교 대학원 법학과 졸업
제43회 사법시험 합격
사법연수원 33기
제59회 사법시험 출제위원
제9회 변호사시험 출제위원
전 사법연수원 교수(2017~2020)
현 의정부지방법원 고양지원 부장판사

저서

『민사기록의 이해, 박영사(2021)』 공저
『특별형법 판례100선, 박영사(2022)』 공저

제2판
형사기록의 이해

초판발행 2020년 8월 28일
제2판발행 2022년 3월 31일
제2판2쇄발행 2022년 10월 20일
제2판3쇄발행 2024년 8월 14일

지은이 박광서 · 송백현 · 최종원
펴낸이 안종만 · 안상준

편 집 윤혜경
기획/마케팅 정연환
표지디자인 이소연
제 작 고철민 · 김원표

펴낸곳 (주) 박영사
서울특별시 금천구 가산디지털2로 53, 210호(가산동, 한라시그마밸리)
등록 1959. 3. 11. 제300-1959-1호(倫)
전 화 02)733-6771
f a x 02)736-4818
e-mail pys@pybook.co.kr
homepage www.pybook.co.kr
ISBN 979-11-303-4179-8 93360

정 가 30,000원